谨以此书献给

浙江大学建校125周年

◀ 百岁寿星程开甲题字后留影
（2017 年 9 月）

▼ 2020 年 8 月 3 日落成的马兰基
地礼堂西侧程开甲先生铜像

▲ 程开甲女儿程漱玉代父
亲领取"感动中国 2018 年
度人物"奖（2019 年 2 月
18 日）

▶ 从马兰基地走出的浙
大校友院士留影（左起：
林俊德、吕敏、程开甲、
杨裕生，1996 年摄）

◀ 作者在马兰采访林俊德（左）校友总工程师（1994年8月18日）

▼ 全军挂像英模林俊德画像（2018年9月）

林俊德

林俊德夫人 领奖

大漠，烽烟，马兰。平沙莽莽黄入天，英雄埋名五十年。剑河风急云片阔，将军金甲夜不脱。战士自有战士的告别，你永远不会倒下！

▲ 林俊德院士夫人黄建琴代林俊德领取"感动中国2012年度人物"奖（2013年2月18日）

▶ 作者在马兰采访林俊德（右）院士后于大楼前留影（1994年8月18日）

◀ 核试验基地研究所的院士合影（左起：邱爱慈、杨裕生、吕敏、程开甲、乔登江、钱绍钧、陈达、林俊德，2003年摄于西安）

▶ 2000年夏马兰战友技术总结会后相聚于新疆巩乃斯（左起：王卫东、喻名德、丁浩然、刘绍镛、陆泉兴、张福余）

▼ 出席浙江大学教育基金会林俊德教育基金成立仪式暨苏州金沙湖创业投资管理有限公司捐赠仪式全体人员合影（2022年3月13日于浙大紫金港，王崇均摄）

▲ 作者与马兰基地前总工程师沈志康（右）少将校友讨论本书有关事宜（2021年10月12日）

► 作者在马兰采访基地技术部总工程师陆泉兴（左）校友留影（1994年8月）

◄ 作者夫妇与林俊德教育基金捐资人潘晓峰（左一）、王国成（右一）合影（2022年3月13日，王崇均摄）

启尔求真

张浚生 题

校研试浙大人

杨达寿　著

ZHEJIANG UNIVERSITY PRESS
浙江大学出版社

图书在版编目（CIP）数据

启尔求真：核研试浙大人 / 杨达寿著 . —杭州：浙江大学出版社，2022.5

ISBN 978-7-308-22567-0

Ⅰ.①启…　Ⅱ.①杨…　Ⅲ.①浙江大学－原子能工业－校友－生平事迹　Ⅳ.① K826.16

中国版本图书馆 CIP 数据核字（2022）第 067845 号

启尔求真——核研试浙大人

杨达寿　著

策划编辑	宋旭华
责任编辑	吴　超
责任校对	蔡　帆
封面设计	周　灵
出版发行	浙江大学出版社
	（杭州市天目山路 148 号　邮政编码 310007）
	（网址：http://www.zjupress.com）
排　版	杭州浙信文化传播有限公司
印　刷	浙江省邮电印刷股份有限公司
开　本	710mm×1000mm　1/16
印　张	23.75
插　页	2
字　数	353 千
版 印 次	2022 年 5 月第 1 版　2022 年 5 月第 1 次印刷
印　数	1—8000 册
书　号	ISBN 978-7-308-22567-0
定　价	70.00 元

浙江大学出版社市场运营中心电话（0571）88925591；http://zjdxcbs.tmall.com

序

时光荏苒，斗转星移。

回望新中国成立之初，各项事业百废待兴，国际形势复杂严峻。以"两弹一星"元勋等为代表的一大批科学家在极其艰苦的一穷二白环境中，在新疆马兰21核试验基地、青海金银滩核研221基地、甘肃嘉峪关核工业404厂等地，攻坚克难、自立自强，成功掌握了国之重器的核心技术，有力打破了西方核大国的核垄断，挺起了中华民族的钢铁脊梁，谱写了中国原子能事业发展的历史篇章。

从1955年党中央作出建立和发展中国原子能事业的战略决策，到1964年我国第一颗原子弹爆炸成功，再到1967年我国第一颗氢弹爆炸成功，中国原子能事业在短短十余年间从无到有、从小到大，实现了跨越式发展。在这背后，无数科研工作者为了国家大义，苦干惊天动地事，甘做隐姓埋名人，这其中就包括以王淦昌、程开甲、林俊德等为代表的浙大人。这些浙大人将青春奋斗融入党和人民的事业之中，把个人理想和国家民族命运紧密联系，攻克了一个个技术难题，筑起了一座座不朽丰碑，一生践行着"祖国利益高于一切，忠诚使命重于一切"的价值追求，生动诠释了"热爱祖国、无私奉献，自力更生、艰苦奋斗，大力协同、勇于登攀"的"两弹一星"精神，在马兰戈壁等地留下了浙大人的坚定足迹与生动事迹。

本书就是关于这群浙大人许党报国的故事。书中遴选了浙江大学参与核研制、核试验的18位杰出校友，以及核试高速摄影911课题组的多位知名教授，集中展现了浙大人在核研制、核试验领域的奋斗历程。书中有吴健雄、吴征铠、卢鹤绂、胡宁、胡济民等从事核理论研究、开创核物理学科、开展核物理教学的故事；有王淦昌、钱三强、程开甲、吕敏、杨裕生等组织领导核研制、核试验的事迹；有忻贤杰、张同星、林俊德、唐孝威、贺贤土、丁浩然、张业和、李兆龙等进行核弹生产和核试验测试的史实，鲜活、立体地还原了"马兰浙大人"忠诚担当的家国情怀。正是这些真实事迹与生动故事，持续丰富着以求是创新为内核的浙大精神谱系，折射着学校与国家民族同频共振的历史进程，激励着一代又一代的浙大人到祖国最需要的地方建功立业。今天的浙大，正将这些精神财富转化为扎根中国大地办世界一流大学的前进动力，坚持"人格、素质、能力、知识"融合一体的 KAQ2.0 教育理念，全力塑造以学生成长为中心的一流教育教学，扎实推进一流学科创新发展，不断提升治理能力现代化水平，以全球开放发展的视野加快迈向世界一流大学前列。

特别值得一提的是，本书作者杨达寿研究员在耄耋之年，克服种种困难，多年静心笔耕，带领我们回顾了那段浙大校友们为国奋斗、激情燃烧的峥嵘岁月，可以说是献上了一本文笔多彩的诚意之作，在此表示敬意。

此书的完稿恰逢中国共产党成立100周年，相信可以更好地帮助读者了解党领导中国原子能事业发展的历程，深刻感受以"马兰浙大人"为代表的科学家群体的伟大人格与精神境界，进一步鼓舞和激励国人在新时代立足"两个大局"，胸怀"国之大者"，不断积蓄磅礴向上、澎湃向前的梦想力量，共同奏响"请党放心、强国有我"的时代强音，为实现中华民族伟大复兴的中国梦而不懈努力！

是为序。

2021 年 10 月 10 日

目 录

王淦昌

　　王淦昌（1907年5月—1998年12月），出生于江苏常熟，核物理学家，中国核科学的奠基人和开拓者之一。1929年毕业于清华大学物理系。1933年获柏林大学博士学位。1934年任山东大学物理系教授，1936年9月至1950年4月任浙江大学物理系教授、系主任。1950年5月起任中国科学院近代物理研究所研究员、副所长。1955年当选为中国科学院学部委员（院士）。1956年任苏联杜布纳联合原子核研究所高级研究员、副所长。1961年任第二机械工业部九所（后改为九院）副所长，1978年任第二机械工业部副部长兼原子能研究所所长。1980年任第二届中国科学技术协会副主席，中国核学会理事长，荣誉理事长。1982年任第二机械工业部科技委员会副主任。中国工程物理研究院高级技术顾问。第三届至第六届全国人大常委会委员，九三学社中央名誉主席。1998年被评为中国科学院首批资深院士。1964年，他独立提出用激光打靶实现核聚变的设想，是世界激光惯性约束核聚变理论和研究的创始人之一。参与了中国原子弹、氢弹原理突破及核武器研制的试验研究和组织领导，是中国核武器研制的主要奠基人之一。曾荣获两项国家自然科学奖一等奖、国家科学技术进步奖特等奖等奖项，是"两弹一星功勋奖章"获得者。

在长江与太湖之间，有一块年年风调雨顺、岁岁五谷丰熟的膏腴之地，人们为感恩，便深情地唤她为"常熟"。古往今来常熟山清水秀，人杰地灵，人才辈出。据说，如今两院院士中，常熟籍的就有18名之多。核物理学家王淦昌就是生于斯长于斯的杰出人物之一。

苦中有乐勤读书

王以仁是一个声名远播的中医师。王医师为纪念父亲，在住宅东边修有一座宗祠，大门上高悬王氏义庄匾额，枫塘湾村的私塾就办在义庄里。王淦昌6岁时进王氏义庄读私塾。1916年，王淦昌转入太仓县沙溪小学读书。沙溪小学是寄宿制新式学堂，离家八九里路，为安全考虑，母亲只要他一个月回去一次。一个9岁小孩，要生活自理，压力较大，但王淦昌觉得到了新学堂有"茅塞顿开"之感，决心好好学习，考出好成绩，让母亲高兴。

1919年，江苏各地工人罢工，学生罢课，声援北京学生五四爱国运动，老师带领小学生举着小旗上街游行，自此，王淦昌心灵深处种下了热爱祖国的种子，立志要做一个像岳飞那样爱国的人。

1920年夏，王淦昌以优异的成绩小学毕业了。同年初秋，经外婆提议，他跟着远房表兄崔雁冰到上海浦东中学读书。跨进浦东中学大门，第一眼就看到校园里巍巍峙立着一尊铜像，大理石基座上刻着"杨公斯盛遗像"六个大字，表兄就给他讲了杨斯盛先生自1904年起"毁家兴学"的故事。王淦昌听后肃然起敬，决心努力读书，不辜负杨先生培养青年的一片苦心。

王淦昌入学时，上海浦东中学有"北南开，南浦东"之美称。学校遵循杨斯盛先生亲自立下的"勤、朴"校训育人，学校越办越好，并形成良好的校风，许多学生都考上名牌大学，升学率极高，钱昌照、董纯才、范文澜、胡也频等都是浦东中学的毕业生。王淦昌决心好好学习，以优异的成绩报答创校人。

在浦东中学，最令王淦昌难忘的是周培老师的数学课。周培老师曾在国外留学，他因材施教，鼓励学生自学，提供大家多做习题的机会。在周老师倡导下，浦东中学历届都有数学自学小组。王淦昌也和几个爱好数学的同学组织自学小组，周老师常出些课本外数学难题趣题给他们做。有一道几何题，王淦昌几天做不出，有一天突然受一个动作启发做出来了，立即找老师说自己的解法。周老师赞赏地拍着他的肩膀说："凡事只要有锲而不舍的精神，再大的难题都能解决。"王淦昌回忆说："这句话在我的脑子里打下了深深的印记，几十年来都未曾忘记，遇到困难时想起老师的这句话，我总会迸发出新的能量去战胜它。"在周老师指导下，王淦昌所在的这个数学小组在毕业时已经学完了大学一年级的微积分，为他们后来进军科学殿堂打下坚实的基础。

1924年王淦昌高中毕业，报考了上海交通大学。考试时，因临座考生问他答案而未拒绝，被监考老师发现并没收了两人的试卷，王淦昌受牵连也未被录取。王淦昌后悔好心办坏事，心想我不能被命运击倒，我是一个17岁的男子汉，我要用百倍的努力抚平"伤痕"。于是他打消恋家的念头，进入私人办的海澜外语专修学校学习半年。后因学校经济困难停办，王淦昌又进入一所技术学校，学习汽车驾驶和维修技术，并随同学参加"五卅"爱国运动游行，散发传单。半年结业后他不想找开车或修车的工作，仍一心想升学读书。

人的一生所走的路有很多条，但贯穿于成功人士一生中的，就是执着的追求，就是关键时的选择。"水木清华，相与徜徉"，朱自清这样赞叹心目中的清华大学，多少有志青年又何尝不向往这个求学的"天堂"？1925年8月，王淦昌如愿考入清华

1928年王淦昌（左）与同学在清华大学礼堂前旗杆下合影

大学，这是他的执着和努力的结果。这一步，决定了他一生的道路，也是他跨进科学殿堂决定性的一步。

1926年3月18日，我国驻守大沽口守军阻击日寇入侵，学生的爱国民主运动高涨。面对当时的流血事件与外交屈辱，系主任叶企孙教授对王淦昌说："只有科学才能救我们的民族……"从那时起，王淦昌就下决心走科学救国之路，为实现"祖国需要更加强大"而努力奋斗！

在一年级授课时，实验物理学家叶企孙教授的普通物理课的魅力深深地吸引着王淦昌，才使他未沿初爱化学那条路继续走下去。物理系叶主任重视基础课教学，任教的都是大师，他本人也身先士卒，亲掌普通物理教鞭。叶教授讲课从不照本宣科，常常边讲课边辅以实物演示，还时不时介绍国外的最新研究成果。

在清华大学求学时，王淦昌难以忘怀的还有吴有训教授。吴教授不仅讲课讲得生动，还十分重视学生的实验。1929年6月，王淦昌于清华大学物理系毕业了，吴有训教授邀他留校任助教，担任他的教学和研究助手。

在吴有训教授指导下，王淦昌花半年时间完成《清华园周围氡气的强度及每天的变化》论文。这是中国第一篇有关大气放射性的实验研究论文，不仅培养了他动手做实验的技术和耐力，也提高了他对实验结果做综合分析的能力。吴教授对王淦昌的实验及结果非常满意，后来亲自将它译成英文，发表在清华大学论文集第一期上，此时王淦昌已在柏林大学读研究生。王淦昌看到后，万分感激吴教授对他的关怀与爱护。

1930年王淦昌考取江苏省官费留学，到德

20世纪30年代初，王淦昌（左二）德国留学期间留影

国柏林大学威廉皇家化学研究所读研究生，师从著名的女核物理学家迈特纳（Meitner）。

1931 年，王淦昌在德国就读研究生期间，提出可能发现中子的试验设想，颇有创意。1932 年，英国科学家查德威克按此思路进行试验，发现了中子并获得诺贝尔奖。同年，王淦昌在迈特纳指导下，发表了《关于 RaE 连续 β 射线谱的上限》论文，12 月完成了关于内转换电子研究的博士论文，获得博士学位。留学期间，王淦昌曾去英国、法国、荷兰、意大利等国做学术访问，访问了卡文迪许（Cavendish）实验室等欧洲著名科学中心，会见了卢瑟福、查德威克、埃利斯等物理大师，受到诸多勉励。

艰苦环境育英才

王淦昌不仅是一位杰出的科学家，也是一位杰出的教育家。他在浙大物理系西迁湄潭这段教学生涯中，诺贝尔奖获得者李政道受到王淦昌物理学的启蒙外，培养了像胡济民、邹兴国、程开甲、冯平观、忻贤杰、汪容、吕敏等一批物理学家，还有大气物理学家叶笃正、物理化学和高分子物理学家钱人元、生物物理学家梅镇岳、物理史学家许良英等，都得到过他的指导；解放后在科研工作中又培养了唐孝威、丁大钊、王祝翔等一批实验物理学家。王淦昌实际上为国家培养了三代科学家。

1936 年秋，王淦昌应竺可桢校长邀请到浙江大学物理系任教，翌年秋又因避日寇硝烟随校举家西迁，直到 1940 年春迁到贵州遵义。王淦昌一生中最难忘的就是他在浙江大学任教，特别是在浙大西迁湄潭、在极其艰苦环境下教书育人的历史情缘。王淦昌在一篇回忆文中说："1941 年浙大在湄潭双修寺建了理学院，一座一楼一底的小楼，就是我们物理系的实验楼。我们有电磁、光学、近代物理学实验技术等几个实验室，还有一个修理工厂，一个地下暗室，一个图书馆。物理系的设备，当时在国内是第一流。小小湄潭成一座大学城，到处可以见到来来往往忙碌的浙大师生和家属，一片繁忙景象。"他把全部心血都扑在教学和科研上，为国家培养人才，以自己的学识报效祖国。

1940年12月1日浙大物理系师生欢迎王淦昌（前中）从美国考察归来

1936年4月25日，竺可桢到浙大上任后对学生说："浙大的精神可以以'诚''勤'两字表示，浙大的前身求是书院和浙江高等学堂一脉相承，都可以以'诚''勤'两字代表它的作风。"王淦昌弘扬竺校长倡导的求是精神，是"诚""勤"作风的光辉典范。他把教书育人、科学实验视为自己的神圣职责，比生命都重要。他的实验室距他家比较远，要过一座桥，爬一段坡。加上当地是"晴天一身灰，雨天一身泥，四季无寒暑，下雨像过冬"的恶劣环境，十分不方便。但是他经常踏着泥泞的小路往返于两地之间，从来不叫一声苦。

王淦昌视学生如亲人，在课堂上对学生要求很严，上课时必须集中精力。有一次，学生蒋泰龙听完苏步青的课后来听王老师的课时，迟到了坐在最后一排，脑子里还想着苏先生的几何。他思想不集中被王老师看出来了，于是叫他站起来回答聚焦原理，结果他把光线的聚焦代替电子聚焦作了回答，引起哄堂大笑。王老师和颜悦色地给他指出，叫他专心听课。王淦昌认为，对学生既要严格要求，又要心平气和讲道理。

那时一年级新生住在离县城10余公里的永兴镇，王淦昌对入学的新生十分关心，他除了在湄潭县城给学生上课、做实验外，还要经常到永兴去，每次都是步行。他到永兴主要是听取物理系一年级师生的意见，以便帮助他们解决些困难问题。王淦昌对新生说："物理是一门很美的科学，大到宇宙小到基本粒子都是研究的对象，寻求其中的规律是十分有趣的事，你们选择了一个很好的专业。"王淦昌鼓励同学们好好学习，热爱自己专业，给新入学的同学以极大鼓励和鞭策。

　　1943年王淦昌任物理系系主任，对浙大学生时时给予关心与爱护，遇到困难时，他全力保护。1945年，许良英和周志成先后毕业，他邀请他们两人留下来当助教，后派他们两人到永兴物理系一年级分部工作。1946年，国民党发动反苏运动，永兴没有搞起来。永兴分部主任认为是许良英他们起的作用，要学校解聘他们，王淦昌没有同意。此时学校内部传出一些谣言，说学校来了两个共产党，给王淦昌施加政治压力。而他坚持求是精神不动摇，以心底无私天地宽的态度顶住了压力。新中国成立后，许良英受到错误处理，失去工作，王淦昌每月给他寄生活费，资助他渡过难关。对于学习成绩好的学生，他更是给予鼓励。一次王淦昌给李政道一本书，上面有10道习题，他点出5道让他做，结果李政道把10道题都做了。他当即给予表扬，认为李政道是一个很有发展前途的学生。每逢节假日他都会请学生到他家中，让妻子做几个常熟家乡菜给他们吃，以增加点营养。涂长望教授为了发展中国大气物理，请王淦昌担任他的研究生叶笃正的导师。王淦昌爽快地承担了指导任务，并给叶笃正出了"湄潭近地层大气电位观测研究"的课题，指点他选了观测地点，帮助他把一个坏了的电位计修复使用。王葆仁教授委托他指导化学系蒋泰龙做毕业论文实验，他用化学药剂来显示高能射线的轨迹，并同蒋一起反复做实验。王淦昌关心学生的事，在校内有口皆碑。因此，他的同事和学生对他都很崇敬。在准备从湄潭返回杭州时，正值他生日，为此物理系师生为他举行了庆祝会，当场朗诵诗词、表演节目。这样充满真情的场面使王淦昌十分感动，他说："孩子韫明、遵明至今还记得这个令人难忘的生日。"

　　王淦昌对浙大西迁办学这段历史刻骨铭心，对浙大传承的求是精神高度赞扬并身体力行，一直难以忘怀。他把湄潭当作他的第二故乡，把在浙大工作期间视为他的黄金时代。他曾多次回母校，关心浙大的改革与发展。1997年，他和苏步青、谈家桢、贝时璋四位老学长联名向江泽民致信，建议将原浙大、浙农大、杭大、浙医大四校重新合并，而今他同苏老的愿望得以实现，合并后的浙大得到更快的发展。1997年4月1日，他参加浙江大学百年校庆时，深情地说："我从29岁到45岁在浙大工作16个年头，时间不算太长，但我作为一个科学工作者，这 16 个年头正是我一生中科研思想特别活跃的时期。在黔北湄潭这段时间是我一生中科研思想特别活跃、成就较多、最值得追忆的时光之一。"从 1987 年开始，他给湄潭领导人写过 10 多封信，其中在 1990 年的一封信中是这样写的："40 年代我大部分时间，是在湄潭过的，那时我刚过而立之年，是人生最有活力的阶段，加以湄潭山清水秀、风景宜人，有这样的优美环境及浙大同事，和师生间关系融洽，我的创造力比较突出，思想特别活跃，在国内外物理杂志上发表过近 10 篇文章……虽然仪器十分简陋，图书非常缺乏，但这个时期成果出得最多，就我个人讲是个奇迹，每忆及此感慨万千。我也要感谢当时同事及学生，是他们启发我的思考，鼓励我钻研。"信中特别嘱咐："希望湄潭有识之士，特别要重视初等教育及中等教育，务使全县人民逐步普及教育，提高人民素质，使人口、环保、农业等国家重要问题得到普遍认识而逐渐解决。"他说："每当我想到浙大在湄潭时的情景，就觉得自己年轻了许多，说实话，湄潭的确是我最眷恋和怀念的地方。现在回忆起来尚有心旷神怡之感。"王淦昌对母校浙大，对第二故乡湄潭感情之深可见一斑。

埋名研制两核弹

1950 年 2 月，中国科学院郭沫若院长慧眼识珠，正式邀请王淦昌到中国科学院工作。王淦昌于同年 2 月 16 日到了北京。

1950 年 5 月成立了中国科学院近代物理研究所和应用物理研究所。政务院任命吴有训为近代物理研究所所长，钱三强为副所长；应用物理研究所由严济慈任所长。同年 10 月 17 日召开了吴有训、钱三强、王淦昌、彭桓武等参加的近代物理研究所所务会议，初步确定理论物理、原子核物理、宇宙线、放射化学等为本所的研究方向，其重点为原子核物理。

当年，西方国家对我国实行封锁禁运，王淦昌发扬延安大生产时"自己动手，丰衣足食"的精神，努力让原子能科学在中国大地上生根、开花、结果。后来，近代物理所被人们誉为我国原子能事业的"摇篮"。王淦昌主要承担宇宙线的开创工作，并与萧健、郑仁圻、吕敏等合作，取得《一个中性重介子的衰变》多项开创性成果，引起国际同行的关注。同时，王淦昌多次表示苏联两位科学院院士"新发现靠不住"，后来，用更精密的实验也无法找到什么"变子"，证明王淦昌的意见是正确的。在全国学习"老大哥"热潮的当时，王淦昌敢于坚持真理，敢于大胆提出质疑，充分体现了他崇尚实践的科学精神。

1951年5月起，王淦昌作为九三学社新成员和著名的年轻科学家，参加了为期4个多月的土地改革。1952年4月，王淦昌任中国科学院近代物理研究所副所长，主持所里的日常工作。同年5月，与吴恒兴、林传骝奔赴朝鲜最前线工作4个月，用自己广博的科学知识判断战场上敌方的炮弹片不会是核弹的散裂物，消解敌方使用原子炮的疑虑，还给部队官兵作了有关原子弹原理及其效应的报告，受到部队一致的好评。

1955年7月，王淦昌和时任中国科学院学术秘书薛禹谷校友前往苏联参加"讨论和平利用原子能的科学与技术问题"会议。这次最大的收获是他参观了苏联的一系列核设施。王淦昌徜徉在世界上最大的同步回旋加速器、首座石墨反应堆、浓缩铀235物理技术反应堆、第一个原子能发电站等面前时，十分激动，决心日后为我国和平利用原子能作出重要贡献。

1956年初，周恩来总理《关于知识分子问题的报告》中强调了发展原子能事业的重要意义。同年4月2日，中国科学院近代物理研究所成立"和平利用原子能规划组"，王淦昌任组长，其制定的规划与1955年薄一波主持制定的《关于1956年至1967年发展原子能事业计划大纲（草案）》相结合，构成了一幅我国核科学事业和核工业发展的宏伟蓝图。

在第二次世界大战后，社会主义国家和资本主义国家组成两大阵营，双方在原子武器密切相关的核物理实验研究争抢高地。1956年，当时世界上能级最大的加速器将在苏联杜布纳运行，为了抢在欧洲原子核研究中心能级更大的加速器运行之前取得成果，并为社会主义国家培训核科学研究力量，苏联政府倡议成立社会主义国家联合原子核研究所。在核物理领域已取得显著成就的王淦昌等，自然成为主要成员国参与该所工作的首批人选。

1956年秋，王淦昌来到朝思暮想的高能加速器旁，决心利用先进设备尽快创造成果，为社会主义阵营争先，同时从速培养我国一批年轻的核物理学家。此后，我国一批青年物理工作者相继到达莫斯科北 110 余公里外、伏尔加河畔的原始森林中的杜布纳，其中就有唐孝威、吕敏校友等。各国研究人员在王淦昌的督促下，除在加速器上实验外，还学习有关核科学前沿知识。

1957 年，中国中科院代表团参观苏联联合原子核研究所时，王淦昌（前左一）向团长竺可桢（前左二）介绍工作情况

1959 年秋，以王淦昌为首的中国、苏联、捷克斯洛伐克、民主德国、波兰、越南等国研究组发现了反西格马负超子。

1959 年 1 月，在联合所成员国政府全权代表会议上，王淦昌被选为联合所副所长。1960 年，他提出建造一台长 2 米的大型丙烷气泡室。这是一项富有挑战性、对开展高能核作用及基本粒子研究有价值的倡议，建成后，其成果署名为各成员国合作完成，体现了科学家国际合作的博大胸怀。联合所没有与科研无直接关系的会议和行政工作，是科学研究以至出科研成果的理想之地，王淦昌几乎把全部时间和精力都用于研究及相关的组织管理工作中。王淦昌认为这是他在科学上进展最快、成绩最大、培养人才最多的时期。

1959 年 6 月，赫鲁晓夫将中苏两党在意识形态上的分歧带到国家之间的关系上，单方面撕毁了在此前两国达成的各项协定。1960 年 8 月，又撤回了在中国工作的全部苏联专家，中国年轻的核工业等遭受极大的打击与困难。此后，我国核工业走上全面自力更生的道路。

1960 年 12 月 24 日，王淦昌回到了北京。他认为在联合所科研合作与交流中，对我国培养核科学技术人才起了良好作用。除王淦昌、胡宁、张文裕、朱洪元外，当年到联合所工作或实习的年轻科技人员，如周光召、何祚庥、唐孝威、吕敏、方守贤、丁大钊、冼鼎昌、王乃彦等都先后成为中国科学院院士，王淦昌培养人才功不可没。

20世纪60年代初，我国遇到前所未有的考验：一是自然灾害给国民经济带来严重困难；二是蒋介石集团叫嚣反攻大陆，美国第七舰队在我国沿海耀武扬威；三是苏联乘机发难，撕毁多项协议，拒绝提供核武器研制援助。面对巨大困难，中国人民不怕压力，决心卧薪尝胆，发奋图强，艰苦奋斗，自力更生，计划用八年时间，凭自己力量设计与研制出原子弹来。

正在王淦昌专注地遨游于基本粒子王国时，他接到了参加核武器研制工作的任务。1961年4月3日，第二机械工业部刘杰部长约见他时开门见山地说："王先生，今天请您来，想让您做一件重要的事情。请您参加领导原子弹的研制工作。"刘部长的语气和眼神里，对他充满了信赖和期待。随后，刘部长传达了中共中央关于研制核武器的决定。

党中央的英明决策像一把火，点燃了王淦昌那颗赤诚报国的初心。翌日，王淦昌就到第二机械工业部九所报到去了。国家对王淦昌的要求是：绝对守密，要长期隐姓埋名，不得告诉任何人。王淦昌坚定地说："可以，我做得到。"他决心以身许国，更名为王京。就这样，一位蜚声中外的著名实验物理学家就从科技界悄然"失踪"了。这一"失踪"竟达17年之久！

回望1958年，第二机械工业部第九局和第九研究所（局所合一）在元大都的土城一隅诞生了，李觉任局长（所长）。这里，很快陆续荟萃了中华民族的优秀儿女：有海外归来的学子，有全国各地选拔上来的专家、学者和工程技术人员，有各地刚出校门的高才生。核物理学家朱光亚、"娃娃博士"邓稼先、固体物理学家程开甲、金属物理学家陈能宽等都来了，王淦昌与著名理论物理学家彭桓武、著名力学家郭永怀亦先后来到这个原本沉寂的地方。他们怀着一腔热血自此与我国核武器结下了不解之缘，并夜以继日地寻找着打开原子弹秘密的"金钥匙"。

核武器研制是一个极复杂的、多学科大兵团研制的系统工程。无论对主管实验研究的王淦昌、主管理论研究的彭桓武，还是主管设计研究和实验的郭永怀三位九所副所长来说，都深感责任重大，担子沉重。

王淦昌一入角色，就向年轻科技工作者提出严苛的要求，并身体力行为人师表地、不分昼夜地干了起来，很快形成一种科学求实、平等、民主、和谐、生动、活泼的学术风气。不久，身边工作的人员就对这位在国内外享有盛誉的科学家消除了畏惧感，王淦昌受到普遍的信赖、尊敬和爱戴。在人们心目中，他既是一位大科学家、科技领导人，又是师长、同志和朋友。如唐孝威校友说的那样："在他面前，大家都很随便，就像一家人一样。"

王淦昌事业心特强，要求十分严格。他要求做的事，必须马上就做。他学识渊博，经验丰富，却十分谦虚、好学，有时会当众向青年人请教。为弄清一个问题，他一问，再问，一直到彻底明白为止。有时，还会郑重地向解答者鞠个躬，道声"谢谢"才走。相处久了，大家都为王老师这种治学精神深深感动。在王老师带动下，大家互相学习，取长补短，拜能者为师，在研究所里逐渐形成风气。为了尽快提高大家的理论水平和解决实际问题的能力，王淦昌要求青年们"晚上迟睡，清晨早起"，刻苦钻研学问。

在爆轰实验中，X光照相是最关键、必不可少的测试手段之一。为了实现 X 光照相，他忘了开会，忘了吃饭，忘了睡觉。干得太晚了，科研大院围墙的大门锁了，他就睡在办公室沙发上。

为解开原子弹之谜，最先行的是炸药爆轰实验。20 世纪 60 年代初，实验场要从北京出发向西北而行，翻过八达岭，到塞外燕山脚下古战场、沙漠的边缘，借助工程兵试验场一角而建立的爆轰实验靶场，是中国核武器研制史上具有开篇意义的"十七号工地"。山谷东南山坡上孤零零地支起几顶帐篷，那是实验人员的住所。作为最年长的科学家王淦昌和郭永怀、程开甲、陈能宽等经常到这里来，与大家同吃工程兵食堂送来的低热量饭菜，同住简陋的帐篷，同在飞沙走石的野外实验。实验中随时会遇到各种难题，大家一起讨论，出主意想办法，有时争论一番没结果，第二天王淦昌又想出新办法教大家去做。

在实验中，王淦昌事无巨细，项项工作都记在小本本上。他知识渊博，学术思想活跃，想出了许多好办法。王淦昌先后提出的"炸药透镜法""真空浇注法""泡沫法"和参照德国的"综合颗粒法"等，在爆轰驱动和物态方程的爆轰实验上，都取得突出的成就。经过一段时间讨论，集思广益，爆轰原理实验最后统一在陈能宽博士提出的方案上。而后，王淦昌、郭永怀和陈能宽一起指导实验人员设计起爆元件及实验。就这样，在一年多时间内，研究讨论，设计制作了若干不同类型的部件，做了上千炮爆轰实验，在炸药性能与工艺研究、电子学测试研究等方面取得令人鼓舞的成果，为青海草原核试大会战，为我国第一颗原子弹试爆成功做了组织和技术准备。

王淦昌留恋十七号工地的艰苦岁月，离开爆轰现场那天，56岁的他拔了几根白发，悄悄放进了石缝中留作永久的纪念。

1962年，为加强原子弹设计和试验工作的技术指导，研究所成立产品设计、冷试验、场外试验和中子点火四个技术委员会。王淦昌任冷试验委员会主任。爆轰实验是原子弹研制中的重要环节，他深感责任重大。1963年3月，中国人民解放军副总参谋长张爱萍上将作了青海草原原子弹试验大会战的动员报告后，除理论研究人员留京外，其他设计、实验、生产等人员先后奔赴大西北核武器试验基地。

青海湖东面海晏县的金银滩，海拔近3200米，年平均气温零下4摄氏度。那里风沙大，高寒缺氧，有时六月还会飞飘雪花。科技人员忍受着头晕、心悸、乏力及吃睡差等高原反应，克服水土不服困难，在食品、蔬菜等生活必需品奇缺的情况下，吃着青稞面和蒸不熟透的馒头，豪情满怀地日夜研究试验。王淦昌是最年长的科学家，与大家生活在一起，不搞特殊对待。他对身边人说："搞科学研究的人，特别是从事我们这个事业的科学工作者，不能怕艰苦，不能过多地考虑个人生活，饭能吃饱了就行，我们甚至可以过原始人的生活。"他的一席话，说得年轻人心儿热了起来。

在青海实验基地，哪里有困难，哪里就有王淦昌的身影。凡是有爆轰装置的地方，他都会经常去。雷管的质量怎么样，安装得是否到位，部件的加工质量如何，他都事事关心，逐项检查落实。他常冒着寒风，深入车间、工号和实验现场。有时，天刚蒙蒙亮他就起身，穿着统一发的皮大衣、高筒靴赶到工号与大家一起工作，一起讨论，又一起从一个饭桶里打饭盛菜后，坐在小板凳上迎着风沙与年轻人一起进餐。他既是一位好领导，又是一个普通劳动者。因此，人人都尊敬他，爱戴他，喜欢他。

1963 年 11 月 20 日，进行一次缩小尺寸的整体模型爆轰实验。这一次无论是理论设计和技术设计，还是加工制作以及测试工作等，都有一些创新。11 月的雪域高寒地区，天气奇冷，工作环境恶劣。由于气压低缺氧，小伙子们走快点都气喘吁吁。这时，王淦昌因过劳而感冒、发烧和咳嗽，但仍坚持到实验现场，逐项检查实验装置，逐项落实到位。实验马上开始了，参试人员已退到几百米的警戒线外，而王淦昌还带着技术人员进入关键工号复查，力求做到万无一失。实验成功了！测试人员查看记录信号很好，内爆波和引爆器均达到理论设计的要求。"好极了，好极了！"王淦昌和年轻人一样，边叫边跳着。

这一炮，解决了原子弹研制的关键技术，为我国第一颗原子弹设计、核爆炸试验成功和后续测试等工作打下坚实的基础。王淦昌顾不上休息，当晚就参加实验部的分析讨论会，并在总结本次实验工作的同时，又提出下一步工作的新部署。

1964 年初，以苏联专家 1959 年 6 月撤走日而取名的"596 争气弹"基本上已万事俱备，进入全面攻关复验阶段。同年 2 月，第二机械工业部第九研究所改为第九研究院，王淦昌由副所长升为副院长。专家与工程技术人员以更饱满的精神状态日夜兼程，攻克一个又一个技术难关。

1964 年 4 月，在周恩来总理主持召开的第八次中央专门委员会会议上决定："596 争气弹"采用塔爆方式，并在 9 月 10 日前做好试验前的一切准备，要求做到"保响、保测、保安全，一次成功"。此后，王淦昌更加日夜操劳，寝食难安，心里承受着巨大的精神压力。他每到一个单位察看，总是一边叮嘱大家把工作做细做好，一定要做到"万无一失""一次成功"，一边赞扬鼓励大家"干得漂亮"！

1964 年 6 月 6 日，进行全尺寸大型爆轰实验。这次实验，除了不用核装料之外，其他部件和引爆系统等全部用了原子弹装置核爆试验时所用的材料、结构及系统。实验圆满成功了！这是我国第一颗原子弹在核爆前的一次全面综合性演习，王淦昌比抱一个金娃娃还要激动、还要兴奋！同年 9 月，第一颗原子弹进行全面紧张的装配，王淦昌一直守在炸药部件装配场地旁，直至凌晨三点多主要部件装配完毕才回宿舍休息。

1964 年 9 月下旬，千军万马汇聚神秘的罗布泊旁，第一颗原子弹在试验场进行最后的总装配。王淦昌、彭桓武、李觉等都来到大漠深处，聂荣臻元帅亲自组织领导，基地司令员张蕴钰与王淦昌的学生、物理学家程开甲在第一线做组织协调工作。

技术人员像爱护自己婴儿一样，小心翼翼地将试验核装置从半地下工号吊入一个大铁罐中，再用卷扬机徐徐运送到铁塔顶部，尔后在塔顶工作间里进行紧张的安装、调试。此时，大漠风沙大作，塔尖大幅度摇摆，只好等大风过后，最后完成雷管的安装，又进行自查、互查和小组查。一切安装就绪，王淦昌和李觉等领导仍不放心，亲自坐着吊车登上塔顶，再一次仔细检查雷管、探头、电源及各装置后，最后验收毕由各项目负责人签了名。

1964 年 10 月 16 日 15 时正，距核装置 23 公里的主控站发出核爆令。一道强光划过罗布泊上空，伴随着一声惊天动地的巨响，大地震颤了起来，一颗巨大的火球轰鸣着，以雷霆万钧之力吸着百米多高的沙尘，迅疾地托起滚滚翻腾的蘑菇状烟云，向着苍天呼啸着，翻卷着，奔腾着，人们情不自禁地流下骄傲的、幸福的热泪。王淦昌也抑制不住心头的激动，像年轻人一样边拍手边跳起来。距爆心几十公里外的观测现场，参试人员兴奋地雀跃着、欢呼着、拥抱着……

我国第一颗原子弹的成功爆炸，使全国上下人心大振。但从国家最高领导层到核武器研制的科学家们却没有丝毫满足，而当即把目光瞄准在氢弹爆炸上。

事实上，国家有关部门早在 1960 年就接纳著名物理学家钱三强的建议：在研制原子弹的同时，探索氢弹。二机部党组接受钱三强具体建议后，氢弹的理论探索工作由原子能研究所先行一步，并在钱三强主持下成立了中子物理领导小组，由青年物理学家黄祖洽、于敏任正副组长，组织了 20 多位物理、数学的业务骨干秘密地做热核材料性能和热核反应机理的基础研究，为后来加速突破氢弹技术难关进行预定的理论准备，赢得了宝贵的时间。1965 年初，黄祖洽、于敏等 31 位氢弹研制人员正式调入核武器研究院理论部。同年

2月，二机部向国家呈报了《关于加快发展核武器问题的报告》。周总理主持专门委员会会议，审议报告，力争 1968 年爆炸第一颗氢弹。身为核武器研究院主管实验的副院长王淦昌深知，氢弹理论方案确定以后，实验工作就成了第一位的重要工作。1966 年初，他和实验部人员一起制定了爆轰方案，在一次次冷试验中解决了引爆设计中的技术关键问题。

1966 年 5 月 9 日，我国西北核试验场进行一次加强型含有热核材料的原子弹试验，成了打开氢弹"神秘之门"的钥匙。试验结果表明热核反应过程与理论预测的基本一致，还获得了氢弹理论设计的重要数据。王淦昌感到我国氢弹爆炸的时间指日可待。

正当核武器研制人员铆足了劲向氢弹研制冲刺的时候，"文革"风暴席卷祖国大地，不少无辜的核武器研制科学家受到冲击，王淦昌也难以幸免，也遭受过批斗。幸亏党中央、中央军委多次发出通知，维护核武器研制正常科研、生产秩序，尖端科学研究领域才成了相对平静的港湾。

1966 年冬，王淦昌和核试验人员来到西北核试验场的帐篷里安家。白天，他顶着零下 40 摄氏度低温到各工号检查、解决难题，皮帽下的睫毛、胡子都结满冰霜，像个白头翁；夜晚，他在帐篷里和大家商讨解决一个个难题，几乎每晚工作到深夜。为了这次氢弹塔爆试验，各方都做了大量准备工作，半年时间里完成大小 113 项工程，做好一切周密的准备。同年 12 月 11 日，周总理主持中央专委会会议决定年底或下年初氢弹试验。王淦昌深入各工号逐项细心检查和验收，要求绝对无误。12 月 18 日和 20 日，进行全场试验预演，王淦昌和所有专家、科技人员亲临一线复验，有什么问题及时解决。12 月 25 日完成氢弹弹体总装，27 日操作人员登上高入云霄的塔顶插好雷管。王淦昌及有关人员最后检查后撤到安全区。

1966 年 12 月 28 日 12 时正，氢弹原理塔爆试验成功，观测站沸腾了！从第一颗原子弹爆炸到第一颗氢弹原理试验成功，我国只用了两年零两个月，大大短于西方核大国研制试验周期。12 月 30 日，聂荣臻副总理在马兰主持氢弹试验讨论会，王淦昌是十几位发言者之一。会议决定，1967 年国庆节空投爆响一颗百万吨级大当量的氢弹。王淦昌深感担子沉重，会后即返青海草原的研究基地紧张地开展工作。

1967 年 5 月，第一颗全威力氢弹的加工、装配及试验工作完成。6 月 13 日马兰试验基地空投冷弹预演，全面检查各个环节部位的可靠性。4 天后的 6 月 17 日 8 时正，大漠金色的太阳见证，炸雷般的轰响从天而降，一个更耀眼的"人造太阳"，一个五光十色草帽式的巨大光环旋转着向上升腾于东面的天空！乌鲁木齐市、库尔勒市有些房屋的玻璃都被震裂了。自此，中国成了第四个拥有氢弹的核国家。

1969 年初，过了花甲之年的王淦昌从中央接受了组织我国第一次地下核试验的任务。他决心用自己的行动，自己的热情，自己的真诚，自己的努力去说服、感动、影响周围的人们，请回大家齐心协力地来做地下试验新工作。就这样，地下试验所需的原子弹装置理论设计方案，在于敏的具体指导下，由贺贤土研究小组搞出来了。实验方案、测试原理、实验项目等，经过实验人员和设计人员讨论也都研究决定了，下一步就可以组织生产了。但是青海核武器研制基地因受"文革"影响几近瘫痪，连食堂的烟囱都不冒烟了。面对人心的涣散，王淦昌只好在北京和青海两地来回奔波当"说客"，大会小会一遍遍地陈说核试验的重要意义，一个个地请人回到研制过五颗原子弹、氢弹的"功勋之地"金银滩。他的肺腑之言像催化剂一样，唤醒了大家的工作激情——谁都会被老院长拳拳报国之心感动，一个个先后回到核试验基地，不讲这派那派而全身心地干了起来。

繁重的试验任务和恶劣的高原气候使王淦昌越来越感到体力不支，动一动就气喘吁吁。他只好在办公室接上氧气，到生产一线也身负氧气袋，坚持每天到工号转转。王淦昌的表率作用和拼命精神极大地鼓舞着研制者们，上下并肩，齐心协力，按时完成各项试验产品及试件，保质保量地装上西去的火车。作为第一次地下核试验总指挥的王淦昌也马不停蹄带领有关人员前往马兰核试验基地。

地下平洞核试验场选在罗布泊核试验场内的南山。地洞深达千余米且阴暗潮湿，当年通风设施简陋，洞中空气十分混浊，但设备必须在洞内安装。产品和试件小心翼翼地搬进洞里时，剂量探测器又发现洞内有氡气。这是有毒气体。王淦昌又忙着采取多种措施把危害降到最低限度，保证人身安全。

1969年9月23日，一声沉闷的雷鸣声从地下爆发出来，猛烈地震撼着罗布泊大地，南山峰峦剧烈地跳动着，无数巨石倾泻而下，场面十分壮观。我国第一次地下核爆炸试验成功了。距爆心几十公里外的观测山上，参试人员依然如以前核试验成功一样欢呼与跳跃。

1975年10月27日，中国的核武器研制和试验，经历了一些干扰停滞后，又成功进行了第二次地下平洞核试验。王淦昌领导的取样组四进沾染区采样化验，证实了平洞核爆炸的成功。

1976年，年近古稀的王淦昌又指挥了第三次地下核试验。

这几次地下核试验都很成功，特别是第三次试验，彻底解决了抗干扰问题，测到了几百个预想的数据，获得全面大丰收。

1978年6月，王淦昌被任命为第二机械工业部副部长。不久，他告别了一起工作、生活了十多年的同事，离开了四川绵阳，离开了九院，回到了北京，隐姓埋名17年的王淦昌，对外不再使用"王京"之名了。同年，王淦昌加入中国共产党。

专家暮年争世先

在"文革"中，王淦昌的人格受到侮辱，精神受到打击，但他牢记母校的求是精神，坚信党的阳光终将普照大地。他有强烈的爱国激情，关心国家科学事业发展，为国家建设积极献计献策。1979年6月，王淦昌在五届全国人大二次会议上提出《积极开展原子能发电及有关研究工作建议》。他的建议引起党和国家领导人的高度重视，1982年11月国务院正式批准"728"工程，在浙江海盐建秦山核电站，并于1983年破土动工。他多次到秦山核电站考察并叮嘱说："秦山核电站是我国第一座靠自己力量建设的核电站，必须保证质量，保证安全。"在大亚湾核电站施工期间，他也几次亲自到那里检查工作。王淦昌对中国核电发展始终倾注了极大的心血。1990年2月，他和钱三强、李觉、姜圣阶等几位科学家给江泽民同志、李鹏同志写信，他们希望能将发展我国核电事业列入国家计划。

1983 年，美国总统里根在国会提出"星球大战计划"，引起世界强烈反应。1986 年 3 月 3 日，王淦昌与光学专家王大珩、电子学专家陈芳允、自动控制专家杨嘉墀商议，向邓小平写了一封《关于跟踪研究外国战略性高技术发展的建议》的信。邓小平对这个建议十分重视，立即做了批示："此事宜速作出决定，不可拖延。"该建议很快被党中央国务院批准为《国家高技术研究发展计划纲要》。为纪念王淦昌等四位倡议人和邓小平批示，这个计划被简称为"863"计划。之后王淦昌又提出了一个补充建议：将激光惯性约束核聚变列入"863"计划，也被党中央国务院采纳。

王淦昌晚年为了祖国建设孜孜不倦、呕心沥血的精神，受到早年留学的母校的高度评价，为此柏林自由大学于 1984 年授予他一份荣誉证书，作为他获得学位 50 年后仍在第一线奋斗的奖励。由于王淦昌为国家科学事业发展作出了巨大贡献，1991 年他荣获国家"863"计划会议颁发的荣誉证书；1994 年荣获首届何梁何利基金科学技术成就

1986 年 3 月，向中央提出 863 计划建议的四位科学家（右起：王淦昌、杨嘉墀、王大珩、陈芳允）留影

奖；2003 年，国家天文台于 1997 年发现的小行星 14558 号由国际天文联合会正式命名为"王淦昌星"。

"历史往事已经过去，'四化'建设要靠新人。"这是王淦昌常说的一句话。为了鼓励青少年茁壮成长，早在 1982 年，他就将获得的国家自然科学奖一等奖奖金全部捐给了原子能研究院子弟学校。为了鼓励中国原子能研究院出更多的科研成果，1996 年 4 月，他捐款 4 万元，成立了王淦昌基础教育奖励基金会。他生前还立下遗嘱，将他的 50 万元奖金捐给该院奖励有突出贡

献的科技人员。

1987 年 5 月 28 日是王淦昌院士 80 大寿喜庆日。王淦昌院士庆生不忘科学，在北京中国科技会堂举行的祝贺王淦昌八十寿辰学术报告会上，王淦昌作《准分子 KrF 和 XeF 强激光》的学术报告。许多科学家作诗题词祝贺，过了一个隆重而俭朴的庆生会。

1987 年 5 月，80 大寿的王淦昌（左二）与周光召（右二）、陈绍博（左一）会见袁家骝（左三）、吴健雄（左四）夫妇后合影

王淦昌也关心母校浙江大学的改革与发展，关心青年学子的成长。1996 年 12 月，他应浙大校友总会《求是英才传》约稿，百忙之中寄来小传和"实事求是"的题词；1997 年 4 月，王淦昌不顾年事已高，仍赴杭州参加母校浙江大学建校 100 周年庆祝活动，并给母校题词："百年耕耘桃李遍五洲，四季育才使命赋求是。"这充分表达了他对母校的热爱，对母校百年传承的求是精神的颂扬，令人感佩与崇敬。

王淦昌告诉青年朋友："知识在于积累，才智在于勤奋，成功在于信心。"他希望青少年朋友将来成为国家栋梁，希望祖国的未来更加美好。

勤俭温馨一家人

江苏常熟市东南行十几里是支塘镇，沿小镇往北行几里路，有个绿水环绕的小村枫塘湾，这就是王淦昌的故乡。王淦昌的父亲，王以仁是枫塘湾的大户人家，拥有百亩田产和一座十多间雕梁画栋的大瓦房宅院。王以仁每年在"义庄"举行一次对王氏宗族中贫困户的施舍活动。民国时期，出于安全考虑，王淦昌家庭主要成员从枫塘湾搬到镇上居住。

枫塘湾王淦昌故居，整座院落坐东朝西，其核心建筑比较完整，皆为木质梁架结构,共有三进三院及一个侧厢,建筑面积为 257.42 平方米。2008 年,王淦昌故居被列入常熟市首批名人故居。2009 年,被列为常熟市第七批文物保护单位。2017 年春,为纪念王淦昌先生诞辰 110 周年,展示他的丰功伟绩,弘扬"两弹一星"精神,市、镇两级政府拨专款为王淦昌故居进行修缮。本次修缮工程,还将王淦昌故居保护范围内的部分传统民居纳入,总占地面积达到 971.73 平方米。修缮后的王淦昌故居作为爱国主义教育基地,免费向社会公众开放。

当年,王以仁的前妻生了三个女儿后因病不能再生育,待她操持好大女儿和二女儿婚事后便逝去。王以仁只好为三女儿招了个姓张的夫婿,视婿为子,至王家改姓王,叫王舜昌,跟王以仁学中医。过了知天命的王以仁觉得未生儿子对不起祖宗,又娶了个年轻女子宗秀宝为妻,寄望她生子以继香火,但妻子过门数年未见结果,于是领养了一个儿子起名王钺昌,排行第二。儿子领进门一年多,妻子却添喜怀孕了,于 1907 年生下小儿子王淦昌。王以仁花甲之年得子,分外高兴,在义庄请客吃满月酒添喜。

有了小淦昌,压在妈妈宗秀宝心头多年的世俗偏见大山消失了,她感到有种前所未有的轻松;有了小淦昌,花甲之年的王以仁仿佛一夜间年轻了十岁,笑容常挂在"五线谱"下的眉间。可爱天真的大头娃娃,着实让父母享受了几年天伦之乐,也为王家的生活平添无限的欢笑和美好寄托。

1920 年春,王淦昌小学五年级时,妈妈宗秀宝因病仙逝。因此外婆更疼爱他,他也更听外婆的话,外婆让做的事,他都无条件服从。有一天,外婆对他说:"你已经 14 岁了,说大是不大,说小也不算小,你妈不在,没人照顾你,我想给你娶个媳妇在家里,可以照顾你的生活,你也算有自己的家。"王淦昌听了很高兴,认为娶了媳妇有自己的家,就不再孤立,不再受人欺负了。同年暑假,王淦昌迎娶了 17 岁的妻子吴月琴。

吴月琴出生在董浜镇一个小地主家,离支塘镇五六里路。她识字不多,但在生活上无微不至地照顾自己的小丈夫;王淦昌一切有了依靠,深感家庭的温暖和幸福,对此十分满足。在中学里,他不敢透露自己家里有个大自己3 岁的妻子,如果同学知道他外婆包办的婚姻,他们会取笑他甚至鼓动他反对这种不自主的婚姻。因为是外婆安排，而且吴月琴对他关爱有加，王淦昌没有休掉她的意向，只是觉得内心有种难为情的感觉。

1926年初，王淦昌跨进"清华天堂"的大门才半年，妻子生了个女儿，回到家里就升级当起了爸爸，他觉得有点不好意思。大伯喜欢小侄女，早就起名叫慧明。吴月琴是典型的乡下女子，她遵从父母之命，严格按封建社会对女子的要求，做个"三从四德"、传宗接代的好妻子。她有纯正的伦理道德观念，心地善良，敬老爱幼，在王家大家庭中勤恳自律，谦虚谨慎，恪守本分，深得兄嫂们喜爱。1927年，王淦昌夫妇二女儿出生，大伯给她起名韫明。1930年，他们的大儿子来到人世，又是大伯起名懋基。5年得3子女，全由吴月琴养育，辛苦可想而知。

1937年秋，因避日寇硝烟，王淦昌随浙江大学举家西迁，颠沛流离两年余，直到1940年春迁到贵州遵义，先在遵义老城租了一处房子住，翌年才终迁湄潭安家。王淦昌一生中令他最难忘的就是他在浙江大学任教的岁月，特别是1941年夏又携一家七口人搬到湄潭后，王淦昌在湄潭县城南门租了两间房子，借了几张床和桌椅，孩子们住在只有一个天窗的木阁楼上，当时大女儿已读浙大附中，在遵义出生的小女儿遵明才一岁多。他们到湄潭后生活十分艰苦，一岁的遵明因先天不足、缺乏营养，生命处于垂危之中。王淦昌自己因患过肺结核，身体也很虚弱。为了一家人的营养，王淦昌的夫人吴月琴就在屋后的小山坡上开荒种菜。听说羊奶

王淦昌一家（前排左起：王遵明、王德基；后排左起：王懋基、王韫明，王慧明，1944年于湄潭）

和鸡蛋可以治肺结核，她就亲自养鸡、养奶羊，并让几个大的孩子轮流放羊割草，每天挤点羊奶给孩子们和王淦昌喝。王淦昌家如此困难，有的人却不理解，私下议论说他29岁就当了教授，工薪高，夫人又节俭持家，该有节余。后来才恍然大悟：原来全面抗战一开始，他为了支援抗战把家中的金银财物都捐献了。也有人建议王淦昌做点生意改善一下家中生活，但被他拒绝了。

王淦昌的同事、朋友和学生都十分羡慕他有个温馨的家。1956年至1960年，王淦昌在苏联杜布纳联合核子研究所工作。为了照顾王淦昌的生活，吴月琴也来到杜布纳。许多中国科学家周末到王淦昌住所做客仍不忘讨论工作，吴月琴总是热情地招待他们。有一次她说："如果我有文化，把你们的研究活动记下来，写成一本《充满客厅的原子味》，该多好啊！"

几十年来，妻子吴月琴跟随丈夫辗转南北西东，无论是风景如画的杭州，还是偏僻艰苦的湄潭，她都携儿带女，尽心尽力侍候丈夫，尤其在西迁途中、湄潭办学的艰苦岁月，千方百计让丈夫吃到可口饭菜。她对丈夫的友人、学生视同自己亲人，热情相待，随和亲切，凡到过王淦昌家的人都有同样的感受。这位勤劳节俭、善良贤惠的女性，任劳任怨，全力操持家务，侍候丈夫和料理5个孩子的饮食起居，默默地把一生奉献给自己的家，使王淦昌能够全身心投入到教学和科研中去。他们的子女都为有这么一位伟大的母亲而自豪！他们常会在爸爸面前为妈妈评功摆好："爸爸，你不要忘了，你科学上的所有成就，都有我们妈妈的一份功劳！"对此，妈妈都会不好意思地直摇手，一家人哈哈大笑！

在孩子们的印象里，爸爸回家来就是家中改善伙食的日子。孩子大了，也知道

20世纪90年代王淦昌、吴月琴夫妇合影

关心爸爸，虽然爸爸从未讲过工作上的事，但全家人都觉察到爸爸在做一件了不起的大事，爸爸应该是家中的"重点保护对象"。对于妻子和孩子们的温情，王淦昌感觉得到，这种来自家庭的暖流让他欣慰，他更多地将这种来自家庭的爱转化成原子弹爆轰实验的动力，并将亲人的情感融入核物理的美丽世界之中！

事实上，王淦昌不仅是家里的"重点保护对象"，更是国家的"重点保护对象"。1962 年周恩来曾对九局局长李觉郑重地说：王淦昌同志是我们中国人民的"宝贵财富"，我国核试验的希望，现在我把他交给你，请把王淦昌同志保护好，尽力使王老生活好，工作好。从周总理的话里，可以看到王淦昌等一些科学家对中国核武器研制的重要性，也体现出党和国家这个大家庭对科学家温暖的关怀。

王淦昌的儿女们受父母言传身教和潜移默化的影响，都有努力读好书并报效祖国的心。大女儿王慧明于 1951 年上海交通大学毕业后留校，校方送她去中国人民大学进修，后一直在上海交大担任党政管理工作。二女儿王韫明于 1949 年浙大生物系毕业后留校任教，后调南京师范大学任教授。2009 年 6 月，笔者应湄潭县县委、县政府邀请偕老伴去湄潭参加浙江大学西迁湄潭办学 70 周年纪念会，与王韫明一同参加大会、座谈会，寻访她父亲工作过的双修寺、她家住过的地方并一同留影。小女儿王遵明 1963 年毕业于南开大学生物系，分配在中国科学院动物研究所从事昆虫区系分类的研究，是副研究员。大儿子王懋基 1952 年因国家建设需要，提前一

2009 年 6 月在湄潭纪念活动现场合影（左起：洪星、王韫明、杨达寿）

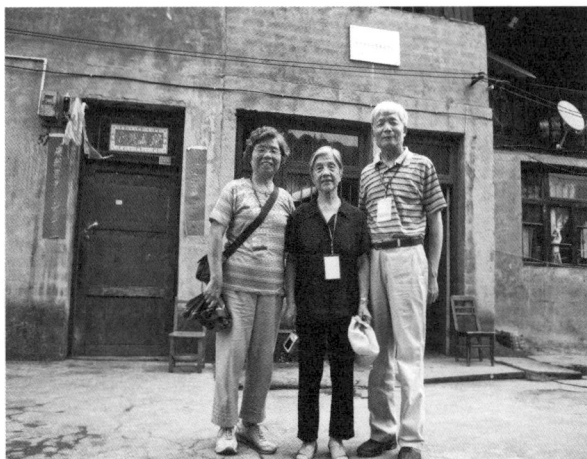

2009 年 6 月作者夫妇与王淦昌二女儿王韫明（中）在永兴
当年教授宿舍前合影

年毕业于浙大物理系，分配到地质部，几十年来为找铁矿和油田南征北战，风餐露宿，与同事一起荣获国家自然科学奖一等奖。小儿子王德基 1962 年毕业于江苏盐城工业专科学校，分配在机械工业部成套设备局工作。2005 年中秋节，王德基给我送来一本《两弹一星功勋科学家：王淦昌》，我爱不释手。王德基妻子赵素巧也是核工业部干部，1987 年她随王淦昌从核试验基地回到北京，与王德基结束两地分居的生活，从此一家人和父母在一块儿生活。外地的儿女们也关爱王淦昌夫妇，常借假期探望父母，共享天伦之乐。

（2020 年 12 月 10 日改定）

吴健雄

吴健雄（1912年5月—1997年2月），江苏苏州太仓浏河镇人。美籍华人，核物理学家。1934年夏从国立中央大学物理系毕业，获学士学位。同年初秋进入浙江大学任助教。1940年从美国加州大学伯克利分校（UC Berkeley）毕业，获物理学博士学位。1958年，任哥伦比亚大学教授，当选为美国国家科学院院士。1975年获美国最高科学荣誉——国家科学勋章。1990年，中国科学院紫金山天文台将国际编号为2752号的小行星命名为"吴健雄星"。1994年当选为中国科学院首批外籍院士。在原子能利用、β衰变研究领域具有世界性的重大贡献，是美国物理学会（APS）历史上第一位女性会长，也曾参与过曼哈顿计划。用β衰变实验证明了在弱相互作用中的宇称不守恒。该成果奠定了吴健雄世界一流实验物理学家的地位，被公认为世界最杰出的物理学家之一。

吴健雄的父亲吴仲裔德高望重。他参加过革命党、宣传过新思想，抗战时在上海支援过 19 路军的军需等；他受过蔡元培等人先进思想的教育，胸怀大志。他回浏河家乡平匪稳定局势后，在小镇上创办明德女子职业补习学校，学生既学文化知识，又学一技之长。吴仲裔自任校长。为何叫明德学校？吴仲裔解释："大学之道，在明明德"，就是"既讲文明，又树新德"，这个德当然不是"三从四德"的"德"了。

艰苦求学，成绩优异

吴仲裔决心从自家子女做起。吴健雄也进了明德学校学习，并获文化和技艺双丰收。

1923 年，吴健雄于明德学校毕业，文化课只相当于小学学历。吴仲裔不顾社会上男尊女卑的偏见，决定让吴健雄报考苏州女子师范学校。吴健雄第一次离家 25 公里去读书，父亲用名人名言激励她，还说："你已经 11 岁，上了中学，该是大人啦，好好念书……要学会自理生活，不能搞特殊。"

吴健雄在苏州女子师范学校读书时，成绩名列前茅。当她得知普通中学部比她上的师范部多学数理化课和英语课时，她千方百计借人家书自学，把数理化课补上。

在苏州女子师范学校学习 6 年，吴健雄的作文常常得到老师的表扬。她的作文和书法好，与她的祖父、父亲从小给她灌输诗词、汉语和书法的知识，让她苦练基本功有关。有一次，老师在她作文后用红笔批注"可作全班同学的范本"一句话，还在课堂上读了几段她的作文。寒假回家，父亲看了后开门见山地说："你这篇要作范本的文章，依我看勉强及格，这篇作文用词华丽，但文中无物，很空洞，毫无实际内容。你想，假如一个女孩，一心只追求最美的外衣，却大字不识一个，这让人什么感觉？写文章和做人一样，要实实在在，华实兼备。"此后，她就按父亲要求去做，还常把这故事讲给别人听，说做人和写文章都要实在。

1929 年，吴健雄以优异成绩从苏州女子师范学校毕业，并被保送到中央大学（现南京大学、东南大学等校前身）。当年，按规定师范毕业生要先教书一年，才能继续升师范大学外的其他大学。因当时规定不严格，吴健雄就进了胡适当校长的上海中国公学读了一年书，一来可成为胡适的得意门生，二来可把自学的高中数理化等课再认真读一遍，这样对去中央大学学习理科有好处。

胡适校长知道本校有一个资质优异的学生叫吴健雄。有一次考试，规定考三个钟头，吴健雄两个钟头就第一个交了卷。胡适很快看完卷子，正巧两位名师杨鸿烈、马君武都在。胡适就说，他从来没有看到一个学生对清朝三百年思想史懂得那么透彻，于是给了她一百分。杨鸿烈、马君武二人也同时说，班上有一个女生总是考一百分。于是三人各自把这个学生的名字写下来，拿出来一看，结果三人写的都是吴健雄。

吴健雄的长处是文科，入中央大学前已确定学理科，但她对数理化仍有些担心，好在父亲特地到上海买了《三角》《范氏代数》和《几何》三本书，利用在家过暑假认真自修了一遍。吴健雄来到中央大学后，校方尊重她的意愿分在数学系，经入学口试，老师都很满意。

吴健雄第一学期刚学完，就转学到最喜爱的物理系。为了时刻鞭策自己勤奋学习，吴健雄在一张白纸上写了"苦读"两字作为座右铭。这样，她读的书远超一般同学。据居里夫人为中国培养的唯一博士生、教过吴健雄大学四年级近代物理的施士元老师说："吴健雄做学生时，不多言语，待人温和，秉性喜静，爱好读书，兴趣广泛，写一手刚健秀丽的毛笔字。她刻苦勤奋，废寝忘食，特别喜爱做实验，这就奠定了她后来出国深造的基础。"吴健雄的一位同班同学说："吴健雄学习非常刻苦用功，整天不是听课，就是泡图书馆，班上数她向老师提问题最多……由于她刻苦，所以各科成绩都能保持优秀，成绩一直名列前茅，多次获得奖学金。"

吴健雄学有余力，知识面宽，除物理系规定课程外，还选修了两年数学、一年电机学课，这是一般同学难以做到的事。

吴健雄在中央大学读书的四年，是中国兵荒马乱、政局动荡、学潮迭起的四年。大二之初，东北爆发了日本帝国主义入侵的"九一八"事变，1932年发生日寇登陆淞沪的"一·二八"事变，民情激愤，中央大学学生带头示威游行，大家推举吴健雄为游行请愿领导人，她就带领大家游行示威。

1934 年 7 月，吴健雄从老校长罗家伦手中接过烫有金字的"中央大学理学士"学位证书时，她激动得热泪盈眶。吴健雄像一个艰难的登攀者，既有"腾身转觉三天近"的喜悦，还有"烟涛微茫信难求"的茫然。

20 世纪 30 年代初期，物理学在西方正经历革命性变革，年轻的吴健雄虽然并不完全知晓，但她少年时念过关于居里夫人的传记，居里夫人是吴健雄崇拜的偶像。不过，她完全没有想到，自己正像一个登峰者来到原子核物理高峰的山脚下，万想不到 20 年后，自己会因为在原子核物理方面的杰出贡献而被人誉为"中国的居里夫人"，这是后话。

1934 年初秋，吴健雄到浙江大学当物理助教；1935 年初秋到中央研究院上海分院从事物理研究。她于 1936 年 8 月告别父母、叔叔、兄弟，乘坐美国"胡佛总统号"海轮，经十几天颠簸前往旧金山转密歇根大学深造。在去报到前，吴健雄想借便参观伯克利加州大学这座"全国最优秀的校园"，学校请半月前到校的中国留学生袁家骝陪同参观。袁家骝大方、憨厚、谦虚，吴健雄温柔、恬静、美丽，各自给对方留下了美好的印象。

"伯克利"这个名称，在人们心目中是"全国最优秀学府"的代称。学校的教授来自世界各地，不少是拥有殊荣的学者，有十几位国家科学院院士，还有几位诺贝尔奖得主，约有 40% 来自世界各地的优秀生。美国人都公认，该校拥有全美第一流的研究所。袁家骝还带她看了欧内斯特·劳伦斯物理系莱康特馆中的放射性实验室。该实验室已建成一台劳伦斯于 1930 年发明的 37 英寸的回旋加速器，它使基本粒子物理的研究始终保持着世界领先的地位。因此，劳伦斯荣获诺贝尔奖。吴健雄被该校的实验设施所吸引，就这样参观了整整两天，她羡慕不已，并与袁家骝说："对研究核物理的人来说，若能在这儿工作，那是世界上最幸福的人！"

"那你为何不要求到这儿来上学呢？"袁家骝说。

吴健雄笑说："那除非是做梦！"袁家骝又劝说："倘你真有心想来的话，你完全可以跟物理系谈一次。"

人生常会遇到选择，就看你能不能抓住机遇。吴健雄心想，如真能成为劳伦斯的弟子该多好啊！第二天一早，她未用餐就去找袁家骝，把自己的想法如实告诉了袁家骝。

在袁家骝一再要求下，物理系系主任柏基总算同意与吴健雄见一面。吴健雄十分珍惜来之不易的机会，用流利的英语讲了自己在中央大学、浙江大学、中央研究院上海分院从事物理学习与研究的情况，还给他看了有关这方面的书面证明材料。注重学习研究过程与业绩的柏基主任心想她是理想的学生，当场拍板说："你被接受为我们物理系学生了。"就这样吴健雄成了伯克利加州大学的研究生。

吴健雄在伯克利（20 世纪 30 年代）

吴健雄在物理系 15 人的研究生大班听基础课。开始，她听老师全英文讲课有点吃力，于是一方面加强英文听与说，另一方面借美国同学课堂笔记核对。好在她天资聪颖，不到一年就过了英语关。第一学年年终考试，吴健雄五门主修课全为优，第二年就得了奖学金，系里还同意她参加本科生的改卷等工作，每月可得一二百美元津贴，以补贴生活开支。这样，她就不用叔叔给她资助了。

从第二学年第二学期开始，吴健雄毫不犹豫地选劳伦斯为导师。劳伦斯实验室除业务水平要求高外，对人的体力也有较高要求。他从未接受过女研究生，就是人高马大的本土女研究生找上门来，也被他一一拒绝。面对眼前这位美丽的姑娘，看上去较弱小，欠结实，劳伦斯没有表态。劳伦斯介绍了他这学科的目的、回旋加速器的功用，后又再三强调实验的艰苦、攻读原子核物理的艰辛等。

吴健雄听得出他不乐意接受，但亦未拒绝。吴健雄郑重地表示："老师，请放心，如果你接受我这名博士生，我决不会使你丢脸、使你失望的，这是我终身的选择，再艰苦的实验条件我也能顶下来。"自此，劳伦斯成为吴健雄的博士指导老师，并在系里注册。但劳伦斯实在太忙，较多指导吴健雄的是著名物理学家费米的好友塞克瑞老师。

20 世纪 30 年代的劳伦斯实验室，设备世界一流，但室内也无空调，加州夏天很热，常常一站就是一整天，衣服湿透是常事。吴健雄默默告诫自己：挺住！劳伦斯都能坚持，自己决不能丢中国人的脸。她常以孟子的话给自己打气："天将降大任于是人也，必先苦其心志，劳其筋骨，饿其体肤，空乏其身，行拂乱其所为。"她就这样坚持下来了。

1938 年新学年初，吴健雄的主要理论课结束了，后两年是提高专业水平做论文阶段。吴健雄请求劳伦斯早日给出论文题目。一天，劳伦斯托人带给吴健雄一张便笺，草草写着两行字："请转告吴女士，她的论文题目是'轫致辐射'。"塞克瑞老师说：他们（指奥本海默、费米、劳伦斯等）可能在从事有关国防的秘密研究，可能与核裂变有关，不管题目如何，你的实验就是观察核子撞击后所产生的裂变、气体及各种变化情况。经塞克瑞老师一指点，吴健雄也想起劳伦斯临走时的交代，希望她在塞克瑞老师指导下，进行原子核裂变的实验和研究。

有一天，系里要吴健雄接待一位科学家的参观。在参观中谈到吴健雄的论文实验如数家珍，使她豁然开朗，于是她大着胆问他尊姓大名，对方笑说"我叫费米"。原来她半年来的"辐射"实验，就是验证费米的理论。吴健雄再三感谢费米老师的亲临指导。费米也夸她半年来核裂变实验取得很大成绩，请她继续沿这条路走下去，"相信你的论文会成功的，也许会成为我们物理史上的千古绝唱"。

费米临走前又强调：你的论文，有关核裂变实验的各种数据和控制的详细情况，不得公布，只有得到劳伦斯和他本人的允许，方能取出使用。

费米指点后，吴健雄信心大增，博士论文进展更快，实验取得新的突破，但中子在反应和吸收上，气体的控制和反控制还有大量的实验要做。此间，劳伦斯每月会回实验室一至两次，详细指导吴健雄的实验，帮她解决许多难题，并一再鼓励她不可气馁，要一鼓作气完成最后两项指标的突破，如果成功，她将成为摸清"裂变"全过程第一人。

1940年5月17日，是吴健雄论文答辩的日子，到场的有校内外考评专家、全体研究生、同班同学及本科物理高年级部分同学100余人。吴健雄从开头紧张、很快自信地做完论文报告，全场长时间鼓掌，而后从容地一一解答专家的提问，最后她的论文得以顺利通过。后来，伯克利加州大学校报用"名师出高徒"这句中国成语为题，报道吴健雄论文答辩的实况。获得物理学博士学位后，她的学位论文非保密部分内容发表在物理学界权威刊物《物理评论》上。

一个夏日艳阳高照的上午，吴健雄等32名博士毕业生意气风发地走上台。当吴健雄从校长手里接过毕业文凭和学位证书时，心中充满了自豪和喜悦。

科学研究，重大贡献

吴健雄科学研究涉及面广，大多与物理学基本问题有关，主要在原子能利用、β衰变研究等领域。1938年，吴健雄研究原子核裂变，实际上已在做原子弹研制的前期工作，但当年她根本不知道这种巨型炸弹的杀伤力。

1942年5月，吴健雄在北安普顿史密斯女子学院担任讲师后，老师劳伦斯请吴健雄去波士顿开战备会议，她向老师倾诉了不搞科研工作的苦闷心情。劳伦斯是协助奥本海默研制原子弹的实际负责人之一，是美国学术界举足轻重的人物。他要吴健雄不要放弃核裂变的实验，并表示一定要把她推荐到"曼哈顿计划"中来。因基地筹建尚未就绪，老师想推荐她先到重点大学教点书，兼做点实验。后来，劳伦斯就委托哥伦比亚大学"曼哈顿计划"的军代表等约谈吴健雄并调她到"曼哈顿计划"工作中来。

1944年，吴健雄被"曼哈顿计划"正式聘为成员，作为资深科学家暂时参与浓缩铀的制作，发展γ射线探测器，当时她以未入美籍华人身份参加美国最核心的机密研究是十分不易的。她知道自己的工作是为战胜德国法西斯，为打败日本帝国主义，为拯救水深火热的中国人民，是一项研究原子弹的伟大的工程，倍感荣幸。

庞大的原子弹研制，汇集了上万的科学家和工程技术人员，吴健雄的名字紧跟在奥本海默、费米、劳伦斯等大科学家后面，受到人们的崇敬与赞扬。

试制原子弹是一项系统工程，如果某个环节的试制受阻就难以为继，甚至失败。此时，费米又到汉福特反应器工厂投入试生产，遇到原子核链式反应不正常，一时摸不清原因。正当一筹莫展时，吴健雄的老师塞克瑞说，他曾要吴健雄在伯克利加州大学做过这方面实验，她的论文保密部分正是对中子吸收的截面做过研究并有详细实验数据。费米醒悟过来说还与她讨论过，并关照保密。于是，费米请哥伦比亚大学军代表向吴健雄要来论文副本。费米根据吴健雄实验数据及说明，重新实验，终于成功，对工程顺利开展、缩短生产时间起了巨大作用。费米夫人回忆说，是由于吴健雄等人的贡献才使原子弹提前试爆成功。这兴许就是有人誉称吴健雄为"原子弹之母"的由来。

1945 年 7 月 16 日上午 5 时半，在新墨西哥州阿拉莫戈多的一片沙漠地带爆炸成功世界第一颗原子弹。费米夫人做了描写："整个原野被一种强度比正午太阳强许多倍的刺眼光芒照得通亮，那是金色的、深红色的、紫色的、灰色和蓝色的。它以无法形容的清晰和华美照亮了每一座山峰……爆炸后 30 秒钟，先是冲来了一股气浪，随之响起了强烈、持久可怕的怒吼，似乎预示世界的末日。"三周后，在日本广岛、长崎相继进行实战性爆炸，再加上苏联对日本的宣战，8 月 14 日日本决定无条件投降。

吴健雄不同意称自己是"原子弹之母"等之说，而是想学成回国，做个"科学强国"梦，就在他们夫妇准备回国时，蒋介石发动了全面内战，这个金色的梦渐行渐远，一种无可奈何的心情常萦绕在吴健雄的心头。

二战结束后，鉴于吴健雄对原子弹的巨大贡献，仍留哥伦比亚大学执教，但不作为教师队伍编制。她只好边教学边从事 β 衰变的研究。1948 年，吴健雄获聘美国

世界上第一颗原子弹爆炸的蘑菇云（1945 年 7 月 16 日）

物理学会会士。由于国际学术界对吴健雄的看重，还有哥伦比亚大学内部师生看到吴健雄一肩挑科学研究，一肩挑教学工作的艰辛，希望她长期执教。在这样里外压力下，哥伦比亚大学才于 1952 年给她升为副教授，但她的年薪仍较低。

在众多贡献中，吴健雄在 β 衰变领域主要有三大贡献：一是 β 谱的研究；二是首次证明弱作用中宇称不守恒；三是首次证明弱作用的矢量流守恒。

二战后，费米在中微子假设基础上提出了 β 衰变理论，但这个理论与有些人的实验不吻合，引起物理学界许多争论。在这种情况下，吴健雄用厚度极薄又均匀的放射源，对 64Cu 的 β 谱进行仔细测量，得到结果与费米理论预言的允许谱完全吻合，且被许多实验物理学家证实。吴健雄写成论文发表后，解决了较长时间对 β 衰变的争论。20 世纪 50 年代初，她成了举世公认、当之无愧的 β 衰变研究的权威。但在当时，吴健雄的 β 衰变研究鲜为人知，其主要原因还是哥伦比亚大学没有足够重视与宣传。

1956 年之前，吴健雄因在 β 衰变方面所做过的细致精密又多种多样的实验工作而为核物理学界所熟知，同年李政道、杨振宁提出在 β 衰变过程中宇称可能不守恒之后，吴健雄立即领导她的小组进行了一个实验，在极低温条件下用强磁场把钴 -60 原子核自旋方向极化，而观察钴 -60 原子核 β 衰变放出的电子的出射方向。他们发现绝大多数电子的出射方向都和钴 -60 原子核的自旋方向相反。这个实验结果证实了弱相互作用中的宇称不守恒，在整个物理学界产生了极为深远的影响。

1957 年 1 月 15 日，吴健雄的实验多次证实了杨振宁、李政道的设想，她将实验报告整理成论文，寄到了《物理评论》。同日，哥伦比亚大学物理系为这项新的发现，史无前例地召开了全系师生员工大会，同时举行了记者新闻发布会。

第二天，《纽约时报》以头版报道了吴健雄实验的结果。消息传出后，许多国家都做了报道。有的科学家发来贺信，也有的同行科学家奔向自己的实验室重复这个重大实验。吴健雄还接到不少大学及实验机构的邀请，要她去做她的实验结果报告。1957 年 1 月 30 日，美国物理学会提前举行

李政道（左）、杨振宁（右）发现了弱相互作用中的宇称不守恒（1956年），并由吴健雄（右图）的实验所证实（1957年）

年会，与会物理学家超过千人，创下历史纪录。会上，在长时间暴风雨般的掌声中吴健雄宣读了实验报告。大会主席总结时表彰了吴健雄的功绩，说"这是一个划时代的实验"，"这是人类认识史上一块新的里程碑"！最后主席说："由于吴健雄改写了物理史，所以她接受任何荣誉都是当之无愧的！"但由于某些原因，吴健雄未能与杨振宁、李政道二人共同获得1957年的诺贝尔奖。许多科学家都在不同场合公开表示吴健雄得诺贝尔奖是当之无愧的，没能获奖只能有损评委的权威和公允。对此，吴健雄从未认真做出回应，只是在给1988年诺贝尔奖得主斯坦伯格的祝贺信上写道："尽管我从来没有为了得奖而去做研究工作，但是，当我的工作因为某种原因而被人忽视，依然是深深地伤害了我。"

吴健雄在实验室（20世纪50年代）

　　吴健雄对β衰变的一系列实

验工作，特别是 1963 年证明的核 β 衰变中矢量流守恒定律，是物理学史上第一次由实验证实电磁相互作用与弱相互作用有密切关系，对后来电弱统一理论的问题起了重要作用；她证实了 β 谱形状的源效应，澄清了早期 β 衰变理论中的一些错误，支持了费米理论；她对 β 衰变的各种跃迁，特别是禁戒跃迁的全部级次进行了系统的研究，丰富和完善了 β 衰变的理论；1970 年，吴健雄等在美国克利夫兰附近的一个 600 余米深的盐矿井内进行的 48Ca 双 β 衰变的实验，也取得可喜成果。

吴健雄还与 S.A. 莫兹科夫斯基（Moczkowski）合著有《β 衰变》一书；在 K. 西格邦（Siegbahn）所编《α-，β- 和 γ- 射线谱学》一书中，吴健雄也是关于 β 衰变和 β 相互作用部分的撰稿人。前面所述两项主要学术成就实际上也都与 β 衰变研究直接有关。此外，1992 年，南京大学出版社出版了吴健雄夫妇论文演讲集《半个世纪的科学生涯》。

吴健雄在实验核物理方面的研究工作涉及面很广，如关于量子力学的基本理论方面的实验研究；μ 子、介子和反质子物理方面的实验研究；穆斯堡尔效应的测量及其应用方面的工作；等等。她著文对量子力学的局部隐变量理论作了否定，从而在更高程度上支持了量子力学的正统法则。她尤其注意实验技术的不断改进，对多种核辐射探测器的开发、改进等，都作出了很大的贡献。

1975 年吴健雄在美国白宫接受福特总统颁发的国家科学勋章

吴健雄没有得到诺贝尔奖，却得到其他许多崇高的荣誉：1958 年，除晋升为哥伦比亚大学教授外，还获普林斯顿大学创校百年来第一位女荣誉博士，并当选为第一位华裔美国国家科学院院士，被列入《美国科学名人录》。1972 年起，又晋升为普林斯顿大学物理学教授，直到 1980 年退休。1975 年，获得美国总统福特在白宫授予她的国家科学勋章，这是美国最高科学荣誉。同年，当选美国物理学会会长，并获美国物理学会 Tom Bonner 奖。1978 年在以色列获得沃尔夫奖。1982 年，吴健雄受聘为南京大学、北京大学、中国科学技术大学名誉教授，是中国科学院高能物理研究所学术委员会委员。1990 年，中国科学院紫金山天文台将国际编号为 2752 号的小行星命名为"吴健雄星"。1994 年，吴健雄当选为中国科学院首批外籍院士。截至 1991 年，吴健雄荣获世界各国政府及著名大学的荣誉、学位和奖励就有 60 多项，此不一一列举。

浙大助教，多校教授

一提起实验物理学家吴健雄，人们总会滔滔不绝地谈她为世界现代物理学发展作出了杰出的贡献：她在读博士期间就参加了制造原子弹的"曼哈顿计划"，解决了链式反应无法延续的重大难题，被人们称为"原子弹之母"；她帮助李政道、杨振宁获得了诺贝尔奖，验证了著名的"弱相互作用下的宇称不守恒"。她这一生所取得的辉煌成就、卓越贡献都与她潜心 β 衰变研究有关，特别是 β 衰变中矢量流守恒定律的确定，因而使她赢得国际学术界公认的 β 衰变研究第一人之美誉，并先后获得了各国政府及世界著名大学颁发的荣誉、学位和奖励等，成为名副其实的"世界物理女王"。其实，教学工作也贯穿她的一生，即使在"宇称守恒"实验最紧张时，她仍坚持回纽约为研究生上课。吴健雄有 40 余年（1934 年在浙大任教，1940 年至 1982 年在美国多校任教）的教学经验，有着在中外教育的比较中形成的独到见解，对我们颇有启迪。

她穿插科学研究中的教学工作，还得从头说起。

1934 年夏，吴健雄于中央大学毕业时，居里夫人的唯一中国博士生施士元是吴健雄的老师。他希望吴健雄留校任教，她征求父亲吴仲裔的意见，他认为首都政治风波多，易生是非。吴健雄就想去上海，但有物理系的两所学校都不需要再添教师。有人建议她去北京大学等校，她母亲认为太远坚决反对她，只好在家等着。消息传到德高望重的严济慈教授耳里，他劝吴健雄去名校浙江大学任教。

同年秋，吴健雄来到西子湖旁的浙江大学任助教。当年大学有一条规定，刚走上工作岗位的助教不能上讲台，于是她跟着一位老教授做助手，改作业、上辅导课和带普通物理实验。

1935年春，第二学期开学不久老教授因公出差，又听学生反映吴健雄辅导课上得好，于是就让她代两周课。吴健雄没想到有机会给同学上正课，既兴奋又激动，每堂课都做了认真准备，有的自己悄悄试讲。吴健雄讲课普通话标准，口齿清楚，条理分明，重点突出，把一门枯燥的普通物理讲得有声有色，同学们心中的疑云早就散尽，并喜欢上她的课。老教授回来了，有同学说老教授出差辛苦，就让吴老师继续讲课吧。老教授比较开明，听到学生反映好，也想培养她，以便早日接班，就同吴健雄商量，她却不同意，怕影响同事关系，再说其他老师都要当几年助教，经试讲考核并报系主任批准才可登台讲课，这样，只好作罢。

学期快结束了，物理系张绍忠主任找吴健雄谈话。他直率地与吴健雄说：我们知道你对核物理有兴趣，而我校暂未把物理学分得这么细，只能让你暂在普通物理岗位。近日接到一位德高望重的教授来信，他想推荐你去中央研究院物理所工作，那里刚建一个核物理实验室。我想听听你意见，愿不愿意去，我们意见是留则欢迎，去则欢送。吴健雄最喜爱核物理研究，再说这个研究院在上海，离家又近，她当即表示同意。

1940年夏，吴健雄经四年苦读做实验后，取得伯克利加州大学博士学位，因祖国半壁江山被日寇占领，她无法回国报效祖国。此时，学校希望吴健雄留下做两年博士后，但当年美国著名大学流行男尊女卑的做法，都没有聘请女性当教员的先例，尽管劳伦斯、塞克瑞举荐，伯克利加州大学物理系系主任柏基仍不聘她当教员，仍作科研编制，仍从事实验研究。吴健雄面对男女不平等做法，无法从长计议。

1942年5月，吴健雄恋恋不舍地离开伯克利加州大学随夫东行。袁家骝工作在美国东海岸普林斯顿大学，吴健雄也很快被东海岸马萨诸塞州北安普顿的史密斯女子学院聘为教员。因这所学校是私立学校，虽不像那些尖子大学对女子的歧视与约束，但学校没有足够经费支持吴健雄搞科学研究，总觉不是久留之地。同年，她分别收到来自哈佛、普林斯顿等 8 所著名大学的邀请，请她去边教书，边做研究。这都是劳伦斯的面子。于是，吴健雄于 1943 年到袁家骝任教的普林斯顿大学担任讲师。教学工作一学期，吴健雄就离开普林斯顿大学，加入纽约哥伦比亚大学"曼哈顿计划"中去。

二战结束后，鉴于吴健雄对原子弹的巨大贡献，自大和排斥女性的哥伦比亚大学勉强留她执教，但不作为教师编制。她只好边教学边从事 β 衰变的研究。对此，曾荣获诺贝尔奖的兰姆教授，曾三番五次向系领导呼吁，让吴健雄担任教学工作，不单纯搞科研，应给予教授职称。可他的建议一次次被拒绝，他一气之下辞职去他校任职。1948 年，吴健雄获聘美国物理学会会士。由于国际学术界对吴健雄的看重，更有吴健雄在"曼哈顿计划"的同事韩凡斯，深知她的学识，他利用职务之便，特意安排她给研究生班每周上四节课，这些研究生又向系里要求吴健雄老师长期执教。在这样里外压力下，哥伦比亚大学才于 1952 年给她升为副教授，但她的年薪仍较低。此后，吴健雄不计较较低的年薪，一如既往地教学和科研"双肩挑"。1956 年冬天，吴健雄与美国国家标准局普平实验室协作做实验时，仍然兼任哥伦比亚大学教学工作，此时，维持生活的工资来源于教学的职务。为节省时间与费用，她每次穿梭于华盛顿与纽约之间，都坐夜里华盛顿末班火车回纽约，在车上打个盹，次日早上到纽约后就直接奔教室去给学生上课，十分辛劳。

功夫不负有心人。1957 年，吴健雄等人终于推翻了"宇称守恒"的千年定律，轰动了物理学界，震撼全世界。此后，不少国家、学校请吴健雄去讲学，各种荣誉、头衔纷至沓来，传媒不停地报道事迹。哥伦比亚大学于 1958 年终于晋升吴健雄为教授。她迟迟才当上教授，只能说明当年美国对女性的偏见与歧视。

吴健雄一生重视人才的培养。她的科学研究再忙，也仍兼教学工作。同时，她还发表一些教学和科研的心得，给年轻人以启迪。特别在《漫谈中国大学的教育》一文中，一是讲了大学的培养目标，怎样使学校从片面的知识教育、应付考试的教育向素质教育转变，就是德智体全面发展，既增长知识，又增强能力、提高道德素质。二是讲宽基础，讲知识面要宽。母校南京大学请她为年轻教师讲几次公开课，她很乐意。她还说："我不仅为教师讲，我更喜欢为我们物理系一二年级大学生讲点基础课。""要从制度上采取措施，使那些资深教授甚至是做研究的教授也能为'大一、大二'学生开点课，这对教师也有好处……我想那些有经验的带博士生的老师，能去上点基础课，不仅受到同学的欢迎，对提高整体教学水平也有好处的。"她认为当今新知识非常多，知识更新特别快，很多新领域都在学科交叉中开发出来，把学生知识面弄得太窄是教育的失策。

吴健雄对待教学工作与科学研究一样，非常认真，一丝不苟，精益求精。她不论读书还是教书，除了上课、实验外，几乎整天都泡在图书馆、教室看书学习，因此，她的知识面很宽。同时，她还善于向老师、向一切内行的人提问求教。她就这样不断汲取中外良好的"知识营养"为我所用，使自己成为实验物理的明星，也成为教书育人的行家。她在史密斯女子学院把枯燥的"普通物理"讲得很生动，学生很爱听；在普林斯顿大学给海军军官讲量子力学时，根据学生实际水平，把教学大纲做了调整，用较短时间就让同学们有长足的进步；在教原子学这门课时（当时美国只有4所大学开这门课），有人把这个学科比喻成旷古洪荒的原始森林，虽充满生机，但遍布谜一样的奥秘，雾一样的朦胧，使人望而生畏，然而吴健雄用巧妙的语言，描述原子世界彩色斑斓的奇景、变化和真谛，如讲故事般引人入胜，激起学生对原子世界的追求与探索的欲望，成了不少学生美好的回忆。

老家新家，美满温馨

吴健雄生于江苏省苏州太仓浏河镇书香门第之家。父亲吴仲裔提倡男女平等，创办明德女子职业补习学校，对吴健雄的成长起到了至关重要的作用。

吴健雄属"健"字辈，父亲给他们依次以"英雄豪杰"取名，她的大哥叫吴健英，她排行老二叫吴健雄，三弟叫吴健豪。

吴健雄乳名"薇薇"，虽是女孩，却得了"健雄"这个颇为阳刚的名字。父亲吴仲裔希望她不让须眉，积健为雄。得益于父亲的开明思想，吴健雄自小就能与其他兄弟一样读书识字。父亲吴仲裔是位思想开明有远见卓识的达观人士。他早年就读于著名的上海南洋公学（上海交大前身），因不满校方禁止新思想的传播，参与闹学潮的行列。学潮之后，毅然退学，转入倡导"学术自由、兼容并蓄"的爱国学社（蔡元培主办）。嗣后又加入同盟会，并参加上海商团，学习军事技能，1913年袁世凯就任临时大总统，独揽大权，党同伐异，导致"二次革命"。年轻的吴仲裔积极参加反袁斗争。二次革命败北，他扫兴地回归故里。

吴健雄的丈夫袁家骝，是袁世凯"二皇子"袁克文的公子，1942年5月30日，吴健雄30岁生日的前一天与袁家骝结婚了。婚礼是在诺贝尔奖得主密立根家中进行的。两人在美国的许多同学好友都前来庆贺，如钱学森等。婚后他们到洛杉矶的一个海滩上度"蜜周"（只一个礼拜），婚后袁家骝恪尽丈夫的职守，还延揽太太的活儿，练就十八般武艺：洗衣、吸尘、带孩子以至下厨。

1992年5月，南京大学为吴健雄庆祝80大寿，她要找一些女教授来座谈，学校采纳了她的意见。座谈会无拘无束，有人问吴健雄是怎么与袁家骝相爱的？她哈哈大笑后说："我刚到美国加州时，人生地不熟的，学校就派来一个会讲中文的华裔帅小伙子，领我在学校到处参观，后来我们就碰出了爱情的火花。他就是这个袁家骝。"说完，她用手帕拍拍坐在身旁的袁家骝。确实，吴健雄这一生的爱情命运从此与袁家骝紧紧地拴在一起了。

说起袁家骝的家族确是显赫：他的祖父是袁世凯，著名的政治家、军事家，北洋军阀领袖。袁家骝祖母是朝鲜国王李熙之妃的妹妹。袁家骝的父亲袁克文是袁世凯的第二个儿子，擅长舞文弄墨，靠写文章、卖字画为生，42岁时郁郁病故。

袁家骝1912年4月5日生，与吴健雄同庚，只比她大50多天。他自幼生活在河南安阳，13岁随大哥袁家殿到天津，二哥袁家彰燕京大学毕业后曾在美国大使馆工作，退休后安居华盛顿，妹妹袁家祉、弟弟袁家楫都在天津工作。

1932 年，袁家骝于燕京大学毕业，再入研究院读两年，取得硕士学位后，去六叔袁克桓任董事长的唐山开滦煤矿从事企业管理两年。那时，原燕京大学校长、后来在南京任美国驻华大使的司徒雷登很赏识拔尖学生袁家骝，于1936 年推荐他入美国伯克利加州大学深造。袁家骝也想避开祖辈的是是非非，寻求一条适合自己走的路。这为吴健雄与袁家骝相遇相知相爱提供了机缘。吴健雄在伯克利加州大学与袁家骝相遇后，慢慢得知袁家的情况，最后她还是想明白了：袁世凯就是袁世凯，袁家骝就是袁家骝，这两个名字除了血缘，又怎能在中间画等号呢？

1937 年，袁家骝想一边求学，一边兼职任助教，于是，就向洛杉矶加州理工学院院长、美国第一位本土诺贝尔奖得主罗伯特·密立根写信要求转学。袁家骝收到密立根院长同意的信后有过犹豫，最后还是离开吴健雄，此后他们只有靠信件往来。1940 年，攻读电子物理的袁家骝获加州理工学院物理学博士学位，并在该系任研究员两年。

经过长达 5 年多的鸿雁往来和比较选择，吴健雄最终把袁家骝确定为终身伴侣。人们会问，追求吴健雄的国内外小伙子不少，为何她把彩球抛给袁家骝呢？这还得简单说一下他的为人特点：首先，袁家骝天资聪颖，性格脾气好，事实证明，他们几十年和谐相处，家庭温馨。其次，袁家骝有志气，除爱国的政治态度两人一致外，他不借长辈的地位与关系为自己谋利得好处，他在美国也有几位旁亲，但从不靠他们走捷径。三是志趣相同，天赐良缘，他们都一辈子与物理学打交道，共同的爱好，共同的目标，互相帮助，互相鼓励，是真正的志同道合。他们还于 1963 年共同合写出版《实验物理学方法》一书（上、下册），可说是夫妻默默耕耘的爱情结晶！四是可信赖的人，他办事老成稳重，自他向吴健雄表白自己感情后，从无二心，实际也有几位追求他的人，他都婉言相拒，他相信缘分，认为有情人会终成眷属。最后，吴健雄深感袁家骝才貌双全，并乐意帮助人，更可贵的是他奉行"成由勤俭破由奢"的中国传统生活作风，他下决心去南加州边读书边当助教的做法，既解决靠奖学金的拮据，又得到学识的充实与锻炼，是一举双得的做法，令人赞佩！面对这么优秀的学生，密立根院长夫妇愿为袁家骝成婚当"主婚人"并指挥与包揽一切杂务，这完全是大大超出师生情谊的大礼遇了。对这样一位活生生的"白马王子"，吴健雄的早年玫瑰梦不是真正变成现实了吗！

1942 年 5 月 30 日吴健雄与袁家骝结成同好后，袁家骝先在普林斯顿 RCA 实验室工作，不久

1942 年，吴健雄和袁家骝在院长密立根（右一）家里的花园举行了婚礼

转到普林斯顿大学从事宇宙线的研究工作，很快随密尔顿·怀特教授一同在美国布鲁克海文国家实验室做宇宙高能加速器，一干就是 30 余年。他把毕生精力倾注给这个美国科研工作的大本营，有许多学术头衔，硕果累累，恕不多赘。

光阴荏苒，春秋更替。1947 年 2 月 15 日，美国东部万里晴空一片蔚蓝，袁家骝、吴健雄夫妇心中也阳光灿烂。这一天，入住普林斯顿医院的吴健雄剖宫产产下一白胖胖的男婴。两位中年科学家喜得贵子，也为双双升级为人父、为人母而激动、兴奋着……还没到满月，两人斟酌着给儿子取名叫袁纬承（英文名 Vincent）。经过岁月陶冶，袁纬承也继

吴健雄、袁家骝与儿子袁纬承（20 世纪 50 年代摄）

承父母的学业，成了物理学博士。袁纬承妻子是美国人，叫露西，他们的女儿叫婕塔。这样一个五口之家自然是美满幸福的啦！

情系祖国，好梦难圆

　　江苏太仓浏河镇，那是明代三宝太监郑和七次下西洋中的六次出发地，可见浏河曾经的繁荣，被喻为东方的明珠。清代后期，随着上海、宁波的崛起，浏河的辉煌便慢慢地消失了。新中国成立后，随着在浏河出生并成长的吴健雄登上世界核物理学术舞台，不起眼的浏河名字似乎又响亮起来。而今的浏河更是今非昔比，四通八达的公路、水运网使小镇蜕变成为现代化的国际港城，被装扮成长江口的璀璨明珠。

　　吴健雄、袁家骝夫妇很思念家乡，很想学成后报效祖国，但事与愿违，失去一次又一次回国机会，确有很多主客观因素。从客观方面说，吴健雄1940年获博士学位后，按理正好回国服务，可这时中国陷入十四年抗战，她的"核裂变链式反应"实验已引起导师的高度重视，并留她当两年博士后，此后她实际上已经进入美国初期原子弹研制的外围工作，心想为受日寇侵略的祖国尽点力量，是回国还是留在美国更能发挥作用尽点力量呢？毕竟中国无研制原子弹条件，回国使不上劲。同时，国民党驻美使馆也从中阻挠，这样，他们只好留下了。1945年抗战胜利后，他们又想回国，中央大学希望他们回国执教，并采购点仪器设备，但蒋介石发动全面内战，回国的心又冷了。内战结束，新中国成立了，旅美科学家纷纷回国。他们又萌生回国参加建设的愿望，可父亲来信劝他们不要急着回来，加上孩子太小，就想等等再说，又等出一个1950年的抗美援朝，中美成为敌国，美国不让中国科学家回中国，如他们要去苏联或东欧等国，就不发再入美国的签证。为了外出开会和工作方便，吴健雄、袁家骝于1954年加入美国国籍。后来，运动又一个接一个，中美关系处于对抗状态，再加上老家亲人非正常死亡，有的回国科学家处境欠好，而蒋介石有意识亲近他们，除蒋介石本人亲见外，还给他们夫妇选为"中研院"院士等，更有台海两岸关系紧张，他们怕得罪一方，等等因素，没有回国可以理解，但最后总的感情天平还是倾斜于生他们养他们的故乡。

1971 年，杨振宁意识到冻结 21 年的中美关系呈现解冻迹象，率先回大陆访问，回美后去好多地方演讲，盛赞中国的进步和成功。翌年，杨振宁、李政道，还有任之恭率领回中国大陆访问团，都相继成行。这样，吴健雄、袁家骝动心了，此时，周培源写信给他们，请他们别犹豫了，说他们认识的不少科学家都企盼他们归来，还有中国常驻联合国代表黄华会见他们，十分赞同他们回国看看，并愿为他们提供帮助。

1973 年秋，吴健雄、袁家骝终于回到阔别 37 年的祖国怀抱。他们从广州到上海再到南京，后到杭州、天津、北京，受到周总理亲切接见并宴请，长达 6 小时，这是十分难得的。此后，他们牢记周总理"多回来看看"和"一切向前看"两句话。他们去吴健雄的家乡浏河，去袁家骝的家乡河南安阳，无论健在还是离去的亲人，他们都深深地表达敬意与怀念。虽然当时尚处"文革"后期，社会秩序尚未恢复正常，他们还是去了郑州、西安、延安、昆明、长沙、桂林，看看祖国风土人情、大好河山，长达 53 天。

在周总理接见后的 20 多年来，吴健雄和袁家骝又回来 10 次，亦多次受到邓小平同志的接见。1977 年，他们还和儿子媳妇游了长江黄河和长城八达岭，让他们了解父母生长的祖国，并促使他们学好中文。吴健雄和袁家骝每次回国，不顾高龄，为国内几所大学和明德学校忙碌，一会儿去筹基金，一会儿又去讲学，恨不得把自己毕生的学问都倒给祖国的后辈，恨不得把全部的大爱都洒在祖国的土地上！

1982 年，他们夫妇在南京大学物理系帮助工作一段时间。吴健雄的 70 岁和 80 岁生日都在南京大学度过，真把母校当成自己的家。1982 年 5 月 27 日，经教育部批准，南京大学率先在国内第一个授予吴健雄名誉教授，校内外 1000 余人出席会议，空前隆重。1984 年 10 月，吴健雄第一次回到阔别 40 年的故乡，参加母校明德学校恢复校名暨明德楼落成典礼，独资捐建明德学校紫薇阁。

吴健雄和袁家骝是著名科学家，凭着在美国的中等收入完全可以住别墅，过着较宽裕的生活，但他们夫妇仍过简朴的生活，既没有烟酒嗜好，也不玩牌收藏，儿子早已是物理学家，也不用他们负担，于是，他们把有限的积蓄都献给祖国教育和科学事业，适当倾斜于太仓的明德学校，为学校盖了一幢教学楼、一幢教工宿舍，后又投资170万元人民币盖了一幢"吴健雄紫微阁"，还为学校购置一些电脑，使学校从小学四年级起便开设电脑课。1997年4月，为了却吴健雄生前为明德学校建造一座科技楼的心愿，袁家骝亲临明德学校捐资200万元。从1988年至1997年，他们共为明德学校捐资400多万元人民币。此外，他们还为南京大学设立吴健雄奖学金，在东南大学设立吴健雄实验室等。吴健雄爱父母，为永远记住父母的恩德，在家乡设立"吴仲裔奖学金基金会"，以尽女儿的孝心，又资助贫困的学生。总之，他们留给祖国及故乡一份永远的物质与精神财富！

1997年2月16日，吴健雄在纽约病逝，终年85岁。据吴健雄生前遗愿及家属请求，丧事从简，但仍于2月21日，在纽约法兰克－康波尔殡仪馆，举行了隆重的向吴健雄遗体告别仪式；美国哥伦比亚大学亦举行了悼念仪式。遵照吴健雄归葬故里的遗愿，同年4月6日袁家骝亲自护送夫人的骨灰回大陆，安葬于苏州太仓浏河。吴健雄的墓地在太仓市明德高级中学紫薇阁旁，墓体设计由贝聿铭任设计顾问。1997年8月16日，中国物理学会、南京大学、东南大学举办"纪念吴健雄教授国际学术会议"，有国内外80余位世界著名的物理学家参加，此后，在美国也举行了这样的会议。吴健雄教授在天之灵，定会欣慰！

1998年，"吴健雄墓园"在明德学校校园内建成。

1999年，中共中央、国务院批准在原中央大学旧址（今东南大学四牌楼校区）内建造吴健雄纪念馆（2002年建成），并创建东南大学吴健雄实验室和吴健雄学院。

2000年9月28日，88岁高龄的袁家骝参加了纽约亚洲文化中心举行的吴健雄纪念馆新闻发布会暨纪念物交接仪式，将吴健雄获得的奖章、奖证原件、手稿、书信、字画等计340多件，捐给母校东南大学保存。

2003年2月11日，袁家骝也驾鹤西去，想必早在天堂与吴健雄相见。

2004年7月，经江苏省人民政府批准，建立公办全日制普通高等学校——（苏州）健雄职业技术学院，以出生于太仓的"中国的居里夫人"——

吴健雄的名字命名，位于苏州太仓科教新城，毗邻国际大都市上海。

2012年5月，纪念吴健雄诞辰100周年系列活动在南京大学举行，活动包括吴健雄诞辰100周年事迹展览、"科学与中国"专场报告会暨吴健雄学术思想研讨会。

斯人双双远去，留给人们无尽的怀念与惋惜。有人说，吴健雄和袁家骝终究没有钱学森先生那样的勇气与决心，克服种种困难早日回归祖国并参加"两弹"的研制，以便夫妻双双为国作出更大的贡献。然而，他们给人类科技大园的添花铺锦也会永存！

（2021年4月15日）

吴征铠

吴征铠（1913 年 8 月—2007 年 6 月），祖籍江苏扬州，生于上海。物理化学家、放射化学家和化学教育家。中国分子光谱领域重要的开拓者之一，中国核事业的功臣之一。1934 年吴征铠从金陵大学毕业后留校任教。1936 年考取了中英庚款公费留学英国，成为剑桥大学物理化学研究所的研究生。1940 年任浙江大学化学系教授，后为化学系系主任。1952 年担任复旦大学化学系主任兼物理化学教研室主任。1958 年负责筹建复旦大学原子能系，并任系主任和党总支书记。1960 年被调到中国科学院原子能研究所任研究员、615 室主任、扩散部主任。1962 年担任第二机械工业部扩散工艺总工程师，兼理化工程研究所副所长；二机部扩散总工程师、605 所副所长。1972 年担任原子能研究所副所长。1978 年担任第二机械工业部科技局总工程师，部科技委常委、高级顾问等职。1980 年当选为中国科学院化学学部委员（院士）。20 世纪 60 年代在第二机械工业部解决了六氟化铀生产、气体扩散厂生产及膜的研制等难题，成果丰硕。

吴征铠兄弟8人，依次为吴征铸（即吴白匋）、吴征鉴、吴征钜、吴征钺、吴征铠、吴征镒、吴征鎏、吴征鎏（后改名征莹）。吴征铠的大哥吴征铸是学者、剧作家；二哥吴征鉴是医学寄生虫学家、医学昆虫学家，曾任中国医学科学院副院长；弟弟吴征镒是植物学家，从事植

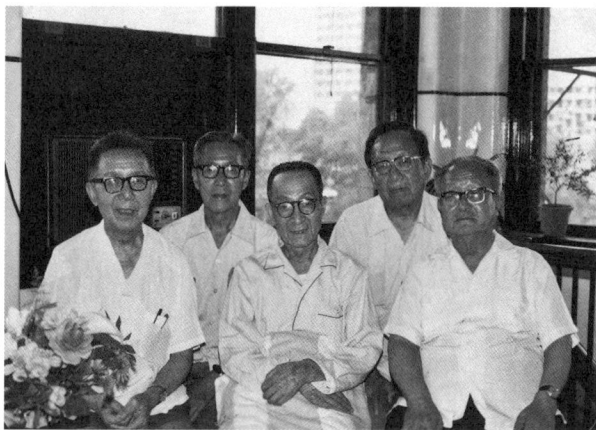

1982年五兄弟在北京协和医院合影，左起：吴征铠、吴征莹（八弟）、吴征鉴（二哥）、吴征镒（六弟）、吴白匋（大哥）

物科学研究70余载，被誉为中国植物的"活词典"，1955年当选中国科学院学部委员（院士），2007年度国家最高科学技术奖获得者。以上三位加上吴征铠被誉为"吴门四杰"，下面谨记述吴征铠的业绩及故事。

快乐的求学之路

吴征铠从小受书香家庭的熏陶，加上记忆力和理解力比同龄人好，5岁时，他还未上学，就已经开始读书认字了。7岁后入书房，那时他记忆力极好，背书很顺利，从未被家庭老师黄老先生打过手心，还常常提前放学。因他算术学得好，心算能力强，过年前他协助家里做账目。

小学阶段，他都在家中书房读书，在家庭老师教育下进步很快，许多书都是自学的。有一个家庭老师英文和数学教得好，使他打下较好的英语和数学基础。10岁以后，婶母舅何骈熹先生住他家。何先生文学功底好，他就跟何先生学诗词，还看《红楼梦》《东周列国志》等书，看不懂就问何先生，受益良多。

初中一年级起，吴征铠上了正规的中学，直至1930年在扬州中学高中毕业。在中学时段，他求知欲大增，读了不少小说及杂志。那时，课余除跟

家里的何先生读《四库全书》的作品、作新诗、写散文外，还和一些老先生结诗社，写诗词，受教良多。扬州中学教国文的杨定宇老师常在班里说："我们班里有过两个诗人，一是胡鼎新（即胡乔木），二是吴征铠。"其实，吴征铠写的诗不多而读的诗多。因诗而结缘，与胡乔木结下深厚的友情。

1930年，吴征铠从扬州中学毕业。过去一直认为扬州中学是上海交通大学的预备学校，多数同学报考上海交大。那时，大学招生分批先后招，中央大学、浙江大学等先招。当年，他因身体瘦弱，体检过不了关而被浙大刷了。后去考交大，他满以为能录取，但发榜的报纸上也无名。最后只有报考大哥所在的金陵大学，成绩不错，如愿被录取。

吴征铠喜欢数学和物理，但金陵大学化学一枝独秀，学费也较高，最后他仍进了化学系，家里主要靠卖田支持他的学业。

金陵大学实行学分制，学风较好，吴征铠决心学好功课，两个学期成绩均为"1"。当时，全班40人，只有两个人得"1"，获得学校免去学费和一块奖牌的奖励，引起轰动。此后，吴征铠以勤工俭学补充伙食费，大大减轻了家庭负担。他除协助数学系老师改作业本外，每学期还担任物理化学等实验教学工作，四年级时还兼了助教工作，都能有一点酬金收入。在金陵大学四年学习生涯中，吴征铠学有余力，轻松愉快，还常去看电影和郊游，没有花大力气就取得全班第一名的好成绩。因学习成绩出众，毕业前成了"斐陶斐"励学会会员。

在金陵大学4年学习中，戴安邦老师讲的胶体化学和营养化学，裘家奎老师讲授的化学动力学，李方训老师讲的物理化学都给吴征铠留下难忘的好印象。他们精益求精的教学态度，意气风发的活力，还有戴老师不辞辛劳创办编辑《化学》刊物，为学生提供精神食粮的高贵品质，一直鼓舞着吴征铠等学生。

1934年吴征铠大学毕业后，留校当助教。他一边工作一边准备留学考试，只是录取工作欠公允，机缘未至，两次名落孙山。他不气馁，终于在1936年一举考上中英庚款物理化学留学生。

1936年7月初吴征铠登上去英国的海轮，经过38天的航行，在伦敦上岸后，来到剑桥大学。当时，中英庚款董事会给吴征铠联系的学科是光化学，没有具体落实到导师上。当年，英国的博士研究生只接推荐生，没有招考日期。找到光化学导师后，吴征铠提不出要搞什么研究，导师说就读一下剑桥大学本科吧。他这个说法与吴征铠想读博士相悖。最后，他选做拉曼光谱研究，成了萨瑟兰（G. B. B. M. Sutherland）教授的学生。

为了做好低温拉曼光谱研究，需要一些玻璃容器制品，吴征铠就先学吹玻璃，吹制了两套上层可放液氮的玻璃样品测量池。后自学《量子力学导论》《分子光谱入门》等书及新近文献等，经过 CCl_4（四氯化碳）低温拉曼光谱实验与分析计算，写成第一篇论文，在美国化学物理杂志上发表。

入学近一年，导师要他通过剑桥大学化学本科课程考试。顺利通过后，吴征铠成了剑桥大学物理化学研究所第一位中国博士研究生（后补生）。

来到剑桥大学，吴征铠是抱着求知报国的心态，不单是为一顶博士桂冠。为了扩大研究工作面，他毫不犹豫地又参加了红外光谱的研究工作，并取得不少成果，与人合作写了几篇论文，并组织小型报告会。

红外光谱实验只能安排晚上做，他不辞辛苦，白天去别的实验室学习旁人的实验方法和原理，以扩大知识面，或自学量子力学、群论等。3年下来，他不但掌握了光化学和红外光谱的实验方法与技巧，同时对化学动力学、物理化学和润滑实验等不同领域的实验方法与原理都相当了解，大大拓宽了科研的视野。

1939年，吴征铠的导师去了美国，他的毕业论文无法完成，留下遗憾。在回国前夕，他又去几个单位学习磨玻

1937 年在英国剑桥大学合影（左起：张文裕、华罗庚、吴征铠、王竹溪）

璃等技术。在剑桥三年，虽然未取得博士学位，但他在红外技术和拉曼光谱研究方面都取得丰硕成果，发表了 5 篇论文，特别是《某些铀酰盐红外和拉曼光谱的研究》论文，曾被不少专著所引用。当时人们不知道铀对原子能利用的重大作用，但 20 年后，想不到他的论文对发展我国原子能事业起到了先驱作用。总之，吴征铠在英国学到的科学技术比写学位论文要深广并重要得多，也培养了他自学文献、独立思考和做研究的动手能力，学到了不少真正有用的本事。

培养学生的自学能力

1939 年 9 月，吴征铠留学结业后经越南西贡（今胡志明市）回国，经昆明进入湖南大学化学系工作，担任教授。当年，湖南大学内迁湘西辰溪，吴征铠在化学系开设一门化学实验课就费了许多周折，因常有日寇飞机轰炸，教学和科研工作无法正常开展，深感此地不可久留。

1940 年 7 月，吴征铠到遵义受聘于浙江大学，担任化学系教授，教物理化学课。初教物理化学，他必须自己上心备好课，教材内容必须反复思考，对难点要彻底弄通，做到逻辑自给，才能帮学生解惑。他说，教课的知识比科学研究更要广一些，要注重自学更多知识，只有自学，才会有创新。他教物理化学 5 至 7 遍后，才觉得自由，才可如唐敖庆、卢嘉锡那样信口讲，不逾矩。他说："我们一定要将自己当作小学生，对书上的一句话或者别人的点滴体会要反复思考，这很辛苦，但学通之后很快乐。"有不少学生成绩很好，很多都是他们自己努力自学出来的。他注重学生的学习质量，关注上、中、下三类学生的学习，特别下力气帮助后进的学生过关。1940 至 1952 年间，吴征铠在浙江大学化学系主要讲授物理化学等课程，并在当时分子光谱实验研究条件尚不具备的情况下，开展了有关分子的力常数与核间距之间关系的理论研究。

中华人民共和国成立后，吴征铠肩上教学行政的担子重了起来，决心用自己的知识更好地为祖国建设服务，于是精神振奋，努力教学并积极参加各项社会活动。1950 年他加入了中国民主同盟。1951 年，吴征铠担任浙江大学化学系系主任。

1952 年全国高等学校进行院系调整，浙江大学化学系与上海复旦大学、交通大学等 6 所大学的化学系合并，吴征铠担任了新成立的复旦大学化学系系主任，兼物理化学教研室主任，为建造复旦大学第一座化学实验楼和建立化学系图书室花了不少心血。

1950 年吴征铠、杨湤夫妇在浙江大学宿舍前与母亲及子（泽言）女（紫紫）合影

为了将有限的经费用于购置教学实验设备，多次推迟购买他工作急需的红外光谱仪。为了提高教学质量和发展新学科，他十分重视留和培养青年教师。

院系调整后，吴征铠全力以赴办化学系。他以北大化学系为目标，采取一系列措施提高教学质量：一是提倡教师搞科研，他认为不搞科研知识老化，教不好学生；二是学生必须做毕业论文，开始不必水准很高，但要求有创新。

吴征铠担任了新成立的复旦大学化学系系主任后，领导教学改革，为制订全国综合性大学化学系教学计划和起草物理化学教学大纲做了许多工作；1955 年全国化学专业教学计划试行四年级学生做毕业论文，他率先在复旦大学化学系全部选做实验性的毕业论文，以培养学生的实验动手能力与科学研究能力。

20 世纪以来，人们对微观世界的认识已不断深入，1954 年教育部组织唐敖庆、卢嘉锡、徐光宪和吴征铠在北京大学开办《物质结构》讲习班培养师资，又于 1957 年 6 月安排他们 4 人赴青岛编写《物质结构》新教材。谁能想到 20 世纪 90 年代 4 位作者在中国科学院院士大会上又相见了。

1955 年底，吴征铠参加中国高等教育代表团考察苏联的高等教育两个月。1956 年，他加入了中国共产党。1958 年，吴征铠任复旦大学原子能系党总支书记兼系主任。他带领化学和物理两系抽调的教师开展铀同位素分离技术的研究，又抓了核物理和放射化学的专业建设，与老师们共同拟定教学计划和专业课程设置，还重视培养 1958 年提前毕业留校的青年教师。晚上，由卢鹤绂教授讲原子核物理，由吴征铠讲放射化学。

吴征铠在 20 世纪 50 年代担任化学系系主任历时 8 年，为复旦大学化学系的教学和科学研究打下了良好的基础。

吴征铠满怀深情地回忆复

1957 年编写《物质结构》的四位物理化学家重聚于中科院院士大会（左起：徐光宪、卢嘉锡、吴征铠、唐敖庆）

旦大学 8 年的艰难岁月："经过 1952 年思想改造的我，确实全身心投入系里的工作。我当时的目标是要在不长的时间内将复旦化学系建成一个现代化的化学系。"他又说："我在 1953 年给化学系留了 10 位助教和招了 10 多位研究生后，在 1955 年以后又在应届毕业生中留了不少助教和研究生，这些青年师资力量为之后复旦化学系的发展起了很大的作用。"

吴征铠长期从事大学化学教育，其教育思想最鲜明的特点是十分注意培养学生独立获取知识的能力。他认为学生在大学里学习不过四五年，而在今后工作中学习将是四五十年。前者是为后者做准备的，教师的责任不仅要传授知识，而且要培养学生的自学能力和获取知识的方法。他在讲授物理化学课程中身体力行，在启发性讲解物理化学基本原理的同时，着重讲授认识自然规律的过程。在阐述各种基本定律时，强调概念来源于实验，因而要重视过程的物理图像，而不过分应用数学推导。他多次谈起自己一生中虽改行多次，但都能很快适应工作的需要，其最重要的原因是在学生时代就养成了自学和爱动脑筋的习惯。早在英国留学时，研究分子光谱所需的量子力学和光谱学几乎都是自己学懂的。在第二机械工业部工作也是靠不断自学，才能从知之甚少逐渐变成知之甚多的专家。依靠广博的知识和善于动脑筋，就能帮助解决很多核科学技术中的难题。因此，他再三告诫同仁"只想把学生培养成和自己一样的人，必然不能培养出青出于蓝而胜于蓝的学生"。

吴征铠教育思想的另一特点是十分重视对学生的实验训练。他认为化学是一门实验科学，学生的实验技能和良好的作风必须在严格的实验训练中获得。物理化学是集中讲授化学原理的课程，但同样是一门实验科学。抗日战争时期，浙江大学迁校贵州遵义，当时物质条件十分困难，吴征铠曾亲自动手制作一些实验教具供学生实验用。20 世纪 50 年代他在复旦大学任教时期，曾花费很多精力建造了一座化学楼和一座放射化学实验大楼，并将有限的经费主要用于购置教学实验所需的仪器，选留更多的青年助教加强实验教学。

20 世纪 80 年代后，吴征铠担任核工业部科技局总工程师。1984 年起，他兼任复旦大学博士生导师。他不辞辛劳从北京到上海指导研究生，只为实现一个美好的愿望——让学生超过老师。从此，他又回到科学前沿，带领博士生用激光技术研究分子光谱和分子反应动力学等，至 1990 年止，与其他教授合作培养了 8 位博士生，后来他们都成了教授及学科带头人。

吴征铠生活简朴，关爱后学，2005 年特捐资个人积蓄 50 万元设立"吴征铠分子科学基础研究启动基金"。该基金用于奖励化学系德智体全面发展的杰出青年学生，每年奖励两名：本科生一名，奖励金额 1 万元；研究生一名，奖励金额 1.5 万元。

2008 年 4 月 11 日，"吴征铠奖学金"启动仪式暨缅怀吴征铠院士追思会在复旦大学化学系校友厅举行。仪式除了介绍"吴征铠奖学金"设立的相关内容外，还通过录像展播、学生回忆等方式，围绕着"成才未可忘忧国"的主题追思吴征铠院士为祖国的科学和教育

2006 年 12 月，吴征铠给复旦大学化学系系庆题词，左为夫人杨滟

事业奋斗的光辉一生。

2018 年，复旦大学江明院士忆述恩师吴征铠老师教学生涯时，展示了一本课堂笔记本。笔记本上写着"可爱的祖国"五个字的黑色封皮显得有些斑驳，书芯纸张已经泛黄，装订也已松动，但翻开笔记本，字迹和图解仍然清晰，扉页上写着"吴征铠教授讲授物理化学，八三五，江明"，诉说着一段渐渐远去却不曾被遗忘的岁月。这是 1957—1958 年江明在复旦大学化学系学习物理化学的课程笔记，至今已穿越 60 年的时空。60 年前，江明是复旦大学化学系一名三年级学生，因品学兼优而提前毕业留校。60 年后，江明已是中国科学院院士，更是后辈眼中复旦高分子学科的领路人。他曾获首届中国化学学会高分子基础研究王葆仁奖、国家教委科技进步奖二等奖和一等奖，并两度获得国家自然科学奖二等奖。这位和蔼的耄耋老人轻轻翻开桌上的笔记本，好似国家社会的巨变在指尖流淌，家国初心的坚守在眼中传递，恩师吴征铠教授的讲解仍在耳边回响……

笔者引录吴征铠《我的一生》回忆录结语中的一段话："我在 1939 年留英回国，到 1960 年离开复旦，有 20 年时间都在大学里教书，主要讲授《物理化学》。在浙大和复旦听过我课的学生约有二三千人，其中不少已成为教授、学术带头人和业务骨干等，还有 10 余位当选为两院院士。他们都是国家的优秀人才，真使我感到欣慰。"吴征铠关心学生的成长。他还借公干之便回母校浙江大学看看，与自己的学生欢聚，并以分享学生的荣耀为快乐。

1982 年在杭州与浙大 20 世纪 40 年代的学生合影（左五为吴征铠）

两弹研制的重头人物

吴征铠是中国早期从事红外和拉曼光谱研究的研究者之一，对中国的分子光谱学和激光化学的成长与发展起了推动作用。

在 20 世纪 30 年代，采用红外和拉曼光谱技术研究分子光谱是一个新兴领域。吴征铠在英国剑桥大学物理化学研究所选择了这个研究方向，他通过 3 年的勤奋工作，于 1938 年发表了《四氯化碳振动光谱中的同位素效应》论文，对四氯化碳分子拉曼光谱的精细结构进行了细致的测定，并提出可以通过该分子中氯原子的同位素效应来解释，从而消除了当时人们对四氯化碳分子是否具有四面体构型的怀疑。同年，还发表了铀酰化合物红外和拉曼光谱的研究论文，提出铀酰离子（UO_2^{2+}）可以看作是具有等腰三角形结构的三原子分子。这是对铀酰离子振动光谱的先驱性研究，被以后不少专门著作所引用。当时他从事的是铀化合物的分子光谱测定的年代，人们还不知道铀对原子能利用将产生重大的作用，但在 20 年之后，他再次同铀打交道的时候，却是明确地为了发展中国的原子能事业。

吴征铠在剑桥大学留学期间，曾在液氮温度条件下测定了固态氯化氢分子的红外和拉曼光谱，比较液态和固态条件下该分子在光谱上的差异，对弄清在固态中分子是否发生量子化转动具有十分重要的作用。此外，他曾测定了磷化氢（PH_3）、磷化氘（PD_3）和砷化氢（AsH_3）分子的红外光谱，对了解这些分子具有类氨（NH_3）分子结构起了重要作用。遗憾的是自 1939 年他回国以后，直至 20 世纪 50 年代初期，受当时实验条件的限制，他无法继续开展红外和拉曼光谱的实验研究工作，只能依赖国外文献发表的实验数据，做一些有关分子力常数与核间距之间的理论研究。直至中华人民共和国建立以后，在 20 世纪 50 年代中期他积极协助中国科学院有机化学研究所建立红外光谱实验室，并在复旦大学化学系购置了红外光谱仪，与青年教师一起开始着手进行红外和拉曼光谱研究，同时还为中国培养了年轻一代的分子光谱专家。

20 世纪 50 年代中苏关系破裂前，二机部曾调过吴征铠，被上海市委婉拒了。从 1958 年开始，为了发展中国的原子能事业，吴征铠将工作重点转向筹建复旦大学原子能系。1960 年以后，他被调到第二机械工业部专门从事铀同位素分离技术研究，不得不再次中断了在复旦大学准备开展的分子光谱研究。但是，即使在二机部十分繁忙和紧张的工作时期，他仍长期订阅国外有关分子光谱的学术刊物，关心国际上分子光谱研究的最新发展。1980年以后，吴征铠仍孜孜不倦地钻研将激光技术用于分子光谱的研究，他曾指导研究生采用可调谐染料激光器进行相干反斯托克斯拉曼光谱（CARS）研究，并获得可喜的成果。他在国内率先建立了低温基质隔离傅里叶红外光谱（MI-FTIR）技术，而且成功地用于激光光化学反应的研究。他还获得国家自然科学基金会资助，与复旦大学师生一起开展振动激发态分子的光谱和光化学研究。由于他长期热心于推动中国光谱学科的发展，在中国光谱学会成立时被推选为理事长。此后，他积极支持创办《光谱学与光谱分析》杂志，曾多次组织国际光谱学术会议和率领学术代表团出访，促进了国际学术交流，是中国分子光谱领域重要的开拓者之一。

在漫长的几十年隐姓埋名中，最令他难以忘怀的是 1960 年至 1964 年为我国生产第一颗原子弹装料用的高浓铀所做的几件事。

一是及时解决了中国特色的六氟化铀简法生产中关键的技术问题，保证了我国气体扩散厂的启动和运行所急需的原料，提前完成部里"急中之急"的任务。当时，吴征铠面对难题，积极开动脑筋，立即领导一套代号为"615Z"的六氟化铀简法生产装置的运行和试验。这台装置是中国自行设计和建设的，经中国科研人员的共同努力可以生产少量合格的六氟化铀产品，但无法连续地生产。吴征铠凭着良好的基础知识和长期积累的分析问题的能力，果断地提出这台装置的主要毛病是冷凝器容易被堵塞，他毅然向上级提出改进冷凝器内接触面的意见。实践表明，改进后的冷凝器安装在六氟化铀生产装置上性能良好。这为攻克气体扩散厂初期原料供应的难关起了重要作用，保证了1964 年第一颗原子弹成功爆炸所需的原料供应。

二是吴征铠在组织领导气体扩散法的核心部件分离的研制过程中，提出了一些重要的技术方案，完成部里"重中之重"的任务，并使用于生产核弹中高浓铀的气体扩散法立足于国内。此后，他负责气体扩散法浓缩铀同位素的核心部件——分离膜的研制。他在制备分离膜用的超细金属粉末原料的生产路线以及分离膜的性能测试等方面提出了行之有效的技术方案，对加速研制成功中国第一代性能优良的分离膜起了重要作用，其间吴征铠有许多闪光的故事。如1961年秋的一天，他骑自行车不小心摔了一跤，左腿有些痛但他不当回事。到上海开会后，仍然较痛，一拍片，"左股骨颈开裂嵌顿"，必须住院治疗。可六氟化铀生产线开工生产在即，线上有不少难题，特别是耐氟润滑油和密封橡胶垫圈，都等吴总师去拍板解决。华东医院医生面对他的骨裂及营养不良引发的浮肿，十分心疼，想尽一切办法治疗，但1962年元旦过后，住院40多天的吴征铠拄着拐杖提早出了院，自此，他的左腿无法正常走路。他不在乎自己的腿，一到办公室就对在医院里苦思冥想的两个难题提出改进意见，经大家协同研究认可，直至化学研究所接受并完成任务，才感到左腿短了两厘米并伴小痛。

吴征铠担任第二机械工业部扩散工艺总工程师后，为中国浓缩铀气体扩散厂解决了不少生产技术中的关键问题。期间，第二机械工业部原子能研究所研究员、605所副所长王承书带领的504厂于1964年1月14日协同生产出了第一批合格高浓铀产品，为中国第一颗原子弹的成功爆炸作出巨大贡献。

1964年他担任扩散机鉴定委员会副主任委员，负责国产的气体扩散机鉴定工作，为中国气体扩散厂的建造和投产付出心力，为我国第一颗原子弹提供装料用的高浓铀作出了重大贡献。这项研究成果在1978年全国科学大会上获"科学技术重大贡献奖"。1985年第二代分离膜荣获国家科技委员会授予的发明奖一等奖；1998年吴征铠获何梁何利基金科学与技术进步奖。

在"文革"期间，他仍致力于中国原子能科学技术的发展。1972年他被任命为北京原子能研究所副所长，负责化学方面的工作。1976年他亲自领导和参加用镅-241为原料生产100居里级高放射性同位素锔-242的工作，在短短3个月内保质保量完成任务，保证了中国核武器研究工作的顺利进行。

1978年以后，吴征铠担任第二机械工业部科技局总工程师、第二机械工业部科学技术委员会常任委员，曾参加中国发展激光法分离铀同位素等重要科研项目的技术论证。鉴于吴征铠长期为发展中国的化学事业作出的杰出贡献，1980 年当选为中国科学院化学学部委员。

1984 年，吴征铠担任博士研究生导师时，虽年逾古稀，仍将研究兴趣放在国际上十分活跃的一些前沿课题上，如将激光技术用于研究

1987 年吴征铠（前排左三）与核工业部科技司部分同志合影（前排左四为王承书院士）

分子光谱和分子反应动力学等领域。长期以来，他积极参加各种学术团体活动，曾被推选为中国化学会、中国核学会和中国光学学会的常务理事、名誉理事和理事等职。又任中国光谱学会理事长和中国化学会青年化学奖评审委员会主任委员。

在社会活动方面，1964 年他当选为第三届全国人民代表大会代表，1978、1983、1988 年连续当选为全国政治协商会议第五、第六和第七届委员，对中国科学技术和教育事业的发展经常提出积极的意见和建议。他曾率领中国光谱学会代表团参加在加拿大召开的第 25 届国际光谱会议，后又访问美国；赴英国参加国际放射化学会议，并重访剑桥大学；又率中国光谱学会代表团赴日本学术交流，后又赴美国加州大学和麻省理工学院访问；参加维也纳国际原子能机构会议，等等。

从吴征铠的科学生涯中可以看出，他的学术思想十分敏捷、活跃，善于接受新事物和提出新想法。例如，他在 20 世纪 50 年代中期指导研究生在复旦大学率先研究气相色层分离技术，这一技术在国外也才开始研究不久，而他就想到在色层柱内用手性吸附剂有可能用于分离外消旋混合物，但当时因实验条件限制而未能证实。十多年后，他的想法已被国内外很多实验室先后

验证。熟悉吴征铠的人都知道他善于科学畅想，敢于坦率提出新想法，因此，大家都愿意与他进行学术讨论。他在兼任中国科学院上海有机化学研究所和大连化学物理研究所学术委员会委员期间，曾对研究所的学术研究方向等提出过不少有益的意见。

丰富多彩的业余生活

吴征铠祖父是江西浔阳道尹，父亲在北京工农商部任职。吴征铠出生在一个大家庭，虽家道中落，但兄弟八人皆一代英才，名闻乡里。1939 年吴征铠回国受聘至湖南大学任教，与湖南大学化学系毕业留校任教的杨湉结婚，后育有二子（吴泽言、吴东）三女（吴紫紫、吴珊、吴双），组成一个和谐大家庭。

吴征铠天赋聪颖，天生乐观，兴趣十分广泛，除热爱化学事业外，还喜欢文学、诗词、音乐、文物和书画等，晚年尤爱欣赏外国古典音乐，为家庭带来不少欢愉。特别是诗词和书法，是他平日里繁忙工作的"调节剂"。吴征铠自中学起爱作诗词，爱写散文，在《我的一生》中选刊了他的 54 首诗词。

2000 年在北京与子女们合影，后排左起：吴紫紫（长女）、吴珊（二女儿）、吴东（小儿子）、吴泽言（长子）、吴双（小女儿）

1978 年 3 月，吴征鉴、吴征铠和吴征镒三位兄弟科学家有幸一同参加全国科学大会，十分难得，二哥征鉴赋诗，征铠诗情亦汩汩注入笔端：

昨夜东风转斗杓，消冰融雪涨春潮。
亿众欢歌掀海浪，百花竞放斗妖娆。
烈士暮年心更壮，中青后继意偏豪。
廿二年后谁先逝，弟兄携手共登高。

1993 年 10 月，吴征铠迎来 80 华诞，卢嘉锡、苏步青等纷纷写来贺词。吴征铠回复旦大学，激情难抑，写了《八十抒怀》以表心迹：

八十何曾老，桑榆景色佳。

夕阳光更好，灿烂胜朝霞。

老骥伏枥下，常存万里心。

本是寻常马，未必应房星。

半生树桃李，离离子满枝。

秋来堪采摘，佳果荐明时。

1995 年年底，吴征铠已年逾八旬，距他离开扬州也已一个甲子，作《扬州竹枝词》16 首。正如他在该词序中所说，一是"儿时闻见，萦绕梦魂"；二是读了七弟、八弟回扬州后"各赋新诗"，勾起"甚多回忆，因作竹枝词，聊记旧事"。这也反映了吴征铠远游他乡不忘故土的赤子之心。

2018 年，江苏网首次公开吴征铠 81 年前与好友自驾游苏格兰日记。那是 1937 年夏天的故事，吴征铠准备了一颗放飞自我的心，约了 4 个庚款留学英国剑桥大学的好友，在学习和工作之余，选了合适的假期作苏格兰十日游。他们选择深度自驾游，集款买了一辆"老而未破，誉之者，谓为英伦第二流中最佳者"的车，美其名曰"专车"。他在途中坚持写日记，记录见闻感想。吴征铠的这本日记犹如一幅徐徐展开的图画，把 20 世纪 30 年代的苏格兰高地的风光展现了出来，读

1985 年在北京吴征铠、杨滟夫妇三代同堂

来十分有趣。

苏格兰多山地湖，湖和路是他日记里经常描述的景致。有一天，他们吃到了家乡风味，令人感慨。的确，旅行途中的一花一木，都会带给他感触，凡看到有趣的事，吴征铠都会由此及彼，置身于陌生的环境里，吴征铠思绪万千，想到了远方的家，心里的世界和眼里的世界不断交替；吴征铠总是想起心里的祖国以及那里的点点滴滴。如今，这本日记保存在扬州市档案馆。

吴征铠喜爱书法，在《我的一生》这本书中，展示了他的 23 幅作品，其中有一幅以浙大求是校训题写"求是居"作居所名，以纪念浙大 10 余年的教学生涯，令人感动。1995 年 12 月，我因主编《求是英才传》（两院院士集）向他约稿，他很快就寄来个人介绍素材、照片和墨宝。他的墨宝是"实事求是"四个字，另又赠送一幅"敬祝母校建校九十周年：百年树人"的墨宝，爱校爱后学之心可见一斑，令人敬佩！

（2019 年 5 月 16 日）

钱三强

钱三强（1913年10月—1992年6月），原名钱秉穹，核物理学家。原籍浙江湖州，生于浙江绍兴。中国原子能科学事业的创始人，"两弹一星"元勋。1955年当选中国科学院学部委员（院士）。1932年，毕业于北京大学预科，1936年，毕业于清华大学。1937年考取世界上原子核科学研究最先进的巴黎大学居里实验室的学员，1940年完成了博士论文——《含氢物质在Po-α粒子轰击下所产生的质子群》，获法国博士学位。1946年年底，荣获法国科学院亨利·德巴微物理学奖。1948年回国后，历任清华大学物理系教授，中国科学院近代物理研究所（后为原子能研究所）副所长、所长，中国科学院学术秘书处秘书长，二机部（核工业部）副部长，中国科学院副院长兼浙江大学校长，中国科协副主席、名誉主席，中国物理学会副理事长、理事长，中国核学会名誉理事长，中国科学院特邀顾问等。在核物理研究中获多项重要成果，特别是发现重原子核三分裂、四分裂现象并对三分裂机制作了科学的解释。为中国原子能科学事业的创立、发展和"两弹"研制作出了突出贡献。2003年10月17日，国际天文学联合会小天体提名委员会将25240号小行星命名为"钱三强星"。

"如果我们选择了最能为人类福利而劳动的职业，我们就不会为它的重负所压倒，因为这是为全人类所作的牺牲；那时我们感到的将不是一点点自私而可怜的欢乐，我们的幸福将属于千万人，我们的事业并不是显赫一时，但将永远存在；而面对我们的骨灰，高尚的人们将洒下热泪。"这是钱三强借用马克思的一段话回答《中国青年报》记者有关他为自己放弃"硬科学"而选择"软科学"是否留有遗憾的提问。钱三强总是对自己所从事的工作十分热爱并充满信心，我们亦可从下面及其他文章中见到他的广阔胸怀与崇高抱负之一斑。

"三强"加"从牛到爱"

钱秉穹生于浙江绍兴的一个书香世家。他的父亲钱玄同是中国近代著名的语言文字学家，曾入日本早稻田大学学习师范并加入同盟会。回国后，曾任北京高等师范学校和北京大学教授。他受章太炎、秋瑾等革命党人的思想影响，竭力主张推翻清朝统治。随后他又与陈独秀、李大钊等一批有进步思想的教授一起，投入了新文化运动，是进步刊物《新青年》的积极支持者和轮流编辑。

钱秉穹从小就受到良好的教育和进步思想的熏陶。在他7岁时，父亲送他进了由蔡元培兼任校长、北京大学教授们创办的子弟学校——孔德学校（孔德是法国著名实证主义哲学家）。在学校里，他像海绵汲水一样接受老师的教育，并通过自己的努力，逐渐成为一个兴趣广泛的学生，受到诸多老师的喜爱。刚进初中，他才13岁，就成了班上"山猫"篮球队的后卫队员。在比赛中，他的拼搏精神和集体意识得到了同学们的一致好评。

高中期间，钱秉穹常请假在家照顾病重的母亲，与他要好的同学常写信通报授课进度及学校珍闻。有一次，一个体质不如他的比较瘦弱的同学给他写来一封信，信中自称"大弱"，而称他为"三强"。开明的父亲见信中写了"三强"和"大弱"的名字，问了后才知这是儿子及他同学的绰号。他父亲认为，"三强"不光是家中排行老三，身体强壮，更可解释为立志"德智体"都期待进步，寓意较好，也是父母的期望；再说，秉穹是按辈分押东韵而起的，有点难写，决定改名。此后，钱秉穹的名字就改为钱三强了。

1929年，钱三强受孙中山先生的《建国方略》中实业计划的影响，决心考上海交通大学，但上海交大用英文考试，而他在孔德学校学的是法文。这样，在父亲的推荐与支持下他考入了北京大学理科预科，同时还听本科的课程。入学后，吴有训教授的近代物理学、萨本栋教授的电磁学吸引着钱三强。两位学者的博学及严谨的治学精神也深深教育着钱三强，从此他对物理学产生了浓厚的兴趣。

1932年，在北京大学预科和本科读了三年的钱三强，深感清华大学到北大授课的物理教授讲课好，他牛脾气一上来，不听同学"太失算"的相劝，就报考了清华大学物理系，求读在吴有训教授门下，并重

钱玄同为三强题词

读一年级。对此，钱玄同对儿子改变初衷不作评说，并在翌年10月10日送他"从牛到爱"四个大字。钱玄同解释道："写这几个字寓意有二，一是勉励三强发扬属牛的那股子劲；二是在科学上不断进取，向牛顿、爱因斯坦学习。"此后，钱三强以这副墨宝为座右铭，终生奉行不违。

清华大学享誉国内外，培养出一代代优秀学子、国家的栋梁之材，校内充满着浓厚的学术氛围，教学严谨，学风端正，激励着钱三强以顽强的精神，刻苦攻读。他以吴有训教授严谨的治学精神为榜样，吴教授的谆谆教导及教学方法滋润着钱三强的心田。

1936年，钱三强以毕业论文90分的优异成绩毕业。经吴有训教授的推荐，钱三强大学毕业后，便到北平研究院物理研究所所长、著名的物理学家严济慈所长的手下做一名助理员，从事分子光谱方面的研究工作。钱三强能在这样的大师手下工作，心中感到无比欣慰。经过几个月的紧张工作，至1936年年底，钱三强的第一个研究课题的实验全部做完，后又在严老师指点下写成《铷分子离解的带状光谱和能量》论文，并译成英文稿，请严济慈

审定后，联名投寄美国《物理评论》，并于1937年7月15日刊于该刊第52卷，标志着钱三强"从牛到爱"的科研生涯迈开了第一步。

1937年3月，严济慈告诉钱三强，上半年将有中法教育文化基金会举行的留法

1936年清华大学物理系毕业留影（后排左起：钱三强、杨振邦、陈亚伦、杨龙生、谢毓章；前排左起：王大珩、黄葳、许孝慰、何泽慧、于光远）

考试，建议钱三强报考镭学名额。钱三强万万没有想到会有这个好机会，他从心里感激自己的老师。时间紧迫，将近10年没有读的法语，要尽快捡起。钱三强下定决心，克服困难，认真地准备应考。考后，钱三强自认文言文受父亲等倡导的白话文影响，考得不尽人意，但综合成绩还不错。不久，严老师兴致勃勃地告诉他："你考取了，考得不错。"钱三强后来得知，他的物理考得好，评委认为镭学名额应取物理好的学生。就这样，钱三强幸运地成了世界上原子核科学研究最先进的机构之一——巴黎大学居里实验室一员。

1937年5月28日，世界著名物理学家尼尔斯·玻尔偕夫人及儿子汉斯·玻尔访问上海、杭州浙大、南京后抵北平。6月4日上午他们要来北平研究院物理研究所，钱三强所在的光谱实验室是一个参观点。那天，钱三强特别穿了一件浅色西服，系了深色领带。当玻尔在身着长袍的李华副院长陪同下走进实验室时，钱三强恭敬地上前欢迎握手，并向玻尔介绍了实验设备及刚完成的铷分子带状光谱与离解能量的实验。玻尔对物理所有这样优良的设备表示钦佩。钱三强还幸运地与玻尔等合影留念，记下了历史性的时刻。当天下午，钱三强又兴匆匆地到北京大学聆听玻尔"原子物理中的因果关系"演讲。

那年代，出洋留学是件极稀罕的事，特别是去世界一流实验室摘博士

桂冠，更是绝无仅有的喜事，令人羡慕不已。离开家门前，钱三强多有应酬。有一天，来了一位清华同班同学于光远，他毕业后去了广州岭南大学。两人谈得很投机，分别前在钱三强一本纪念册上留了一段临别赠言："科学与民族解放都是我们所迫切需要的。民族解放事业需要科学的协助，科学也只能在自由独立的国土上开花。让我们将科学与民族解放事业紧紧地配合起来。"1961年日本物理学家坂田昌一与钱三强相见时听说了这段佳话，有心的坂田昌一回国后，在他写的《中国科学界新风貌》中，记下了这个故事。1991年，于光远想起这件事，很想再看看钱三强那本纪念册，复印自己那句话留作纪念，但那本珍贵的纪念册连同钱三强所有日记本，都在"文革"中被抄家抄走了，至今下落不明。

居里实验室试牛刀

钱三强在短期担任北平研究院物理研究所严济慈所长的助理后，要离开生他养他的土地，要离开重病在身的父亲，离开关心他、抚育他的老师，他多有不舍。日寇侵华，国难当头，更增加了他心头的沉重。他犹豫不决，不忍离开自己的故土。父亲忍着离别的痛苦劝导他，这是一次难得的学习机会，你学的东西会对祖国有用。男儿立志，不能只顾近忧啊！

1937年7月17日，钱三强忍着怒火和痛楚，在日机轰鸣声中，怀着进退两难的心情告别了父母及亲人，踏上远去巴黎的行程。

8月初的一天，一艘远洋客轮载着钱三强，离开了上海港，驶向了波涛汹涌的大海。

1937年9月中旬的一天，钱三强在导

1937年7月，钱三强留法前在北平中山公园与家人合影（左起：弟钱德充、兄钱秉雄、母徐婠贞、嫂徐幽湘、父钱玄同、钱三强）

师严济慈教授的带领下，来到皮埃尔·居里街（后改称皮埃尔和玛丽·居里街）11号巴黎大学镭学研究所居里实验室攻读博士学位。这是一幢三层楼的老式建筑。该实验室是居里夫人创建的，居里夫人谢世后，由锕的发现者德比埃纳教授任主任，但实际上是居里夫人的大女儿、诺贝尔化学奖得主伊莱娜主持。

伊莱娜·居里（亦称小居里夫人）就是钱三强的导师，严济慈和约里奥·居里夫妇是同辈友人，20世纪20年代留学法国后，多有交往。伊莱娜像她的慈母居里夫人一样，潜心于科学研究，忘我勤奋，作风严谨，品格高尚，待人谦和、热忱。在这样一个导师的教导下学习，的确是一个难得的好机会。

伊莱娜·居里不注重外表穿着，穿一件白色工作服。她热情招呼两位中国客人："欢迎你们到来！"严济慈介绍钱三强后，伊莱娜随即伸过手对钱三强说："欢迎你加入我们的实验室！"此后的谈话是简洁而多方面的，体现了伊莱娜不善言辞、求实稳重、直率简洁的特点，她很细心，多为别人着想。交谈中，她很注意听钱三强的讲话，用信任的眼光看着对方，丝毫没有对青年学子漫不经心的态度。伊莱娜当面接受指导钱三强做博士论文，明确以原子核物理学为主，兼做放射化学工作。不久，她的丈夫法兰西学院原子核化学实验室主持人弗雷德里克·约里奥·居里也加盟指导。对钱三强来说，这是得天独厚、举世无双的待遇。

1937年10月25日，是钱三强来到居里实验室以后的第一个工作日。此前，他主要听伊莱娜为青年科学人员讲放射学基础课，每周讲两次，偶有小范围的讨论。

伊莱娜·居里选定钱三强的博士论文课题，是用云雾室研究含氢物质在 α 粒子轰击下所产生的质子群。对这样一个全新而陌生的前沿课题，钱三强一切从头开始。

一天，约里奥·居里夫人问钱三强："钱先生，那位化学师（指葛勤黛夫人）你不是认识吗？如果你回国做放射源，就需要学会化学工作，你就去向她学学吧！"钱三强心里十分高兴，他想导师为我想得多么周到！于是欣然答应了。

葛勤黛夫人是一位有名望的科学技术专家。她放手让钱三强独立做钋的放射源。钱三强一丝不苟仿效着葛勤黛夫人的方法开始工作。葛勤黛夫人每隔一段时间过来询问指导。接着，又连续让他做了4个放射样品。做完后，葛勤黛夫人帮助钱三强测完放射源的强度，并告诉钱三强："成了，3个基本一样，1个略微差一点，但在允许误差范围内。"葛勤黛夫人的评价，是对钱三强的工作的肯定。而他的勤奋与好学，又赢得了葛勤黛夫人和同伴们的信任，同时也使他获得了真诚的合作。这一来就大大拓宽了他的科学研究领域。此后，他写出了30多篇科研论文。

在实验室工作一天以后，回到宿舍还要整理资料，写实验报告。生活平淡、枯燥，但他却从不感到厌倦。他认为自己所面对的是对他充满诱惑力的神秘的原子世界。在这个神秘的世界里，有许许多多尚未开发的处女地等待一代又一代的核物理学家去开垦。

居里实验室，是全球性的研究集体。在这里从事科学研究的青年，有来自法国的、波兰的、意大利的、荷兰的、中国的……钱三强虚心向人学习，也乐于助人，在这个国际大家庭中树起良好的形象，业务上更是这个群体中的佼佼者。

钱三强的实干精神，深得伊莱娜·居里的赞赏。为了使钱三强有更多的学习机会，她推荐钱三强到法兰西学院原子核化学实验室工作。伊莱娜·居里的丈夫约里奥·居里就在这个实验室主持工作。这样，钱三强就同时在两个实验室工作。

约里奥·居里先生，这位著名的核科学家是一位非常典型的法国人，身材魁梧高大，性格热情奔放。他非常喜欢与助手交谈，善于抒发自己的感情。他没有那种大科学家的架子，而且和工人合作得很好。看得出，他对自己所从事的原子能研究，有着一种狂热的痴迷。约里奥非常关心中国的近况，同情中国人民遭受日军侵略的处境。当话题转到钱三强的学习问题时，约里奥问钱三强："原子核物理与原子能化学密不可分，你知道吗？"钱三强会意地点点头。约里奥接着说下去："我的原子核化学实验室，同伊莱娜的实验室一直联系密切。我与伊莱娜生活上分不开，工作上也分不开。"

约里奥与钱三强的谈话轻松愉快。第一次见面，约里奥便开门见山地向钱三强交代了工作任务，他说："我想对云雾室作两种改进。一是改进充气的压力，使压力可以调节，这样测量粒子的能量范围也就可以调节了。另一项改进，是把膨胀速度放慢，使有效灵敏的时间拉长，这样，一次实验就可以获得较多的实例。"钱三强认真做谈话记录，同时，他也开始考虑将要着手的工作细节。"原来云雾室的有效灵敏时间是多少？"钱三强经过认真思考以后，向约里奥提出了第一个问题。"是 0 秒到 0.2 秒。时间太短了，实验受到限制，所以要改进。"

"改进方案由谁来做？"钱三强又问道。

"先由你提出一个方案，我们共同讨论后再论证。改进成功之后，你就以云雾室研究 α 粒子与质子的碰撞为题，完成你博士论文的一部分。"

钱三强面见约里奥之后首先查阅文献，而后对现有的云雾室进行了仔细考察，对其原理结构进行了认真研究。经过一个多月的准备，钱三强向约里奥交了一份云雾室的改进图，请老师审查。

约里奥对个别地方做了一些修改之后，便交给钱三强着手操作。一开头，约里奥每天到实验室查看一次；后来，隔几天查看一次；再后来，两三个星期查看一次；最后，一两个月也难得来一次。约里奥似乎对钱三强的工作很满意，也很放心。过了一段时间，约里奥又到实验室来了，只见云雾室的主要结构件都加工好了，钱三强正在进行组装。

约里奥惊讶了。他发现最难加工的金属底盘、金属网、金属丝，都加工好了，真不敢相信。"这都是怎么制作出来的？都是你干的？"他兴奋地询问钱三强。

"我将每一个小部件都画好图纸，制作成样品后，再到工厂去请金工师傅帮助加工。"钱三强回答说。

"工厂在哪里？"

"在巴黎郊外。那里有很好的设备，工人们也很热心帮助。"

约里奥很欣赏这样的科学青年，能想出办法解决遇到的问题，而且踏踏实实，从不张扬。

几个月后，新的云雾室建成了。经过试验，两种改进效果都不错，其中有效灵敏时间达到 0.3 秒至 0.5 秒。

新的云雾室刚修建成功，约里奥又提出了一个想法："能不能再设计一个自动照相的系统，把粒子轨迹自动拍照下来？"

没过多久，钱三强创造性地制成了一台同云雾室相匹配的自动照相机。从此，约里奥·居里对钱三强更加器重。约里奥当着许多人称赞说："法国大学生只有考试分数，而来自中国的大学生则同时具有实际的工作能力。"

由于钱三强卓有成效的工作，他刚去法国居里实验室一年多，便为华夏学子争得了荣誉。

在约里奥先生实验室工作，不仅向先生学到科学技术，还学到他的科学思想、科学道德。这使钱三强受益终生。

1939 年 1 月的一天，约里奥教授让钱三强看一张照片，原来这是一张用云雾室拍下的铀受中子轰击后产生裂变碎片的照片。这是当时第一张直接显示裂变现象的照片，是十分珍贵的。

不久，约里奥·居里夫人又邀请钱三强和她合作证明核裂变理论。在两位导师的指导下，1940 年 1 月钱三强完成了博士论文——《含氢物质在 Po-α 粒子轰击下所产生的质子群》，并由法国科学院组成最高规格四人评审委员会，除两位导师外，另有居里实验室第二任主管、锕元素发现者、老资格的放射化学家德比埃纳担任主席，还有法国最负盛名的核物理大师奥热教授。经讨论，评审组一致确认论文的科学性。伊莱娜还给钱三强工作精神做了"勤奋、热情和领悟科学的天分"的评价。

1940 年 4 月，钱三强获得了法国国家博士学位。同年 6 月，掀起第二次世界大战的德军把战火烧到法国，巴黎全城逃难如潮，钱三强骑着自行车逃难。6 月 14 日，巴黎沦陷，被德军赶回的难民回到巴黎，钱三强生活陷入困境。10 月起，在伊莱娜批准下，钱三强获"居里·卡内基奖学金"，不仅解决了生计，并享有独立进行科学研究的机会。1941 年 11 月，钱三强告别导师，前往马赛候船回国，不巧 12 月 7 日日本偷袭珍珠港，水路不通，滞留里昂中法大学从事科研一年，至 1942 年 12 月才得到约里奥返回巴黎的证明文件和签证，享有法国国家科学研究中心奖学金资助，重回居里实验室和法兰西学院原子核化学实验室继续研究工作。

　　钱三强是幸运者，能在两位世界第一流科学家的教诲下学习、工作，从而很快进入了科学研究的前沿，还有幸目睹了人类一次伟大的科学发现——核裂变。

　　1946 年 4 月 8 日，他与同学科的才女何泽慧结婚。当晚，在巴黎近郊的东方饭店举办了隆重而简朴的婚宴，中外同仁好友 30 余人应邀出席，特别值得高兴的是约里奥·居里夫妇双双出席钱三强婚宴，这在法兰西高层人士中也极为少见。约里奥在婚宴上致辞："钱三强先生和何泽慧女士，都是做原子物理研究的，相信他们的结合，将来一定会在科学事业中开花结果。"他看看伊莱娜后又说："正如大家知道的，居里先生和夫人的结合，开了一个先例，我和伊莱娜也受了'传染'。我们感到这种'传染'，对科学是非常有利的。"全场不约而同地响起热烈的掌声。接着，约里奥挽起伊莱娜的手走到何泽慧面前祝愿说："现在，我和伊莱娜欢迎你到巴黎来，希望你们两位婚后紧密合作，在实验室里做出新成绩。"

　　后来，钱三强夫妇二人在研究铀核三裂变中取得了突破性成果，被导师约里奥向世界科学界推荐。不少西方国家的报纸刊物刊登了此事，并称赞"他们发现了原子核新分裂法"。这一发现不仅反映了铀核特点，而且使人类能进一步探讨核裂变的普遍性。导师约里奥骄傲地说："这是第二次世界大战后，我的实验室的第一个重要的工作。"为此，

钱三强、何泽慧婚后在巴黎莫东住所前留影（1946 年 4 月）

1946 年底，钱三强荣获法国科学院亨利·德巴微物理学奖。1947 年升任法国国家科学研究中心研究导师。这是我国物理学界的唯一一例。

1948 年，钱三强决心回国，但在回国前，钱三强还要去解一个感情上难解的情结——说服患难与共十年的约里

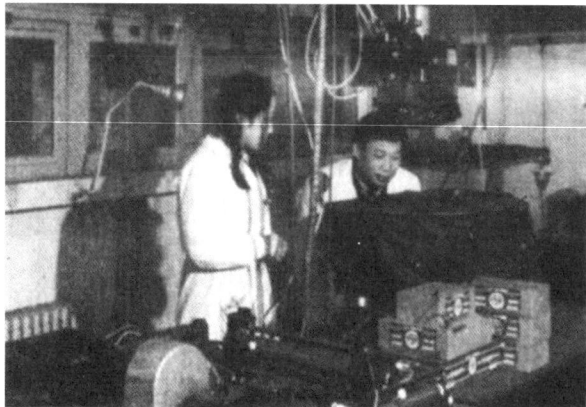

钱三强、何泽慧在法兰西学院的云雾室设备上做发现铀三分裂和四分裂的实验（1946 年 12 月）

奥·居里夫妇。两位导师不希望钱三强在战乱时回到中国，生怕安全与科研受到影响。钱三强诚恳而动情地说："我同样想到了这些，也是舍不得这时离开。我的科学生涯，是在你们指导下开始的，我永远不会忘记这一点。但同样，我从来没有忘记我的祖国……"

1948 年 4 月中的一个周日，钱三强和何泽慧如约来到约里奥·居里夫妇家，伊莱娜准备了几样法式菜点为他们饯行。伊莱娜把细心准备好的一些资料和装在铅盒里的放射源交给钱三强说："你把它带回去，别处不容易弄得到，将来也许你们用得着。"约里奥还把当时保密的重要数据告诉钱三强夫妇，最后，伊莱娜临别赠言说："要为科学服务，科学要为人民服务。"过了几天，伊莱娜又交给钱三强由两位导师署名的他 10 年工作成绩和个人品德评议书，评议书全由伊莱娜用法文亲笔写成，落款时间是 1948 年 4 月 26 日。这份评议书，实事求是地道出钱三强十年科学研究的创见和具备研究机构领导者的所有品德，认为他是来实验室同代人中最为优秀者。鉴定是这样写的："钱先生表现出科研人员所具有的特殊素质，在我们共事期间，他的这些素质又进一步得到加强。他已完成了大量的研究工作，其中有些是非常重要的。他心智敏慧，对科学既有满腔热忱，又有首创精神。我们可以毫不夸张地说，在我们实验室学习并在我们领导下工作的同一代科学家中，他是

最优秀的。我们曾委托他领导几批研究人员，他用自己的才华出色地完成了这项困难的任务，并受他的法国和外国学生的爱戴。""我们的国家对于钱先生的才干业已承认，并先后赋予他重任，先是任命他为国家科学研究中心的研究员，接着又聘任他为研究导师。他同时也是法

1948 年 4 月，钱三强（右）回国前夕与约里奥·居里夫妇在住宅花园合影

兰西科学奖的获得者。""钱先生还是一位优秀的组织者。他具备了研究组织工作的领导者所特有的精神、科学和技术素质。"

为了原子科学生根

　　1948 年 6 月 10 日，钱三强、何泽慧夫妇带着 7 个多月大的小孩经过近 40 天的瀚海颠簸，终于回到上海，回到阔别 11 年的祖国。美国有关机构蓄意作难，扣了钱三强的随身 10 余件行李。钱三强借机在上海、南京做些应酬，看望亲友等活动。他以北上看望母亲的理由婉谢有关单位聘请，但直至同年 8 月才迟迟回到北京。除了看望母亲等亲友外，北平研究院李石曾院长主持了盛大的接风会，北平物理学界同仁都来了。9 月

1948 年秋，钱三强、何泽慧抵北平后和母亲在一起

10日，北平研究院在怀仁堂举行全院学术会议，正式宣布组建原子学研究所，钱三强被兼聘为该所所长，何泽慧受聘为研究员。还有清华校方安排了他与物理系学生的见面会并做现场互动答问，钱三强很上心也很乐意，气氛十分热烈，给清华园带来一股清新空气。

钱三强不忘初心，想方设法婉谢官方、亲友的挽留，毅然回母校清华大学任教。他除在清华大学乐意开普通物理和现代物理课外，还主动在中法大学每周主讲一次原子物理学，各方面人员都可自由去听他的课，以便使更多国人了解和关心原子科学的最新发展。

1948年12月中旬的一天，研究院总干事杨光弼说南京方面派飞机接一批文化教育界的人士"南往"，钱三强名列其中，并交给他登机票。钱三强决意以母病重为由决不"南往"。

钱三强30多岁时已经是一位卓有成就的实验物理学家，如果继续从事科学研究，公认其在该领域会更有建树。然而，回国后，他无条件地服从党和国家的需要，放弃自己心爱的科研工作，先创建原子学研究所，任所长，以主要精力从事科学组织工作，为别人创造了施展才华的条件。钱三强先在清华教书，1948年底清华大学新校务委员会成立，他受校务委员会邀请出任物理系主任，为培养科技人才出力。

在科研工作中，钱三强注意发挥青年的主动性，放手让他们大胆探索，在一些关键之处给以指点；他注意引导和鼓励青年独立思考，发表见解，即使是不成熟的或萌芽状态的，他也总是给以热情支持，并一起讨论，逐步完善；他以平等态度与青年交往，经常以自己的经验教训和亲身体会，帮助青年少走弯路。每年新大学生、研究生到所里报到，他都要亲自给大家做报告，鼓励走又红又专的道路。正是由于钱三强等老一辈科学家坚持不懈地对青年科技工作者的鼓励、信任、教诲和示范作用，在我国核科学技术领域中，有一大批年轻人自觉自愿地把自己的青春才华和毕生精力，默默无闻地奉献给国家和人民期盼的事业。

从新中国成立起，钱三强担任过不少领导职务，被委以不少重任：如1949年10月政务院通过他和丁瓒起草中国科学院建院草案；他被任命为计划局副局长，协助竺可桢局长做调查研究；担任全面学习苏联科学工作经验代表团团长；参加奥斯陆世界和平理事会；担任美帝细菌战调查团联络员；等等。

钱三强更常牵挂心头的一项工作是搞原子弹。1950年初，他协助竺可桢组建的第一批研究所就有近代物理研究所（1958年改称原子能研究所），并着力说服吴有训任所长，钱三强任副所长（1951年2月起任所长），另登门请来留英博士彭桓武、留德博士王淦昌等一批骨干。另外，他不辞辛劳向国外写了不少求才信，几年工夫，一大批有理想、有学术水平、有实干精神的科学技术专家从国内外聚集而来，成了中国原子核科学技术的研究中心，从建所时十几人发展到几百人。此后，他全身心地投入了原子能事业的开创，并于1954年加入了中国共产党。

1955年1月14日钱三强来到周总理居住的西花厅。自朝鲜战争以来，美国不断推行核讹诈政策，如果板门店谈判无进展，美方有可能使用核武器攻击中国本土，周总理引用约里奥·居里说的"你们反对原子弹，就要有自己的原子弹"的话，提出我国发展核武器条件已具备，时机已成熟，请谈些意见供中央决策参考。

1955年，中央决定发展本国核力量后，钱三强又成为规划的制定人。同年被选聘为中国科学院学部委员（院士）。

1956年，钱三强带领40多名科学工作者在苏联学习考察。刚从美国回国的钱学森，也来到苏联和钱三强一同考察。

1956年11月16日，第一届全国人大常委会决定，成立主管原子能工业的第三机械工业部（1958年2月11日改为二机部），宋任穷任部长，钱三强与刘杰、袁成隆、刘伟、雷荣天等被任命为副部长。他是副部长之中唯一的科学家。聂荣臻元帅曾经对钱三强说过："搞原子能，你是行家，就请你提建议，我们大家商讨决定。"

1958年，钱三强参加了苏联援助的原子反应堆的建设，并汇聚了一大批核科学家（包括他的夫人何泽慧），他还将邓稼先等优秀人才推荐到研制核武器的队伍中。

1959 年 6 月 26 日，苏联共产党中央来信，拒绝提供原子弹的有关资料及教学模型。8 月 23 日，苏联又单方面终止了两国签订的新技术协定，撤走了全部专家。在苏联专家撤走后，周光召在国外召集数十名海外专家、学子，联名请求回国参战。他们归国后先后参与主持了理论研究与实验研究工作。

1964 年，在钱三强 51 岁生日之际，中国第一颗原子弹爆炸成功。1967 年氢弹又爆炸成功。西方媒体当时就在推测，法国国家博士钱三强是中国的核弹之父。

1980 年 7 月 24 日，钱三强教授在中南海以"科学技术发展的简况"为题讲课。

20 世纪 80 年代，中国科技界出现了"加强软科学，发展交叉科学，提倡学科交叉"的认识热潮。当时身为中国科协副主席的钱三强，以鲜明的态度积极支持。他在第一次全国交叉科学学术讨论会上，作了《迎接交叉科学新时代》的演讲。这次演讲被公认为交叉科学发展史上的"著名演讲"，受到广泛重视。

1986 年 9 月，中国科协成立促进自然科学与社会联盟工作委员会，钱三强兼任该委员会主任委员。委员会的任务开宗明义：加强软科学、交叉科学、管理科学等方面的研究、宣传和培训活动，加强自然科学工作者和社会科学工作者的联系，为领导决策提供科学依据。

1987 年后的一段时间，包括科学技术、教育、社会科学、文学艺术、哲学、新闻出版等在内的知识界，出现了联合交叉大讨论的热潮。这一热潮的发起者，就是钱三强领导的促进联盟委员会，特别是由他亲自策划并主持的系列"科学与文化论坛"。一开始，钱三强便就"论坛"的宗旨做了说明："充分认识科学技术在文化建设中的重要作用，确定包括科技与教育、社会科学和文学艺术在内的新文化观念，提高全社会的科学文化素质；充分认识科技在文化建设中的特殊作用，把科技知识的传播同思想道德教育结合起来，把数以百万计的科协成员变成精神文明建设的一支生力军。"钱三强的设想，迅即得到钱学森、于光远、郑必坚以及指挥家李德伦、作曲家吴祖强等人士的热情支持。

从 1988 年 5 月 25 日，到 1989 年"五四"前夕，"科学与文化论坛"共举行了 5 次，每次都是各界有识之士踊跃列会，争相论谈，气氛十分活跃，推动了科学与文化相结合。

1999 年，钱三强被追授由 515 克 99.9% 纯金铸成的"两弹一星"功勋奖章，以表彰其贡献。2003 年 10 月 17 日在钱三强诞辰 90 周年之际，经国际天文学联合会小天体提名委员会批准，将中科院国家天文台施密特 CCD 小行星项目组于 1998 年 10 月 16 日发现的国际编号 25240 号小行星命名为"钱三强星"。

弘扬求是创新精神

十年坚冰消融，科学春风拂面。

学校的教学秩序得到恢复，如 1977 年恢复招生考试制度，恢复教学计划并试行学分制，开展科学研究，加大基本建设力度，关心教职工生活，造了一批正规的高质量的宿舍，令人兴奋不已！

中国科学院卢嘉锡、钱三强等在领导与组织大量科学研究实践基础上，认识到理工结合进行科学研究的重要。1978 年 8 月 23 日经国务院批准，将浙江大学由教育部部属改为中国科学院和浙江省双重领导，以中国科学院为主。1979 年 2 月 8 日，中共中央组织部批准中国科学院副院长钱三强兼任浙江大学校长。

在 1979 年 2 月 8 日至 1982 年 8 月钱三强任校长期间，浙大在求是创新精神弘扬、教学秩序的恢复、科学研究的开展和基本建设的加速等方面都取得显著成绩，令人振奋。

1979 年 4 月 23 日，钱三强校长深入教研室、实验室和工厂等调研后，在大操场对全校师生员工提了五点希望：我们必须旗帜鲜明地坚持四项基本原则；坚持又红又专的方向；要提倡和发扬艰苦奋斗的精神；要继续传承和发扬求是精神，培养和鼓励创新精神；希望全校大力协同，加强团结，进一步巩固和发展安定团结的大好局面。

钱三强校长对求是创新精神做了说明，他说"求是"是浙大前身求是书院的祖传，1938年11月19日，校务会议正式通过了竺校长提议的"求是"为校训，对我们今天仍很重要，我们就是要老老实实，一切从实际出发，说老实话，办老实事，做老实人。但是，从我们现在的情况和将来的任务出发，仅做到"求是"就不够了，要特别提倡在"求是"的基础上"创新"。创新，就是要求同学们从现在起养成创新的习惯，以适应不断发展的需要。只有赶超思想，没有创新精神是过不了关的。全国人民面前过不了关，世界人民也看着你们过不了关。所以创新是很不简单的，要脚踏实地，踏踏实实，这是创新的基础，但还不是创新。要创新就要在原有基础上扎扎实实动脑筋。我们现在就应该在学生青年中，在教职工中，树立创新精神，用创新思想鼓励同学。这是钱三强校长几十年科研和工作中提炼的经验结晶！

此后，浙大求是园掀起一拨又一拨"三强效应"，求是创新的高大牌子高耸校园，求是创新的鲜红大字刊进了各种图书和画册，也镌进了师生员工的心中！1997年浙江大学百年校庆前夕，在校门新砌的门框上，特凿制了仿甲骨文的"求是创新"四个大字，供人观赏。这是钱三强校长弘扬浙大百年传承不衰的求是精神又一"裂变效应"的佐证。

新中国成立以来，浙江大学的历任领导人，继承和发扬了求是精神，特别在科学春天来临时，钱三强校长在新的历史条件下率先提出了"求是创新"精神。自那以后，浙江大学逐渐形成了"实事求是，严谨踏实，奋发进取，开拓创新"的优良校风。1988年5月5日，由路甬祥校长主持的校务会议决定以"求是创新"为新时期浙江大学校训。这是浙江大学为了适应迅猛发展的现代科技和社会需求作出的正确决策，是对求是精神的发扬光大。

2014年11月21日，国务院总理李克强考察浙大，在与浙大学子座谈并诠释校训"求是创新"时，李克强总理说，"求是"源自古文，"创新"取自现代，四字融古通今。求是，就是孜孜不倦追求真理，这是创新之基，也是你们走向社会安身立命之本。浙大学生创业率全国高校第一，创业不仅需要创新意识，更需要文化底蕴和求是精神。

而今，"求是创新"校训已深植浙大人的心中。倘若钱三强校长地下有知，也会含笑九泉！

科学家简朴生活典范

钱三强夫人何泽慧出身堪称簪缨世家的名门望族，清朝历经近300年，这个家族出过15名进士，29名举人。苏州的网师园，曾是何家私宅，正是何泽慧无私地把它献给了国家。

在何泽慧8兄弟姐妹中，共出了4位著名的物理学家、一位植物学家、一位医学家。

何泽慧聪颖敏慧，当年清华物理系招生，她是唯一的"女状元"。她后来回忆："考浙江大学的人有800多，我报考的是物理学系，他们取的只有我一个女生，你说我的运气好不好？清华大学人多而且特多，一共有近3000人，清华的希望小得不得了！"何泽慧两校都被录取了，她选择去了清华。自此，她和钱三强两个人相识，被称为"清华的金童玉女"。清华的课业尤为繁重，淘汰率很高，1936年，物理专业只有10人顺利毕业，何泽慧是第一名，钱三强第二名。

何泽慧富有报国热情，她和几位男生一起去南京军工署求职，希望以自己的专业报效国家，但几位男生被录用了，成绩更好的何泽慧却因为是女性被拒之门外。何泽慧不会坐等机会的到来，于是她决定出国深造。出国前她得知，德国柏林高等工业大学技术物理系的系主任曾经在南京军工署当过顾问。于是，她到德国后直接找到了这位系主任，希望进入技术物理系学习，没想到马上被拒绝了。技术物理系系主任说："这个不大可能，因为我们技术物理系是个保密系，不可能吸收外国人的，更不可能吸收女性来学弹道专业。"何泽慧不服输，她据理力争："你可以到我们中国来当我们军工署的顾问，帮我们打日本鬼子。我为了打日本鬼子，到这里来学习这个专业，你为什么不收我呢？"最终她说服了系主任，成为第一个就读于该校的外国学生，也是该专业第一个女性。最后，她于1940年以《一种新的精确简便测量子弹飞行速度的方法》论文获得工程博士学位。

由于第二次世界大战爆发，她不得已在德国滞留下来。为了更多地掌握对国家有用的先进科学技术，她于1940年进柏林西门子工厂弱电流实验室参加磁性材料的研究工作。1943 年，她到海德堡威廉皇家学院核物理研究所，在玻特教授指导下从事当时已初露应用前景的原子核物理研究，曾首先观测到正负电子碰撞现象，英国《自然》杂志称之为"科学珍闻"。

二战期间，她与钱三强只能通过书信交流。当时，书信不能封口，还有字数限制，就这样通信两年。最后，钱三强鼓起勇气，给何泽慧写了求婚信。他在信中说道："我向你提出结婚的请求，如能同意，请回信，我将等你一同回国。"她的回复更简单："感谢你的爱情，我将对你永远忠诚，等我们见面后一同回国。"

半年后，何泽慧只提了一个箱子只身前往法国，和钱三强完婚。不久，他们一起合作发现了铀核裂变的新方式——三分裂和四分裂现象。在国际科学界引起很大反响，她被西方媒体称为"中国的居里夫人"，并被外国科研团队集体争抢。

1948 年夏，何泽慧同钱三强一起带着仅 7 个月大的女儿，满怀爱国热忱历尽艰辛地回到祖国，参加北平研究院原子学研究所的组建。新中国成立后，她全身心地投入到中科院近代物理研究所的创建工作。由她具体领导的研究小组，在十分简陋的条件下开展工作，经过几年努力，于 1956 年研制成功性能达到国际先进水平的原子核乳胶。

1955 年初，何泽慧积极领导开展中子物理与裂变物理的实验准备工作。1958 年，中国第一台反应堆及回旋加速器建成后，她担任中子物理研究室主任，在相当长时间里领导当时的中子物理研究工作，为开拓中国中子物理与裂变物理实验领域作出重要贡献。她还看准快中子谱学的国际发展趋势，不失时机安排力量开展研究，使中国快中子实验工作很快达到当时的国际水平。

何泽慧 1964 年起担任原子能研究所副所长。1965 年赴河南安阳参加社会主义教育运动。"文革"中被作为"反动学术权威"受到错误的审查和批判；1969 年冬，下放到二机部在陕西合阳的"五七"干校参加农业劳动。

钱三强、何泽慧夫妇育有二女钱祖玄（1947 年生）、钱民协（1949 年生），一儿钱思进（1951 年 11 月生）。

长女钱祖玄，1947年出生在法国巴黎，又因祖父名叫钱玄同，所以就给起名为"祖玄"，希望她不要忘祖。1948年夏，刚过半岁的她随父母乘坐轮船经一个多月后抵达上海。1976年于清华大学毕业后，她曾工作于中国高能物理所，后来前往法国马赛粒子物理研究所深造，

1972年春节，钱三强、何泽慧全家在陕西合阳干校共度除夕之夜（前钱祖玄，后右钱民协、后左钱思进）

并于1990年取得博士学位，参与了许多高端科学项目的研究，是公认的著名物理学家，并多次回国参与中法之间的粒子物理和网格计算等科学领域的合作交流研究工作。

二女儿钱民协，北大化学系毕业，1990年在中国科学院化学所获得理学博士学位。专长结构化学、蛋白质晶体学。1989—1990年作为洪堡学者在德国柏林自由大学化学系晶体研究所学习；1991—1993年作为博士后在法国马赛国家科研中心生物大分子晶体实验室做研究；1993—1994年6月作为博士后在法国格勒诺布尔生物结构研究所蛋白质晶体实验室工作；1996年7月至2000年，又在国外有多项合作研究。

1968年，儿子钱思进到山西绛县插队，生活上遇到不少困难，写信向父母诉苦。钱三强回信教育儿子："你大了，不能总依靠父母，要独立生活，学会自己走路。"于是，钱思进发奋学习，在农村不管每天劳动多累，都坚持在小油灯下自学到深夜。1972年，他终于被推荐到清华大学化工系学习。上大学后，钱思进仍然穿一身洗得发白了的蓝布衣服，脚穿布鞋，背一个旧帆布包。他请求爸爸出面替他说话，帮他转学物理。钱三强不同意用他的"牌子"来满足儿子的要求。他听从父亲的教诲，抓紧业余时间自学物理，1978年，

终于通过考试，被录取为中国科学院理论物理研究所研究生。最后取得博士学位，当上教授、博士生导师，并从事高能粒子物理实验的研究和网格计算技术在高能物理（及其他学科）中应用的研发。

良好的教育首先需要良好的家风，钱三强子女们在钱家自强好学、艰苦奋斗、一心为民的家风下在不同的领域作出杰出的贡献。钱三强也教导自己的子女们不要总是想着有人来帮忙，自己的事情自己解决，很多事情除了你自己，没有人可以帮到你。从他们成人之后，就开始了自己不同的人生之旅，如果说在如此深厚家底的家庭环境下，对他们影响最大的是什么？可能就是这种家庭教育的良好家风。

1992 年 6 月 28 日，钱三强离开了他心爱的妻子及热爱的事业。在何泽慧的心中，钱三强是她放不下的思念，他是她最珍贵的回忆。相守半个世纪的他们，是事业上最完美的合作拍档，也是生活中最和谐美满的夫妇。在他们的原子核事业里，执子之手，与子偕老。

1996 年 5 月，我去北京中关村采访贝时璋校友后，得知何泽慧先生就住在贝先生对门，于是我下决心采访她。可是她老人家又去实验室了，我和同事杨捷在小花园一直等到下午 6 时多，也不见她回家，她的邻居说，她以实验室为家，有时回来很迟，我们只好失望地离开，十分可惜。

钱三强离世后，何泽慧拒绝搬到条件更好的院士楼，就一直守着他们 1955 年搬进来的这套老房子，屋里的陈设，也丝毫没有变动。她九十几岁还一直去单位办公，不要配车，坚持自己

1992 年 5 月王淦昌与严济慈、何泽慧、钱三强（左三起）等人合影

坐公交。中科院院士李惕碚在 2009 年庆贺何泽慧 95 岁华诞的一篇文章中写道："在何先生那里，科学研究就是探索自然的本来面目，如此而已。权位和来头，排场和声势，以及华丽的包装，对何先生都没有作用；她会时不时像那个看不见皇帝新衣的小孩子，冷冷地冒出一句不合时宜而又鞭辟入里的实在话。直到离世，她一直住在中关村 20 世纪 50 年代的小区中，这里已经破败不堪，昏暗的楼道里贴满了疏通下水道的小广告，小院里到处可见各种各样杂物。而这里，曾经聚集了'中国最高级的一批大脑'：其中包括 59 位留在大陆的原中央研究院首批院士中的 9 位，中国科学院首批 233 位学部委员中的 32 位，以及 23 位'两弹一星'元勋中的 8 位。时间飞逝，人们纷纷与这老小区告别，只有何泽慧还住在这里。屋子保留着钱三强在世时的模样，往后的 20 年间，何泽慧与满屋书香为伴，直至 2011 年离世。"读了这段话，除了对何先生的景仰，就是感佩了！

（2021 年 3 月 15 日改定）

卢鹤绂

  卢鹤绂（1914年6月—1997年2月），祖籍山东掖县（今山东省莱州市），出生于辽宁沈阳市。核物理学家。1936年毕业于燕京大学，1941年获美国明尼苏达大学哲学博士学位。1980年当选为中国科学院学部委员（院士）。主要从事理论物理和核物理的教学与研究。发现了热离子发射的同位素效应；发明了在质谱仪中测定氢同位素丰度比的时间积分法；在国际上首次公开估算铀235原子弹和费米型链式裂变反应堆的临界体积的简易方法及其全部原理；提出了最早期的原子核壳模型并首次提出了核半径新的计算公式；建立了流体的容变黏滞弹性理论并对经典流体力学基本方程做了多项扩充与推广。他历任中山大学、广西大学、浙江大学和复旦大学教授，复旦大学分子物理教研组、理论物理研究组、原子核物理教研室主任，校务委员会副主任，上海物理学会理事长。1977年被评为上海市先进科技工作者。1981年获纽约科学院授予的1980—1981年度"活跃院士"称号；1993年英国剑桥国际传记中心授予了"20世纪成就奖"，美国传记研究院授予了"国际承认奖"，并载入英国剑桥国际传记中心的《国际传记辞典》，授予"20世纪成就奖"等殊荣。

人生有许多经历，有的经历像一片树叶，随风飘远难以追回；有的经历像一幅画，深深地印在胸壁上永存。在浙大校友总会任职的十年里，我经历了一幅又一幅的人物画，其中卢鹤绂院士的经历就像一幅幅动人的画。1990年初我去浙大校友总会任职后，校长

2009年6月作者夫妇与卢永亮（中）相聚湄潭

给我三大任务，其中一项是主持编写与研究浙大校史。此后，在笔者主持编写并统稿的《浙江大学简史》的中国科学院院士栏目中，收进了卢鹤绂的条目；在笔者执行主编的《浙大逸事》一书中，又为卢鹤绂撰写了短文，这些可说是彰显他业绩的序篇。2009年，我们夫妇与卢院士的二公子卢永亮在湄潭浙大西迁70周年纪念会上相见畅谈，后来他还送我几本写卢院士的书。1997年12月29日，北京《现代物理知识》主编吴水清来浙大校友总会专访。卢院士的学生陈昌生、张守业等老师的回忆，为我勾勒了卢院士教学与科研生涯的一幅幅光鲜的画面。

个性鲜明的求学之路

卢鹤绂出生在一个知识分子家庭，从小得到良好的培养与教育。他天资聪颖，5岁就进入私塾学习，6岁进入济南扶轮小学接受新式学堂的教育。

他的父亲卢景贵曾公费赴美留学，获美国伊利诺伊大学机械科学士后，进入普渡大学读硕士学位。他的母亲崔可言曾东渡扶桑和秋瑾一起在东京女子实践学堂公费留学。在家庭的良好熏陶下，卢鹤绂从小热衷于钻研理工科学。1929年初中毕业，住校就读于东北大学附属中学理科班，每周回家一次，

培养自己独立生活的能力。那时,学校的物理、数学等多门课都是英文原版书,他很喜欢读,自此奠定了他理工科的求学方向。

许是受父母的感染,他很喜欢读书。他读过王云五编的《万有文库》《三国演义》和《汽车学》等书,早早学会了开小车。

1931年卢鹤绂随父去天津,在河北省工业学院机电预科学习。物理课马老师是留英的硕士生,讲课条理清晰,受其影响,他立志毕业后投考北大物理系。

1931年9月18日夜,"九一八"事变爆发。同年冬,日军侵占吴淞口,天津大公报发起募捐支前活动,卢鹤绂心怀祖国安危,向母亲要了100元送报社捐赠,翌日大公报刊出,师生们称颂不已。

1932年,卢鹤绂考入燕京大学理学院物理系。

1935年冬,"一二·九"运动爆发,青年学生热血沸腾,上街游行。卢鹤绂担任燕京大学游行队伍保安纠察任务。他骑着自行车,护送革命洪流行进。当局军警用高压水龙头、大刀阻止游行队伍到北京天桥集会,愤怒的卢鹤绂用自行车向阻挡的军警砸去,他自己也因此负了伤。

1936年卢鹤绂大学毕业获理学士学位,同年赴美国明尼苏达大学研究院深造,主攻近代物理和原子核物理,辅修数学。

1941年秋,卢鹤绂获得哲学博士学位,拒绝了美国政府的《科学人才征用表》,放弃美国优渥的待遇,毅然与新婚妻子吴润辉经香港回到患难的祖国内地怀抱,甘愿加入垒筑中华民族血肉长城的行列。回国前,卢鹤绂在给父母的信上写道:"我要回国与国民共患难,报效祖国。"

1941年秋,卢鹤绂戴上博士帽

心中有盏祖国的明灯

1941年秋，尚在蜜月期的卢鹤绂、吴润辉夫妇，乘坐一艘荷兰客货轮离开生活了五年的美国，经香港中转飞往广东北部南雄，11月2日抵达时迁坪石镇的国立中山大学本部任教授。他们由理学院院长康辛元引领住进一个小地主家后，康院长颇有感慨地说："你们从天堂坠入地狱。"而卢鹤绂淡淡一笑后引用曹植两句诗应答："闲居非吾志，甘心赴国忧。"

当年坪石的生活极其艰苦。1942年暑假，吴润辉产期将近，因坪石镇无妇产科医院，他又陪夫人舟车辗转去邻省湖南湘雅医院生产，幸亏顺利生下长子永强。

当夫人出院回到塘口村后，卢鹤绂每天忙完家务，就专心致志地在灯芯油灯下备课，在一座供奉马援神像的古庙里为四年级大学生讲理论物理等课，还热衷于研究原子弹这一世界学术界的前沿课题，写了著名的论文《重原子核内之潜能及其利用》，抢先预言了大规模利用原子能的可能性（因《科学》停刊两年余至1944年2月复刊后才刊出）。

1943年春，坪石危急，经燕京大学学友介绍，卢鹤绂乘火车经桂林转木炭汽车到良丰墟雁山村广西大学理工学院任教授。

1944年夏，日军占领湖南衡阳，西犯桂林，广西大学于8月19日迁到省北融县（今融安县）。在融县住了两个月后，桂林沦陷。卢鹤绂与同事迁徙流离，要经过贵州匪穴，十分危险，最后感动了匪首，一个多月后终于抵达了广西榕江。

1944年初冬，卢鹤绂应浙江大学竺可桢校长之邀，前往贵州湄潭任教。当时，国民党部队也向贵州溃逃，见了日寇马队也不敢阻击。在流亡中，他携着弱妻，用扁担挑着图书和幼儿流徙。他们来到苗族和侗族聚居的榕江县时，已是钱囊如洗，无奈只好将国外带回的高筒靴、派克金笔和一套修面用具设摊卖，很快被部队军官买走。卢鹤绂坐大卡车几经辗转于1945年春才抵达浙大理学院所在地湄潭。

抗日时期的湄潭生活艰苦，卢鹤绂与王淦昌教授住一幢破旧老屋，吃的是白薯，有时盐水就饭，生活极其艰苦。同年9月2日，日本投降。天津老母亲从重庆广播中得知卢鹤绂小家安抵湄潭浙大。不久，卢鹤绂收到音信中断5年的家母来信。他手捧家书，热泪盈眶，真有杜甫《春望》诗所言"烽火连三月，家书抵万金"之感。

1979年5月，卢鹤绂应美国斯瓦尔斯莫尔大学校长邀请，作为1979年至1980年度的访问教授。不久，我国教育部同意卢鹤绂偕夫人前往美国讲学一年。在他出国前，美国驻华大使破例亲自接见，表示卢鹤绂去美讲学后，可长期定居美国，并将其子女接去美国与两老共享天伦之乐。

在斯瓦尔斯莫尔大学，卢鹤绂为该校的两个班讲授量子物理学和经典物理学。不久，卢鹤绂受到伊利诺伊大学的巴丁教授邀请，前往童年时代曾居住过的俄尔巴那市。他在父亲的母校伊利诺伊大学开设各系高才生选修的速成课。在美期间，他偕夫人还访问了宾夕法尼亚大学、杜克大学等15所大学及多个研究机构，为多个科学研究会做学术报告。1981年，获纽约科学院授予的1980—1981年度"活跃院士"称号。

其间，美国政府多次设法挽留他。经几次商谈，美国政府被卢鹤绂的"回国开创研究新领域"的爱国精神所感动，最后尊重他的回国决定。台湾地区曾欢迎卢鹤绂夫妇赴台访问并留居台湾，表示将为他在"中研院"或原子能委员会安排要职。卢鹤绂婉言谢绝。

最先揭示原子弹之秘密

20世纪30年代原子物理学是美国科学研究的热点。那时，质谱仪必须自己设计装置。1937年卢鹤绂制成了一台180度聚焦型质谱仪，研究热盐离子源的发射性能。他在带状薄钛片上电焊小白金盘，将含锂矿石粉末置于盘上，用电流通过钛片加热，使矿石粉末释放锂离子。在用质谱仪测量锂7及锂6离子释放量的比值时，发现此值在不同时刻不尽相同，从而发现了热盐离子发射的同位素效应。他使用时间积分法，在世界上第一次精确地测得锂7及锂6的天然丰度比，当时美国的一家报纸在头版位置标出"中国人在称原子重量"。由于他创造性的实验和研究，解决了世界上前人从未准确测定的问题。卢鹤绂测定的数值被选定为同位素表上的准确值，被国际同位素表沿用了50多年，一直到1990年美国核数表还引用这一测定值。卢鹤绂的硕士论文《热盐离子的质谱仪研究》和实验的成功，被国际公认为是一种创举。1953年，诺贝尔奖获得者赛格瑞主编的《实验核物理》认为是卢鹤绂首先发现了热盐离子发射的同位素效应。1958年，英国剑桥大学沃尔士著的《质谱学》介绍了他的时间积分法，认为这项成果来之不易。

1939年卢鹤绂在获得科学硕士学位后，又继续进行博士论文的准备工作。当时正值铀235核裂变的发现震惊全世界物理界之际。如何用特大的质谱仪长时间积累出足够数量的铀235，是当时面临的难题。卢鹤绂提出了扇状磁场对入射带电粒子有

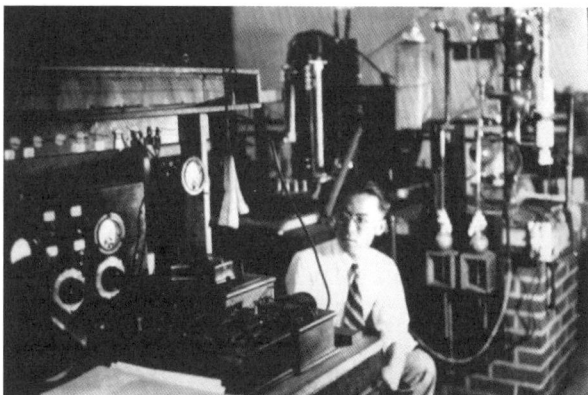

1941年，卢鹤绂在明尼苏达大学实验室工作

聚焦作用的普适原理,并据此设计制造了一台新型60度聚焦的高强度质谱仪,用以分离、制备硼11和硼10核反应靶。1941年他以《新型高强度质谱仪及在分离硼同位素上的应用》的论文获得哲学博士学位。这一研究成果，因涉及当时保密领域而被扣发。论文的全部提要于1950年才在美国原子能委员会刊物《核科学文摘》上发表。

1941年9月3日，在香港机场飞往内地航班的安检处，卢鹤绂被拦了下来，他穿了一件非常臃肿的大衣，在那个季节显得很不正常。安检人员起了疑心，一摸大衣，衣袋里面全是英文的物理研究图书和资料。一问得知，他在美国获得博士学位不久，书是从国外带回来的，因为太多，超过了行李托运的最大限量，只好想出这个办法。年轻人拿出了中山大学的教授聘书，安检员一看，只有27岁的人居然已经是教授，非常敬重，就此放行。这些

书及资料，就是他从事科学研究的基石。

1942年，他撰写了《重原子核内之潜能及其利用》长篇总结性论文，后来在《科学》上发表。

1944年入冬之际，浙江大学校长竺可桢聘卢鹤绂为本校物理学教授。于是，他又携妻带儿翻山越岭来到设在贵州湄潭的浙大理学院教课。卢鹤绂迎来了发表论文的"井喷期"。

1945年9月，在应当局要求撰写原子弹方面文章时，卢鹤绂研究出估算铀235原子弹及费米型原子堆临界体积的简易方法。于1947年1月，在（上海）《科学》上发表《原子能与原子弹》文章及《重核二分之欠对称》的研究简报，在《科学世界》杂志发表《从铀之分裂到原子弹》重要文章，又经美国原子能委员会审批，在《美国物理月刊》发表了《关于原子弹的物理学》的著名文章，受到美国和国际科学界的瞩目，被国际新闻媒体誉为"第一个揭示原子弹秘密的科学家"。

1948年下半年，当王淦昌从美国回来，带回相当数量的电子元件时，卢鹤绂设计了充氩电子收集型裂变电离室，还设计装置了线性电脉冲放大器。通过这套自制仪器，卢鹤绂及其同事在国内首次观察到铀核裂变，并测量了铀核半衰期及铀裂块在氧化铀层中的射程。

新中国成立后，浙江大学尽可能地为卢鹤绂提供有利的科研条件。他倾注全力于科学研究之中，不久便在流体动力学的研究上取得了

20世纪50年代初在老浙大留影（左起：束星北、李文铸、殷鹏程、王文琦、任知恕、卢鹤绂、王立新）

重要的进展。1950 年在我国《物理学报》(第 7 卷第 5 期)发表了《容变粘滞性之唯象理论》一文,提出了容变粘滞性理论,进而首次推出容变弛豫方程,并以此对经典流体动力学方程(纳维尔 – 斯托克斯方程)进行扩充,以容纳容变粘滞性。1951 年在美国《声学会月刊》上发表的《从声现象研究体积粘滞性和压缩性》一文又扩展了原来的工作,把容变粘滞性理论从声学上的应用范围延伸到全部频率。同年发表的《容变粘滞性与声之速变及吸收》一文(《物理学报》第 8 卷第 1 期)则进一步把理论从适用于一种分子的弛豫过程,推广到有多种弛豫过程同时存在的情况。《物理学报》第 8 卷第 2 期上还发表了《可压缩流体之散逸函数》一文,从流体动力学基本方程导出包括容变粘滞性效应的流体散逸函数。这一系列论文的发表引起了国际学术界的重视,弛豫压缩基本方程被誉为"卢鹤绂不可逆性方程"。联邦德国的《物理学大全》和伯格曼的名著《超声学及其在科学技术上的应用》都引用了这一方程。

在此期间,他还继续进行了对原子核结构的研究。1950 年在美国《物理评论》上发表了《关于核模型》一文,首次明确肯定核半径公式应改为 $R = 1.23 \times 10^{-13} A^{1/3}$ 厘米。

1952 年夏,全国进行高等学校院系调整,卢鹤绂调到复旦大学。他自编教材,讲授热力学及统计物理学两门课。那时,卢鹤绂还自学了俄文,参加翻译了史包尔斯基著的《原子物理学》一书,还同陈传璋合译出版米哈林著的《积分方程及其应用》,后又与浙大曹萱龄合作,在中国《物理学报》发表《铀核之自裂》文章。他们是我国最早对 λ_f 进行测定的科学家。

1955 年夏,卢鹤绂调到北京大学新办的物理研究室工作,并担任北京大学中子物理学教研室主任,为从全国各高校选调来的高才生讲学。1958 年完成任务后重回复旦,被任命为原子核物理教研室主任,参与了原子能系的筹建,并积极参加了创建上海原子核研究所的工作,担任该所副所长兼一室主任。

1956 年,鉴于出色的科研与教学成果,42 岁的卢鹤绂被教育部授予一级教授(成为全国高校最年轻的一级教授)。这一年在我国《物理学报》发表《关于流体的容变粘滞弹性理论及其在声吸收现象中的应用》重要论文,该文同年在《中国科学》发表。

1959 年起，他又致力受控热核反应的研究，提出了快脉冲、慢脉冲和稳态的三大分类法，并对其能否成功进行了深入讨论。在《复旦学报》发表了《柱形片状等离子体的稳定性》论文。主编了《受控热核反应》一书，总结了 1960 年以前国内外在此领域的理论研究及实践探索方面的成果，这是我国第一本有关热核反应的专著。

1955 年，《物理学报》发表了由卢鹤绂与姚震黄联名撰写的《关于热能中子所致铀 235 分裂时发出的中子数目的讨论》，扩充了爱因斯坦的化学弛豫学说。1959 年，美国的《流体物理学》承认了卢鹤绂的这一发现；1961 年，该项研究的主要成果被德国巨著《物理学大全》引用。

20 世纪 70 年代起，高能物理发展很快，高能物理与核物理的关系越来越密切。卢鹤绂带领他的课题组进行了高能核物理方面的研究工作，探讨原子核内的夸克自由度效应及夸克胶子等离子体产生的可能性。

1979 年 11 月出国讲学前夕，上海科学技术出版社出版了他的《高能粒子物理学漫谈》一书，全面总结、评述了全世界高能物理学研究成果及发展前景。

1985 年，卢鹤绂与其秘书、博士生毕品镇发表《关于 EMC 效应及核的夸克胶子模型》一文，翌年又发表《中子结构函数及核效应》等论文。1989 年又在《自然科学年鉴》发表《再释量子力学的哥本哈根"正统理论"》重要文章，评释了量子力学的突破性进展。1988 年被中国科学院授予从事科学工作 50 年荣誉奖状。

1995 年，81 岁的卢鹤绂与他的弟子王世明撰写的《对马赫原理的一个直接验证》在美国《伽利略电动力学》发表。这篇文章以一种直接的方法，检验了与爱因斯坦持不同意见的物理学家马赫理论的正确性，从而对爱因斯坦相对论构成了直接的挑战。该杂志的主编评价这篇论文"开辟了挑战爱因斯坦的新方向"。这篇文章之前曾被美国《物理学刊》拒绝刊登，对此，卢鹤绂坦然地说："一般编辑部都不敢登这种文章，他们迷信爱因斯坦，怕人家说他们不懂物理学。"他不怕自己被人认为是疯子。关于这篇论文，他说："我不过是把天空戳了一个洞罢了！"

风趣幽默的教育家

1941年11月初，卢鹤绂自到国立中山大学当上教授起，就把培养学生的教学工作放在首位。至1946年夏末随浙江大学到杭州止，在这长达近5年的时间中，无论在国立中山大学、广西大学，还是国立浙江大学，每迁校到一地，他就在庙宇或山洞里给学生上课。他讲课生动透彻，深受学生好评。

1952年夏，浙江大学改为工科大学。卢鹤绂与谈家桢、苏步青等人调往上海复旦大学，但他们在科研和教学工作中，都秉承了竺可桢校长倡导和浙江大学一贯奉行的求是精神。1953年加入九三学社，后为九三学社第六、七、八届中央委员会委员。

1954年，卢鹤绂任复旦大学分子物理教研组主任。因国家急需人才，他与同事先后开办电光源、原子能和红外线三个培训班。

1955年夏，卢鹤绂调北京大学，任中子物理学教研室主任，为我国培养了一批年轻的核物理学家。他的讲课思维清晰，风趣幽默，生动活泼，精彩绝伦，人人说好。他先后讲授电磁学、

1949年卢鹤绂全家福（三个儿子自下至上为卢永强、卢永亮、卢永芳）

量子力学、理论物理、热力学、统计物理和原子核物理等课程。

抗美援朝战争结束后，党中央为了打破美国的核讹诈，决定造出我们自己的原子弹。1955年，一批留学苏联和欧美的科技人员回国，又在北京大学、复旦大学等校师生及科技人员中挑选人才，共同组建了绝密的代号为"546"的高级培训班，由北大中子物理学教研室安排教学。这个特殊的大型培训班有90名工程师，有数百名来自全国高校大学四年级学生，还有中国人民解

放军的高级将领，包括日后的核基地司令。在这顶级的培训班里，卢鹤绂讲了中子物理学、加速器原理，还讲了核物理、磁流体力学、等离子体物理学内容，为培养核基地人才作出贡献。这些课，经他生动幽默的讲解，给人留下深刻的印象。此外，卢鹤绂还应中国科学院化学研究所邀请，作了统计物理学系列讲座。

1958年，卢鹤绂经教育部同意，回到阔别三年的复旦大学，讲授核理论课程。同年，时任原子核物理教研室主任的卢鹤绂参加原子能系（后改物理二系）筹建，除给学生讲加速器、同位素分离等课外，还给市内工程师们讲回旋加速器等课程。1959年至1962年，他在主持物理二系学术工作时，每周举办学术报告会、讨论会，对活跃师生的学术思想产生巨大影响。1959年，卢鹤绂被任命为中科院上海理化研究所副所长兼一室主任。1964年，他被选为第三届全国人大代表。

卢鹤绂治学严谨，注重理论联系实际，发扬求是创新精神。他为复旦大学80周年校庆题词"格物致知，运用自如"。他解释说，物就是物质，格就是指探讨寻求它的规律性，把客观世界物质现象规律化。有了这个规律就可以作出科学的预言，可以指导实践了。这实际上就是求是精神的内涵。他积极主张"学理科的学生毕业后到工业部门去搞发明创造"，就是去创新。他认为自然科学是以实践经验为基础的，在中学阶段就要让学生动手做实验。

卢鹤绂关心科学普及工作，特别是少年儿童的成长。早在1959年，应少年儿童出版社要求，他为《科学家谈21世纪》丛书撰写了《原子能事业的壮丽前景》一文。1973年参加翻译编选《爱因斯坦论著选编》一书。1978年应《自然杂志》要求，在创刊号上写了《蓬勃发展的现代物理学》长篇文章；应少年儿童出版社要求，为《从小爱科学》杂志写了《为什么要学物理学》一文。1979年，他为《中学物理竞赛电视辅导讲座》播讲写了《和中学生谈谈怎样学好物理学》并公开发表。所有这些都为培养青少年输送有益的精神食粮。

1979年5月，应美国斯瓦尔斯莫尔大学校长之请，作为1979年至1980年该校尊贵访问教授讲学，获该校荣誉教授称号；又应两次诺贝尔物理学奖得主巴丁教授及其他著名学者邀请，去伊利诺伊大学等 20 多所大学和研究机构讲学访问，为培养物理学人才作出了贡献。

1981 年 7 月，在卢鹤绂返国前的告别宴会上，斯瓦尔斯莫尔大学物理系主任对卢教授讲学做了"教学效果好，学生满意、佩服"的极高评价。回国后，卢鹤绂双喜临门：一是被选为上海九三学社副主任，二是当选为中国科学院院士。而后，卢鹤绂除向教育部呈送长篇《访美经历与观感》及向上海市物理学会等单位作访美报告外，又去湘潭大学、中山大学、山东大学等 8 所大学讲学。

1987 年，卢鹤绂不幸中风。在长达两年半的治疗中，他从未中断学习、研究和写日记，病稍好点就躺着阅读文献，思考物理学科的前沿课题，为青年修改学术论文，为物理爱好者介绍学习方法等，为后学作出了榜样。他留下大量的中、英文科研笔记。他的日记和一般人不一样，封面标着"红"和"专"两类，"红"是记录日常生活，"专"则记录专业内容。他怕科研日记被人看到抓小辫子，就说"我是按照又红又专的要求写日记"。

1990 年 7 月，应故乡《莱州文史资料》丛书要求，卢鹤绂抱病写了长篇回忆录《往事回忆》，后又在《现代物理知识》杂志连载，并主持该杂志《物理学家回忆录》栏目。1992 年他回答《现代物理知识》记者沙恩的书面提问，认为学习物理的最好方法是"通权达变，灵活运用。学而时习，运用自如"，他还认为从事物理学研究的人应该具备"知而告人，告而以实，仁信也"的品质。

1993 年，卢鹤绂参加由《现代物理知识》杂志发起的关于诺贝尔物理学奖与中国人无缘的讨论，他发表意见，极力提倡求是创新精神：

开天辟地，创出新领域，自然得之；
模仿练习，细游旧河山，只能失之。

在教育子女上，卢鹤绂总是以自己的良好形象示人，生活简朴、节俭，饮食上将"粒粒皆辛苦"的古训身体力行，在餐桌上看不到饭粒，有剩菜总是往自己碗里扒，抽烟只抽中低档烟，连香烟盒纸也用来当草稿纸，做到物尽其用。子女们遇到困难，他总是鼓励他们相信"明天会更好"。

他在60年教育、科研生涯中，辛勤耕耘，求是创新，特别是润物无声的教书育人作风和品行，为祖国培养了第一代原子

卢鹤绂夫妇与二儿子卢永亮、二儿媳马开桂合影（1988年）

科学技术骨干及几代高级专门人才，其中江泽民总书记任上嘉奖的23位"两弹一星"元勋中的7位就是他执教过的"546"顶级培训班的学员，还有多位中国科学院院士及一批科技与教育英才。

1991年6月，我在《浙大校友》发出编辑《求是英才传》的征稿通知后，很快收到卢鹤绂的材料、照片和题字，题字内容："理论预言指导实践是当代重大技术发展的特征。"这是他几十年教学与科研实践经验的结晶，也是他关爱后学之一斑。

1994年，在卢鹤绂执教60周年、诞辰80周年时，他还不忘实验、创新，谈夸克理论和物质探源，还雄心勃勃地对前去祝寿的领导和同事说："为不辜负各位同志的期望，我还要奋斗下去，奋斗到100岁！"

1997年春节，卢鹤绂离开医院回家过年。年初三回到医院，茶几上摆满了期刊、图书、报纸。年初四，与世长辞的前几天，还对干孙女说了他苦苦思索的新发现，表示有信心为中国赢得第一个诺贝尔奖，听后令人动容。

丰富多彩的业余生活

卢鹤绂是著名核物理学家，他的一生有两大爱好，一是正业物理学，二是业余京剧。这两大爱好成为他一生的追求和寄托。卢鹤绂曾自豪地说过，

年轻时如果选择做京剧演员的话，他也可以成为国家一级演员。

回首往事，儿童时的卢鹤绂就受到家中厨师和父亲的双重影响，自幼就爱上了京剧，无师自通，曾一度专攻京剧谭派老生。令人赞佩的是京剧伴随着他一生。

1932 年在燕京大学求学时，他参加学生会国乐会，常在周末进城观看谭富英、言菊朋等京剧名家的演出。他还曾演出《失街亭》《琼林宴》等京剧，并见诸报端。

在抗战的颠沛流离中，卢鹤绂仍不忘兴趣爱好。1945 年广西大学元旦晚会上公演京剧《坐宫》（《坐宫》是京剧《四郎探母》中的其中一折）。同年夏秋之交，他应湄潭各界邀请，参加黄河赈灾京剧义演，演出《空城计》及全本《四郎探母》，受到好评。

1949 年 3 月 3 日，卢鹤绂应邀在浙大校内演出《四郎探母》中的《坐宫》《会妻》《哭堂》及《回令》四场，还在杭州大世界劳军演出《断臂说书》。

1955 年，卢鹤绂去北京大学物理研究室（新办保密机构）讲课时，应邀在北大校园演《四郎探母》中的《坐宫》《盗令》《过关》和《闯营》四场，受到师生好评。

浙大物理系博士生导师张守业教授是卢鹤绂的第一个研究生，因此，张教授与卢院士亲如一家。张教授说卢老师讲课十分生动幽默，课堂气氛十分活跃。他讲中子物理时，中子打到原子核上，可用液滴模型研究它。当液滴形变时，能量会升高，达到临界状态时的能量在物理学上叫马鞍点。过了这一点后，能量下降，裂变不可逆将发生，原子核开始分裂。当卢老师讲到这一点时，忽然话题一转说："当年诸葛亮六出祁山，那个地方就是马鞍点。"说完故事又唱了京戏。由于这一唱，课堂气氛变得活跃，大家都轻松了，那个马鞍点物理概念也就深深烙在学生心头，难以忘怀。

1969 年，在上海中科院原子核研究所为他召开的平反大会上，卢鹤绂最后一次即兴演出《沙家浜》中的郭建光，获得大家一片叫好声。为何大家叫好？因为他用谭派老生的唱腔来唱，唱出了京剧的韵味。

卢鹤绂的长孙女卢嘉曾说过："爷爷对中国古典文学很欣赏，尤其喜欢

《三国演义》。"有一次，卢鹤绂去千岛湖游览。他站在游艇的甲板上，接受了《中学生文库》编辑的采访，并发表了对《三国演义》的评价。他侃侃而谈："这部巨著，好就好在不说废话。寥寥几笔，能使一个人物栩栩如生。扼要几段描写，能使情节跌宕起伏。美绝！"他还说："我能得心应手地将自己的研究成果形诸文字，却得益于《三国》酣畅淋漓的文字表达功力。"

专家评说与后人纪念

1940 年至 1941 年间，卢鹤绂正与两位美国物理学家共同研究一个课题，此时，中华民族正处生死存亡的紧急关头。卢鹤绂放弃美国优越的科研与生活条件，退出那个了不起的课题，毅然回国共赴国难。不久，那两位美国同事，就因那个共同研究的课题而获得了诺贝尔奖。因此，20 世纪 80 年代初，美国著名物理学家、诺贝尔物理学奖获得者巴丁教授在上海科学会堂作报告时说："如果卢鹤绂当年在美国的话，肯定会获得诺贝尔奖。"

1997 年 2 月 13 日大年初七，卢鹤绂写下一生中最后一篇日记，在当天傍晚，被美国学界称为中国核能先驱的卢鹤绂在上海华东医院与世长辞。

在卢鹤绂院士的追悼会上，主场两侧摆满花圈，其中就有国务院副总理吴邦国送的花圈。花圈的挽联众多，其中有一副特别醒目：

纯真科学大家，心绝纤尘，念兹在兹，功被物理微、宏、宇；
义方教育名师，胸涵学海，勤斯敏斯，范存辟雍达、慈、严。

会上宣读了李岚清副总理，以及国内外友人、学术团体和北京大学、浙江大学等 20 多所院校发来的唁电。

湄潭时期一起与卢鹤绂同住破屋、中国原子弹之父王淦昌院士在卢鹤绂唁电中说："我钦佩卢鹤绂的学问和为人。"

1998 年，在已安放了美国前总统布什雕像的休斯顿第一浸信会教会学院，为卢鹤绂竖立铜像，并创办卢鹤绂科学实验室，以作永久的怀念。美国檀香山市还把每年的 6 月 15 日定为"卢鹤绂日"。

在美国的主流社会中，我们看到他们为中国古代教育家孔子竖立雕像，为中国资产阶级民主革命家孙中山竖立雕像，为虎门勇销烟、开眼看世界的林则徐竖雕像，都容易理解，而为中国现代科学家竖雕像仅见卢鹤绂一人，可见美国人对卢鹤绂的尊重与爱戴。

2002年2月5日，上海举行"首届卢鹤绂先生科教思想研讨会暨卢鹤绂先生逝世五周年纪念会"。此处摘录会场的签到处几位中国科学院院士的题词：

谷超豪院士题词："卢鹤绂教授是科学家和人民教师的典范。"

贺贤土院士题词："提携后辈，甘当人梯基石。"

杨福家院士对他的老师题词："卢鹤绂先生的一生，是不倦追求真理的一生，是勇攀科学高峰的一生。"

美国《太平洋时报》记者古江采写的《卢鹤绂侧影》，还有吴水清、卢鹤绂孙女卢嘉写的《卢鹤绂年表》等书，都是很好的纪念。

2014年6月7日，卢鹤绂诞辰100周年纪念会在复旦大学举行，在纪念会上，同时举行《卢鹤绂院士百年诞辰纪念文集》首发仪式，并在卢鹤绂生前工作过的复旦大学现代物理研究所前，竖立起卢先生的铜像。

2015年7月，由蔡沐禅、刘忠坤撰写的《卢鹤绂传》一书由复旦大学出版社出版，为世人展现这位科学家的传奇人生。

英国学者、中国科技史专家李约瑟博士曾评价说："卢鹤绂对物理学，特别是核物理学作出的卓越贡献，使他成为世界

2014年 复旦大学为卢鹤绂铜像揭幕（右一为卢永亮）

上第一流的原子能物理学家。"

卢鹤绂仙逝后，电视纪录片《卢鹤绂》在上海东方电视台和中央电视台相继播出，美国的《世界日报》《国际日报》《侨报》《中美邮报》等都大篇幅报道卢鹤绂的业绩，感佩这位著名的中国学者。此后还有《大师》等纪录片也播放卢鹤绂教学与科研的生涯，展示他揭开原子弹秘密的成果。学生们纷纷回忆当年卢老师的生动活泼的课堂教学情景，美好的印象长留心中！

（2019 年 2 月 10 日）

胡 宁

　　胡宁（1916年2月—1997年12月），江苏宿迁人，祖籍安徽休宁。理论物理学家。1934年考入浙江大学物理系，1935年转学至清华大学物理系。1938年，在昆明西南联大毕业后留校任助教。1940年考取清华留美公费生，1941年去美国加州理工学院，先后师从冯·卡门研究流体力学的湍流理论和埃普斯坦研究量子力学对原子核构造的应用，1943年获得博士学位。同年去普林斯顿高等研究院，在泡利的指导下研究核力的介子理论和广义相对论。回国后，任北京大学教授，中国科学院理论物理研究所研究员。1955年当选为中国科学院学部委员（院士）。1956年9月至1958年冬，在苏联杜布纳联合原子核研究所进行核物理和粒子物理的实验研究。曾任中国引力与相对论天体物理学会理事长，中国物理学会高能物理分会首届和二届副理事长，首任北京大学理论物理研究所所长。2007年12月8日，北京大学举行著名理论物理学家胡宁先生逝世十周年纪念会暨铜像落成仪式。

1996 年 5 月 31 日，笔者在故宫博物院查到浙江省巡抚廖寿丰为创办求是书院（浙江大学前身）呈报清廷的奏折和光绪皇帝亲笔朱批后，特去北京大学二公寓 236 号胡宁寓所采访，同时，面约他给笔者主编的《求是英才传》（两院院士集）赐稿。同年 6 月 19 日，他如约寄来他的个人简

1996 年 5 月 31 日作者在胡寓采访胡宁（右）院士合影

介材料、照片和手迹墨宝。他的题词是："希望浙大继续发扬求是精神。"虽然他只在浙大求学一年，但当年浙大的求是学风仍给他很大影响，令人感佩不已。让我们走近他的学习和工作的生涯，看看他是如何走上奉行与弘扬浙大传承的求是精神的大道的。

游学四方

徽商的传统便是注重子弟的文化教育。胡宁 5 岁入私塾，至 9 岁入江苏宿迁怀仁小学读了两年，于 1928 年在当地读了一年初中后，就到与扬州隔江相望的镇江中学读初中，由养母孙氏陪同照料生活，正应了胡宁在《八十书怀》诗中的"泛舟下北固，游学滞江南"之句。当时，镇江乃是江苏省首府，镇江中学是省立名校之一。

胡宁自幼读书刻苦认真，成绩优秀。1930 年初中毕业后，胡宁又考入条件更好的苏州中学读高中。苏州中学老师注重启发式教学，倡导学生独立思考，营造良好的学术氛围，胡宁在《自述》中说："我在苏州读中学时就对物理有很大兴趣，因此中学毕业后便考入了浙江大学物理系。"

1934 年，胡宁来到杭州西子湖畔的浙江大学物理系学习。这是他游学

江南的第三站。浙大物理系的创办，与1924年获美国哈佛大学硕士学位的张绍忠有关。张绍忠于1928年应蔡元培荐举，应浙大邵裴子校长之请，创建物理系并兼系主任、教授，不久兼任文理学院副院长。在他领导下，短短几年物理系从无到有、从小到大地成长，特别是物理实验室成了全国高校条件最好的实验室之一。张绍忠十分重视基础课教学，亲自上一年级普通物理课。他教学认真，要求严格，重视实验训练，实验报告要求演算准确，文字通顺，做到规范化，否则退还重做。那时还有名师吴健雄指导实验课。虽然胡宁在浙大只读一年，但在回忆材料中也提到上述两位老师严谨的学风并受益良多。

1933年4月，郭任远来浙大担任校长，兼任学校军事管理处处长、一年级主任等职。他在浙大推行军事管理制度，依靠军训教官和训育管理人员侦查学生活动，任意处分学生。胡宁到校不久，物理系学生王善同和数学系学生卢庆骏在网球场上练球时与英语老师施某发生争执即被开除。由此，文理学院学生联合教师开会决定罢课，要求"收回成命"，并引发驱郭学潮。这实际上是反抗郭任远代表国民党的势力在学校里实行军事独裁统治，最后师生们坚持求是精神，用罢课罢教以至离校的方式与国民政府斗争，迫使郭任远校长辞职。这件事对胡宁触动很大。他和其他同学虽然转学了，但都十分景仰那些一贯奉行求是精神的名师，留恋浙大的求是校风，决心在以后学习与工作中奉行求是精神。

1935年胡宁转入清华大学物理系就读。清华大学物理系在叶企孙主持下，聘到吴有训、萨本栋、周培源、赵忠尧和任之恭等名教授，教师阵容在国内各大学物理系中是最强大的。胡宁受到叶企孙和吴有训两位名师教导，印象深刻，都写过回忆文章。特别是物理系吴有训主任，要他打好基础并注重实验，锻炼自己动手和实践的能力。大二时开始选课，要求选一门中国文学，胡宁选了朱自清的宋诗，吴有训主任非常欣赏。朱自清的课，使胡宁对旧体诗产生极大兴趣，并成为物理学界难得的诗人。胡宁的书法也有很高的水平。他深感文学修养的重要，是一辈子伴随他的兴趣爱好。

胡宁感恩的第二位实验物理老师是叶企孙。他注重启发式教学，讲完课总推荐学生有关参考书。但他只是指点，让学生自己去发现其中美的东西。

在中学、大学学习期间，胡宁注重中国文学的学习，养成惜墨如金的习惯，如后来在给关洪教授著的《量子力学的基本概念》一书写的序言，只有200多个字，在了解他的人看来认为写得很不错了。

胡宁去北平读书时，正是国难当头之际，日本侵占我国东北地区，国民党采取"攘外必先安内"方针，引起国人的愤慨，胡宁于1936年写了《青玉案·骑驴过居庸关长城》表达了外族入侵、祖国危难的悲愤心情。

1937年8月底，为避日寇侵凌，国民政府教育部确定北京大学、清华大学、南开大学南迁，组成长沙临时大学。当时学生分别有：北大342人，清华631人，南开147人。1937年12月13日南京陷落，汉口告急，长沙也受敌机轰炸，已非办学之地。1938年2月20日，长沙临大878名学生分"湘黔滇旅行团"（约三分之一）和"体弱不能步行"乘车船前往（约占三分之二，包括全部女生）两部分迁往昆明。"旅行团"途中集体食宿和按规定路线乘车船的费用，概由学校开支，并于同年4月28日安抵昆明。不参加"旅行团"的师生，学校亦给少量津贴，并在广州、香港等中转地设接待处。越南海防也设接待处。于1938年3月中旬在昆明报到。胡宁在《八十书怀》里写的"仓惶失鲁豫，辗转入湘滇"就是描述迁徙路途的情况。

胡宁于1938年大学毕业后，留西南联大物理系任助教兼清华大学航空研究所研究助理，并在周培源指导下从事流体力学湍流理论方面的研究工作。在留校前两年，胡宁十分勤奋，除担任教学和研究工作外，还旁听了吴大猷教授开的新兴的量子力学课。最后一年，他主要是参加中美庚款留学公费生的考试及为出国做准备。1933年起，中美庚款留学生因战事原因，只举办过1933至1936年四届，加上1940年和1943年两届，共六届受益近200人，胡宁是其中的幸运儿。因战时国家急需应用型人才，胡宁被分配为"金属学门"留美公费生名额。考试委员会规定，胡宁出国前需做半年至一年调研与实习，于是周培源又特请了离开物理学界转应用学科做飞机发动机，后又去筹建军用光学器材厂的王守竞作胡宁的留学指导老师。

1941年夏，胡宁取道印度孟买乘船赴美国洛杉矶的加州理工学院物理系深造。加州理工学院由1891年创立的一所社区学院于1920年扩建而成。早期的组织、领导者有天文学家黑尔，化学家诺依斯和物理学家密立根。密立根曾一度担任校长。受密立根批准，1937年袁家骝也到该校学习与研究，直至1942年夏离开，与胡宁同校学习一年。

在加州理工学院，胡宁先后师从冯·卡门和埃普斯坦，研究流体力学的湍流理论和原子核的量子理论。冯·卡门是匈牙利人，1929年他就主持学校空气动力学实验室，奠定了超音速飞机的设计基础。1937年曾到中国访问，帮助中国建立风洞实验室和开展空气动力学的研究。胡宁的另一位导师是埃普斯坦，他是波兰华沙人，是玻尔那一代的老理论物理学家，在"旧量子论"上获得过杰出成就。总之，胡宁去留学时，美国理论物理研究只是一般水平，量子力学建立没几年，美国本土青年物理学家奥本海默也去向量子力学创始人、德国犹太裔的玻恩学习。因此，胡宁除了认真向导师学习外，还有后来的欧洲之行，这是后话。

1943年年底，胡宁在埃普斯坦指导下完成博士论文《关于把电子局限在原子核尺寸之内的可能性以及中子的量子力学理论》，试图对 β 衰变机制给出不同于费米1934年提出的量子场论处理的机制，论文提出"在势阱中电子的禁闭"，从而获博士学位。因时处第二次世界大战期间，物理学的基础研究降温，论文未能发表。

胡宁取得博士学位后，想进一步踏入物理学研究的前沿，于是埃普斯坦介绍他去普林斯顿高等研究院拜泡利为师。泡利生于维也纳犹太血统之家，在量子力学初创中起了重要作用，是量子力学创始人之一。1932年为解决 β 衰变中放出的电子连续能谱的困难而提出中微子假说，对量子场论的研究作出重要贡献。

在希特勒正式上台前夕，爱因斯坦永远离开了德国，于1933年10月来到普林斯顿并使之成了举世闻名的科学圣地，同时还吸引了不少因欧洲动乱而前来美国的科学家。其中就有泡利和维格纳等名家，为胡宁继续深造提供了条件。

泡利接老友埃普斯坦信后，于1943年10月27日复信，欢迎胡宁博士，不收学费。后来，胡宁在泡利指导下，完成三篇论文，其中第一篇与姚赫（在普林斯顿大学工作的瑞士物理学家）合作，第二篇

诺贝尔物理学奖获得者泡利与他的学生们（左起：胡宁、洛佩斯、泡利、姚赫，1945年11月于美国普林斯顿）

独立完成，第三篇与泡利合作，都在美国一流物理期刊《物理评论》和《近代物理评论》上发表。前两文都被泡利的《核力的介子理论》一书所引述，而第三文则产生更广泛的影响。后来，胡宁还在泡利建议下做了广义相对论里的引力辐射阻尼的研究，并首次推出双星系统辐射阻尼能量损耗的公式，被物理学界同行誉为这方面的开创性工作。这是胡宁这一生最重要、影响最大的成果。

胡宁在泡利这位天才严师指导下，研究核力的介子理论和广义相对论引力辐射阻尼问题，获得一生受用不尽的教益。胡宁回国后，又将在泡利那里取得的真经传给国内学子，使国内学子受益匪浅。

1945年10月10日，普林斯顿高等研究院举行了一个隆重的晚宴，祝贺泡利荣获当年诺贝尔奖，许多著名科学家都出席晚宴，胡宁也作为泡利的合作者赴宴。

1945年夏，胡宁博士后期满，但他仍想在量子场论方面深入钻研。此时，胡宁读到海特勒的《辐射的量子理论》一书，就燃起去爱尔兰首府都柏林高等研究院（DIAS）向海特勒学习的念头。1945年秋，胡宁就写信给已在DIAS的彭桓武，并于同年冬抵达DIAS。不久，薛定谔辞去DIAS理论物理研究所所长一职，由海特勒接替，彭桓武顶替海特勒原任的助理教授之职。在DIAS，胡宁研究辐射阻尼和S矩阵的解析性质。他与海特勒合作研究或

独自研究，都发表了论文，出了可喜的成果。

1947—1948年，胡宁在丹麦哥本哈根玻尔研究所从事S矩阵的理论研究。

1948年夏，胡宁重返美国并访问了康奈尔大学原子核物理研究所。此时，正是现代量子场论取得关键性突破的时期，而对此作出重要贡献的费曼又有缘成

1946年7月，中国科学家出席英国剑桥大学基本粒子和低温物理会议，并参加纪念牛顿诞辰300周年活动合影（右起：吴大猷、钱三强、何泽慧、周培源、彭桓武、胡宁、梅镇岳、胡济民）

了胡宁的同事，使他有机会了解费曼新理论的最新进展。胡宁了解到量子电动力学的最新成就后，努力朝此方向深入探索钻研，并又进一步开拓创新，先后发表了两篇论文，并在论文中对费曼给他讲解自己的新理论深表感谢，也在第二篇论文后感谢了中国物理学家马仕俊的有益讨论。

量子力学是在20世纪初由马克斯·普朗克、尼尔斯·玻尔、沃纳·海森堡、埃尔温·薛定谔、沃尔夫冈·泡利、路易·德布罗意、马克斯·玻恩、恩利克·费米、保罗·狄拉克、阿尔伯特·爱因斯坦、亚瑟·康普顿等一大批物理学家共同创立的，但在创立之初中国只有王守竞校友作出较大贡献。1940年后，中国物理学家马仕俊、张宗燧、彭桓武和胡宁等在量子理论上都进行了富有成效的研究，在国际权威刊物上发表过不少论文，恕不详述。

1949年夏，胡宁还去美国威斯康星大学原子核研究所任研究员，从事量子电动力学和基本粒子理论方面的研究工作。胡宁在此见到了当时在芝加哥大学工作的马仕俊。

科学研究

1945 年 9 月，国民政府任命胡适为北京大学校长。胡适于 1946 年 7 月自美国回到北平履职后，在同年 10 月 10 日开学典礼上演讲说："我只做一点小小的梦想，做一个像样的学校，做一个全国最高学术的研究机关，使她能在学术上、研究上、思想上有贡献……"他大力支持北大理学院院长兼物理系系主任饶毓泰命吴大猷教授起草的"北大物理学发展计划"，并向有关部门申请经费，购买仪器设备，延聘名师回国。胡适校长特向有关部门白崇禧、陈诚写信，并请他们转达给蒋介石，提议在北大集中全国研究原子能的第一流物理学者，并提出钱三强、何泽慧、胡宁、吴健雄、张文裕、张宗燧、吴大猷、马仕俊、袁家骝九人名单。

在这份第一流物理学者名单中，年纪最大的吴大猷年届不惑，而最小的胡宁才而立出头。可见胡宁当时的学术水平在国内外已享有较高的声誉。

胡宁回国前的 1950 年 7 月，应加拿大国家研究院理论物理组主任吴大猷的邀请，去渥太华讲量子电动力学的新进展，为期两个月。由此可见，胡宁成了当时首先掌握和研究现代量子场论的理论物理学家之一。

1951 年 1 月初，胡宁回到阔别十年的祖国，到北京大学物理系报到后，马上全身心投入工作，在教授物理系二年级学生电磁学课同时，又参加中国科学院近代物理研究所的工作（后来称原子能研究所，再后来又改称高能物理研究所，由吴有训担任第一任所长，钱三强任副所长）。胡宁常参加该所的讨论和研究工作，不久，又被近代物理研究所和北大合聘为研究员。

回国初期，胡宁发表了三篇论文，最先完成的论文是一篇关于介子理论中的 S 矩阵的研究，1951 年发表在《中国物理学报》上。后来，胡宁又与研究生于敏合作将新建立的现代量子电动力学的"重整化"方法应用于介子场论和 β 衰变理论中的"重整化"问题。

1954 年，胡宁又发表了一篇关于两个核子相互碰撞过程的多重产生问题的重要论文。

1952 年起，胡宁陆续兼任中国科学院近代物理研究所、原子能研究所、高能物理研究所和理论物理研究所的研究员。1955 年，胡宁被选聘为中国科学院学部委员（院士）。

1949 年苏联成功爆炸原子弹，同年又在杜布纳建成世界上第一座同步回旋加速器。美国也同时建成比杜布纳略大的回旋加速器。此后，许多大国意识到研究核物理和粒子物理的重要，以便在更高能量范围里获得新的发现。

1952 年，西欧的联邦德国、比利时等 12 国成立了欧洲核子研究协会（CERN），并在日内瓦郊外设核子研究基地。1956 年 3 月，在苏联推动下也建立了由阿尔巴尼亚、保加利亚、中国等 11 国组成的东方核子研究所（简称联合所），形成美国、日内瓦和杜布纳三足鼎立的态势。

1956 年 9 月，胡宁抵达莫斯科参加联合所成立大会，苏联物理学家布洛欣采夫当选为联合所所长，赵忠尧、王淦昌和胡宁被任命为联合所学术委员会委员，后王淦昌被选为副所长，胡宁任理论研究组组长。

联合所不单研究理论物理，还建有世界一流的加速器和探测设备，进行大量的核物理和粒子物理的实验研究。胡宁在杜布纳完成了 6 篇研究论文，多发在荷兰的《核物理》和苏联的《实验与理论物理杂志》上，其中最后一篇是指导来杜布纳研究的北大黄念宁和王佩两名研究生完成后在国内发表的。胡宁的论文属于那时风行一时的色散关系理论及刚发现的奇异粒子间的相互作用的研究，其中《论奇异粒子的相互作用》曾于 1957 年参加意大利帕多瓦—威尼斯国际会议时报告过。除了研究工作外，胡宁还与苏联不少顶尖物理学家做学术交流，为自己进步提高创造良好机会。

为了使年轻的中国实验工作者更好利用先进设备做好研究工作，所里还组织了一个业余理论讨论班，内部展开互教互学活动，每周请理论科学家向实验工作者讲当代迅速发展的高能物理。起初由胡宁、段一士讲基本粒子和广义相对论等。

从苏联杜布纳回国后，1959 年上半年，胡宁亦遭"拔资产阶级白旗"大会批判。在此后十几年里，胡宁不再发表关于国家科学规划等方面的意见。

除物理学术论文外，胡宁还在 1962 年和 1964 年发表两篇相对论方面的科普文章。

在 1960 年前后几年里，胡宁在基本粒子理论方面取得了两方面的研究成果：一是介子场论，二是色散关系，其中一篇是他指导杨国桢做的本科毕业论文。这两方面的论文在当年基本粒子强相互作用理论中受到广泛的关注。还有一篇是胡宁指导中山大学进修教师陈启洲的研究。此后，胡宁意识到物理学研究更广阔的前沿天地，推荐研究生阅读费曼和盖尔曼关于弱相互作用和盖尔曼关于 SU（3）对称性"八重法"的文章，积极引导研究生把研究重点转到基本粒子内部对称性方面来。这是十分果断与明智的哲学见解，是他长期探索物理科学认识的使然。

1965 年 9 月,胡宁发表一篇总结北大基本粒子理论组一年半工作的文章，这个十二三名研究人员的理论组已发表及将发表 30 多篇论文，为后来层子模型的提出作了准备。同时，胡宁及几名学生还在原子能所做过层子模型等方面准备工作的调研报告。

1965—1966 年，以朱洪元、胡宁、何祚庥、戴元本为带头人的 39 位物理学家组成的北京基本粒子理论组发表的 42 篇论文，提出了强子结构的层子模型，首次引入相对论协变的强子结构波函数和相互作用矩阵元，是 20 世纪 60 年代中期中国学者对强子结构模型理论的一次具有创造性的探索，明显优于差不多同一时候一些西方学者提出的非相对论夸克模型。

1966 年初，胡宁继续在基本粒子园地里深耕，发表了 4 篇论文，标志着他的研究方向从色散关系和介子场论转移到基本粒子内部对称性上来。这些论文中一篇是指导研究生杨国桢的工作，另一篇是指导研究生关洪的工作。这两项成果都属于以 SU（3）对称性和夸克模型为基础，对于强作用粒子的质量谱和电磁性质的讨论。1966 年"文革"之初，发表了由胡宁执笔的两篇关于层子模型研究的论文，紧接着就是十年"冰冻"。1968 年 3 月，中国科学院办过批判爱因斯坦相对论学习班，胡宁与周培源配合默契，在北航讲广义相对论，坚持真理，把相对论讲得理论上没问题，又有实验检验，从而使批判流产。后来，"层子模型"虽获全国科学大会奖，但"层子模型"之路最终没走通，这在科学探索中亦是常事，值得人们回顾与反思。

"文革"后，胡宁步入老年，但他仍正常工作。如 1977 年参加黄山全国基本粒子理论座谈会；1978 年参加广州的引力理论及相对论天体物理讨论会，同年 10 月参加桂林的微观物理学思想史讨论会，胡宁在会上作了《物质的微观结构问题》的报告；1979 年 11 月在苏州成立中国引力与相对论天体物理学会，胡宁当选为第一届理事长；1980 年 1 月，胡宁参加在从化温泉举行的广州粒子物理讨论会，闭幕式上由他作总结报告；还参加国内一系列学术会议，不一一列出。此外，1978 年出席日本东京第 19 届国际高能物理会议，后又去美国、意大利、德国、法国、瑞士和俄罗斯等国参加学术交流活动。1981 年中国物理学会高能物理分会成立，胡宁当选为首届副理事长，1985 年连任副理事长。1978 年受聘高能物理研究所兼职研究员。1980 年，任理论物理研究所学术委员兼研究员。1983 年，兼任北京大学理论物理研究所首任所长。

胡宁博士后期间在泡利门下还做过引力辐射阻尼问题的探索，并取得国内外同行赞誉的成果，晚年又回到广义相对论领域上来，并进一步讨论引力辐射阻尼问题。他在 1977 年发表的《引力场能量密度的恒正性问题》、1979 年发表的《引力的相对论修正和引力波的辐射阻尼》和 1981 年发表的《双星放射引力辐射的阻尼力》（与章德海和丁浩刚两研究生合作）中，认为原来的坐标条件不是必须引入的，主张使用符合实际的物理条件，亦可以得到通常认为合理的结果。1979 年、1983 年，胡宁在意大利第二届和上海第三届"格罗斯曼广义相对论国际会议"上各作了一次关于双星系统引力辐射阻尼进一步研究的报告。这一系列会议是为纪念爱因斯坦的同学、后来帮他完成广义相对论的格罗斯曼而取名的。胡宁主持第三届会议开幕式，并负责编会议文集。

在胡宁遗著《广义相对论和引力场理论》第十三章和第十四章里，着重处理了"双星运动方程的修正"和"双星辐射引力波所受到的阻尼"，并对此两问题作了回顾，试图给出自己最后的解决方案。可惜突如其来的疾病中止了他的工作，我们无法看到他对这个问题的结论。胡宁还应《自然辩证法研究通讯》《人民日报》等报刊的要求，写了不少相对论方面的科普文章，还在张元仲《狭义相对论实验基础》一书序言里也谈及相对论的有关问题。胡宁指出，爱因斯坦提出相对论不是从解决旧理论与新实验的矛盾着手的，而是"凭借思维的洞察力"，高度发挥"主观能动性"而提出来的。爱因斯坦也多次强调过，物理学理论体系的"这些概念和基本原理都是人类理智的自由发明"，不同意"基本概念和基本定律是能够从经验中推导出来的"。胡宁的认识与爱因斯坦的说法是相通的。

1984 年，中国物理学会首次派代表团参加国际纯粹与应用物理联合会的大会，会上酝酿各专业委员会成员时，英国物理学家拟提议胡宁和黄昆为有关专业委员会成员，希望中国附议，中国代表团欣然同意。

自 1975 年起至 1993 年止，胡宁发表 25 篇基本粒子理论的研究论文，可见科学思维之活跃。

总之，胡宁博学多才，工作后教学和科研双肩挑，硕果累累，除著有《电动力学讲义》《电动力学》《场的量子理论》《胡宁论文选集》《广义相对论和引力场理论》外，发有中英文论文 67 篇，其他文章 20 篇。

1985 年后，胡宁很少出国，但在国内仍参加学术活动。1993 年初，胡宁去广州主持关洪研究项目鉴定会。这是他最后一次出远门。

胡宁晚年已用电脑写作，撰写《广义相对论和引力场理论》就是他的主要工作，同时还写点求学的回忆、教学和科学规划的意见、物理学与文化及物理学的使命等片断材料。他在这些文字里，一再强调要重视以物理学为代表的基础研究，不能束缚它的发展。他还指出："物理学中实验和理论是一个不可分割的整体，而执着的探索精神是这门科学的灵魂……"胡宁晚年的心愿就是在中国建立一个类似的理论物理中心，以利培养全国各地理论物理研究人才。他生前曾给北大校长写过信，专门谈这个问题。

教学工作

1938 年 8 月，胡宁于西南联大毕业后留校任教，担任物理系助教三年，应是教学工作的起点，但第三年主要参加留美公费生考试等事。

1946 年 7 月，胡适到北京大学任校长后，对滞留国外的著名科学家特别看重，并主持制订过物理学发展的规划。虽然胡适于 1948 年离开了北大，但他制订的规划仍在执行。胡宁在美国就收到北大的聘书和回国路费，并于 1951 年 1 月初，从美国回到祖国的怀抱，任北京大学物理系教授。

胡宁从 1951 年 1 月初至 1952 年暑假"院系调整"止，在"老北大"任教三个学期。从 1951 年春开始，他主讲 1949 级本科生的电磁学课。

1949 年秋，于敏成绩优异，毕业后被张宗燧教授选留为研究生。胡宁回国时，于敏患病始愈，而张教授又因身体欠佳，于是把于敏转给胡宁带，这就是胡宁招第一个研究生的由来。后于敏去了近代物理研究所，于 1951 年和 1953 年先后在《中国物理学报》上发表关于 β 衰变理论和介子理论中 S 矩阵的研究工作的两篇论文。于敏说，那两篇论文从构思到研究方案再到具体计算，基本上都是由胡宁先生完成的，他只做了小部分工作，但胡先生为提携后学，坚持要署上于敏的名字送出发表。还有胡宁等老一辈科学家对后学的言传身教，不仅传授现代物理学的知识，而且还传科学研究的思想方法，这种分析问题、解决问题的思路与方法，是要在师长身边才能学到的。后来，于敏又在彭桓武教授指导下从事原子核理论研究，未能在胡宁指导下取得硕士学位。后于敏因研制"两弹"功勋卓著，荣获 1999 年国家颁发的"两弹一星"功勋奖章。

胡宁招的第二个研究生是赵凯华。他是北大回迁北平后的第一届新生。1950 年，赵凯华毕业后留校任胡宁的助教，并辅导电磁学课，做胡宁的研究生，后又因他留苏而未能研究生结业。

1952 年秋，胡宁为 1950 级物理系学生讲电动力学课，其讲义是他自己写的，课前发给学生，使用几届后于 1957 年由高等教育出版社出版。1953 年春讲量子力学课，上课前也发他自己编写的讲义。胡先生讲课概念清晰，条理清楚，具有启发性，深受学生的敬佩。他给 1951 年入学的物理系学生讲流体力学课，学生亦反映他思维活跃，概念透彻，视野开阔，联想丰富，有时还有自制教具，那生动的讲解教科书上是没有的。据 1956 年公布的综合大学物理专业教学大纲里为物理专业各门基础课指定的主要参考书，有王竹溪的《热力学》和《统计物理学导论》，以及胡宁的《电动力学讲义》，因当时我国教材跟不上，大多参考书都采用苏联的教科书或其中译本。因此，王竹溪、胡宁敢把自己写的教材用上是十分难能可贵的。

1953年，胡宁招了两名研究生：一名是北大物理系本科毕业留校的罗蓓玲；另一名是延边大学选送的郑哲洙。

1955年，胡宁又从北大物理系毕业生中招了三名研究生，即黄念宁、王佩和韩其智。1956年冬，黄念宁和王佩也幸运地去了杜布纳联合所，在胡宁指导下学习与工作。韩其智因身体不好在疗养，没有去联合所学习与研究。

1958年冬，胡宁回国后，除指导韩其智等三个人的研究工作外，还给北大物理系三年级上理论力学的最后一部分"流体力学"，形象地说明连续性方程、梯度、散度和旋度的意义，使学生毕生受用。翌年，胡宁又新招常铁强一名研究生，可见他的教学与科研等工作的忙碌。

1961年春，胡宁讲授量子场论和基本粒子理论，同年秋，又开出广义相对论课。他自编讲义，油印后发给学生，并给学生推荐一些参考书。这些课过去都由数学力学系老师上，胡宁开课后，以后几届都由他上了。胡宁讲课的特色是反复讲解基本原理和新概念，介绍主要的理论方法，没有要学生做太多作业，更不要学生沉迷于解难题，必要时会针对学生的提问介绍一点参考书目，让学生自己去求解。这对培养学生独立分析与解决问题能力大有助益。

1962年前，研究生是从留校助教中选拔的。1962年春起，研究生通过自由报名、统一考试录取。杨国桢和关洪当年在胡宁指导下做色散关系方面的本科毕业论文。说来有缘，两人都成了胡教授的入室弟子。1963年，胡宁又招了刘连寿，1964年招了马中骐、胡希红和吴丹迪，1965年因下乡搞"社会主义教育运动"而中断教学计划，就不提招研究生的事了。

1963年1月，胡宁还应中山大学的邀请，去广州为那里的几所高校教师讲授量子场论，为培养师资尽心尽力，令人崇敬。

1962年秋起，物理系粒子理论研究组的教师和胡宁指导的研究生，每一二周由胡老师带队去原子能所参加十几人的讨论班。他把粒子理论研究组的研究方向从色散关系方法转移到以 SU（3）群为代表的基本粒子内部对称性上来，不久就取得了一系列重要成果，加深了对更深层次物质构造的了解。1964 年夏，胡宁带领北大基本粒子理论研究组的成员参加北京暑期国际科学讨论会，报告了他们在基本粒子内部对称性方面的工作。这是新中国成立以来第一次在国内召开的国际学术会议。1964 年下半年，胡宁又带领研究组几个年轻助教和研究生，向北京几个研究单位的几十位同行作了一系列报告，介绍 SU（3）对称性各方面的最新进展。这就是他们不久后的层子模型准备工作的序幕。

"文革"后，胡宁不再在北大物理系讲本科生课程，但仍带研究生：1978 年招硕士生丁浩刚、章德海，稍后转入丁义兵、张凯慈，1981 年又转来攻读博士学位的朱允伦，1983 年招硕士生宋俊峰；还有 1964 年胡宁的硕士生马中骐，因"文革"只读一年而中断，1978 年在高能物理所重读，1982 年 3 月成了中国科学院实行学位制度后第一位理学博士。

胡宁在教学和人才培养上作出了突出的贡献，学生们众口一词，说胡先生是影响最深的老师，他多半不是通过言传而是通过身教授业；胡先生注重启发式教学，引导学生自己阅读文献和查找文献；他在学术上很民主，鼓励研究生创新；他对研究生培养认真又放手，每周组织一或两次学术讨论，每个人轮流作报告；他鼓励大家主动学习，积极发表意见，如说错了，他会耐心一一纠正。他撰写的《电动力学》和《场的量子理论》两部著作，是国内最早的教材之二。他培养了 20 多位研究生，其中包括多位对我国国防和科学、教育事业作出重大贡献的院士和学者，如中科院物理所杨国桢院士，中国工程物理研究院副院长、"共和国勋章"获得者于敏院士，中科院高能物理所马中骐博士等。

家庭生活

胡宁祖籍安徽休宁，1916 年 2 月 11 日出生于江苏宿迁，经过国内外辗转求学与工作，最后终老京城。胡宁在永远离开我们前两年的 1995 年 2 月，作了一首《八十书怀》五言诗，特引录如下：

八十居幽燕，故园齐楚间；
泛舟下北固，游学滞江南。
辽锦初沦陷，北平难久安；
欲临秦隘险，一睹汉关严。
得饮玉泉水，长怀燕岭妍；
仓惶失鲁豫，辗转入湘滇。
炮火出林上，钻研苿树间；
曲肱亦易乐，昂首非为癫。
草木岂无异，性情亦有偏；
鲁直每不羁，容恕亦释然。
去国习微艺，归来思辗添；
逝时虽苦短，劲业未疏闲。
守闭误思审，律规窒创言；
十年值动乱，一蹶难复前。
划地以围步，戴盆难观天；
感时以自勉，亦以励余年。

胡宁在1983年国务院学位委员会墨宝前留影

反复吟诵这首诗，对照胡宁弟子关洪教授写的《胡宁传》，深感此诗是胡宁一生的写照。

徽州山多地少，人口稠密，外出经商是当地的传统。徽商注重文化修养，素有"儒商"之美名。徽州明、清两朝出过不少进士。

胡宁的祖父一家"跑长毛"（即躲太平天国战乱），从休宁徙居江苏宿迁。清末民初，又有一批徽商在苏北经营煤炭生意，胡宁的父亲胡子元也加入其中，因此，胡宁亦是徽商的子弟。

当年，胡子元正室孙氏育有一个男婴夭折后，把其外室王氏襁褓中的胡宁抱回养育。胡宁从小健康、聪明，深得父母的喜爱。

胡宁读中学时养母孙氏去世，后又有了继母王青霞，对他亦较好。民国政府末年的金融危机，即金圆券恶性贬值时，胡子元的煤炭生意亦一蹶不振，无法挽回。后胡子元与继室王氏移居苏州，于 1956 年去世。

胡宁读高中时，遵父母之命与表亲结婚。实际上他们没怎么一起生活，也没有子嗣，胡宁 1951 年回国后办了离婚手续。

1956 年，胡宁与关娴结成秦晋之好。关娴原籍广东南海县，自幼在北京长大，毕业于辅仁大学数学系，是中国科学院计算技术研究所的研究人员。

1956 年 11 月，新婚不久的关娴亦去杜布纳，安排在计算机部门从事研究工作。1957 年 5 月，关娴在杜布纳生下了一个女儿，取名胡滨。胡宁中年得女，十分喜欢。1958 年 7 月，关娴与女儿先回国。1961 年，关娴又生了一个儿子，名叫胡波。高龄夫妇有儿有女，十分理想。

十年冰封消融之际，胡宁夫妇的女儿胡滨和儿子胡波姐弟俩成了北京大学物理系 77 级和 78 级的学生。胡波高三时，在北京、上海、广东等八省市的中学数学竞赛中获奖，免试保送北大学习。不久，他被公派去德国留学，成了胡家二代公费留学生。

胡宁和关娴结婚照（1956 年 4 月）

胡滨北大毕业后，于 1982 年赴美深造。他们一家该是幸福美满了。可是，天有不测风云，1983 年 10 月，胡滨在美国得克萨斯州遇车祸落下高位截瘫。1984 年 1 月，关娴赴美照料女儿。同年秋，胡宁去美汇合，在当地一所大学兼了一个学期的课，经济上支持三人在美的开销。1985 年初，胡宁回到北京。经过治疗，胡滨病情趋于稳定，关娴于 1985 年 9 月带胡滨回国。回国后继续求医，但都没太大起色。1988 年冬，关娴和胡滨去广东接受治疗。1989 年春节后，胡宁到广州看望女儿住了几个月，期间在中山大学和华南师范大学作过学术报告。

胡滨的身体已稳定,大脑思维、视力听力和语言表达都正常,双手借助特制的工具可写字、进食、操作电脑,20世纪90年代初被北大物理系接纳为职员,在家编辑和管理学院的网页,另还做点翻译之类工作。胡波学成后在德国就业成家,几年后胡宁就有了孙儿和孙女。

1995年2月11日胡宁生日那天,有几十位同事和学生到胡宁家祝寿。就在这个月,胡宁写了《八十书怀》那首诗。

胡宁兴趣爱好广泛,喜欢动手制作或修理一些东西,还喜欢绘画、作诗和运动,如年轻时喜欢滑雪、溜冰、游泳,也喜欢京剧和古典音乐。

20世纪80年代初胡宁全家福(后排:右胡滨,左胡波)

1997年4月19日,在中国科学院理论物理研究所的会议上,胡宁激动地发了好几次言,对理论物理不受重视、缺少支持的现状极为担忧,并呼吁建立一个理论物理的交流中心,要有像玻尔研究所和普林斯顿高等研究院那样好的条件,以便为理论物理工作者提供一个良好的工作环境。不料,就在发言当中因为过于激动而突发脑血管意外,不幸倒在地上,他真是为了我国的理论物理事业而鞠躬尽瘁啊!送医院后,经抢救和治疗,病情稳定,便回家休养。但因大脑受损而思维、语言和肢体活动仍有障碍。后来病情恶化,再次住院,无力回天,于同年12月26日逝世,享年81岁。

2007年12月8日,为纪念著名理论物理学家胡宁先生,由北京大学物理学院和北京大学理论物理研究所主办的胡宁先生逝世十周年纪念会暨铜像落成仪式在北京大学举行。北京大学常务副校长林建华出席仪式,并与"两

弹一星"元勋于敏院士、中国物理学会理事长杨国桢院士、胡宁先生夫人关娴女士一起为铜像揭幕。全国各地专程赶来的理论物理和高能物理等领域的代表，胡宁先生的同事、学生，以及北京大学物理学院的师生等近百人参加了仪式。

　　此外，除胡宁的得意门生、著名科学史家、中山大学物理系关洪教授百忙中写了《胡宁传》外，《物理》杂志还发表了胡宁九首诗词和几幅水彩画，以资纪念。

2007 年胡宁先生铜像揭幕仪式一角

（2019 年 7 月 20 日）

程开甲

  程开甲（1918年8月—2018年11月），江苏吴江人。著名理论物理学家。1999年"两弹一星"功勋奖章获得者，2013年国家最高科学技术奖获得者。1941年毕业于浙江大学物理系。1948年获英国爱丁堡大学哲学博士学位。1980年当选为中国科学院学部委员（院士）。曾任浙江大学、南京大学教授，第二机械工业部核武器研究所副所长，国防科工委核试验基地研究所副所长、所长及基地副司令员，国防科工委（总装备部）科技委正军职常委、顾问。中国核武器事业的开拓者之一，中国核试验科学技术体系的创建者之一，中国定向能高功率微波研究新领域的开创者之一。在创立我国系统核爆炸及效应理论，开创核爆炸测试研究，开创抗核加固技术新领域，及时提出并实施向地下核试验转变等方面作出重要贡献。出版了中国第一本固体物理学专著，提出了普遍的热力学内耗理论，导出了狄拉克方程；提出并发展了超导电双带理论和凝聚态TFDC电子理论。1985年获国家科技进步奖特等奖。2017年被授予"八一勋章"。2018年，获"世界因你而美丽——2017—2018影响世界华人盛典"终身成就奖；同年12月被追授改革先锋称号。2019年获"感动中国2018年度人物"荣誉；同年9月被追授"人民科学家"国家荣誉称号。

那是一个由英雄群体创造的前无古人的伟业。有志气的中国人，历尽千辛万苦，在极其困难、极其恶劣的条件下，冲破当年两霸的核封锁，依靠自己的聪明才智研制出原子弹和氢弹，外界只能测到它们的波动，无一目睹它们炽烈的闪光，更别提在我国核试验中看到那位指挥若定的原子弹专家天才的耀斑了。2001 年 6 月 12 日，笔者给高校校友工作研究会首期干部培训班学员讲好课，翌日即走上采访程开甲、吕敏和杨裕生三位院士的行程。让我们聆听程开甲院士是如何一步步走上光辉的历程，并领略他那些被岁月藏匿多年的鲜为人知的人生故事。

2001 年 6 月，作者采访程开甲（中）、吕敏（右）后在程家留影

走近大师志成才

1927 年，程开甲亲生母亲出走，他成了无依无靠、没人管教的孩子。他进丝业小学后，未能好好读书，后来转学到他五姐当老师的观音弄小学，在五姐细心调教下学习才好起来。

程开甲在观音弄小学读书时，简晓峰校长给他讲了许多人物成才的故事，他从高年级起慢慢地懂得成才的含义，并立志要成为一个"大人物"。读四年级时，程开甲学习成绩上去了。他在年级中年龄最大，于是向简校长提出跳级的申请。简校长考虑到他数学等课成绩突出，同意他跳过五年级，到淘沙弄小学读六年级。

1931 年，程开甲小学毕业，考进离家乡 20 公里的嘉兴秀州中学，并在这里读完初中和高中。他进入秀州中学没几天，发生了"九一八"日本入侵事件，程开甲参加了游行，也开始懂得贫穷和落后就要挨打的道理，从而决心走"求知报国"之路。

嘉兴秀州中学，人才辈出。程开甲来到秀中后，受教于中国近代教育史上出色的教育家顾惠人校长，获益匪浅。在秀州中学，他读了伽利略、牛顿、爱因斯坦、巴斯德、居里夫人、詹天佑等名人传记，这些科学家追求真理、热爱祖国的精神深深地打动了他，他处处以他们为榜样，在学习上刻苦钻研，肯动脑筋，学习成绩名列前茅。

读初二时，他的数学和英文初露头角。他能将圆周率背到小数点后60位，能将1—100平方表倒背如流……读高二时，程开甲被推选为膳食委员会主任。读高三时，程开甲参加了浙江四所中学的英文演讲比赛，他荣获第一名。课余时间，他还阅读了许多科学家传记，更坚定了要成为"大人物"的决心。

程开甲处处以杰出科学家为榜样，决心沿着他们走过的路而奋进。他黎明即起，每天在晨曦中早读。每天晚餐后至夜自修前的一段时间，许多同学在闲谈，而程开甲用来看书学习。学校9点半熄灯后，他就坐在楼梯口，甚至在厕所里读书，常常至深夜十一或十二点钟。程开甲持之以恒，天天如此，节假日也不例外。他在《勤奋的人》回忆文章中作了如上记述，并得出结论说，他之所以有今天的成就，勤奋是主要的。老师都说程开甲有两条成功的秘诀：一是勤奋，二是肯动脑筋。他解数学习题，总是寻求多种方法求解，然后选择最佳的一种。秀州中学的6年为他打下了坚实基础。

1937年夏，程开甲考取了浙江大学物理系专为优秀生设的公费生，

1937年程开甲（前排左三，右一为顾惠人校长）高中毕业留念

实现了祖辈的夙愿。此后，程开甲受到了浙江大学良好校风的熏陶，其中求是精神和大师风范对他影响最深，特别是竺可桢校长于 1936 年 9 月 18 日新生谈话会上的一句训辞，他牢记在心："诸位在校，有两个问题应该自己问问，第一，到浙大来做什么？第二，将来毕业后要做什么样的人？"此后成为程开甲终身学习与工作的座右铭。

1937 年日寇入侵后，浙大师生走着先贤王阳明当年走过的路，历时 3 年多，长途跋涉 2600 余公里，被彭真同志誉为"文军长征"。西迁途中，竺可桢校长一再鼓励师生们学习王阳明的"求是"精神，克服流亡中的一切困难。程开甲在文军长征中，经受了一次次的磨难，靠的就是"求是"精神。

1937 年 9 月初程开甲入学后，得知数学系、物理系教授阵容强大，数学系有苏步青、陈建功等国际知名教授；物理系也有张绍忠、束星北、王淦昌、何增禄等留学归来、学术造诣很深的教授。程开甲为自己能进入浙大，走近大师倍感兴奋和自豪。入学后第一周，他主要着手了解每位大师的背景材料及研究方向，以便找准日后学习追随的目标。

1937 年 9 月中旬，浙大一年级 219 名学生一起迁至西天目山禅源寺学习，过上了黄卷青灯的艰苦生活。同年 9 月下旬，束星北到西天目山看望物理系新生，初次见面，程开甲就被束星北的风度和学识所折服，并有缘在其指导下学习与生活。

1937 年 11 月 5 日，日寇在离杭州 120 公里的全公亭一带登陆，浙江大学于 11 月中旬 3 天内按二、三、四年级的顺序迁往离杭 120 余公里的建德。同年 11 月底，浙西形势危急，天目山师生迁建德与本部师生汇合，因时值寒冬，师生们备尝艰辛，到建德稍休整后即上课。

1937 年 12 月 24 日杭州沦陷，浙大决定期末考前迁至江西吉安。因有师生及眷属 800 余人，仪器和图书 430 余箱，行李千余件，需分批坐船到兰溪转金华，后换火车至江西樟树镇，再转坐船沿赣江到吉安。当时，逃难百姓如潮，火车主要运兵及弹药，水路交通不畅，更有天上飞机轰炸，是走路，还是乘舟车，没有定数，即使有舟车也开开停停，风餐露宿，历尽艰难，于 1938 年 1 月 20 日才抵达文天祥故乡江西吉安，历时 25 天，行程 752 公里。不久又迁至泰和。

浙大西迁，图书仪器和行李有 200 多吨，计 2000 多箱。1938 年 8 月中旬，浙大迁往宜山，水运中物理系有几箱图书被水浸湿了，书页粘在一起，无法使用。程开甲和师生们一起一边流泪，一边烘补书本，心情十分沉重。

1939 年 2 月 5 日，敌机在宜山标营浙大校舍投弹 118 枚，炸毁宿舍 8 间，大礼堂 1 幢，新教室 3 幢计 14 间，程开甲所住的宿舍损失严重，他的衣服、被褥、图书和笔记本，都化为灰烬。警报解除后，师生们主动捐钱捐物，学校也拨款 2000 元，对受损师生进行救助。程开甲从师生手中接过棉衣、被褥和笔记本时，不禁热泪夺眶而出。程开甲领到的棉衣没有衣扣，束星北就从自己大衣上割下两颗给他，可见师生深情之一斑。

在宜山，除了经受飞机空袭和疟疾传染外，吃、住、穿、行都十分困难。就教学来说，同学们在草棚里站着听课，肩膀上用"鸡肠带"斜挂一块木板记笔记。做实验没有自来水，就用大木桶放在高处当水塔。学生夜自修没有课桌，常站在板凳上，以双层床上层的床板为桌面，就着一盏小小的油灯做习题。一个晚自修下来，脸会被桐油灯熏成花黑脸。程开甲为了省油，少用一根灯芯草，在昏暗灯光下读书。有一个同学开玩笑说："老兄，如果有本事整夜不睡觉看书的话，晚上耗费的灯油钱全部由我出。"程开甲果真看了一夜书。从此，程"Book"的雅号也就在同学中传扬开来了。西迁遵义后，训导长费巩教授体谅学生照明的困难，特发明一种用铁烟盒自制的节油灯：铁盒下部凿出许多小孔，上端安装灯罩，下上空气流通，氧气多助燃，节油灯倍亮。费巩知道程开甲爱读书，特制一盏相送。几十年后程开甲回忆时，说费巩教授的垂爱与期望比灯亮！

1939 年 2 月，程开甲听了竺校长作的《求是精神与牺牲精神》演讲后，在自己的笔记本上写下了两行字：

中国落后挨打的原因：科技落后；
拯救中国的药方：科学救国。

从此，"求是"成了程开甲永恒的动力源泉。

大师风范，也是程开甲在求是园里求知时的一盏明灯，并永远照亮了他前进的道路。程开甲兴奋地回忆了在求是园里走近大师的点点滴滴，深感竺可桢是尊重科学的典范，也是尊师重教的楷模。

竺可桢任浙江大学校长第一年，就对教授阵容、教学管理、学系设置等采取了一系列措施：一方面亲自登门，把因不满郭任远的行径而辞职离校的张绍忠、束星北、何增禄、朱福炘等名教授请回来；另一方面又不惜重金诚聘如罗宗洛、谈家桢等名教授，还从山东大学请王淦昌来浙大任教；再加上校内苏步青、陈建功、贝时璋和蔡堡等不少名教授，一支强大的教授阵容初步形成。这为程开甲走近大师、学习求知带来极大的方便。竺可桢注重学生德智体全面发展，主张大学应"培养公忠坚毅，能担当大任，主持风气，转移国运的领导人才"。早在1937年，竺可桢在西天目山禅源寺一年级率先推行了导师制。

二年级时，束星北给程开甲等讲力学课。束星北理论基础深厚，思维敏捷，治学严谨，待人至诚。随着时间的推移，程开甲与束星北的师生之情日益加深，不仅在学业上束星北领着程开甲一步一步进入物理科学的殿堂，生活上程开甲也得到束星北无微不至的关照，后来束星北还成为程开甲与高耀珊伉俪的证婚人。程开甲忆及束星北的品格，仍充满了敬意与骄傲。"我的力学知识都是他传的，我物理学的理论功底也是从他那里学来的。"程开甲真诚地如是说。

王淦昌教授的风范对程开甲的进步也有很大的影响。1939年的一天，敌机来空袭，物理系师生都躲到山洞里。程开甲在洞口读汤姆生的通俗著作，一位老师进来，发现他读物理小书，忘了空袭的危险，站在洞外问他是哪个系哪个年级的，并说了许多鼓励的话，还对大家说有问题随时可到他家里去谈。程开甲事后得知，洞外的老师就是王淦昌先生，他常带学生避空袭并在洞内上课。

最令程开甲难以忘怀的是王淦昌的"紧抓问题，扭住不放"的治学风格。王淦昌不仅以科研中约里奥·居里由于粗心大意最后与发明失之交臂的例子来教育程开甲他们,而且常用"较劲"出来的科研成果来启迪学生。1941年,王淦昌的《探测中微子建议》一文,不仅轰动了世界学术界,也震撼着程开甲求知的心灵。程开甲后来不无感慨地说:"我想跟王先生学,我学了一些,但学得不好,吃了亏。"

程开甲的感慨是因为1944年他在浙江大学任助教时,写了一篇《弱相互作用需要205个质子质量的介子》的论文,经王淦昌介绍请李约瑟博士带给物理学权威狄拉克。狄拉克收到论文后亲自给程开甲写信,以"不需要更多的新粒子,更不需要重介子"为由,把论文打入冷宫。程开甲收信后未对新粒子继续进行深入研究。此后,程开甲的这一成果被他人实验所证实,并获得了1979年诺贝尔奖。程开甲就这样与诺贝尔奖擦肩而过。

在求是园学习的四年中,早年留学日本的陈建功、苏步青两位教授,对程开甲的影响也很深远。大学三年级时,程开甲听陈建功的"复变函数论"课,常向陈教授请教,每次都得到圆满的解答。此后,程开甲写了一篇《根据黎曼基本定理推导保角变换面积的极小值》交给陈建功,后由陈建功推荐给英国数学家蒂施曼斯发表,并被苏联斯米尔诺夫的《高等数学教程》全部引用。这篇论文成了程开甲从事科学研究的两块敲门砖之一,影响深远。

程开甲不仅走近了国内的大师,而且也幸运地走近了世界学术的名师,留下了许多难以忘怀的故事。

在李约瑟博士推介下,程开甲获得了英国文化委员会的奖学金,于1946年8月,成了

1947年10月,程开甲(后排左一)与导师玻恩(前排右一)在一起

英国爱丁堡大学物理系著名教授、诺贝尔奖获得者 M. 玻恩的研究生。

在玻恩门下学习和研究的四年中，程开甲不忘母校的"求是"精神，并借助国外先进教学设施，取得了三大收获：一是学到了许多先进知

1947 年在爱尔兰都柏林国际学术讨论会期间，程开甲（左三）与薛定谔（右一）等著名学者亲切交谈

识，特别是不同学派、不同观点的理论；二是结识了许多世界知名的物理学家、科学巨匠；三是确立了自己研究的方向和领域。其中最令程开甲记

忆犹新的是 1948 年在瑞士苏黎世大学召开的低温超导国际学术会议上的一件事：当年，程开甲和玻恩合写了《超导电性》一文。因玻恩未能与会，由程开甲在会上宣读。由于学术观点不同，程开甲与具有"欧洲天才"之称的诺贝尔奖获得者海森伯争论起来。他以大量事实论证自己的学术观点，使得海森伯"天才的脑袋"难以招架，不得不以"科学前沿还有许多险峰呢"的盾牌予以抵挡。此后，程开甲进一步发展与完善了 1948 年与玻恩共同研究的成果，提出了超导电性的双带理论。这是程开甲坚持"求是"追求真理的又一例证。

1948 年，爱丁堡大学的一顶博士帽

1948 年程开甲在英国爱丁堡大学获哲学博士学位

戴在了程开甲的头上，他成了一位哲学博士，并成为英国皇家化学研究所的一名研究员。

走向戈壁奏乐章

1950年夏天，程开甲经历了一个月的海上旅行，终于回到了祖国的怀抱，直奔母校浙大求是园。

1952年，全国高校院系调整，程开甲调到南京大学物理系任教。他为母校浙江大学强大的理科大伤元气而惋惜。

1960年3月，程开甲被调到北京去搞一个全新的领域——原子弹，被任命为核武器研究所副所长。1962年，经钱三强推荐，党中央让他全面负责核武器试验研究所的有关技术问题，从此开始了他20多年隐姓埋名的核试验生涯。

接受全新的任务后，程开甲秉承"求是"精神，带领科技人员一步一个脚印地攻克了一个又一个复杂的技术难关，终于用自己的智慧和心血，在茫茫的戈壁滩上奏响了一曲又一曲核试验的交响乐章。

乐章一 为了我国第一颗原子弹的如期炸响，一年中，程开甲走遍了全国30多个科研院所，召开了100余次专业会议。经过两年的准备，程开甲除指导核试验研究所内20%任务外，还协调了所有的研究项目，如期向党和国家交上了三份答卷：一个全面的、多学科交叉的、切实可行的塔爆核试验方案；一个有定量分析的爆炸图像；自行研制的性能稳定可靠的1000余台（套）测试仪器设备。答卷成绩如何？试验的数据已做出回答。

核试验场地处罗布泊地区，该地区曾被人们描绘为"死亡之海""生命禁区"。那里没有生命的绿色，没有鸟儿的啼啭；那里有的是戏谑的风沙，有的是喝了会拉肚子的苦水……在这样的恶劣环境下，程开甲从搭班子、做方案开始，到分工协作、夜以继日地研制，最后登上了主控台，怀着聆听婴儿第一声啼哭一样的心情，于1964年10月16日15时正，倾听了一声惊雷般的核爆巨响。这一声巨响，打破了少数国家的核垄断；这一声巨响，标志着中国跻身于核大国的行列。

伴随着蘑菇云的升起，同时传来上千台仪器全部完成测试并获得满意数据的消息，程开甲终于舒心地笑了……

乐章二 塔爆成功了，程开甲及他率领的科技人员，又把目光转向下一个目标——空中核爆炸的试验！他遵照周恩来总理"做到一次试验、全面收效"的指示，将第一颗原子弹试验时的"保响、保测、保安全"扩展为"保响、保投得准、保地面空中联得上、保测试、保回收、保证有足够的数据进行分析、保证资料储存和管理、保证安全"的标准。从"三保"到"八保"，这需要付出多么巨大的代价和心血！

1965年5月14日，我国第一颗空投原子弹的美妙乐章在罗布泊上空奏响。消息传来，人们奔走相告，喜不自禁。5月30日12时，周恩来、邓小平等国家领导人在人民大会堂新疆厅接见并宴请了参与第一颗原子弹塔爆试验和原子弹空爆试验的有关人员，请柬上还签署了周恩来的名字。九院的科学家王淦昌和核试验基地的程开甲、忻贤杰、吕敏等四位浙大校友也荣幸地受到了接见并和大家合影。更为荣幸的是王淦昌坐于前排周恩来和邓小平之间的正中位置，程开甲位于前排右七，在薄一波与周荣鑫之间。这些排位，一定程度上体现了党中央对科学家的尊重。

乐章三 "原子弹要有，氢弹也要快。"程开甲把毛主席的指示镌在自己的胸壁上，落实在行动上。经过多少次冥思苦想，经过多少次策划和模拟试验，最后于1966年12月28日，

1966年程开甲（前排左二，前排左三为张超）在试验场区合影

我国首颗氢弹原理试验的交响乐曲在罗布泊地区奏响，从此，我国核技术又翻开了新的一页，成了继美苏英之后第四个拥有氢弹技术的国家。这一次氢弹原理试验，浙大911课题组代表黄振华、冯俊卿、赵田冬3人，携着20来个科研人员苦战8个多月研制成的三台高速摄影机去罗布泊试验场拍摄，每台摄影机都拍下清晰的氢弹塔爆照片，为程开甲核试验圆梦助力！

由于程开甲组织领导工作有方，大大加快我国从原子弹到氢弹成功试验的进程，我国自此跻身核大国行列。

乐章四 科研人员的疲劳尚未恢复，程开甲又承接了谱写更美妙乐曲的任务——全当量空投氢弹试验。

在这次试验中，程开甲提出了两条首创性建议：一是用火箭收集放射性微粒的新方法；二是投弹飞机从西向东顺风飞行的新方向。这两条首创性建议，保证了我国首枚氢弹的安全试验。1967年6月17日，罗布泊上空又奏响了一曲新的交响乐——我国第一颗全当量氢弹空爆试验圆满成功，为尔后程开甲等人所著的《我国核试验效应基本参数手册》添上新的一页。

乐章五 第四乐章的余音未消，程开甲又率领科研人员尽快地从空中核试验转入地下，这是军事保密的需要，也是核技术和国际形势发展的要求。他废寝忘食地分析研究，决心一手抓空中的试验，一手抓地下试验的深入研究，最后为地下试验解决了地下自封和回填技术、快速取样、测试系统的屏蔽和抗干扰、测试技术等四大难题，并力排"文革"带来的人为干扰，坚持"求是"精神，于1969年9月23日0点15分，圆满地完成了我国第一次地下平洞核试验。

试验成功了，人们正欢欣鼓舞，程开甲却不顾个人安危，深入地下平洞中的爆心进行实地考察。经过一次又一次平洞试爆，经过程开甲一次又一次"深入虎穴"，科研人员终于掌握了地下核试验的技术关键，取得了第一手资料，为地下试验的重大突破作了充分的准备。

乐章六 1977年，程开甲被任命为我国核武器试验训练基地副司令员兼核武器试验研究所所长，他经过无数次计算论证，及时提出了竖井核试验的建议，并攻克了"全水位"试验方案难题。1978年10月14日，中国首次竖井地下核试验获得圆满成功。1980 年后，我国全部转入地下核试验，实现了毛泽东主席生前的心愿。

"核司令"程开甲 22 年如一日，在戈壁滩风餐露宿，主持我国 30 余次各种类型的核试验，开创了中国系统核爆炸及其效应理论，为核武器应用奠定了基础；开创了中国抗核加固技术新领域和定向能高功率微波研究的新领域，等等，受到多方的赞誉。中国工程院院士、核试验研究所副所长乔登江在《"零时"起爆》一书中写道，除程开甲本人入选"两弹一星"功勋科学家光荣榜外，该所先后出了 10 位院士、20 多位技术将军，获国家级奖项和国家有贡献专家荣誉的干部数以百计。这个出人才、出成果大好局面的实现，无不显现程开甲院士指导的功劳！朱焕金著文说："程院士在我国核试验事业中，倾注了他毕生的精力，作出了巨大贡献。他创建了核试验研究所，也是我国核试验的创始人。"1993 年程开甲在核试验研究所成立 30 周年大会上的"核试验研究所就是创新"一句话，博得全场长时间热烈掌声。张永家著文说："程院士科学的创新精神和科学的实践精神，贯穿于他所组织领导的每一次核试验中，使得我国核试验取得一次又一次成功！"

1980 年程开甲当选为中国科学院院士，1985 年荣获国家科技进步奖特等奖，1999 年 9 月 18 日荣获中共中央、国务院、中央军委颁发的"两弹一星"功勋奖章，可谓实至名归。

祖望"开甲"终成家

徽州人有个俗例：男子到 16 岁，就会出远门做生意，过上"流寓四方，轻本重末"的生活。

江苏吴江，傍依太湖，水网密布，交通方便，经济发达，是经商与致富的好地方。有个程姓的徽商就选择盛泽镇定居下来，并很快发了迹。传至程敬斋时，程家已是远近闻名的大户。

吴江与徽州人文环境大不相同，徽州尊商，吴江崇文。在吴江，要想光宗耀祖，科举取士是人们的首选。程敬斋经商有道，但只养了一个儿子，取名侍彤。可是侍彤屡考落第，连个秀才也中不了。于是，程敬斋把希望寄托在孙辈身上。他查经据典，早早给尚无影踪的孙子取名"开甲"。万想不到，侍彤与洪举人闺女结缘，却连生六个女儿，无人可领"开甲"之名，令程老爷子大失所望。

在旧社会有钱人家纳妾是常事，程敬斋没有放弃，又物色到一位潦倒书生的女儿董云峰，仍想沾点书香，给儿子纳妾。

董云峰来程家后，多少受到公公的保护。不幸的是程敬斋只见到董云峰挺起了肚子，而等不到"开甲"孙子来到人世就驾鹤西去了。爷爷程敬斋去世后，其子程侍彤对生意一窍不通，程家家道中落。

1918 年 8 月 3 日，在程敬斋走后的第二天，董云峰的房里传来婴儿的哭声，侍彤急忙奔向产妇的房间，抱了刚包好的男婴到灵堂，双手托举宝贝"扑通"一下跪在父亲灵前。丧事总管即用毛笔在孝孙空白处浓浓地添上"开甲"二字。

1925 年程开甲的父亲侍彤去世，董云峰似乎成了程家多余的人，但为了亲生儿子程开甲，又忍气吞声熬了两年后，悄悄坐着小船离开了盛泽镇程家。

1937 年 9 月，浙大一年级迁校西天目山后，学校首创并推行导师制，从学业到生活全面管理学生。束星北教授就是程开甲的导师。大学时段，男女学生都到了情窦初开的年龄。三年级时，因经常一起学习与探讨，程开甲与一女同学来往甚密，自然逃不过导师的眼睛。

一次散步时，束教授直言不讳地与程开甲谈起成家的话题。面对老师的好意，程开甲不隐瞒个人之事，说出高中一年级时大妈早为自己订婚，最近又收到女友高耀珊来信和一张近照，以及近几个月来自己矛盾的心理，并说："束先生，您帮我拿个主意吧！"

束教授沉思一会儿后说："我不了解情况，既然这样，你也要快刀斩乱麻，割舍掉同学的这份感情，遵守婚约，毕竟咱们是中国人呀，中国人有中国人的传统，中国人有中国人的道德标准呀！"

沉思几天后，程开甲给高耀珊写了一封信，除了谈学习和生活情况外，明确说毕业后，他会回去把她接到这边来。

1941 年，程开甲毕业并留浙大物理系当束星北教授的助教，时年 23 岁。程开甲借休假之机，遵循"先成家后立业"的习俗，回家接高耀珊。因日寇控制半壁江山，他只好从遵义坐车到柳州，再辗转乘船到南宁、湛江、澳门、香港，最后乘轮船到上海。过沦陷区关卡时，每个人都被要求对面前的日本人行礼。每当无奈地在日本人面前弯曲腰板时，程开甲的心都会被深深地刺痛。

到太仓高家后不久，程开甲要高耀珊一起回一趟程家。走进程家大院，因几个月前大妈过世，几个姐姐把程家家产全部分割了，昔日的气派与风光荡然无存，房内除了几块祖宗的神位牌，什么也没有，此时的程开甲脚步该是多么沉重！

回到太仓高家，由高家操办了他们的传统婚礼，并组成一个传统的小家。高耀珊文化程度不高，但有东方女性特有的贤淑，给程开甲生活上无微不至的照顾，生儿育女，承担家务，使程开甲能够集中精力献身科学。每当说起家事，程开甲总是充满着幸福之感。

办完婚事后，程开甲带着新媳妇回浙大。经停上海时，听到束星北教授回上海给母亲办丧事，程开甲、高耀珊一同去束家吊丧。束教授除对弟子成家表示祝贺外，还在高耀珊双手恭递的结婚证证婚栏上，工整地签上"束星北"三字并盖章。这时高耀珊给程开甲做了个鬼脸，笑得像个孩子，言外之意是看你以后敢赖账！

1941 年 12 月 7 日，程开甲一行仍因内地水路不通绕道香港。翌日，于"珍珠港事件"后数小时就发生日英交战，程开甲一行在弹火中等待 18 天后，原先的"米"字旗换升了猩红的"膏药旗"。因路费拮据，他们只好在贫民窟等待，一等两个多月，最后在一位同学帮助下，跟随一批人坐上一条神秘的大船经淡水到惠阳再到韶关，从韶关到贵阳再回遵义。一路上虽有人接待与护送，但还是多次遇险，不过关幸好均化险为夷。程开甲再一次体察并坚定了科学救国的信念。新中国成立后，程开甲才知道这次神秘行程是周恩来在延安窑洞中遥控指挥，中共南方局精心部署，并派抗日游击队的精兵强将和交通员，为营救滞留香港的祖国内地文化界精英们的一次营救行动。

1942年春，程开甲带着夫人到了遵义。这时，浙大理学院已迁湄潭。一到湄潭，物理系便为程开甲夫妇准备了一间房间，从此，程开甲开始有了一个温馨的家。

为让程开甲安心做学问，束星北教授通过自己一位亲戚，为高耀珊在遵义医院谋到一份工作。此后，程开甲就穿梭在湄潭与遵义的75公里之间，有时甚至步行往返。为节约时间，程开甲常在途中思考难题，一举两得。

湄潭是程开甲事业的开端，给他带来好运，带来了收获的甘甜，除了在英国《自然》杂志独立发表处女作《用等价原理计算水星近日点进动》外，1945年又在《剑桥哲学杂志》发表《对自由粒子的狄拉克方程推导》，并引起狄拉克的兴趣与赞许。

在李约瑟博士推荐下，程开甲获得英国文化委员会的奖学金，于1946年8月去英国留学。在出国前，程开甲把有孕在身的高耀珊和大女儿小湄送回老家，又是束星北教授托人将她安排在扬州医院当出纳，大力支持爱徒程开甲的出国深造。

1947年程开甲在上海与失散20年的母亲董云峰重逢

1947年，程开甲回国省亲，在上海见到了失散20年的母亲董云峰。他孝敬母亲，此后几十年都给母亲寄生活费。

1963年夏，张爱萍、张震寰、程开甲等人考察了罗布泊地区。他们住帐篷，喝孔雀河苦水，点煤油灯。程开甲要定爆心、定工号、定布局……他是最忙的一位。

1964年4月，程开甲决定带着他的人马提前半年开进场区。楼兰王国消亡后沉寂了1500年的罗布泊再次车喧人闹起来。他们像楼兰国最后迁离的阿不旦渔村人一样，十分顽强地与风沙抗争，在不到一年时间里完成了核

试验的 154 项工程，特别是建成了程开甲的塔爆方案中的百余米雄伟铁塔。铁塔巍峨，仿佛要刺破茫茫的天穹。在此后的几年里，程开甲的家仍在北京，下属科技人员也兵分多地，他常常多地穿梭往来，家成了旅馆，十分辛苦。

1964 年 10 月 16 日第一次原子弹塔爆成功后，程开甲根据组织安排回到北京，在总结第一次塔爆方案基础上，主持我国首次空爆试验方案的制定和安排新的测试研究方案，因此在家时间就比较多一些。直到这时，高耀珊仍不知程开甲在做什么工作。

当年，第四个小孩尚小，经常哭闹，程开甲就搬进办公室住了多天。为使程开甲有个安静的工作室，高耀珊给子女立了几条家规：一是不能随便进入爸爸书房，翻乱他的东西；二是不能大声吵闹，打扰爸爸的工作；三是不准多吃爸爸喜欢吃的饭菜，影响他的健康；再是爸爸在家的时候，老四与阿姨一起睡在后面的房里。因此，只要程开甲在家，孩子们就会感到拘束。听到爸爸要出差，孩子们暗暗高兴，而难受的只有她一人。因为他出差在外，夜以继日地干活，又不会照顾自己，担心他的身体吃不消呀！

程开甲每次外出，从不讲到哪里出差，只是叫妻子准备衣服等行李。听到他要出差，高耀珊就心里不是滋味。不是他一走，家里的重担都落她一个人头上，让她压弯腰。事实上，家务事也好，孩子们学习也罢，他本就从不过问。高耀珊担心的就是他不会照顾自己。

1966 年 7 月至 9 月核试验研究所整体搬迁到红山。程开甲于同年 10 月过上红山为主的生活。此时，"文化大革命"已开始，基地的正常秩序受到破坏。同年 12 月 28 日氢弹原理试验，程开甲顶着压力圆满完成。

1967 年 10 月 30 日，毛主席亲自签发电报，重申核

20 世纪 70 年代程开甲、高耀珊夫妇在红山

试验基地是正面教育单位，不准冲击，要保护核试验任务的正常进行。张蕴钰司令员在大会上公开宣布了要保护程开甲的命令。后来，核基地的运动形势也有些难以控制，就以开会和研究工作的名义，将程开甲从基地支走，让他回到了北京的家。回家不久，程开甲收到造反派强烈要求他回单位"参加革命运动"的信，同时也收到张蕴钰司令让他"站稳立场，遇事多同党委同志交换意见"的信。程开甲自然理解张司令此信的含义。因而，他继续留在北京家中。正是有了这份信任，这份关心，这份爱护，在那个艰难的岁月里，程开甲才能坚持一直工作着，把心里的感动化作核试验大业的热情与动力，并把张司令的信珍藏着，见证那段不平凡的岁月，见证他们的深情厚谊。

国防科技事业是一个群体的事业。程开甲离开了群体，宛若一只离群的孤雁，在与暴风雨搏击中显得势单力薄。在家中，他虽然得到妻子的精心照料，避开了造反派的干扰，但毕竟他的事业在戈壁，他的团队在戈壁。程开甲牵挂着下一个核试任务，牵挂所里科研人员的处境与安危，很想马上回去看个究竟，又担心回去后发生什么事情，紧张、焦虑交替袭扰他的心头，弄得他寝食不安。就这样一天挨一天度过了一年多时光。

1969 年，高耀珊毅然带着程建玉和程之刚两个孩子来到戈壁滩，来到程开甲的身边。以往，组织上说服她不外出工作，全心全意照料好程开甲，她毅然同意；而今，她来到戈壁滩的缘由也很简单，照顾好丈夫，让丈夫健健康康、精神饱满地工作。高耀珊到了戈壁滩后，才知道程开甲工作的重要，更知他工作的苦和累。于是，在带好两个小孩的同时，又养了一群鸡和鸭，每天餐桌上少不了鸡蛋、

1969 年程开甲夫妇全家福（后排左起：程建玉、程漱玉、程景玉、程新玉、程之刚）

鸭蛋。这在戈壁滩是上等营养品了。

为了改善科技人员的生活，核试验研究所的家属成立五七大队，开荒种地。高耀珊加入大队后，和大家一起劳动，成为队里的骨干。初来戈壁时，蔬菜很少，生活很苦，大家开荒种菜。冬天农闲，她早早起床，捡牛粪、羊粪；平常下地劳动，和大家一样，自带干粮，吃着榆树叶和玉米面做的饭，从未叫声苦。有一次，高耀珊拉着重重的运粪车，因路滑摔伤了，在床上躺了几天，也没有丝毫的怨言。不久，她加入了中国共产党，了却了自己的夙愿。

高耀珊是个十分要强的女人。在家里，照顾丈夫无微不至。程开甲上场区了，好长时间不回家，她又不能跟去，她会从地窖里取出储存的一些水果，准备好换洗衣服等请通讯员带去，并关照通讯员下班后给首长削苹果、剥橘子等，交代得十分周到。从试验场区下来，她发现程开甲明显消瘦了，就会做银耳莲子羹、红烧蹄膀等美食佳肴，给他补充营养。高耀珊的烹饪技术在基地是有名的。凡在她家尝过美味佳肴的同事、战友都赞不绝口，唇齿留香。她还按丈夫的关照，每月给盛泽的老母亲寄40元及生活用品，其余才是一家七口的生活费和一男四女五个孩子的教育费用。

程开甲极讲清洁卫生，她就把家里收拾得整整齐齐、干干净净。红山的两间小屋里充满了温情，在别人看来索然无味的古老的包办婚姻，在程开甲夫妇这里却像一个温馨的城堡。高耀珊做的远不止上述这些。程开甲无论是赴

1975年8月，程开甲一家在新疆红山家门前留影（前排左周宇江、右李小虎，后排左起程建玉、程新玉、李世仪、程之刚、程景玉）

英国留学，还是去浙大和南大当教授，或是在核基地当副所长、副司令员，他都无暇顾及子女的学业与生活。为不让程开甲为子女的事操心，她总是鼓励孩子们用优秀的学业来支持爸爸的工作，让爸爸为他们骄傲！同时也用爸爸的出色成果和崇高荣誉激励孩子们，让他们以爸爸为榜样，为爸爸而自豪！在高耀珊教育下，他们的子女都很出色，学业和生活都很自立，使程开甲能够安心地做他的核大业！老司令员张蕴钰深情地说："你们写程开甲，一定要写写他夫人……他的夫人好得很，没有她，程开甲就不是现在的程开甲！"程开甲也动情地说过："我所做出的每一份成绩都有耀珊的一半功劳，而我却没有能为她做什么。"1999 年 3 月 29 日，高耀珊永远离开了这个温馨的家，令程老及全家唏嘘不已！

是啊，我们不会忘记科学家们隐姓埋名几十年，扎根大漠戈壁，用智慧托起"人造太阳"，也不会忘记像高耀珊那样千里相随喝苦水、餐风沙，默默地用柔弱的双手为自己的夫君构筑一个美丽的戈壁梦的家属们！

求是真情永常青

程开甲夫妇对校友亦多有真情。1967 年，当时正处氢弹研究突破后进入第一次空投试验的非常关键时期，同在核试验基地工作的校友贺贤土妻子在北京住院生孩子，贺贤土无法脱身，全靠高耀珊照料。贺贤土回来看望产妇，高耀珊还给吃不上饭的贺贤土煮面吃。贺夫人李敏生好孩子要出院了，贺贤土无时间借房子居住，又是高耀珊腾出一间房来让他们一家三口住了一段时间，这对无房的人来说真是雪中送炭。这件助人之事，让贺贤土夫妇感恩一辈子！

1984 年，66 岁的程开甲奉命依依惜别了深情的戈壁滩，告别了心爱的核基地，告别了 20 余年同甘共苦的战友，被任命为国防科工委科技委常务委员。

离开基地前夕，程开甲拜访了许多战友，并将 20 余年所至的大戈壁各处重走一遍，每到一处，心潮起伏，久久不忍离去。

回到北京，程开甲强压对大戈壁的眷恋和对战友们的绵绵思念，在纸上写下"制怒、冷静、休息、不着急、不生气"12个大字，并把它贴在书房里。他就用这种积极的方法克服自己的情感失落与波动。

程开甲关心母校，多次回母校参加校庆、作报告和考察并指导工作。1966年3月，国防科委给浙江大学下达高速摄影机研制任务后，程开甲亲自来母校光仪系911课题组考察并指导工作。

1995年12月25日，笔者向程开甲院士发出征集院士生平业绩小传、照片和墨宝手迹的信后，他借春节偷闲写了"人生的价值在于贡献"题词，并于1996年2月中旬寄来材料及照片，给笔者主编《求是英才传》（两院院士集）以支持。

1997年4月初，浙江大学迎来百周年校庆。程开甲应母校邀请回校与师生同庆并作学术报告，遇见核试验基地的校友，十分亲切，问长问短，并一同合影留念。程开甲也很关心母校物理系的改革与发展，百年校庆时，还专门到物理系给师生作物理科学发展的报告。

1997年4月回母校相聚（左起：毛祖遂、程开甲、林俊德、魏赛珍）

回说1994年夏，笔者借去乌鲁木齐开会和招生之便去马兰专访林俊德校友后，得知程开甲主持核基地试验工作20余年。1984年，66岁的程开甲奉命回北京工作，此后，他一直想重回马兰走一走，看一看。2001年6月下旬，我给核基地司令部发去申请驻地采访写书的报告，不久即收到马兰司令部的复信：

杨达寿教授：

　　您好！

　　您给基地林俊德总工程师的来信及传真收悉，信中提出到基地采访程开甲院士，专访林俊德总工程师等事宜，基地对此很重视，经研究认为，程开甲院士、吕敏院士、杨裕生院士和林俊德总工程师均为浙江大学毕业，同意您到基地采访。近期，基地任务十分紧张，如果程老到基地，请您随程老一起到基地为好。

　　敬礼

中国核试验基地（公章）

二〇〇一年七月九日

　　收信后，我即与程开甲院士联系去马兰事宜。电话中他十分赞赏我为宣传马兰的举动，表示身体好后马上与我同行。只因他一时调养不好，等到秋凉后也未能成行，深感惋惜。

　　采访结束了，在我要求下，程开甲欣然挥毫，以墨宝相赠（见下图）。

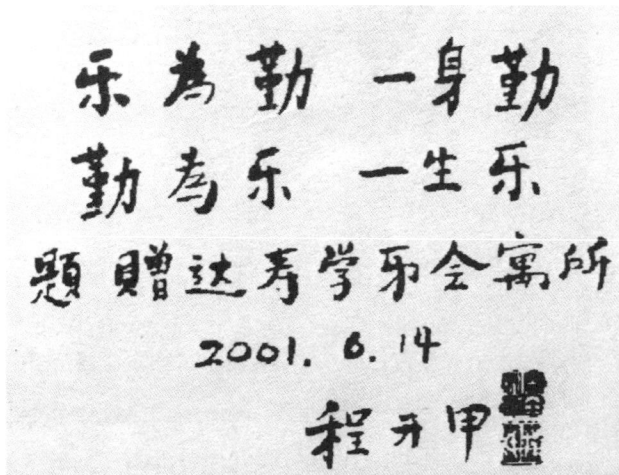

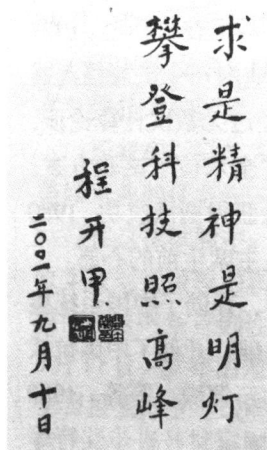

乐为勤　一身勤
勤为乐　一生乐
题　赠达寿学弟会寓所
2001. 6. 14
程开甲

求是精神是明灯
攀登科技照高峰
程开甲
二〇〇一年九月十日

程开甲墨宝

2001 年夏天，因程开甲院士身体不适，我没能与他一起去新疆核试验基地专访，但他于同年 9 月 10 日又给我寄来了墨宝。体现了长者对后学的关爱与友情，令我久久难以平静。

十余年后，95 岁高龄的程开甲荣获中国科技界的最高荣誉——2013 年度国家最高科学技术奖，这

喜庆程开甲院士 90 华诞留影（左起：中央军委总政治部主任李继耐上将、程开甲及其原秘书王保民）

是他用几十年不懈的努力、坚持和付出而换来的最高奖赏，是常青的"求是"精神浇灌而结出的丰硕果实！这是对程开甲一生默默奉献的人生价值的肯定，也是浙大人的骄傲！

浙江大学 120 周年华诞来临之际，程开甲为母校送来了祝福：

大家好，浙江大学一百二十岁了，在此，向母校表示衷心祝福，希望浙江大学为实现中国梦拼搏、奉献，希望浙江大学明天更加辉煌！

2018 年 2 月，浙大校长吴朝晖院士等到北京拜访程开甲（右）院士留影

2017 年 10 月，浙大举办程开甲院士先进事迹报告会，现场宣读了程开甲学长写给母校的信："1937—1941 年，理学院束星北、王淦昌、陈建功、苏步青等大师们的教育和浙大求是精神的熏陶培养了我求真务实、勇于探索、

勇于创新、献身科学的精神，为我打下了坚实的基础。我非常感谢浙大求是精神和大师们给我的宝贵'财富'。"程开甲院士的事迹让母校师生深受感动。

2018年2月，浙大校长吴朝晖院士等到北京拜访程开甲院士。畅谈间，满头白发的程开甲学长坐到钢琴前，即兴弹奏一曲《新年好》，串串音符欢快地从百岁老人的指尖流淌出来。他还深情地说："希望能再去浙大。"赤子之心溢于言表，深情厚谊长留浙大人的心中！

2021年11月19日，笔者和老伴李栽瑶随十几位在马兰和九院曾参与核研试的技术人员及家属，乘车去安吉递铺街道古城村龙山源"两弹一星"爱国主义教育基地参观。在纪念馆入口处有程开甲院士题词的"国家使命"纪念碑，再往里有杨裕生院士题词的"国魂"墙，这些都是爱国主义教育基地的重要标志，令人难以忘怀。

作者夫妇与马兰战友沈冶华（右）校友在安吉龙山源程开甲所题"国家使命"碑旁留影（2021年11月19日）

（2021年12月6日改定）

胡济民

　　胡济民（1919年1月—1998年9月），江苏如皋人。核物理学家与教育家，中国核科学教育事业的开拓者与奠基人之一。1942年毕业于浙江大学物理系并留校任教。1948年获伦敦大学哲学博士学位，并留校任研究助理。1949年回国后，在浙江大学任副教授、副教务长。1955年，奉调北京负责筹建和领导我国第一个培养核科技人才的教育基地——北京大学物理研究室。1958年任北京大学技术物理系系主任，兼系党总支书记等职。1977年当选为北京市第七届人民代表大会代表。1980年当选为中国科学院学部委员（院士），后又担任中国科学院数理学部常务委员、副主任。1982年至1988年连任两届中国核物理学会理事长。曾任兰州重离子加速器国家实验室学术委员会主任、北京串列加速器国家实验室学术委员会主任等职。在原子核理论、重离子核物理、等离子体物理等领域都进行过教学与科学研究工作。他提出了"准复合核模型"，在原子核裂变、原子核集体运动和宏观模型等方面取得了较高水平的研究成果，为核数据编评和建立我国自己的数据库作出了贡献。

20 世纪 90 年代初，笔者奉命至浙大校友总会任职，胡济民校友开始走进我的心灵，此后，因编校史和院士集又读到胡院士的一些业绩材料，他的形象不断高大起来。2019 年是胡济民校友百岁华诞纪念年，笔者决计将有关他教书育人和科学研究的所见所闻整理成文，以表达对胡济民校友的绵绵思念和崇高的敬意。

曲曲弯弯求学路

胡济民出生在书香门第之家，其父胡兆沂先生早年曾留学日本学法律，后在北京、上海当律师。胡济民 6 岁起入私塾、小学和中学，在兴趣盎然中打下深厚的英文、数学和文史基础。

胡济民少年时代爱打乒乓球、下围棋，也爱看演出，几乎每周必去旧书店。有一次在旧书摊买了一本日本人编写的《大代数讲义》，这是一本大大超过中学生水平的书，给他提供了一个无限美妙的数学天地。1931 年"九一八"事变，日本帝国主义入侵我国东三省，上海的大、中学生罢课示威，并到上海市政府门前去请愿。胡济民当年虽只有 12 岁，但他深感一个人不能只顾念书，还需要管国家大事。

1937 年，胡济民以优异的成绩高中毕业，并考入浙江大学化学系。除他喜爱化学外，还有一个原因是民族资本家吴蕴初先生的天厨味精公司设了一项奖学金，凡是通过选拔的学生，每年可取得 100 元钱的资助。胡济民是大同大学附中唯一获得这项奖学金的人，也是浙江大学化学系唯一得这项奖学金的人。

1937 年秋，日本帝国主义正大举进攻我国，胡济民觉得只要全国人民团结一致，一定能把日寇赶出中国。但战火蔓延很快，浙江大学已难安放平静的书桌，竺可桢校长决定亲率师生员工及眷属，携带图书仪器等举校西迁。胡济民进校不到一周，就由学校用汽车从杭州送到西天目山的禅源寺，过上了黄卷青灯的求学生涯。师生们来到禅源寺，只见庙门上的对联写着：

> 南高峰，北高峰，南北高峰齐俯首；
> 东天目，西天目，东西天目照禅心。

仿佛是对竺校长亲率这些莘莘学子的护佑。

当时，浙大首创导师制，导师既管学生的学习与思想，更关心学生的生活，学生们开始受到求是校风的熏陶。胡济民的导师是朱庭祜教授，他是教地质地理的老师。他几乎每个星期天都把他负责的学生带出去郊游，一边爬天目山，一边拣石头，还讲些如冰川摩擦之类的地质知识。此后，胡济民爱上了石头，无论到哪里去，看到有好看的石头就要买或拣，这兴许是西天目灵气的使然。

11月下旬，浙西形势危急，禅源寺的师生迁往建德，与已迁往那儿的高年级学生会合，马上就上起了课。

12月24日，杭州沦陷，在竺校长亲率下，浙大师生及眷属们走上了极其艰难的迁赣历程。他们坐船经兰溪到了金华后，目睹日寇飞机的轰炸。这时浙赣铁路因军运客货车停开，而人民逃难如潮。浙大师生及眷属只好分成小分队乘煤车、附兵车或步行，各显其能，饱经风雨，备尝饥寒。胡济民是个随遇而安的人，他在时停时开的兵车里，坐在自己的铺盖卷上看书，心里列起方程式，计算着那些走路的同学需要多少速度才能赶上火车。当火车到达江西玉山时，那些步行的同学已经到达多时。

火车到了江西樟树镇后，等了个把星期，他们才从赣江坐船到吉安。船大约走了五六天，胡济民的铺位安在船头板下的底舱里，这是大家都不太愿意去的地方，他却说这儿安静，只是天下起了雨，船头板挡不住雨水，他的被褥全淋湿了，困苦不堪。后来有很长一段时间胡济民犯一种莫名的脚疼病，睡觉时脚一热就痛得要命，许是冷湿留下的病症。

1938年1月20日他们到了吉安，期末考试后又向泰和搬迁。当时的国文课还常常要写作文，胡济民写了一篇《抗日战争必胜论》，反映了热血青年大学生的抗日爱国热情。

泰和有一个著名的"快阁"，在泰和县城东赣水旁。宋朝诗人黄庭坚被贬到泰和当知县时，写过一首著名的诗《登快阁》。课余，胡济民常和同学们一起去快阁玩，面对着滔滔的赣江，背诵着黄庭坚的诗句，浮想联翩。在作文课上胡济民用文言文写了一篇《快阁游记》。他用丰富的想象说自己在快阁中打了一个瞌睡，碰到了黄庭坚，黄庭坚对他们这些年轻人责以大义："……吾乃贬至此也，汝辈学子，岂能置家国于不顾，效老夫之寄情于山水间乎？"得到国文老师的赞许。

浙大在泰和停留半年后，又向广西宜山（今宜州）进发，或步行，或车船，直到宜山。

一年级学完了后，胡济民从化学系转到物理系，转系的原因有两个：一是胡济民进浙大后就认识了物理系的同学程开甲，程开甲对物理科学的热爱也深深地感染了胡济民，使原来对物理已很感兴趣的胡济民更坚定了转系的决心，觉得不学物理简直是枉此一生；二是他对物理系的老师怀有很大的尊敬与好感。当时同学中流传着物理系老师们的两件事：一件事是物理系老师对国民党政府的集体反抗，物理系教授束星北、何增禄、朱福炘和张绍忠等，为了反对郭任远校长，集体辞职，离开浙大，后来，竺校长上任，才把这些辞职的物理系教师请回来；另一件事是，1937年5月著名的丹麦物理学家玻尔（Bohr）来浙大讲学，他是原子轨道模型的创始人，物理系的老师们对他的讲学有着极大的兴趣，陪他与夫人游览西子湖时，不断与他讨论原子核的问题，以至忘了游玩，说明老师们热爱物理科学。这些是办好物理系的基本条件，胡济民认为在物理系学习前程远大。

他到物理系学习后，许多课程都是著名教授讲授，王淦昌教近代物理，束星北讲热学，王谟显讲量子力学，光学专家、系主任何增禄讲光学并带光学实验。在这段时间，胡济民第一次接触到物理学的前沿，特别是正在发展的核物理学。他刻苦学习，为以后的科研创新打下了坚实的基础。

1938年11月19日，浙大召开校务会议，竺可桢校长提议并通过以"求是"为校训的决定。此后，师生们都以求是校训规范自己的言行。在竺可桢校长亲率下，经过一年多颠沛流离迁校，如马一浮、丰子恺、陈立等名师名流纷纷投奔浙大；每到一地学校教学和科研井然，弦歌不辍，泰和时就受到教育部的表扬。胡济民积极参加抗日救国宣传与义卖等活动，更深受求是精神熏陶而有使不完的劲。

1939年2月5日，日寇18架飞机轰炸二年级住地标营一带，投弹118枚，房屋被炸多间，幸好师生们防空有素迅速逃向龙江边隐蔽，3人轻伤，许多学生（其中也包括胡济民、程开甲）的铺盖什物全被炸了。面对苦难，胡济民曾写了一篇英语作文，叙述自己被服被炸毁的苦难及心情。

1939年春开学不久，由于日寇在钦州湾登陆，进犯广西，浙江大学谋划再次搬迁。胡济民却因眼睛日益高度近视，在开学不久离开学校去昆明，听说同济大学一位眼科专家要从上海去昆明，想在昆明等这位专家就医。他整整等了半年，请专家看了几次眼睛，也没有显著效果，于是，他绕道香港到上海去。

回到上海后，经过医生诊治，又配了一副好眼镜，眼睛也就慢慢好起来了。当时大同大学已搬到租界里来了，胡济民就到大同大学去借读，他十分痛恨所闻的日寇种种暴行。经过这样的折腾，他比同时进校的同学低了一个年级。

1940年初，浙江大学已从宜山迁到遵义，之后理学院又从遵义迁到湄潭。1941年的暑期，胡济民又想回浙大去学习。一是他非常感恩竺校长倡导的求是校训，想念浙大的同学与老师；二是在上海时常听到日寇肆意屠杀中国人民的消息，在租界中有一种被关在笼子里的感觉。于是胡济民从上海坐船经香港到广东湛江上岸，从湛江步行到广西柳州，又从柳州坐火车到金城江，从金城江坐私人汽车，走走停停好不容易到了贵阳，最后到了遵义后再转到湄潭，一路孤身而行，备尝艰辛。

回到浙大，胡济民如鱼得水，不但学好了量子力学、近代物理等必修课，还选修了中国近代史等。学习后，他深深感到历史地理知识对成长中的年轻人的重要性，因此不赞成中学里的文理分科，这与苏步青院士倡导的"文理兼优"完全一致。

在四年级，胡济民再一次接触到物理学的前沿，在王淦昌先生讲授的近代物理学中，他听到了迷人的β衰变学说，怎么知道原子核会放出一种当时无法探测的中微子呢？他认为，物理学是一门实验科学，作为一种物理学的假设，是一定可以用实验检验的。

当时在物理系，每周都有一次教师和四年级学生均参加的讨论会，在会上报告和讨论物理学的最新进展，例如关于新发现的介子的性质的研究、轰动一时的核裂变的发现以及原子核中微子的发现，等等，使胡济民大开眼界，跃跃欲试。胡济民在王淦昌先生的指导下做了关于 X 光谱线的分析研究，接触到收集和整理实验数据寻找规律性的工作。这篇毕业论文后来在世界著名的《物理评论》上发表，在同学中引起轰动，使胡济民初次尝到做研究工作的趣味。

1942 年毕业前夕，胡济民的同班同学许良英，在目睹国民党抓壮丁之后，毅然离开了浙大去寻找中共地下党。胡济民也是一个热血青年，受到求是精神熏陶后，更想参加革命。许良英离校前三天的一个下午，胡济民找他在湄江边谈了三个小时。胡济民手里提着一双草鞋，决心很大。但许良英告诉他，去延安的路不通，说自己的去向尚未确定，希望胡济民还是留校当助教。许良英不假思索地说了一句："五年后再见！"想不到胡济民郑重其事地说："用不着五年！"说蒋介石独裁政权不出五年必然垮台。最后胡济民还是留校当了助教。

胡济民浙大毕业证书

1942 年，胡济民以优异的成绩大学毕了业。物理系系主任何增禄先生，此后一直把胡济民作为浙大物理系的优秀毕业生的典型之一向新进校的学生介绍："……1941 年物理系出了个程开甲，1942 年出了个胡济民，你们要好好向他们学习。"

1943 年夏，为寻找出国深造机会，胡济民到重庆的交通大学当助教。

一年后，英国文化委员会来中国招研究生，只有一个电子学名额，于是他尽快去借了一本电子学书用心自学。经过笔试和全英文口试，他连闯两关，于 1945 年以优异的成绩考上唯一的电子学研究生并得到英国文化委员会资助去英国留学。

到英国后，胡济民先在伯明翰大学学习。导师奥里芬特（Oliphant），是参加美国制造原子弹的科学家之一。因专业关系胡济民要求转学，后在伦敦大学莫赛教授指导下做研究生。胡济民用唯象的方法研究核力并取得开创性成果，1948 年夏获伦敦大学哲学博士学位。

20 世纪 40 年代胡济民（左）在英国留学时与好友程开甲合影

1949 年夏，胡济民做了一年的研究助理工作后，莫赛教授替胡济民申请到一年 500 英镑的高档次科学博士的奖学金。丰厚的奖学金，诱人的科学博士，只要胡济民愿意留在英国，一切都能兑现。可是，中国革命正处在彻底胜利的前夕，胡济民的耳边时时萦绕着祖国的召唤，他深切地希望投身到新中国的建设中来，于是毅然婉拒了科学博士的奖学金，告别了关心他的导师莫赛，登上了回归祖国的轮船，去开创属于自己的崭新天地。

辛辛苦苦育人才

1949 年夏天，胡济民被母校浙江大学聘为物理系副教授，开启了教书育人的生涯。第一年，他为三年级学生开了数学物理方程课，为四年级学生开了粒子碰撞理论课。

新中国的天是明朗的天。他觉得这个天是用无数革命烈士的鲜血换来的，而今自己回国坐享其成，一种莫名的歉意常常涌上心头，总觉得自己应竭尽全力把自己学得的知识教给学生，竭尽全力弘扬求是精神为党工作。一年后，他应聘当了浙大副教务长，并向党提出了入党申请，许良英是他的入党介绍

1951年1月浙大物理系师生欢送参干生留念（五位参干生居中是何明，坐排左六起胡济民、程开甲、束星北等，右四王谟显、右七李文铸，站第一排左八钟云霄）

人。1951年8月，胡济民如愿成了杭州解放后第一个入党的高级知识分子。

胡济民身兼副教务长，要进行一系列学习苏联的教育改革，又兼任普通物理课或工科的理论力学课的教学，十分忙碌。为了让年轻革命干部中选调到大学来学习的学生（时称调干生）能跟上课，还亲自给他们补中学的物理与数学课。那时学习苏联的教学工作，四年中要学生学完苏联学生五年的课程，学生的负担实在过重。胡济民一面要不断解决学生负担过重问题，一面又要号召教师设法加强对调干生的个别辅导，实在是左支右绌，疲于应付。加之当时考试也改为口试，实行五级记分，教师忙碌，学生紧张，很不适应，大大增加了胡济民教学管理工作的困难。

1955年4月，胡济民从浙大奉调到北京，参加了著名核物理学家钱三强为团长的代表团去苏联取经，参观与考察了一些苏联的大学与原子能研究机构，回来筹建和主持我国第一个专门培养原子能科技干部的物理研究室。

初建的物理研究室在行政上受中国科学院与北京大学双重领导，胡济民担任室主任。物理研究室系保密性的研究机构，管理工作更繁复。当时的物理研究室，除胡济民外，还在国内各高等学校调来虞福春、朱光亚、卢鹤绂等几位著名教授。当年暑假后就从全国有关大学物理系三年级挑选了97名优秀的大学生，只争朝夕地培养起第一批学员来。

培养核物理的学生，不但要开出有关原子核的课程，还要建立核物理实验室。面对纷繁的工作，胡济民成为名副其实的双肩挑教师。一方面，他要为学生讲课，去学生宿舍答疑；另一方面，各种党政事务也需要他参与或处理，常常工作到深夜。胡济民亲自给第一届学生讲了量子力学和原子核理论，讲义是临时编写的，第二年还给从工学院选来的学生讲了反应堆控制等课。有些课要做实验，特别是核物理实验就比较麻烦，只好一边赶紧盖大楼，一边教师们准备讲课与实验。为了核物理实验与科学研究必需的装备，1955年9月，胡济民再次随周培源、蒋南翔为首的代表团去苏联参观、订货，请苏联专家来中国帮助建立核物理实验室。1956年夏季，第一批核物理专业的学生毕业了，他们后来大都成为原子能事业的骨干力量。

1956年春天，就开始由北大化学系的孙亦梁、刘元方，以及从浙江大学调来的吴季兰筹备放射化学专业。同年9月就招收了放化的四年级学生，并开出核物理、放化和防护的实验。当时从工科毕业生中抽调了200多人，到物理研究室来进行专业训练。这样，开办不到一年的物理研究室，承担了三个不同专业400多人的教学任务、政治思想工作和生活杂务。胡济民面对着这样一个迅速膨胀的单位，作为一个专家和教师，要开出各种新课，工科班的反应堆控制这门课当时没有人讲，只好胡济民亲自上马；作为一个主要的党政领导，要应付的事更是纷至沓来，实在很辛苦。

1958年在中国科学院原子能研究所首先建立核聚变研究室，胡济民任室研究员和顾问，与室主任王承书同倡核聚变理论研究并大力培养和指导年轻科技人员学习等离子体物理，为我国培养了第一批从事热核聚变反应研究的急需人才。

1958 年秋，物理研究室全部工作归属北京大学，改称原子能系，开始第一次招收一年级新生。这一年，他们不但要大炼钢铁，也要大办原子能，系里的学生爆满，招了 300 名核物理本科生、100 名放化本科生、60 名放化专科生，从全国有关大学选了四年级物理与化学学生共 200 名，全国各省市为了发展自己省市的原子能事业，又派了 100 多人来北大学习，共有 800 名学生。胡济民亲自给四年级学生讲原子核物理课，吸收了成绩比较好的郑春开、谢淑琴等学生，以他们的听课笔记为基础，师生一起编写原子核物理讲义，常常是讨论到深夜，课后一二天就能把讲义发到学生手里。

1958 年底，胡济民终于积劳成疾，患肝炎住进了医院。天生乐观的胡济民并不把病放在心上，他每次都要妻子钟云霄给他带书，说要好好抓住这机会读书。他在疗养所住了不到半年，读了不少书，一本厚厚的《群论》不但念完了，而且还从英文翻译成了中文。这译稿本来是可以出版的，但稿子却在"文化大革命"中丢失了。

胡济民住院前系里正开展着"等离子体物理"的研究，他关心系里的等离子体物理研究组，见到钟云霄，总是询问初学"等离子体物理"有没有学到更多的东西，要为进行等离子体输运过程的研究而努力，指导她要勤找文献资料，替她解决学习中碰到的困难问题。

1963 年胡济民率先在北京大学技术物理系讲授等离子体物理课，这是我国第一次正式开讲这门课程，除了本系 1958 级 6 年制学生外，还有外地（如天津）、外单位的研究人员来听讲。到 1966 年前的几年间，听等离子体物理课的学生有数百人，以毕业论文课题形式参加核聚变与等离子体物理研究的学生有六七十人，其中 1958 年入学的就有 20 多人输送给二机部新建立的东北技术物理研究所从事核聚变研究，后来许多人成为我国核聚变研究学术带头人或院所的领导者。在来听讲的外单位的研究人员中，有的后来成为核工业部科技局的总工程师，有的因建造托卡马克装置立功、被评选为工程院院士。1965 年，二机部在四川乐山成立的西南物理研究所（即 585 所，现核工业西南物理研究院），先后有 60 多位科技人员是北大技术物理系培养输送的，他们中有许多是学术带头人或院所领导人。胡济民给学生开等离子体物理的课时，钟云霄很认真听课，记的笔记后来成为在北大汉中分校写的《受控热核反应与等离子体》讲义的原始材料，并跟胡济民一起开了等离子体研究课。

1963 年，胡济民招了等离子体物理的研究生曲文孝。曲文孝是 1958 级学生中品学兼优的一位，胡济民决心好好培养他。可是，曲文孝的研究工作最后被"文革"打断了，没有完成毕业论文，没有毕业就分配到西南物理研究所工作。不过有了一定基础的曲文孝最后还是成为"受控热核反应与等离子体物理"的专家。

1964 年，社会主义教育运动从农村搞到高等学校。北京大学作为试点单位，技术物理系是重灾区之一，胡济民也被卷进这场斗争的旋涡，科学研究不断被打断，备课只能挤空隙，十分辛苦。

1971 年 9 月，胡济民携家属去北大汉中分校工作。初到汉中，胡济民并不负责系里工作，但他心怀求是明灯和强烈的责任感，总觉得发展祖国的科学，培养青年一代科学工作者的任务，沉甸甸地压在自己肩上。因此，胡济民到校后第一件做的事，就是为"文革"中毕业留校的年轻教员补课。这批"文革"中的红卫兵小将，必读的四大基础理论课几乎都没有学过。在胡济民受冲击时，有些人是斗争他、抄他家的积极分子，但他觉得他们都是忠于国家、忠于党的好青年，是科学上的好苗子，因此亲自为他们讲最基础的理论力学，用的是"文革"前技术物理系本科生的正式教材。当时"四人帮"还在当政，使用"文革"前的教材和教学体系被认为是"资本主义复辟"，是要被批判的。胡济民却不顾这一切，要学好四大力学（理论力学、统计力学、电动力学、量子力学）不用老教科书又用什么？这些年轻教师的补课工作从1972 年开始，刚刚进行了一年，"四人帮"发动了"反击右倾翻案风"，处于"上管改"地位的工农兵学员贴出了反对"复辟"的大字报，补课的教学计划也被迫停了下来。饱受政治运动之苦的胡济民，成为被批判的主角，但他并没有灰心，"反击右倾翻案风"的风头一过，又安排青年教师继续进行专业课和实验课的补习。从而使得这批年轻教师有机会完成全套课程的教学和实验的训练，后来他们几乎都成为北大技术物理系的骨干教师。

有人这样来评论北大技术物理系的这段补课工作：很多系因"文革"出现了人才的断层，而技术物理系却例外，涌现了一批青年骨干。其中，胡济民负压上课技术物理系幸免人才断层，他功不可没。

在汉中期间，胡济民对未能培养出一个等离子体研究生耿耿于怀。他鼓动研究过一阵子等离子体理论的郑春开和钟云霄组织人马，以他1958年讲课笔记为基础写讲义，他写序言和困难章节，很快写出讲义，以应教学急需。这是我国最早的"受控热核反应与等离子体物理"的教材。

自汉中迁回北京后，胡济民招了不少研究生，科研工作走上正轨，十分忙碌，于是安排钟云霄的讲课任务是给"回炉生"上原子物理课。所谓回炉生，就是"文革"中的大学生，他们耽误了学习，到工作岗位上工作几年后，深感知识的不够，再回母校来学习。钟云霄历来主讲热力学与统计物理，没有讲过原子物理，她面对的是这样一批有了一些工作经验的学生，心里有些犹豫与胆怯。胡济民极力鼓励钟云霄接受这门课，还说："你要不敢上我去上。"在胡济民的支持与鼓励下，钟云霄给回炉生补了课。

多年来，胡济民培养了博士生和博士后多人，到年近80岁去世前夕，一直在不断招收博士生。他对学生循循善诱，诲人不倦，特别注意培养严格的科学作风。他强调博士生的论文必须要重视质量，不在乎数量。他的学生沈肖雁女士回忆道："胡先生的这种严谨治学作风使我受到深刻教育，在此后的工作中，我一直遵循着他的教诲。"

胡济民注重学生选题能力的培养，让他们在广泛阅读文献基础上，自由选研究课题，从不将自己的

1985年胡济民院士指导三位博士生（左起：曾其勇、胡济民、罗飞、王福成）

意见强加给他们，因而他们的研究课题常常并不与他的研究方向一致。胡济民觉得这样的选题方式对培养学生的独立工作有利，也可以拓宽自己的研究领域。

胡济民认为培养博士生的成功与否，在于该年轻人是否获得了在该科学领域中独当一面的能力，绝不在于与导师一起发表了多少论文，因此不在博士生文章上签名是常有的事。

胡济民对博士生要求严格，没有达到要求决不轻易罢休。博士生看了文献来向他汇报阅读结果时，他认真地听着，并总要学生回答种种问题，学生们开始常常经不起他的提问，但经过几次的反复，他们阅读文献的本领就会增强，在不知不觉中就知道该怎样去发掘科学上的问题了。胡济民在让学生独立推导计算公式时，总要自己也细致地推导一遍，这并不是要包办代替，而是担心学生推导的公式可能考虑不全面，他常常在看到学生的推导结果后，将自己的推导交给学生去做比较，并不强加于人。

胡济民严于律己，宽以待人，言传身教，不但在科学业务上帮助学生，并以自己的品格影响学生。博士生周善贵回忆道："在三年多时间里，我从胡先生那里学到的不仅仅是科学知识、做学问的方法，也从胡先生的言传身教中学到了很多做人的道理。"周善贵又说："胡先生年近八十高龄，仍然工作在科研第一线，给我留下了非常深刻的印象。尤其是他的记忆力之好和思维之清晰，让我非常佩服。有一次，我的计算结果要同另一种模型比较，需要编写一段程序。讨论之后的几天时间里，由于我忙于其他事情，没有顾得上做这件事。没想到，胡先生亲自写了一段近两页的程序交给我。让我更加惊奇的是，在计算机上，这段程序经过简单的调试，很快就可以运行了。"

胡济民对质量决不放松，如博士生樊铁栓研究原子核裂变的多模式理论时，在选择断点的形式这个关键问题上，花去了半年多的时间，前前后后反复讨论了七八次，才找到一种合适的描述方法。最后，樊铁栓的毕业论文《裂变多通道模型和无规颈断裂理论》具有较高的质量，受到国内外同行的好评。当然，在严格要求学生的同时，胡济民也不是袖手旁观，在学生碰到困难时，他也亲自动手计算。在家里还没有普及计算机时，在学校计算中心常可看到他的身影。

学生做完研究工作后，往往不善于把自己的工作恰当地表达出来，也就是写不好论文，胡济民对这个关也把得很紧，他觉得会做研究工作固然重要，能把自己的工作表达出来也非常重要。他不但一次又一次地与学生讨论，让学生修改，有时还自己动手给学生修改论文，特别是论文开头的引言部分，必须正确评论已有的工作，说明自己工作的目的、所用的方法和重要的成果，是关键的部分，必须写好。

胡济民总是把科研经费用在刀刃上，能坐公共汽车绝不坐小汽车。博士生樊铁栓回忆道："在胡先生的身上，体现着他们那一代高级知识分子无私、廉洁和朴实精神。我记得1995年在北京召开国际核物理大会时，我和其他同学去燕东园找胡先生说陪先生一块去，我们还开玩笑说这样可以'蹭'胡先生的小汽车去了。没有想到去了燕东园后，胡先生说他已经打听好了坐公交车的路线。"胡济民对博士生的生活很关心，每年分配科研经费时，他总是尽量给博士生多一点。他鼓励学生出国深造，樊铁栓联系去美国伯克利工作时，胡济民不仅帮他写推荐信，还帮着找接机的人。

胡济民很珍惜人才，如学生许甫荣，原是1984—1987年胡先生的硕士生。胡济民给他写了一封信，告诉他继续学习的重要，要他读在职博士生。许甫荣听了胡济民的话，1990年开始成了胡济民的博士生。那时候，超形变集体转动正是国际核物理研究的一个热点，胡济民指导许甫荣进行这方面的研究。开始，许甫荣花了3个月时间却没有得到有用的结果。胡济民觉得问题可能就出在选的物理量不合适。

1997年11月胡济民教授（左三）参加中国科学院近代物理研究所博士生论文答辩会后合影

第二天把许甫荣叫到家里，胡济民选择原子核的转动频率为物理量，得到了一个非常漂亮的解析公式。用这样的公式，他们很快计算分析了所有实验已经发现的超形变带，计算结果与实验数据的误差平均小于 0.5%。这些研究结果，在美国《物理评论》上连续发表 4 篇文章，得到了国内外同行的肯定。许甫荣也因此得到了去瑞典皇家理工学院做博士后的机会。在国外博士后期间，胡济民也一直很关心许甫荣的研究工作，经常通讯讨论物理问题，指导许甫荣的研究。胡济民夫妇还关心许甫荣家属的住房及生活，就在许甫荣出国的第一年春节，胡济民夫妇看望了他一家老小，令人动容。

胡济民带过的博士生，与导师的感情很好，有些在毕业后到了别的工作岗位工作，还不断与导师联系，有的还继续与导师一起进行研究工作。胡济民去世时，很多博士生正在国外工作或深造，他们都以不能在病榻前问候敬爱的导师与最后为导师送行而遗憾，后来都以各种方式表达他们的哀思。而今，很多博士生在教学与科研方面都取得丰硕成果，并在各自岗位上担任领导职务或成为学术骨干，胡济民在天之灵应感欣慰！

胡济民热爱教学工作，他几乎每年都在教学第一线，已数不清他共讲过多少课了。北大技术物理系创办初期，几乎系里学生需要学什么他就讲什么。那时，他肩负着很重的党政领导任务，政治运动又一个接一个，他为了第二天的课，常常准备到深夜。从汉中回北京后，他主要给研究生讲课，但在 1984 年，他将技术物理系的两个专业核物理与放化的学生合在一起，亲自给他们讲普通物理的力学部分。他这样做是想贯彻他的一种想法，他认为理科的不同专业应该上相同的或基本相同的普通物理课；把物理专业的普通物理拉得很长而其他专业的普通物理却压缩得很少，是不恰当的。他还雄心勃勃，认为普通物理需要大力改革，必须增加新内容，他到清华大学普通物理教研室去宣传他的观点，恨不能自己再上几次普通物理课。76 岁高龄时，他给研究生讲原子核的宏观模型，一讲就是三小时不下讲台，受到学生的敬佩。

胡济民作为全国核物理专业教材委员会主任，十分重视教材建设，经常用新出的研究成果不断充实教学内容。他不仅编写了原子核物理、核理论等多种讲义，而且审编出版了多种书刊。他主编的《原子核理论》一书获得了国家优秀教材奖。

兢兢业业做学问

胡济民在英国伦敦大学用唯象的方法研究核力并取得开创性可喜成果。当时世界的潮流是认为只要把核子之间的作用力研究清楚，一切问题都迎刃而解。

回国后，胡济民给浙大物理系老师作过核力研究的报告，并帮助有关教师开展核力的研究。到北京接受为国家培养原子能科技人才的任务以后，由于繁忙的行政与教学工作，又有研究受控热核反应的使命，没有能具体研究原子核理论基本问题，但他一直关注着世界上关于原子核理论研究的动向。

1956 年，周恩来总理主持制定我国 12 年科学发展规划，经与会的胡济民、钱三强等几位核科学家积极倡导和建议，将核聚变与等离子体物理研究列入了"国家十二年科学发展规划"。此后，钱三强要胡济民关注核聚变研究。因此，胡济民又挤出时间收集阅读核聚变资料和订阅购买有关图书。

受控热核聚变研究旨在探索新能源，因此它是当代备受世人瞩目的重大研究课题之一。1957 年 5 月，在意大利召开"受控热核反应与等离子体"学术会议。中国科学院选派搞理论的胡济民与搞实验的李正武两位专家去参加这次学术会议，目的很明确，让他们回来开展理论与实验两方面的研究。1958 年在中国科学院原子能研究所首先建立核聚变研究室，胡济民兼任研究室研究员和顾问，与室主任王承书共同开展核聚变的理论研究工作，并大力培养和指导年轻科技人员学习等离子体物理，为我国培养了第一批从事"热核聚变反应"研究的急需人才，这批人才后来都成为我国热核聚变反应研究的重要骨干力量。

1959 年 8 月，胡济民在北京大学原子能系（后改称技术物理系）挑选了当年优秀毕业生郑春开，在北大开辟了"热核聚变反应"研究方向，并亲自指导他与原子能所 14 室的年轻科技人员，一起学习核聚变和等离子体物理，开展核聚变研究。同年底，由二机部副部长、原子能研究所所长钱三强先生主持召开了"全国第一次电工会议"（实际是全国第一次核聚变工作会议），会议讨论我国开展核聚变研究工作规划、布点，并希望有条件的单位开展此项研究工作。胡济民、郑春开代表北京大学参加了会议。

1960 年初，由胡济民牵头，联合北大物理系、地球物理系、力学系，并与中国科学院物理研究所孙湘研究员领导的科研组共同建立中关村地区协作组，学习并交流开展热核聚变反应研究情况。同时，在技术物理系建立了核聚变教研室（代号"16 教研室"），胡济民亲自指导，任命郑春开为 16 教研室副主任。由于教师少，当时就抽调一批高年级学生江栋兴、唐国有、许方官、姚良骅、李泽等 8 人参加科研，并将原先是加速器教研室的离子源实验室作为实验基地，着手准备核聚变研究所需的离子截面测量工作。后来，由于我国遭遇三年经济困难，核聚变研究实验楼未建成，但人才培训及学习工作都没有停步。1960 年底，为做好氢弹原理的预研工作，钱三强先生亲自向胡济民、郑春开布置的研究任务，就是承担热核聚变研究的课题。经过一年多的努力，他们完成了预定任务，取得了重要成果，其中否定了法国科学家提出的一种链式聚变理论模型，并为我国氢弹理论设计提供了较为精确可靠的"带电粒子在高温等离子体中减速"的一套参数。当时这项研究是高度保密的，所写的几篇论文都直接交钱三强先生，转给核武器研制部门使用。在胡济民的培养和指导下，郑春开很快成为我国最早从事这一领域研究的年轻学者之一。

1961 年底，16 教研室做了调整，放弃了原来开展实验研究的计划，明确了核聚变研究的重点在理论方面，于是并入核理论教研室（12 教研室）。为加强力量，在 12 教研室组成了等离子体物理理论小组，有胡济民、郑春开、钟云霄、杨伯君，积极开展等离子体输运理论研究，并以毕业论文课题的形式带领学生学习等离子体物理，进行核聚变反应研究。

在"文革"批斗的空隙里，胡济民想起"文革"前夕与钟云霄一起研究强磁场中的等离子体的输运问题。但胡济民要把碰撞过程中离子走的轨道按螺旋轨道来计算，要得到结果就必须做很多复杂运算。在被迫劳动的时候，胡济民脑子里都在思考着如何解决计算上的难点。回到家里，在孩子们都已经睡着的时候，胡济民就与钟云霄一起计算起来。原有他从英国带回的手摇计算机早被抄家拿走了，他俩就用心算、用算盘等计算，最后，他们用智慧和心血换来的结果，写成两篇文章，发表在 1986 年《核聚变与等离子体物理》杂志上。

"文革"后，胡济民以只争朝夕的精神开展科学研究。他深深地感到没有在学科前沿的科研工作，就不会有一支生气勃勃的教师队伍，也就培养不出合格的人才。他回忆起母校浙江大学，在抗战时期那么困难的条件下，教师们不但出色地完成教学任务，而且从不间断科学研究。他主动与系里骨干讨论，大家意见一致：一是赶快招生，恢复教学工作；二是建设好研究基地。胡济民清醒地认识到，技术物理系必须在重离子领域赶上国际先进水平，才能重铸辉煌。说干就干，胡济民带领卢希庭、郑春开等人进行重离子反应机制、超重核的形成及稳定性等基础研究，明确技术物理系以重离子物理为长远研究发展的方向，尔后他与有关教师四下奔波游说，一台螺旋波导群聚装置和一台 4.5 兆伏静电加速器于 20 世纪 80 年代建成，为技术物理系再次创业打下坚实基础。

胡济民领导的技术物理系，在开展核裂变理论和有关参数的计算研究中，遇到许多诸如原子核大形变集体运动等难题，他总是以其座右铭"从大处着眼，从小处着手；要有多年的积累，不要急于求成；功夫不负有心人"为原则来律己，也以这样的原则来教育他的学生、来开展技术物理系的科研工作。《大处着眼，小处着手》后来成为他为《院士思维》写的一篇文章的题目。他的座右铭后来由他夫人钟云霄替他刻在墓碑上。

胡济民一直注意观察世界原子核理论的动向。随着认识的深入，他越来越感到痴心于研究核力来解决原子核的繁多的现象不是一条值得提倡的路，而应用原子核模型却是一条能解决具体问题的康庄大道。因此他在配合系里争取做重离子加速器的同时，潜心研究重离子核反应理论，研究核裂变的模型理论。胡济民为自己的这个研究设想建立了一个理论模型，称为准复合核模型。经过不断完善，他最后提出颇有创见的原子核的连续介质模型。从汉中回北京后，他带领众博士生在"原子核模型理论"的多方面深入研究，其成果得到世界学术界的瞩目，最后写进他的专著《原子核的宏观模型》里。

自从技术物理系搬到汉中后，缺乏最基本的实验条件，生源也受到影响，为了培养高水平学生，大家都要求搬回北京办学。在技术物理系总支书刘濂儒同志的带领下，胡济民等五个老同志给邓小平写信，北京大学汉中分校终于在1979年初搬回到北京，结束了9年多汉中办学的历史。技术物理系回到北京后，在胡济民等一批具有事业心的老知识分子的努力下，系里出现了团结一致、欣欣向荣、再次创业的气氛。恢复高考后，学校恢复了系主任制度，1979年，胡济民仍当了系主任，技术物理系很快有了一支老中青组合的师资队伍。此后，修建了技术物理大楼，建立了较先进的核物理教学实验室及一批大型的核科学先进设备，成为技术物理系教学、科研重要的实验基地，基本实现了全系师生多年的心愿。

从汉中回北京后，胡济民潜心两方面研究，一方面是原子核裂变的机制问题。1938年发现了核裂变，基于核裂变产生的巨大能量，我国于1964年已在罗布泊地区升起了蘑菇云，后又造起多座核电站，他认为对核裂变的机制，对伴随着核裂变出现的一系列现象还远没有圆满解释，需要深入研究。另一方面是研究原子核的宏观模型。原子核的宏观模型是研究原子核的整体行为的一种模型理论。他对原子核宏观模型的研究，是围绕他在汉中时提出的原子核连续介质模型而展开的。经过他与博士们的不懈努力，这两方面研究都取得可喜成果，在《原子核的宏观模型》一书中作了介绍，并将研究成果适时充实进教学内容及教材中去。

胡济民在科研上能获得如此大的成就，全在于他锲而不舍的顽强意志和对新事物的敏锐感知。他不怕变换科研方向，从事多方面的研

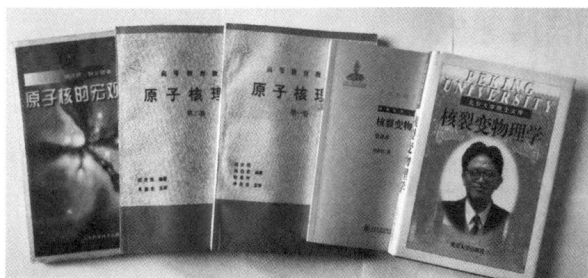

胡济民编写的教材与学术专著

究。年过古稀，仍雄心勃勃。除了常跑图书馆外，他很热衷于听科学报告，他觉得总会听到一点新东西；有学生或朋友来访，他总是很认真地听他们讲述他们的科学工作，他觉得他们的讲述常常会对他的思路有新的启发。胡济民著作、论文丰硕，学术专著有《原子核理论》（第一卷、第二卷）以及《原子核的宏观模型》《核裂变物理学》等。

钟云霄清楚地记得，胡济民到北京来创办物理研究室后总是忙啊忙，偶尔哪晚没有会议，吃饭的碗一放，就闷头备课或钻研科研问题。那时，胡济民没有正正经经的科学研究时间，但他从没有放弃过科学研究，他的时间都是挤出来的。他从没有星期天，有时孩子们非要他一起去动物园或颐和园玩，他也会一边玩一边想问题。他常常说："研究一个问题，要把这个问题放在脑子里，有空就想，随时琢磨，不能等你坐到书桌前拿起笔再想问题。"他主动排除许多与科研无关的干扰，他从不关心自己生活上的一切，他从不注意自己及家人的衣着，只有在接待外宾时才想到西装领带……他满脑子都是科学研究、教书育人之事，保持一个科学家的本色。

几十年来，胡济民呕心沥血教书育人，桃李满天下。弟子们不忘恩师，写了不少赞颂他的文章，还为他庆祝七十岁、八十岁大寿。2018 年 10 月，在胡济民学生兼同事郑春开建议下，北大物理学院及技术物理系于 2019 年 1 月举办了胡济民先生百岁华诞纪念活动，并委托郑春开负责编写《胡济民先生百年诞辰纪念文集》，以表对胡济民先生的崇敬之情！

庆贺胡济民先生八十大寿晚宴后留影（前排左起：谢淑琴、杨伯君、钟云霄、胡济民、张启仁、郑春开，后排左起：张敏钊、杨其湘、张建伟、郭华、陈俊珍、张其苏）

温温馨馨一家人

胡济民妻子钟云霄，1930 年出生于一个美丽的江南农村——浙江省浦江县钟村。她家是一个大家庭，父辈兄弟 5 人，她有 8 个堂哥哥，12 个堂姐姐，她最小，是个货真价实的"十三妹"。她是父母宝贝的独生女儿，也是这个大家庭中最幸运的一个女孩。她小学毕业后，进了邻村办的中山中学学习。她学习刻苦，成绩优异，1947 年考上了浙江省立杭州女子中学，1950 年又考上了浙江大学物理系。

钟云霄深感自己学习机会得来不易，也很喜欢学习。她爱做习题，特别爱做难题；喜欢思考问题，喜欢向老师问问题。缘分让她碰到了胡济民，她觉得这位老师很有意思，好像什么问题都懂，什么问题他都能解答。

由于胡济民是他们班主要课目的任课教师，很多活动与他们班在一起。一起去西湖风景处春游，一起去海宁看钱塘江大潮；抗美援朝欢送参军的同学刘继明，胡济民与他们班一起去照相馆合照。接触多了，于是他们心底里互相喜欢上了。

1952 年夏天，全国高等学校进行院系调整，当时钟云霄就读于二年级，被调整到复旦大学，后因工作需要提前一年于 1953 年夏毕业。钟云霄因依恋胡济民，回到浙江大学普通物理教研室当教师。1954 年初，胡济民与钟云霄结婚了。

新婚后，他们在教书育人中携手同行，寻求快乐！胡济民继续当他的主讲老师，而钟云霄当起了助教。那时，全面学习苏联，五年课四年学完。特别是考试，教师和助教都很辛苦，考题一公布，很多学生会拿着考题一个一个地问老师，特别是有些较难回答的问题，每个学生几乎都要问一遍。几天的答疑，

胡济民与钟云霄结婚照（1954 年）

他俩答得口干舌燥，声音嘶哑。

口试了，一个学生起码要一小时，50个学生两人分别口试也需要两天，教师连中饭也不能离开考场，饿了拿个面包或冷馒头啃两口。一次考试下来，胡济民累得够呛，钟云霄更累得像大病了一场一样。

1960年，胡济民积劳成疾，患肝炎住进了医院。住院前系里正开展着"等离子体物理"的研究，钟云霄到医院探望，胡济民总是询问系里"等离子体物理"的科研如何了，问"等离子体物理"学习得如何了，说不要只关心生活，要为进行"等离子体输运过程"的研究而努力，并指导她要勤找文献资料，替她解决学习中碰到的困难问题。

艰苦岁月见真情。在汉中分校时，胡济民不忘科学研究工作，钟云霄成了胡济民做核裂变研究的梁桢。回北京后，钟云霄一面主讲热力学与统计物理基础理论课，一面跟胡济民用统计的布朗运动模型等多种方法计算核裂变几率。他们在科学研究中互相支持与鼓励，真是一对夫唱妇随的好搭档。

胡济民总是以长者、老师的角色关心与指导钟云霄教学与科研工作，使她很快成为北京大学技术物理系的出色教授；而钟云霄无论在胡济民受冲击或生病的日子，抑或忙于教学、科研和系务的岁月，始终一贯地挑起家务重担，出色地完成教学与科研任务，当好胡济民的助手。

在工作中，在学习上，钟云霄对胡济民无限尊敬，可以说一直是他的学生；钟云霄的教学、科研几乎都离不开胡济民。而胡济民写的

胡济民、钟云霄1979年全家福（前排中钟云霄母亲，后排左起：胡少农、胡少苹、胡少林、胡少文）

书也离不开钟云霄，山东科学技术出版社出版的《原子核的宏观模型》，就是钟云霄在电脑上帮助胡济民打的电子稿；《核裂变物理学》的校对工作也是钟云霄完成的，那时，胡济民病重住院，钟云霄一面看护胡济民，一面做新书校对工作。

胡济民有一个温馨、幸福的家。在家庭生活中，钟云霄一手独揽，胡济民好像只是钟云霄的一个大孩子。孩子小的时候，与爸爸发生矛盾，会到妈妈跟前投诉爸爸；孩子长大后，却对从不呵斥孩子的爸爸很尊敬。

1977 年恢复了高考，胡济民的三个孩子，在分校当了六年工人的大儿子少林、在农村做了两年农民的大女儿少文、正在高中念三年级的小女儿少苹，全都在当年考上了大学，后来，小儿子少农也考上了大学。

胡济民夫妇的大爱也分了一缕给母校。1991 年 5 月，我采访胡济民院士，他讲得最多的是对竺可桢校长的感恩和西迁途中的感受，而后，又给我寄来《求是英才传》（两院院士集）的素材、照片和题词。他的题词是：

求是校训，永志不忘。

1997 年浙江大学百年校庆时，胡济民、钟云霄夫妇回到母校。胡济民百忙中在院士报告会上作了《展望 21 世纪物理学》的学术报告。他们夫妇一生践行与弘扬浙大的求是精神！钟云霄曾满怀深情地对我说："虽然我在北大已经很多年了，但在我脑中，总觉得自己是浙大的人。"赤子之心，和盘托出！

（2019 年 5 月 2 日）

忻贤杰

忻贤杰（1924年5月—1988年11月），浙江宁波人。1946年浙江大学物理系毕业。电子学专家。中国核武器试验控制系统的创始人及核爆炸电磁脉冲（NEMP）远区定位系统的奠基者。参与制定中国第一颗原子弹爆炸试验的总体方案；提出了控制系统的设计原理，提出了"三取二多数决策"容错技术控制方案，领导并组织了控制系统仪器设备的研制生产，使该系统成功起爆中国第一颗原子弹并使上千台测试仪器按规定运行程序完成测试任务；为适应氢弹空爆试验的需要，设计、研制了可靠、灵敏、省电、能远距离测控的第二代控制设备。发明了"反罗兰C双曲线定位"法，提出"绝对零时"时统方案，大大提高了核爆炸电磁脉冲信号的确认距离，使该领域的测试达到国际先进水平，为发展中国的核试验事业作出了重大贡献。

笔者阅读《"零时"起爆——罗布泊的回忆》一书时，常对国防科委授予"核试验模范控制组"的第四研究室的业绩深感钦佩。第四室的带头人忻贤杰是我国核试验研究的开拓者之一。

1962年，忻贤杰是中央组织部最早从中国科学院原子能研究所选调进核试验研究所的骨干之一，为创建核试验研究所及电子学研究室立下汗马功劳。在忻贤杰的头上，几乎找不到属于他个人的光环，我访问了许多人，查阅了许多资料，也找不到他的光影，令我十分诧异与感动。多少年来，托起蘑菇云的中国电子人，以忻贤杰为荣，以默默无闻、无私奉献为荣。让我们慢慢走近他，了解他学习与工作的点滴吧。

辗转求学，献身国防大业

忻贤杰生于1924年5月7日。他出生时家庭生意趋于红火兴旺，父母十分重视子女的文化教育，加上他智力聪慧，学习勤奋刻苦，小学时就跳级学习。在省立宁波中学500名录取生中，他以优异成绩名列榜首，当地高人赞誉忻家为"老蚌生珠"！

1941年4月宁波沦陷前夕，宁波中学内迁嵊县，后至金华兰溪。因日寇控制浙赣铁路，机灵的忻贤杰以为兰溪不是安全之地，约了几个同学向江西南部流离。他得到政府和地方团体的救助，进了赣州中学续读，至1942年6月高中毕业。这一年来，忻贤杰因经济来源断绝，只好在假期去做小工，还拉过黄包车，艰难度日。高中毕业后，忻贤杰继续向南流离。

抗战时期，广西一度成为大后方，沦陷区大量青年奔向广西，大批专家学者荟萃于桂林，时迁桂林的广西大学（简称西大）亦名高一时，师资队伍得以充实发展，使学校跃居为当时国内重要大学之一，学术力量位居全国前列。1939年，广西大学被民国政府确立为国立大学。

1942年夏，学业出色的忻贤杰考上交通大学航空系热门专业，最后因经费拮据就近进入费用较省的西大数理系就读。此时，经家里联系，忻贤杰向内迁贵阳开工场的表姐夫借钱，由家里再还给表姐夫的家人，从而解决了自己的生活费用。

在受外辱欺凌的岁月里，忻贤杰年小却志大，他压住受日寇欺凌的心中怒火，决心学好科学文化知识，将来更好报效祖国。他努力学习，门门功课都学得很好，还热心帮助同学学习，受到同学的好评。忻贤杰除学好功课外，还节省生活费买一些中外名著阅读，扩大知识面。这些中外名著至今仍为小弟靖康家后人收藏。

1944年8月，中日长（沙）衡（阳）会战以中国失利而结束。此后，日军大举沿湘桂铁路向广西方向推进，消息传来，人心惶惶，西大校长李运华决定迁校到较安全的贵州榕江城办学。忻贤杰早已仰慕浙大竺可桢校长弘扬的求是精神以及王淦昌等名师，于是，他果断决定投奔较安全的、时迁贵州湄潭的浙江大学理学院，经过一番舟车辗转的劳顿，并经浙大考核后赶上9月初开学。

1944年9月11日，桂林城防司令部发布了强制疏散令，限定桂林城中几十万人及重要设备必须在三天之内全部撤离。这样就算日军攻占桂林后，也能让这座当时的广西省会仅剩一座空城。听到大撤离、大疏散的艰难与混乱，忻贤杰避开湘桂大撤离并转学到安全的浙大湄潭理学院物理系学习。1945年春，西大的卢鹤绂教授也应竺可桢校长之请，受尽舟车辗转的劳顿，来到湄潭任教，忻贤杰有机会听他风趣的理论物理课，课余还能看到他演出《四郎探母》和《空城计》等京剧，并从此与京剧结缘，这是后话。

忻贤杰转学湄潭的浙大物理系后，有幸在王淦昌教授指导下学习与工作。大学最后一年，他在王淦昌的指导下做毕业论文，参加了磷光体实验研究工作。他利用简陋的条件进行实验，证实了他自己提出的机械损伤和缺陷可以在晶体中形成新的缺陷能级的观点。该项成果在1947年第7期《中国物理学报》上发表。

1946年，忻贤杰毕业留校任助教，后来协助王淦昌教授安装调试了由美国带回的用于开

1946年9月在浙大时的忻贤杰

展宇宙线研究的云雾室。王淦昌给了忻贤杰一份控制电路图，并详细地告诉他工作原理和注意事项。忻贤杰一面突击自学电子电路的基本知识，一面按照王老师的意图焊制控制电路。忻贤杰说："当时，我们都未结婚，单身在校，工作热情很高，有一段时间实验室几乎每夜灯火通明，王老师也是每夜必到。工作困难很多，两个年轻人书本知识有一些，但基本上没有实践经验。开始的时候王老师几乎是手把手地教我们，但又放手让我们发挥主动精神。"通过这项工作，忻贤杰积累了电子学经验，为以后从事电子学工作奠定了基础。

在实践中，忻贤杰学到了不少动手的技能。在安装中，遇到过不少困难，云雾室拍照用的闪光光源就花费了许多时间，大家想了多种办法，最后还是王老师利用物理系现有条件，研制了氩气放电管做闪光光源，才算解决了问题。

云雾室从安装到运转，共花了一年时间。忻贤杰说："王老师这段时间，既要解决技术困难，又要解决物质保障，心血花了不少，但他总是精神饱满地去解决困难。我们年轻人从工作实践中和王老师言传身教中学到了不少东西。"忻贤杰在王淦昌八十寿辰庆典上，充满感恩地说了上述两段话。还说王教授"是我们进入科学殿堂的带路人"。

1948年，忻贤杰在王淦昌教授指导下，通过了留学美国的考试，并花228美元买了船票，但因染上红眼病，失去美国深造的机会，有些可惜。

1950年2月，王淦昌接到中国科学院院长郭沫若的信，邀请他到北京中国科学院工作。同年2月9日，王淦昌去北京时，只带走了他从美国带回的云雾室。当时中国仅有两件云雾室，显得十分珍贵。不久，在王淦昌建议下，中科院又将忻贤杰、胡文奇两个门生调到北京并安排在他身边工作。可见王淦昌对忻贤杰的极大关心与信任。忻贤杰回忆说："1950年云雾室随着王老迁移到中国科学院近代物理研究所。50年代初我国第一批宇宙线实验工作就是在这上面做的。"忻贤杰随王淦昌调到北京，就到刚成立的中国科学院近代物理研究所（原子能研究所的前身）从事核电子学研究工作。1952年底，忻贤杰担任研究所核电子学组组长，成为核物理大组中唯一担任组长的国内培养的青年科技专家。在他的领导下，核电子学组研制了大量的基本核电子学仪器，对中国核电子学发展起了奠基作用；当时核电子学组的成员以后都成了中国核电子学和探测器方面第一代骨干力量。

1956年4月至5月中苏关于原子能谈判时，忻贤杰作为中方原子能技术专家之一，并在莫斯科参观，了解当时苏方核电子学方面的技术水平。1957年9月至1958年4月，忻贤杰率5人小队去苏联乌克兰科学院技术物理研究所学习质子直线加速器设计方法、调整技术等，可惜该项目未上马，未能发挥作用。

回国后，忻贤杰任受控核聚变研究室副主任，领导并开展了光学、微波、电子、等离子体诊断设备和离子源的研制工作，建立了国内第一套8mm波段微波诊断设备，并于1960年领导和参与建成了中国第一台磁镜式等离子体实验装置——"小龙"，初步开展了等离子体物理研究工作。

为落实中共中央关于自力更生突破"两弹"技术的决策，1962年，国防科委决定筹建核试验研究所，先后调入程开甲、陆祖荫、忻贤杰、吕敏和董寿莘、王茹芝、孙瑞芳等多位专家。同年11月，为适应核试验技术准备工作的需要，程开甲与忻贤杰、吕敏、陆祖荫一起组织研究我国首次核试验的技术总体方案。忻贤杰负责核试验控制和核电磁脉冲测量工作，和千万创业者一样，为此奉献了几乎毕生的精力。早在东皇城根近代物理所的时候，忻贤杰展望未来中国原子能发展前景时曾毫不犹豫地说："原子能不能在大城市里搞，说不定哪一天我们都得卷起铺盖往大山沟跑。"他是这样说的，更是毅然决然地这样做了，而且离家一去就是20年。在核试验基地工作的20年，是忻贤杰年富力强、卓有成效为国防科技事业拼搏奉献的20年。

1963年7月12日，核试验基地主力军"第二十一训练基地研究所成立大会"在北京国防科委大楼召开，与会者有国防科委负责人张爱萍及核试验研究所第一任所长张超，政委秦国才，副所长程开甲、董寿莘，还有第四研究室主任忻贤杰等约200人。

研究所初建时下设5个研究室，其中第四研究室（简称四室）为电子学研究室，忻贤杰任主任。该室负责全试验场全部测试项目中仪器、设备和产品的同步控制，空爆时产品信号的同步跟踪，核电磁脉冲的测量防护和加固等工作。他们在短短两年内，在首次核试验前研制出 1000 多台（套）核试验控制、测试、取样、分析仪器设备，其中百分之九十五以上是我国自己设计制造的产品。这是一项伟大的创举！

1963 年至 1969 年是四室发展的黄金期，也是我国核试验的开创期，全室有 186 人。这期间，在忻贤杰带领指挥下，先后圆满完成了原子弹第一次塔爆试验、第一次空投试验、第一次导弹核试验、第一次氢弹试验、第一次地下试验等共 10 次试验。忻贤杰沉着冷静，具有卓越的组织指挥才能。核试验控制工作事关全局，每次试验"零时"都是各级领导格外关注的地方，只要在试验现场，每次"零时"他都坐在操作员身后，一个命令接一个命令地下达口令，从不慌乱，沉着冷静，表现出大将风度。下面简述第一颗塔爆原子弹试验的过程。

1964 年 10 月 16 日前，参试的军内 26 个单位、5000 多名技术和保障人员分布在距爆心 8000 米范围的 38 个测量项目、992 个测量点。

周总理批准 1964 年 10 月 16 日 15 时为爆炸"零时"。

16 日凌晨 4 时，张爱萍总指挥和刘西尧副总指挥到铁塔下检查最后的准备工作，决定 6 时 30 分插雷管；完成一切工作后，带着主控站操纵台钥匙的基地司令员张蕴钰和九院院长李觉及有关技术人员走下铁塔，最后离开爆区。14 时 30 分，张爱萍、刘西尧进入离爆心 60 公里的白云岗观察所。张爱萍通过保密专线电话向周总理报告："完成试验前各项工作，一切正常。"周总理批准按时起爆。

距离铁塔 20 公里的核试验神经中枢主控站大厅，有序地排列着程

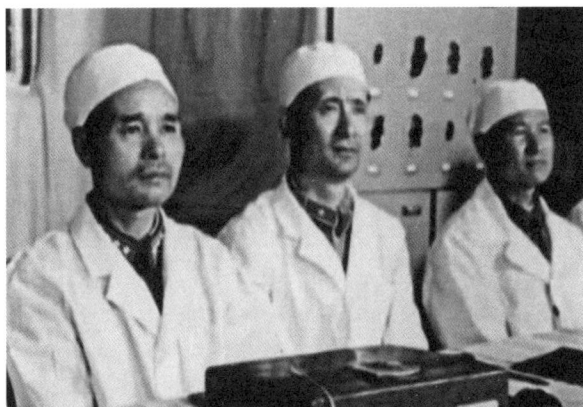

1964 年 10 月 16 日第一颗原子弹爆炸前在主控室（左起：程开甲、张震寰、忻贤杰）

序仪、发射设备、信道设备等指挥控制系统，神秘、庄严、肃穆。以指挥长张震寰为首的指挥员，整齐地坐在控制大厅里，其中有基地最高技术专家和负责人程开甲，学术一流的指令长忻贤杰等。此时，控制大厅从指挥员到操作员都穿白大衣，头戴白帽。14 时 30 分，指挥长张震寰将军一声令下，大家都上指定岗位后，他又下达"开启操纵台"口令。发射设备前的马淑琴报告："电压指示正常！"

14 时 40 分，张将军下达操作令："发 K1-1 指令！"……随即主控站向各分控站发出 K1-1 指令，启动电源，控制设备加电源。

接着，指令长忻贤杰下达口令："零前 5 分钟，准备！"

操纵台韩云梯报告："准备完毕！"

……

指令长忻贤杰继续下达口令："零前 30 秒，准备！"

韩云梯报告："准备完毕！"

指令长忻贤杰继续下达口令："发 K2 指令！"

韩云梯复述："发 K2 指令！"

监控员主控组组长曲养深报告："K2 指令发出！"

马淑琴报告："回答正常！"

随着 K2 指令的发出，程序仪启动，全场区的测控系统进入自动控制的工作状态。此时，程序时间指示灯依次不断地跳动着，控制大厅里所有指战员的心跳跟随指示灯跳动……

"零前 10 秒——"

主控站操作指挥者和报时口令下达者，浙大电机系 1950 届校友史君文工程师洪亮报时："10，9，8……"

"零前 8 秒——"

曲养生报告："K3 指令发出！"

马淑琴报告："产品加高压，回答正常！"

韩云梯的右手大拇指轻轻地按在紧急"刹车"按钮上，双眼紧盯着控制台显示屏上的原子弹引爆高压的显示值，准备一旦出现引爆高压不正常时，立即按紧急"刹车"按钮，以便终止试验。可喜的是一切正常！

史君文继续报时："……7，6，5，4，3，2，1——"

连着核爆炸感知器的主控屏顶上的大红灯霎时点亮，1964年10月16日15时，伟大的、鼓舞人心的、惊天动地的时刻到来了！

"起爆！"史君文洪钟般的声音响彻了整个控制大厅、整个场区……

一道强烈的闪光划破长空，一个巨大的火球染红了半边天空，一声巨响震撼着大地，一朵蘑菇云在罗布泊腾空而起！

试验总指挥张爱萍将军激动地、洪亮地向北京一直守在电话机旁的周恩来总理报告："原子弹已按时爆炸，试验成功了！"

在白云岗上，"毛主席万岁！万万岁！！"的欢呼声响彻云霄！

在执行我国第一次核试验任务中，国防科委核基地研究所第四研究室（主控站）主控组荣立集体一等功，主控组组长曲养深荣立个人二等功！

此后，至1996年7月30日我国宣布暂停核试验的32年里，第四研究室发扬忻贤杰树立的榜样精神，先后参加了23次大气层核试验和22次地下核试验，总共45次核试验。第四研究室荣立集体一等功三次，集体二等功四次，荣获三总部"装备整顿先进单位"，国防科委"核试验模范控制组"光荣称号；荣获全国科学大会奖，国家科学技术进步奖与发明奖及国防科委技术进步一、二、三等奖数十项。

四室战友们的回忆文章里有这样的评述："四室的代表人物，中国核武器试验控制系统的创始人及核爆炸电磁脉冲（NEMP）远区定位系统的奠基者——忻贤杰，在他头上，人们几乎找不到一个属于他个人的光环。托起蘑菇云的中国电子人，以忻贤杰为荣，以默默无闻、无私奉献为荣！"

不断求索，勇攀科学高峰

控制系统被称作核试验场区的"神经中枢"，承担着引爆原子弹和启动上千台测试仪器的重大任务，控制系统的性能和质量的高低直接影响核试验的成败。建立"神经中枢"，在试验场区实施控制——担负这一重大使命的就是核试验研究所第四研究室，领军人物是我国电子学专家忻贤杰。他凭借深厚的电子学理论基础和实践经验，在核试验控制方案制订及实施中多有创新。

核试验控制系统的开创者

核试验是研制和发展核武器必不可少的手段，也是规模十分宏大的国家工程。核爆炸时，在微秒量级的时间内，释放出巨大的能量，同时产生许多独特的物理现象。对这些现象进行测试、记录和研究，可以为进一步改进武器性能提供依据。我国首次核试验，为了取得核爆炸过程的各种效应数据，在核试验现场需要设置大量的测试仪器，这些仪器分布在东西20余公里、面积300多平方公里的12个地下工号内和外场；要求它们在控制系统的控制下与核装置协调运作，才能保证准确及时地测得各种数据。在地面和地下试验时，除对测试仪器控制外，还要求绝对可靠地完成对核装置的引爆任务，因此，核试验控制系统被称为核试验的中枢神经，对核试验的成败起着举足轻重的作用。此外，还要对控制指令进行监视，向全场区有人的地点通报时间程序。由于任务性质特殊，环境条件恶劣，耗资巨大，所以对控制系统的可靠性要求极为严格。忻贤杰立足国内工业水平和科技水平，提出了采取有线控制方案的设计思想，改变了苏联专家提出的无线控制方案。有线控制系统抗干扰能力强，保密性好，安全、可靠，简单、实用。

根据忻贤杰提出的设计思想和方案，十院十九研究所于1963年底研制出第一套样机。为了验证系统可靠性，1964年1月在北京进行了实际模拟试验,试验结果良好，证明设计思想是正确的。核试验现场的自然环境非常恶劣，为此，设备正式研制出来后，模拟野外条件做了许多环境试验，检验在不同温度、压力、湿度、振动等条件下的可靠性。1964年6月控制系统运抵试验场区。

由于当时国内电子工业水平和加工水平尚不够高，对核试验现场的恶劣环境也无先例可借鉴，第一套控制系统在安装调试阶段暴露出了许多在实验室很难发现的技术故障，在全场联试中技术故障率曾达27.7%。为了使控制系统不带任何问题进入"零时"，确保试验万无一失，忻贤杰带领控制组的同志们不分白天黑夜，抓紧时间，反复调试，寻找问题，消除隐患，对设备进行了共计140多处的修改，终于使控制系统的运行稳定下来。1964年10月16日，这套中国自行研制的控制系统引爆了中国第一颗原子弹，与此同时按预定程序启动各测试仪器，拿到了全部记录数据。

这次任务后，改由研究所承担空地指令接收传送任务。虽然困难和压力很大，忻贤杰仍带领四室的同志们知难而上。为提高空地指令接收系统的可靠性，他与核装置研制单位协调商定，采用了频率编码与信号选宽的防干扰措施。他还把"三取二"多数表决体制应用于控制系统，提高了"防不动"和"防误动"的容错能力。实践证明，这种措施对提高控制系统的可靠性极为有效。虽然控制系统以后又进行了几次更新换代，性能不断改进，但在空地指令系统中应用"三取二"的基本模式却一直沿用下来，确保了每次核试验任务控制系统的正常工作。

为了适应核试验技术发展的需要，忻贤杰领导四室同志在首次空爆后自行设计研制了第二代控制设备：仍然采用有线传输，但信号改为时分多路体制。主控、分控按"三取二"多数表决布设。空地指令接收传送到主控也按"三取二"表决形式布设。新的控制设备全部晶体管化。为提高指令的可靠性，去掉原程序仪的电话步进器，改为电子线路逻辑程序仪。忻贤杰还花了很大精力解决了驱动指令的时钟信号和显示问题，同时大胆地把无触点电子技术应用于终端分配器上，攻克了继电器固有的缺点。在以后历次空爆试验中实际使用，证明其设计思想正确，控制运行稳定、动作准确，为核试验控制工作奠定了基本模式。

在每次核试验时，忻贤杰作为主控室的实际责任人，沉着冷静，具有卓越的组织指挥才能。核试验控制工作极为重要，事关全局，每次试验"零时"都是各级领导格外关注的重点。只要他在试验现场，大家都觉得心里很踏实。第一次氢弹空投试验，由于空投人员过分紧张，少打开一个开关，飞机多飞了一圈，此时，忻贤杰指挥操作人员从容应对，纹丝不乱，仍然确保了全场任务圆满胜利完成。

核电磁脉冲测量与核爆炸远区定位的奠基者

美国在 20 世纪 50 年代就认识到核电磁脉冲（NEMP）可能使电子设备失灵，因而成为核爆的一个不可忽视的杀伤因素；1960 年前后，又认识到 NEMP 可用在核爆炸的远距离探测，具有重要的军事意义。但由于 1963 年签署禁止大气层核试验条约，使得他们失去机会，没来得及进行更多的工作。

近区测量的难点是对含有从几赫到几十兆赫频率成分的非调制空间辐射宽带 NEMP 信号进行不失真探测，这方面未见国外报道过测量 NEMP 的具体技术方法，而一般的无线电天线理论大多局限于有载波的情况，所以很难直接借鉴。忻贤杰发明了基于高阻探头的简易天线 NEMP 全波形完整探测的技术方法。在解决了抑制感应场和静电场的技术难点后，成功地检测出水平分量，研制出国内第一套完整的近区 NEMP 垂直场和水平场的测量设备。这一技术，不但开创了中国的 NEMP 测量领域，也为以后源区、近区和远区 NEMP 测量、核诊断应用和 NEMP 监测等方面的研究工作奠定了基础。嗣后，中国各有关单位建立的空爆电磁脉冲近测与远测的技术与设备等均是

1978 年 3 月，地面爆炸试验完成后，忻贤杰（前排左四）与核电磁波测试组成员在北京大兴农场合影（前排左三田兴柱，左六起傅玉珍、姜爱香、张雷；后排左三林金良，左四符红铁，左七石景云，左九郭成炳）

由这一技术方法深化发展起来的。

大气层核爆炸 NEMP 的"东正西负"效应的测试技术和方法则是在此基础上的又一创新。"东正西负"效应是指康普顿电子受地磁场的作用改变运动方向，在爆心的东侧产生正极性的电场，西侧产生负极性的电场。这种现象在高空核爆炸中比较明显。在中国的低空核爆炸试验中，该效应测试的难点是如何从强烈的共模信号中检测出较弱的"东正西负"快信号。忻贤杰提出了正确测点的定址方案，指导研制了尽量完全对称的高频差分通道，成功地测到了"东正西负"的 NEMP 信号。这一探测技术，开创了在强共模背景（1015 V/m）中提取差模信号（102 V/m）的方法，获得了部委级科技进步三等奖。这种信号提取方法的成功实践，对源区水平场以及后来的地下平洞核试验中岩石电磁脉冲场的测量都起到了关键性的作用。

忻贤杰领导并组织了远区核电磁脉冲测量工作。远区 NEMP 波形测量的意义，就是研究其特征，为核爆 NEMP 监测提供技术参数。经地—电离层波导介质滤波后，信号带宽被压缩，不同频率成分发生色散效应，不但使远区 NEMP 波形幅度衰减到有可能被大气电噪声尤其是雷电电磁脉冲所淹没，而且在特征上，与雷电波形之间的差别变得模糊了。因此，即使通过多种技术手段最大限度抑制了大气电噪声，但远区探测的难点仍是如何从零时前后所测记的众多大气电噪声波形中确认寻找出 NEMP 信息。

忻贤杰在对国外长波授时台、导航台和大气电噪声的干扰频度进行分析后，结合当时测试记录设备的水平，作了远区探测"成功几率"的报告，并于 1975 年底提出并组织实施了远区 NEMP 测量的"绝对零时"时统方案，随即在 1976 年初的一次

1975 年讨论屏蔽问题（左二起程开甲、忻贤杰、乔登江）

核试验中得到成功验证。1978 年在更远的距离上，成功地确认测定了 NEMP 信号。"绝对零时"系统参加核试验测试多次，取得了多套远区 NEMP 波形数据。中国因此成为世界上拥有最为丰富的远区 NEMP 波形的国家之一。

在核爆的远区 NEMP 测量工作中，忻贤杰也进行了大量紧张的工作。他指导了多套单站定向等远测设备的研制，提出了简单易行的"同向增辉"方案，实现了反向抑制，解决了信道的多路串扰问题，提出了在实验室中利用单次脉冲信号源对含有电、磁场接收天线的全系统模拟联试的方案。1976 年，他亲临现场指导，利用这些远测设备在 2000 公里的测点上进行了成功的测量。忻贤杰进一步分析了世界无线电定位的经典方法，根据对现有导航台的研究，结合核电磁脉冲具有单次瞬态性的特点，于 1976 年 11 月作了"利用核电磁脉冲作为核爆监测手段的一些看法"的技术报告，正式提出了"反罗兰 C 双曲线定位"的方法，并提出宜先实施"短基线双曲线"单站定向系统方案。其后，忻贤杰力促作为体制试验的"短基线"单站定向系统的实施。在随后的一次核试验中，体制验证获得成功，在以后的大气层核试验中又获得了测向偏差和测距偏差都比较小的结果，为中国真正意义上的 NEMP 远区探测奠定了技术基础。作为对忻贤杰在 NEMP 测量领域所作贡献的褒奖，综合了近、远区的"核爆炸电磁脉冲测量设备与技术"，获国家发明三等奖。此外，获部委级科技进步奖三等奖两项、四等奖两项、五等奖一项。不但开创了中国核试验控制系统，填补了核电磁脉冲测量领域的空白，而且在核试验基地研究所的学科建设、实验室建设等方面都发挥了重要作用。忻贤杰精湛的技术，朴实的作风和对待工作一丝不苟、兢兢业业的态度，在关键时刻临危不惧的勇气，身处逆境心系国防的高风亮节，都为后人留下了宝贵的精神财富。

务实求真，言传身教育人

1962 年 11 月，忻贤杰与程开甲、陆祖荫、吕敏等为筹建核试验研究所第一批调入基地。之后 20 年，他在大戈壁与战友一起工作与生活，战友们把忻贤杰当成自己的良师益友。

忻贤杰才思敏捷，学识渊博，注重培养年轻人。战友王洪章说，20 世纪

60年代初期，核试验研究所初创，每年分配到核试验研究所有大批高校毕业生。为了提高这些年轻人的核试验有关理论水平与试验技能，作为四室主任，忻贤杰用大量精力为大家上课，指导课题研究。当年，晶体管技术刚刚兴起，许多刚上岗的大学生都未接触过。他就利用晚上自编讲义，利用工余给大家讲课。他讲课深入浅出，从理论推导到实际应用，再到半导体线路设计，讲得很清楚，使全室人员业务水平有了很大提高，许多老同志回忆起来仍觉得受益匪浅，终生难忘。

战友李焕忠说："忻主任以他的学识和智慧为祖国核事业作出了不朽的贡献，他还始终不忘培养我们这些刚走出校门的年轻人，除了言传身教、指导工作、以三老四严作风要求我们之外，还利用核试验空隙，开专题讲座。我记得第一次大型讲课是在红山食堂进行的，忻主任讲的是'固体电路'。讲课提纲以当时美国的原著为参考。他夜里备课，白天讲课，细致推导数学分析公式，逻辑性强，概念清晰，讲得深入浅出，非常吸引人，我从中学到很多，受益匪浅。开始主要是四室学员听讲，因效果非常好，住得较远的一室、二室、三室等人员也慕名而来，听课的人每次都把食堂挤得满满的。听忻主任讲课成了当时红山重要的学术活动，而且完全是自发组织的。之后，忻主任又结合空间通信的需求，开了'宇宙通信技术'课程，详细讲了宇宙通讯的知识以及相关的工程设计和设备情况。"

忻贤杰诲人不倦，甘为人梯，为培养科技人才呕心沥血。他熟知国内外科技发展动向，经常给室里提出高水平的研究课题，他任室主任期间，每个组、每个人的工作都是饱满的，不会感到无事可干。有问题请教他，他总是从理论的高度分析，进行推导，不会使人知其然而不知其所以然。

忻贤杰科学严谨，实事求是，以高度负责的精神对待工作、自己和他人。他对待工作一丝不苟，在首次核试验现场调试阶段，各种各样的问题层出不穷，他不厌其烦，从不放过任何一个疑点，不抱任何侥幸心理，不带任何隐患上场。

忻贤杰才思敏捷，学识渊博，注重理论与实践相结合。1979年新版《核武器效应》刚出版不久，忻贤杰根据书中新增的一句话，提出了进行"核电磁脉冲能量计算"的课题，计算出中国自己的 NEMP 能量与 γ 当量的关系，得出了有益的结论。忻贤杰解决实际问题的能力特别强。在一次化爆模拟实验中，控制系统的一个指令发出时，指针不合常规地轻微晃动了一下，他经过分析，很快在千头万绪的庞大设备中找到一个焊点虚焊的症结。正因为他对系统胸有成竹，对细节了如指掌，被同志们称为"电子魔术师"。

忻贤杰除了处理分工负责的学术领导工作外，还抓紧时间进行科学研究，并以很大精力倾注于总结经验，编写教材，培养青年科技人才。他与潘大金合作的"基于新滑尺原理的 4096 道逐次逼近法谱仪 ADC"工作，获部级科技进步三等奖，并已应用于生产实际。他的《关于复极型谱仪放大器性能的研究》，发表于 1985 年《原子能科学技术》。他为研究生部讲授的《高等电子学讲义》，是一本总结了他自己经验和心血的宝贵著作。他本准备整理出版，遗憾的是未及整理完毕，就不幸去世。

战友李焕忠时隔几十年后说："我清晰地记得忻主任那本写得密密麻麻的记事本，本上记有 720 主控站设备的全部电路原理图、走线图、指令逻辑图等，在每张图中都注明工作原理、提示可能发生的故障，描述得清清楚楚。这样刻苦的学习精神，细如发丝的用心，让我吃惊，也让我佩服！怪不得，控制系统出现故障，只要是忻主任发言，其他人都听得特别专注，什么也不说了，只是一个劲地点头。我也纳闷，工作那么忙，他哪有时间这样细致认真地学习呀？那时我们确实有点心浮气躁，缺乏忻主任那样认真的学习精神与那种严谨的科学作风。我惭愧，但我受益匪浅，我几十年的工作和学习中一直以这种精神鞭策自己、激励自己。"又说："我不小心烧掉了电子管，不得不写检查向指导员认错。忻主任知道情况后，耐心帮助我，亲自给我写试验记录，查找问题并分析问题所在。我按照他提出的思路，经过多次试验终于研制完成了'一秒钟振荡器'的单元电路。我被忻主任诲人不倦的精神所感动。忻主任说：'为了核试验，我要把你们每个人都教得棒棒的……'真让我们年轻人兴奋不已。有一次，忻主任带我和顾庆忠到北京参加一个会议，到会的高级专家几乎都认识和熟悉忻主任。核专家吕敏说：'你们忻主任真了不起，核试验研究所好多点子都是他出的'；著名核物理学家王淦昌对忻主任也赞不绝口……这些都说明，我对忻主任学术水平的判断是正确的，他是名副其实的科学家。"

战友姜爱香说："忻主任技术上很强，他对电子管施密特电路有独到深入的研究，在他指导下，我研制出了晶体管施密特触发器，比该组原用的触发器的速度提高了 10 多倍。该触发器一直作为核电磁脉冲远近测试系统中的必备设备之一。这就是我学习忻老技术的最早收获。"

战友王尉周说："忻主任要求我在一年内熟悉核爆炸电磁脉冲测量方法，并熟悉测试设备的原理及平时多发故障的排除，能独立工作……忻主任还给我布置了一个任务：'试验验证短细棒状天线的有效高度'，并写出论文。我试验验证了天线理论给出的数据是正确的，实测曲线与理论曲线相符较好。我的论文，他三次仔细地审阅、修改、指导，我终生难忘。"又说："我 1969 年复员到地方工作，试制晶体管延时电路，解决指令自动延时产生的课题。试制中前后级电路之间的隔离问题没法解决。为此请教忻主任。他要我'在中间加射极跟随电路一试'，一举成功，令人感动。"

参加过 20 次核试的符红铁，在首次核爆"零后"中，101 站核电磁脉冲测试项目的后面被写上"失败"两字，他就想起忻贤杰主任名言："既然交了学费，就要学会点东西。"于是，认真查找 ok-21 示波器，并与生产厂研讨，达成加大量程的共识，最后取得成功。

战友陈琦在《铸造灵魂的导师——忻贤杰》一文中写道："当我回忆四室之时，总是深深地怀念培养我们成长的学者、我国核物理控制系统的开创者和指挥者、我尊敬的导师——忻贤杰主任。"

"我至今仍然清晰地记得在通县大院马蹄楼工作室里忻主任给控制人员讲课的情景。他说：'控制系统的失败总是有两种可能：一种当下达指令后，由于指令丢失，造成控制系统不动；二是在未下达指令时，由于其他因素使系统产生误动作。'这两种情况的发生对控制而言都是百分之百的失败。"

面对可能的失败，忻贤杰提出以下三种办法：一是"三取二"——多数抉择；二是"宽、限、窄"——排除干扰；三是"脉冲重叠"——时间分割。

陈琦又说："在忻主任精心设计和指导下，我们研究室一次又一次准确无误地完成核试验控制任务。在我经历的核试验任务中，每次都是上千台设备准确受控，从未发生过任何差错，这就是我们室灵魂的根本，这既包括了严谨、严格、严密的工作作风，又包括了科学、系统的高超技术。"

陈琦还动情地说："在科学试验中，我们室培养和造就了一批又一批作风严谨、技术高超的核试验电子战士，我是幸运的受益者。在人生道路上，我战胜、克服了无数困难，度过了工作、社会、生活的种种难关。

每当回顾往事，我就深深地怀念忻贤杰主任。

忻主任既是我们严谨的导师和领导，又是我们同甘共苦、和蔼可亲的兄长和亲人。他对我们这些电子兵给予了无微不至的关爱；他身先士卒，用他的品行、风格和学术精神，带动、影响、培育了我们年轻一代；他铸造了'准确，无误，可靠'——控制系统的'灵魂'，写就了四室闪闪发光的历史。可是，忻主任从未留下任何豪言壮语，他留在我脑海里最深刻的是他的严谨、朴实、和蔼与低调。

忻贤杰主任——我尊敬的导师永远活在我们的心里！"

忻贤杰矢志不移，忍辱负重，表现出中国知识分子的高风亮节。"文革"期间，忻贤杰因为家庭出身受到错误批判，被撤销室主任职务，下放到仪器组。虽然受到不公正的待遇，但是他从不消沉，仍以事业为重。有些仪器别人不敢碰，他技术高超，手到病除。他除了高效优质地把全室进口仪器维修了一遍，为核试验任务提供可靠的保障外，还根据实验室现有条件，研制"波形快速取样数字化设备"，构思了科研工作

20世纪60年代后期忻贤杰（左三）与仪器组战友合影

的设想。1977年11月忻贤杰恢复工作，担任研究所副所长，除领导科研工作外，他还成为中国第一批国际地震核查委员会专家组成员。

1980年，忻贤杰受中国国防科委派遣，随中国裁军代表团去瑞士日内瓦参加世界裁军谈判会议，其主要工作是参加裁军委员会的地震专家小组（为核侦察、核试验核查的目的而设立）的工作，回国后向国防科委首长提交一份报告，以使首长们了解当时国际核查的国防情况。

在基地时，忻贤杰已患有心肌梗死等疾病。1982年，忻贤杰已年近花甲，考虑到健康原因，组织上调他回原子能研究所工作，先后担任了原子能所副所

1980年忻贤杰参加日内瓦世界裁军谈判会议时在日内瓦大学楼前留影

长兼电子部主任，原子能研究院科技委副主任等职。忻贤杰还在1984—1985年受聘兼任核爆炸信息监测技术专业组特邀顾问；1985年任中国核电子学与核探测技术学会副主任委员；1986年兼任核工业部研究生部教授，主讲高等电子学等课程。

忻贤杰一生严谨忠实，谦逊克己。中华人民共和国成立初期，他在政治上就要求进步。当时，中国共产党鼓励要求进步的人士参加民主党派，1951年忻贤杰参加了中国民主促进会，是中科院最早的一批会员。1982年，在他离开核试验基地研究所之前，要求入党的夙愿终于实现，同年12月基地党组织批准了他入党的申请，他成为一名光荣的共产党员。

和美家庭，不会随风飘远

传说春秋末越国国君勾践灭了吴国，在大摆庆功酒的那天夜里，功劳很大的范蠡悄悄地带了西施，到山明水秀的太湖北边的五里湖旁，隐姓埋名住

了下来。后读到宁波市东钱湖陶公山，才是范蠡与西施的最终隐居之地。笔者无意考证范蠡与西施的隐居地，但陶公山下东钱湖确实湖光潋滟，风景如画。湖滨世居着村上名厨忻礼灿，育有三个儿子，其中老二忻信芳生于1890年。忻信芳头脑灵光，12岁时就到宁波市拜师学绱鞋。他学徒满师并站稳脚跟后，于1915年回乡与比他小11岁的童养媳王琛翠拜堂成婚。而后，忻信芳挑着一担杂物行李，偕妻子从农村走向城镇发迹。在勤劳、艺高和善良的夫妇俩忙碌下，生意越做越大，至1935年鞋店迁至宁波市中山东路大池头，起名"裕生祥"，家雇伙计和厨娘等十来人，可见生意红火。忻信芳待人宽，责己严。他对兄弟很诚恳，兄弟有困难就伸出援手。对帮助过他的人，懂得感恩，把借钱给他的范婆婆敬为上宾。忻信芳的高尚品质给忻贤杰影响很大。忻贤杰传承父亲的好基因，给兄弟姐妹的带动与影响最大，亦受到他们的敬重。

旧社会奉行多子多福。忻信芳和王琛翠育有四女六男，依次排行列名如下：兰英（女）、孝毛（女）、泰康、安康（即贤杰）、定康、定茂（女）、宝康、美英（女）、孝康、靖康。一对小手工业夫妇育有十个子女，一个不少地养活并健康成长，这在当年已是奇迹。贤杰的二姐一哥因当时家境困难而失去求学的机会，随着家境的改善，忻贤杰用自己的勤奋、智慧与坚韧在科学文化道上攀登，还说服父母重视科学文化教育的投入让弟妹读书，并以自己的榜样带动后面6个弟妹，寒暑假或探亲假

1962年宁波大聚首（左起数字编号，一排：2燕文，3佳文，6展红；二排：2和4是婶娘，3周雅久，5王琛翠，6至8是姑姑，9展和；三排：1六叔、2五叔、3四叔、4三叔，5贤杰，6和7是姑夫）

回家，除当面鼓励勖勉外，还会给弟妹送钢笔等学习用品。因此，弟妹科学文化有了大提升，定茂、美英和孝康也受过高等教育，并在科学文化线上作出了很大的贡献。

父母亲看到忻贤杰为人忠厚，头脑灵活，多次动员他继承家业，说经商比搞科研赚钱快又多，但他不为金钱所动，每次都婉言谢绝父母的好意。

忻贤杰孝敬父母，关爱兄弟姐妹，例不胜举。分家时，他除带头不要房子及家产外，还做亲人的工作，于是，大家在一片互谅互让的氛围中分了家。到北京工作后，他家吃口增加，但仍保证每月寄20元钱给父母，"文革"后还有增加。兄弟姐妹中谁有困难，忻贤杰也会接济一些，手足之情可见一斑。

忻贤杰妻子周雅久1927年生，也是宁波人，出身于殷实的大家庭，受到过良好的教育。为与忻贤杰成家，她放弃了深造机会（上海大同大学商学院肄业）。1949年3月忻贤杰与周雅久结为秦晋之好。她在中国科学院原子能研究院财务处工作。她把财务工作当家事一样管，管理工作把关甚严，有条不紊，口碑很好，受人尊敬。忻贤杰夫妇育有展红、佳文（女）、燕文（女）、展和、展华五个子女。为支持忻贤杰全身心投入核试验工作，她全力挑起家务重担，五个孩子的教育、学习和生活都由她打理。

忻贤杰兴趣广泛，除爱看书学习外，他常带孩子逛书店。年轻时爱唱歌、唱京剧。休息天里挤时间与孩子下围棋和象棋，打乒乓球，带孩子上公园等。他爱小孩，注重身教，从不

1983年忻家北京团聚，（自左至右）前排：徐思昊（燕文之子）、忻获麟（展红之子）、方忻（佳文之女），二排：展华、贤杰、周雅久，三排：佳文、燕文、张勤（展红之妻），四排：方伟（佳文之夫）、徐家华（燕文之夫）、展红、展和

打骂训斥孩子。每次出国，他节省微薄的补贴，或买苏式 135 照相机，或买瑞士的巧克力，给孩子留下孩提时的靓影和甜蜜的记忆！

忻贤杰生活简朴，带头学习，为孩子们树立了榜样。五个孩子都很自觉，努力学习进取，各自都学有所成。有 3 位受出生时段的影响，经历 3 至 8 年不等的上山下乡锻炼，学习自然受到影响。他们都各有自己的工作与家庭，只是二女儿燕文因病早逝，令人惋惜！

1974 年，忻贤杰约妻子用探亲假带子女回宁波老家省亲，可是一家人望眼欲穿，等不到忻贤杰如约回京，到了宁波也未见到。那年代通讯不灵，真是急死个人！半个月后伤病半愈的忻贤杰独自到宁波与一家人团聚。在妻子追问下，忻贤杰轻描淡写地讲了吉普车翻车自己断了肋骨和大腿挫伤的事，大家听后，怨气全消！遗憾的是坐在他常坐的副驾座上那一位青年不幸遇难……

1988 年 11 月 8 日，忻贤杰因心脏病复发病逝，终年 64 岁，国家失去一位梁才，令人唏嘘！忻贤杰仙逝的消息传来，他的导师与战友王淦昌院士无限悲伤，挥毫写下深情的挽词，给忻贤杰极高的评价。忻贤杰九泉有知，定会感激导师的关爱之情！

王淦昌挽词

（2021 年 7 月 9 日）

丁浩然

　　丁浩然（1925年9月—　　），湖南桃江人。核试验场地质勘选专家。1950年毕业于浙江大学地理系。1950—1952年及1957—1958年分别在哈尔滨工业大学俄语及地质研究班、长春地质学院非金属矿产地质研究班进修。1952—1964年任职于长春地质学院，参与创办了长春地质学院海洋地质专业，任海洋地质教研室主任。20世纪60年代中期调入核试验基地，主持组建核试验研究所地质研究室，任室主任。后调任基地技术部总工程师、研究员。主持选定了我国竖井与平洞核试验场，并完成场区地质勘查和多处试验井位、洞位选定任务，为我国地下核试验作了有效的地质保障，后与合作者进行地下核试验地质研究成果的总结与教材的编写，形成了一套比较系统的有关核试验地质的科技文献。

1994 年 8 月，笔者去核试验基地采访，就听到了丁浩然的名字，只因他于 1987 年随研究所自红山迁西安而失之交臂，但那时心中就已播下撰写他业绩的念头，从未泯灭。2011 年 12 月 29 日，他给我寄来一本他的诗集《山枫集》，因此更拉近了我们神交的距离，而今终于了却写他生平业绩的心愿。

珍惜岁月，勤奋读书

1925 年 9 月，丁浩然生于桃江一户尊师重教之家。祖父丁梧堂为前清秀才，好为善事。父亲丁绍尧高小毕业，在乡间经营一爿小店，并有十几亩田产。丁浩然 12 岁丧母，后有继母，有兄弟姐妹四人，勤俭度日。其祖父和父亲都重视儿孙教育。丁浩然入学前，其父就买了方片字来教他。入学后，其祖父也常给他奖励，养成了他好学与勤俭的习惯。

丁浩然 7 岁入私塾，就读两年有余后，转入新式学堂插班读初小二年级二期。这里课程多样，激发了他的学习兴趣，因此成绩优秀，每学期都名列榜首。1937 年初小毕业后，丁浩然考入益阳县立第五高等小学，在这里受到了较全面的教育，毕业成绩居全班第一。

1939 年高小毕业后，丁浩然就读一所由挪威与瑞典信义会办的私立信义教会学校（新中国成立后改为益阳一中）。中学时期，他一度体质瘦弱，被人讥为"病夫学生"。他是一个不甘示弱的人，便以顽强的精神进行自身锻炼，经常进行野外活动，多做器械操。这样，他的身体逐渐强健起来，学习成绩仍在前茅之列。

当时正值抗日战争时期，因避战乱，丁浩然中学曾休学一年，在一个山村当教师。历史的屈辱和社会现实，深深激发了他的忧患与图强意识，为他后来报效祖国打下了思想基础。

1946 年丁浩然中学毕业，考入浙江大学师范学院史地系地理专业，一是因为当时师范学院是公费，二是因为他在中学时期与自然的亲密接触，产生了广览山河的想法。浙大师范学院停办后，史地系并入文学院；新中国成立后，地理专业又并入理学院。丁浩然于 1950 年在浙大理学院地理系毕业。

浙大的"求是"精神，勤奋朴实的学风，自由民主的校风，对他的思想

1946 级浙大地理系学生实习留影（后排左三为丁浩然，1948 年春于杭州葛岭保俶塔）

塑造有重要影响。在浙大，丁浩然开阔了视野，通过民主墙，他了解到旧社会制度的不合理与统治集团的贪腐和反动。受进步同学特别是张学理的影响，他参加了史地系的历史研究会与进步社团乌鸦歌咏队，参与反饥饿、反内战运动和应变迎解放，初步树立了较为正确的人生观与世界观。1949 年杭州解放，他被调去参加军管会接管工作，后复学。

　　浙大地理专业是师资力量较强的专业，著名地理学家竺可桢校长对地理专业的建设多有指导，另有地理专家、系主任张其昀，有地质界的老前辈叶良辅、朱庭祐，还有李春芬、孙鼐、谭其骧、严钦尚、么枕生、石延汉、赵松乔、严德一等名教授。当时浙大地理专业学生只数十人，师生之间，亲如家人。丁浩然回忆这一段学习生活，总感到温暖亲切，如沐春风。

　　丁浩然在史地系本以自然地理为专修目标。新中国成立后，他感到国家必将迎来一个国民经济大恢复、大建设时期，就考虑加修与此更加密切的专业，他根据自己的兴趣，选择向地质学转移。

　　他的这一选择，得到了恩师朱庭祐先生的支持。他抓紧大学的最后一年，补修了矿物学、岩石学、经济地质学（矿床学）、无机化学、分析化学等课程。与丁浩然同一想法的还有卢云谷同学。鉴于上述情况，朱庭祐先生便安排丁、卢二人毕业后到浙江地质调查所去工作（朱庭祐先生兼任该所所长），在那里一面工作，一面进修，以达到正规地质专业的水平。可事有凑巧，在1950年暑期，从东北来了一个招聘团，一到浙大便招揽各专业毕业生，也向地理系招聘5名，而该系的应届毕业生仅有11人，而且都已安排好了工作。于是招聘团的人员便挨个来劝说，但无一人应聘。这时，丁浩然考虑到东北更急需人才，最后他选择了去东北。他的这一想法得到了朱庭祐先生的认可。这样，他便与一大批浙大毕业生乘车北上。他爱好大自然，志在地质工作，于是向招聘团提出的唯一条件是希望安排做地质工作，得到该团领导的批准。

到沈阳后，他有两个选择：一是去东北工学院地质系当助教，二是去哈尔滨工业大学采矿系做研究生。丁浩然考虑到自身地质基础薄弱，便选择去做研究生。来到哈工大，开始是一年的俄语学习，然后是一年结合俄语的地质专业学习。1952年丁浩然在研究班学习结束，恰逢全国高等院校院系大调整，哈工大的采矿系并入东北工学院，他被分配到刚刚成立的长春地质学院（当时称东北地质学院），从此开始他正式的地质工作生涯。

边学边干，迅速成长

丁浩然踌躇满志地进入长春地质学院，接待他的是教务长业治铮教授。当时中国教育全面向苏联学习，急需大量苏联教材。鉴于丁浩然懂俄语，又初通地质，业先生便安排他翻译俄文矿物学教材。真是无巧不成书，丁浩然在离开哈尔滨时刚好买了一本阿·格·别捷赫琴著《矿物学教程》。于是他用一年多的时间译完此书（关广岳参与了部分翻译），由商务印书馆出版。此书是当时重要教学参考文献之一。此后，长春地质学院设翻译室，丁浩然任主任，又相继翻译了若干俄文教材。

1955年一批苏联专家来到长春地质学院培养研究生，其中有矿床学专家维·阿·别列捷里耶夫。学院决定以丁浩然为首，成立一个小组担任别氏的教学翻译，丁浩然任专业口译，参与讲稿笔译，并负责译稿的统稿工作。整个任务于1957年完成，讲稿由学院集成《矿床学原理》《金属矿床工业类型》出版。丁浩然由于在此任务中工作比较出色，1957年被评为吉林省先进工作者。

丁浩然在长春地质学院的几年翻译生涯中，不仅比较好地完成了任务，还挤时间旁听了若干地质专业课，如结晶学、岩石学、构造地质学、古生物地史学、找矿勘探方法、矿相学等。加上他做矿床专家翻译，也等于学习了矿床学。至此，他在地质专业方面所缺知识基本补齐。因此，当1957年又一位苏联专家阿·斯·霍敏多夫斯基来院培养非金属矿产地质研究生的时候，院里便决定让丁浩然跟其学习。霍氏是一位老地质专家，曾在西伯利亚做野外调查十余年，具有丰富的实践经验。他讲课不按讲稿照本宣科，但又逻辑严密，条理分明，多用实例，还不时穿插一些笑话，以缓和听讲者的精神。他还十分注重现场考察，在短短一年教学中就带领学生多次考察建筑石材、砖用黏土、煤矿、石墨矿等。学年结束他还带领全体学生在辽西的几个矿区考察了一圈。最后，他让所有研究生利用寒假选定一个非金属矿床做论文。丁浩然选做论文的矿床是湖北应城石膏矿，并以五分的好成绩通过答辩。丁浩然对这样一位师长非常敬重，认为听他的课是一种享受。1958年暑期，他从非金属矿产地质研究班结业后，适逢大炼钢铁高潮，那年下半年，他便在野外地质调查与找矿工作中度过。之后，他被正式安排在矿床教研室当教师，给物探系学生讲授矿床学。

20世纪60年代初，长春地质学院掀起扩大专业的热潮，其中包括新设第五系，含石油地质与海洋地质两个专业，业治铮为主任，丁浩然协助他创办海洋地质专业并任海洋地质教研室主任。当年，全国也有一股向海洋地质进军的热潮，因此，山东海洋学院、长春地质学院、北京地质学院、华东师范大学等多所高校开展教学计划、教学大纲和教材的协作。长春地质学院派出丁浩然、薛万俊二人，分别参与海洋地质教材与海岸地貌教材的编写，花了近半年时间，初步写成《海洋地质学讲义》《海岸地貌学》。1961年长春地质学院海洋地质专业正式开班。开始时，从山东海洋学院借调几名教师来讲授海洋物理与海洋化学方面的课程，海洋地质学与海岸地貌学分别由丁浩然与薛万俊讲授。1963年下半年长春地质学院的海洋地质专业停办。此时，地质部新设了海洋地质研究所，调业治铮任所长。长春地质学院海洋地质专业师生大部分转到了该所。丁浩然因学院挽留转入沉积岩教研室。

核试基地，奉献终身

1964 年夏，丁浩然在秦皇岛的燕山深处带学生实习。8 月 20 日，突然接到校方电报："另有任务，迅速返校。"回校以后，才知道是国防部门来校调人。在那个年代，祖国的召唤是神圣的事，丁浩然没有半点儿迟疑，只是二女儿刚满月，大女儿还不到两岁，家庭处境比较困难。但他一切服从国家需要，和妻子汪毓田商量，决定把大女儿送到老家去，以解决暂时的困难。丁浩然把女儿交给继母后，女儿不停地哭喊叫爸爸，他心里也很难受，但为了祖国的事业，也只好让这幼小的心灵过早地承受离别之苦了。

到北京后得知，国防部门从长春地质学院调丁浩然和周象乾到北京核试验基地研究所，其任务是组建为地下核试验服务的地质研究室。这在我国核武器发展史上是一段光辉的历程，丁浩然对能够把自己的后半生献给这一伟大的事业感到欣慰和自豪。于是，他决心用自己的才智拉开人生的新篇章。

篇章一：组建核试验地质研究室

地下核试验是核试验的一种重要方式。它的优点是安全性好，利于保密，还可进行核反应和核爆炸现象的近区测量，取得反映核爆炸早期过程的各种物理力学参数。这对改进和发展核武器是必不可少的。基地研究所程开甲副所长等正是洞察了这一重要性，所以在我国大气层核试验还在起步的时候，即着手组建地质研究室，为地下核试验提供地质保障。地下核试验的地质保障分零前（爆前）与零后（爆后）两部分。零前工作是：选场，场区地质调查与试验井位、洞位的勘定，并为理论计算、放化分析、工程施工、辐射防护等提供所需的各种地质资料数据。零后工作是核爆炸地质效应的调查研究。

地质研究室成立之初，只有所领导提出的比较概括的任务，真可谓白手起家。怎样组建这一全新的地质室呢？当时，丁浩然、周象乾两位较老的地质工作者带领数十名从有关院校招来的应届毕业生，加强情报资料调研与有关专业学习，努力实践，在实践中发现问题，又通过再实践与再学习来解决。组织机构也随着任务的增加而扩充。开始时，针对选场和场区地质勘查的需要，研究室设了四个研究组：地质组、水文地质组、岩石物理力学组、化学分析组，后来又增设物探组。丁浩然与周象乾分别任正副室主任，丁浩然主要负责选场与场区地质工作，周象乾主要负责实验室建设。他们在所领导与中国科学院地质研究所的协助下，用两年时间，把研究室初步建立起来。以后，随着任务的进展，研究室又增加了孟广魁、高才生两位副主任，增设了地下水污染研究、空腔有害气体研究、高温高压模拟实验等研究组，以及相应的实验室，使之具备了为地下核试验的全面开展提供地质保障的能力。

这里要特别说一点，就是组织保证问题。地质研究室全体人员都是经挑选来的，他们的自觉性与积极性强，都以为国防事业服务而感到光荣和自豪，因此形成了很强的凝聚力与团队精神。这是研究室成立的组织与思想基础。丁浩然深深感到，他后来能比较顺利地完成任务，与这一优秀集体的积极努力密不可分。

篇章二：精选核试验场地

地质研究室的第一任务是选场、场区地质勘查和试验洞位、井位的选定。丁浩然总结这方面的经验是：两大原则，三大条件，传统方法与特殊实验相结合，内外协作，因地制宜。选场的两大原则：一是满足试验要求，二是保障公众安全。所谓满足试验要求，主要是平洞试验时山体的高度要满足安全埋深要求；岩性要满足放化分析要求。同时，要防止放射性泄漏。所谓保障公众安全，就是试验时如有放射性泄漏，不能危及居民；地下放射性物质，不能危及水源；地下核爆炸，不致诱发地震。选场的三大条件是：地理条件、地质条件和施工条件。它们是根据选场的两条基本原则制定的，又各包括若干细则。应该说，这些条件是后来逐渐补充与完善的。

选场一：南山风雪

地下试验场的首选区域是现用大气层试验场禁区，因为它的选定已经考虑了公众安全这一主要因素。基地第一个地下试验场的选址即在此范围内进行，而且它是内外协作的典范。早在地质研究室成立之前，基地就曾邀请中国科学院地质研究所的专家协助，在核试验禁区内初选了一个平洞试验场地。

组建地质研究室后的第一项任务是地下核试验场的选址勘察。1965 年 1 月 4 日，丁浩然和室行政副主任冯保元带领 20 多名年轻人经西安、吐鲁番，直奔马兰。他们都是第一次进新疆，真是不到大西北，不知祖国的辽阔。他们都为此而感到自豪与激动。一到大河沿（吐鲁番）车站，便看到一片广袤的戈壁，赵德书情不自禁地说："真是老太婆打哈欠——一望无牙（涯）。"虽然景色荒凉，但他们感受到的却是一种苍凉的壮美。他们改乘汽车，经 50 余公里的干沟到马兰。在马兰稍作休息后，便直奔甘草泉。

甘草泉原名破城子，自划归核试验禁区后，几户居民迁走，施工的连队搬来。张爱萍将军巡视到此，见这里甘草丛生，泉水清澈，便给它换了个更贴切的名字——甘草泉。从此，甘草泉这个美丽的名字便在核试验基地中流传至今。

那年，除基地张蕴钰司令员和研究所董寿莘副所长亲临现场指导工作外，参加地下核试验选场工作的有司令部作战试验处、工程处、气象处、防化处、通信处等单位，有工程兵设计院，以及基地研究所，还有中国科学院地质研究所和石油部的同志。丁浩然带队负责地质调查。

基地初步选定的场址是前一年在中科院地质所的协助下勘察初选的一处山地。这里远离天山主脉的高山雪峰，气候干旱，基岩裸露，海拔 2600—2900 米，由石灰岩组成。因为它位于甘草泉之南，便把它定名为南山。

经过几天概略踏勘之后，只留下地质人员作进一步的详细调查，测绘组也留下来进行地形测量。

时值隆冬，南山高寒，不便于架设帐篷，他们便住在甘草泉。这里离南山三四十公里，为了争取工作时间，他们天不亮就出发，下午太阳下山以后，才一起集合返回，到驻地要走一半的摸黑路。有一次一个小组到山后勘察，由于路途较远，下山时天已傍黑，及至下到山麓时天已全黑了，无法前行。

丁浩然派车去找，找了好几个山沟也没有找到，只好在荒沟里燃起篝火，露宿了一夜。第二天找到他们时，虽然很饿，但年轻人仍然精神饱满。

南山山高坡陡，许多地方攀登或下山都相当困难。在严冬，穿着棉衣棉裤爬山，更为不易。在勘察的最初几天，工程兵设计院一位姓唐的工程师，在下到一个陡崖的半腰时，发现上够不着顶，下够不到底，身体紧贴在崖壁上，不敢动弹。在危急关头，山顶的同志把水壶带解下连接起来，让他抓住，才慢慢地放下去。在这里，大家才真正体会到什么叫爬山。还有一次雪后，他们上南山勘察，雪已经在岩石上凝成薄冰。忽然听到"啊呀"一声，刘金坤同志脚下踩空，在一块岩石上冲滑下去，好在快到边缘的时候，他奇迹般地止住了下滑，大家才松了口气。

甘草泉至南山，全是土路，坑坑洼洼。他们乘的是苏联产的"嘎斯"63型越野车。这种车底盘高，越沟过坎比较轻松，但车颠簸厉害。车上蒙着篷子，大家挤在里面，就如同坐在闷罐车里一样。丁浩然年纪大一些，大家让他坐在驾驶室里，他总爱透过朦胧的雾看远处若隐若现的山，就像一幅引人遐想的风景画，令人心旷神怡。一次，车在行驶中，他忽然看到一个车轮向车的左前方滚去，原来是一个车轮被颠脱了，幸好司机是一位"老手"，不慌不忙，慢慢地停下车来，避免了一场事故。

南山虽高峻难攀，但也有它美丽的地方。山坡的沟槽处，长有一种很特别的松树，它贴地而生，枝叶繁茂，匍匐散开，显示出一种十分倔强的性格。还有一种无名的小草，开着球形的小黄花，虽然干枯了，却花形如旧，颜色依然。南山起伏如浪，夕照也很壮美。极目远望，一抹斜阳从西边铺洒而来，染得满山满谷一片金红。战友们不禁吟出了毛主席的词句："苍山如海，残阳如血。"多年以后，丁浩然在兰州遇到当年一起工作的刘子贵同志，谈话之中，他又回忆起了这一情景。

那年春节，他们是在甘草泉过的。除夕之夜，食宿站的战士尽其所能备置了最好的饭菜。俗话说："每逢佳节倍思亲。"在这离家万里的戈壁滩，大家虽思念着亲人，但却没有伤感的情调。他们有一种为祖国献身的气概，并以此而感到自豪。他们举杯互祝春节快乐，也为各自的亲友身体健康干杯！

大家来自五湖四海，还有来自协作单位的中科院地质研究所的欧阳自远、谢先德等同志，相聚荒漠深处度过大年夜，既是一种缘分，也别有一番情趣，于是引吭高歌，抒发着火热的情怀，直至深夜。

经过几周的野外工作，他们撤至马兰，进行了短期室内整理，丁浩然和一部分同志于2月底回到了北京，并在中科院地质所进行了实验室分析、鉴定测试、描绘图件、撰写文字说明，于4月份提出了首批选场地质报告。

经过与中国科学院地质研究所、石油部地质人员以及基地作战试验处、工程处等单位的共同努力，前后约半年多时间，全面完成野外与室内测试任务，为首次地下核试验提供了地质保障。

选场二：远征阿尔金

1965年4月底，由基地副参谋长韩济率领勘选队，至阿尔金山一带勘选预备场地。队员有工程处的庄英翘、工程兵设计院的金本立、中科院地质所的欧阳自远、研究所五室的白远扬和基地地质研究室的丁浩然，还配备了几名战士担任警卫工作。他们先到了库尔勒。那时的库尔勒只有一些平房，简单的两条街，显得有些冷落。由此向南，沿塔里木河而行。当时塔里木河沿岸长着茂盛的胡杨树。胡杨树很特别，它下部长着柳树似的叶子，上部长着杨树似的叶子，因此又叫异叶杨。

阿尔金山脚下的若羌县城，也只有几千人口。在若羌过了"五一"节，便去东面的米兰，准备从那里进山。从老乡那里打听到进山不远，便有一口泉水。勘选队便乘两辆"嘎斯"69小车和一辆"嘎斯"63中型车，带着帐篷出发，直奔那口泉水，准备在那里过夜，然后步行入山。车到山下时，一辆小车的水箱有些漏水，于是便停下来修理。丁浩然和庄英翘忽然看见山里面升起一颗信号弹，在半空划了一道圆弧便沉下了。他们顿时警觉起来。在若羌城时，人武部同志说过这地方不太安宁，既有隐藏的国民党顽固分子，还有窜到阿尔金山的叛匪残余。常言道：明枪易躲，暗箭难防。虽然战士有步枪，但勘选队在明处，人家在暗处，又不知他们的实力，不大好对付。韩副参谋长说："不能进山了，也不能在此久留，以防不测。"于是忙着把水箱收拾好，拿出脸盆，倒出水壶里的水，再加上每人撒的一泡尿，一起灌入水箱，调车往回返。为隐蔽起见，也不开灯，摸黑行驶，直返米兰。

第二天，勘选队改由若羌西边瓦什峡进山。在瓦什峡，把部分人员留下，弃车轻装进山。他们雇了几头毛驴和一名向导，带上棉被、大衣和食品，骑着毛驴出发了。瓦什峡离山较远，骑驴得走一天。他们先通过新月形沙丘，沙丘高二三十米，细沙松软，骑驴在上面行走，踏一步退半步，只好牵着驴走过去，然后又越过一片戈壁。在戈壁滩上，不时可看见一些孤立的堆垒起来的石垛，那是牧羊人的指路碑。

在阿尔金山里，丁浩然等勘察了两天，没有找到合适的场地。这里的岩石有花岗岩和一些古老的变质岩，岩性倒是适用的，不适合的原因是山体的比高都不很大。阿尔金山虽然海拔五六千米，山体高大，但它是一级一级高起来的，它的每一座山峰，就局部范围而言，比高都不大。另外，南疆的交通也太不方便，用水也比较困难。

情况基本了解之后，勘选队往回返，抵达山脚时，已是下午，当天回不到瓦什峡了，便在一口泉眼处饱餐了一顿，然后接着赶路，以便第二天早一点儿到达驻地。将近黄昏的时候，他们回到了距沙漠不远的戈壁滩。这里有一带低缓的小丘，是很好的露宿场所。那天没有风，天空晴朗，夕阳照在大地上，一片金辉。大家把垫子铺在沙地上，席地而卧，盖上棉被，浑身有说不出的舒服，一天的疲劳顿时消散。天渐渐黑下来，上弦月和疏星越来越明亮。大家分散躺着，闲谈一阵后，便进入了香甜的梦乡，过了难忘的一夜。

选场三：转战辛格尔

1967年3月初，在第一个平洞试验场选定后的第三年，因平洞试验受山体大小的限制，难以进行中大当量试验，故基地又着手竖井试验场的勘选。竖井试验是地下核试验的另一种方式，其优点是埋深可以任意选择，可进行各种当量的试验。这次选场，完全由基地自主进行，技术上由丁浩然负责，并且采取了因地制宜的原则，还有司令部作战试验处、工程处的协同，都在张英副司令员的率领下进行竖井场地勘选。

他们先来到试验场禁区东北部的帕尔岗，从大气层核试验场区绕道进去，在图上预选的地点架设了帐篷作为驻地。勘察从驻地向四周进行，先考察了花岗岩场地。这里的花岗岩分布面积很大，地形起伏不大，初看起来适合于做竖井场地，但最后发现并不理想。

后寻找火山岩场地。这一带火山岩分布比较分散，离驻地也远一些，勘察起来也比较困难。一次孟广魁带领一个小组去西北方向勘察，走得远了一些，天黑以后还没有回来。战友们便拾些干柴，燃起篝火，并鸣枪显示驻地。他们根据这些信息回到了驻地。当年，在地形相似的戈壁滩，若没有特殊的地物参照，出去以后如果不循原路车迹返回，就很容易迷路。当今，有卫星定位系统，就不会发生迷路的事情了。

为了寻找火山岩场地，他们曾到更远的梧桐沟，那里一天不能往返，于是便在那里的独秀峰下在车上过了一夜。独秀峰是一座小山，由火山岩组成，凸现在附近比较平坦的戈壁滩上，好像一枝独秀。这大概是测绘队员根据地形、触景生情而起的地名。

通过几天的勘察，仍没有找到比较合适的火山岩场地。一是这些古老的火山岩比较分散，每一片的面积都不很大；二是火山岩中的凝灰岩虽然发现了一些，但由于时代久远，已变得很硬，不像美国内华达试验场第三纪凝灰岩那样松软。

总的看来，帕尔岗一带，从地形与岩性考虑，虽也有适合做竖井试验的场地，但并不理想。主要原因是施工条件比较困难，路途较远，用水奇缺。他们在踏勘时，曾在戈壁滩上发现散堆着的白骨，可能是渴死的野马或野骆驼的遗骸。

由于没有找到理想的场地，他们转到离甘草泉较近的辛格尔安营扎寨。这里有一个气象观测站，有房子住，有泉水喝，比起帕尔岗住在冰冷的帐篷里要好得多了。

辛格尔泉是一个断层泉，由地下水沿着辛格尔大断裂涌出而成。泉水流出后，形成一条小溪，里面游着许多小鱼。泉水的周围，生长着大片芦苇，有许多沙枣树，还有少量的农田。原来这里有几户人家，地图上也有辛格尔这个名字。来到这里，见到泉水淙淙，阡陌纵横，花树丛生，房舍俨然，颇有世外桃源之感。

在辛格尔周围，他们开展了大面积的调查。一天，丁浩然和工程处的杨杰参谋（后来是技术营及技术总队的主要领导）到北面去察看，先看到一片花岗闪长岩山丘，后来是一大片紫红色砂质岩，地形微起伏。丁浩然和杨杰喜出望外，这不是很好的场地嘛！随后，他们

1967年春辛格尔竖井核试验场（前排左起：刘子贵、褚玉成、王学效、徐铁中、桂来侗、李荷培、于明钦，后排左起：蔡华昌、王绍华、孟广魁、丁浩然、赵玉琦、马贵芝、郑孝贤）

在工兵的配合下，进行了较详细的槽探与地面调查，取样进行岩石物理力学测试和化学分析，初步确定为竖井场地。随后又经969地质队的钻探，向上级汇报后，正式选定为竖井场地——这就是后来的竖井试验场。真可谓"踏破铁鞋无觅处，得来全不费功夫"！

当时有一种意见，想选取凝灰岩作为试验介质。因为按照美国内华达试验场的经验，凝灰岩有利于形成能包裹大部分裂变核素的玻璃体。丁浩然等到帕尔岗踏勘后，发现这些凝灰岩夹层分布零星，成层厚度小，而且由于年代古老，已变得十分坚硬，不能用作试验场地。丁浩然认为凝灰岩属于硅酸盐质岩石，其所以能形成较为理想的玻璃体，实是由于能形成硅质玻璃的缘故。因此，只要是硅酸盐岩石，都可能形成这类玻璃体。于是他提出因地制宜的原则，寻找其他硅酸盐岩石场地。他的这个意见，得到了程开甲副所长等领导的认可。1967年春，丁浩然率领地质研究室的同志在基地有关部门配合下，经过大范围的踏勘，最后从五六个预选点中，选

定了比较合适的竖井试验场。

选场四：神交北山

南山首次地下（平洞）核试验后，发现原平洞试验场有很大弱点。因为首先它的岩性为石灰岩，在核爆炸的高温下分解出大量一氧化碳和二氧化碳，携带放射性物质从岩体裂缝和坑道中泄漏。其次，方解石的结晶能力强，不能形成真正的玻璃体，而且所包裹的裂变核素分凝较重，不利于放化定当量。因此，首次核试验后，上级指示另选硅酸盐介质场地。此次选场，同样由基地自主进行，并比较顺利地选定了第二个平洞试验场——一个硅酸盐岩的场地。

如果说其他场地的选定，图上作业只是一种大致引导的话，那么，北山的选定，图上作业起了很重要的作用。接此任务后，丁浩然和地质组组长孟广魁同志商量，按照因地制宜的原则，先从地质图和地形图上寻找合适的地点。通过图上分析，发现甘草泉北面中段的山体，不论从岩体大小还是山体高度来说，都比较合适。面积在数十平方公里以上，山体比高一般可达200多米，可以满足小当量地下核试验的要求。

图上选定后，当即组织踏勘。这次踏勘比较顺利。他们在北山中段的山前山后、山上山下进行了概略察看，发现这里的岩体相当大，是一长条状的花岗岩岩基，从外观上看，一种为红色，一种为灰色（实际也带浅红色）。山体中部以灰色体为主，山体边缘多为红色山岩。山体地形，南坡陡而北坡缓，南坡便于开洞，而北坡地形支离破碎，冲沟深切细长，不易进入，等等。丁浩然将这些基本情况向上级汇报后，初步决定把它作为一个平洞试验场地。因为它位于甘草泉之北，又与南山相对应，遂命名为北山。

当时由于任务紧迫，来不及等地质工作做完便开始开挖平洞，结果却欲速则不达。南坡平洞掘进过程中，由于洞口段岩石破碎，加之掘进不当，造成多段塌方，形势比较严峻。他们在地质调查中发现，此山体南坡边缘地带受小断层影响，加以洞顶接近地面，尚处于风化带影响之中，因此岩体破碎，而山体的中央部位，岩体还是相当完整的。

上级为慎重决策起见，特请来了中科院地质所的谷德振教授和王思敬同志，以及工程兵设计院的一位工程师，请他们帮助"会诊"。谷教授是我国工程地质界的权威，经验丰富，王思敬同志当时是地质所的业务骨干。他们听了丁浩然的汇报，又从岩体工程地质力学

20 世纪 70 年代初勘查地下核试验场址现场（右一丁浩然、右三冯保元、右四郭增岭、右六程开甲）

观点分析了平洞进口段塌方的原因，认为只要掘进得当，支护及时，洞口段破碎带是可以通过的。至于岩体中央部位的情况，则同意丁浩然的意见。谷德振教授等的意见，坚定了上级选定北山场地的决心。由于第一条坑道塌方较多，改造困难，于是就另辟了一个洞口。原计划在这里做的第二次地下（平洞）核试验仍改到南山进行。

上述选场只是地质勘查野外工作的一些片断，是地下核试验顺利进行的先行工作。2005 年，丁浩然回忆选场，激情难抑，填词《长相思·忆选场》以作纪念：

高山荒，大漠荒，踏遍荒原为选场，功成志气昂。
情长长，意长长，战友胡杨总不忘，荒原好伴双。

丁浩然与战友在荒无人烟的大漠深处、石岭深山，为核试验打前站，不怕千难万险，克服千辛万苦，与战友相依，与胡杨为伴，以"踏遍青山人未老"的革命乐观主义精神，选取一个又一个试验场，为核试验成功立下先功！

篇章三：场区地质调查与试验洞位、井位选定

地下试验场选定后的第二步工作是整个场区的地质调查与试验洞位、井位的选定勘察。井洞位勘选主要以内部协作方式进行。基地地质室布置勘查任务并作地质填图，工兵部队挖探槽，钻探部队实施钻探，工程处进行测绘。通过这种协作，选定了试验所需的井位与洞位，其中的千米井倾注了丁浩然更多的精力。该井后来钻凿成高质量的试验井，获国家科技进步二等奖。

场区大范围调查，多采取外协办法。20 世纪 70 年代后半期，基建工程兵水文地质部队在新疆南部开展水文地质普查（精度为 1∶200000）。丁浩然见此机会，即向国防科委申请，委托该部队在地下试验场区域内加大普查精度（1∶100000），为基地提供较详细的水文地质背景资料。此项工作获得批准，并于 1978 年完成。在场区地质调查中，1980 年初丁浩然奉程开甲副司令员之命，还曾请南京大学地质系进行过协作。该系肖楠森教授关于新构造对地下水的控制作用，令基地同志耳目一新，也有利于阐明场区地下水的贮存规律。

场区地质勘查中的实验室工作，常规的岩矿鉴定、岩石物理力学测试、岩石成分（包括常量与微量元素）和水成分分析、硅酸盐岩高温高压模拟实验，都由基地研究所地质室进行。特殊的实验则以外协方式完成。其中除上述首次核试的高温高压模拟实验请中国科学院地质所承担外，其他特殊实验也主要依靠外协。如岩石围压强度（三轴实验）在武汉岩体土力学研究所测定，体积压缩实验由中国科学院物理研究所协作完成，岩石比热测定由大连化学物理研究所协作完成。

篇章四：地下核爆炸地质效应研究

地下核试验地质工作的另一大任务，是核爆炸地质效应研究。首次地下核试验后，为了研究地下核爆炸现象，基地地质室与中国科学院贵阳地球化学研究所随之进行了地质效应调查，包括空腔大小与"烟囱"高度测量、玻璃体与空腔物化过程研究、围岩冲击变质作用、自由场岩石破坏分区、坑道

破坏效应、地表破坏效应等。其中玻璃体与空腔物化过程研究以及围岩冲击变质作用研究，主要由地化所承担，他们做了许多开创性的工作。其他各项调查由基地地质室负责，皆取得相应成果。

第二次平洞试验后，基地地质室选择性地做了地质效应调查，包括玻璃体研究、空腔非放射性有害气体分析、地表破坏效应调查等。

以后历次平洞与竖井试验后，地质室为了研究不同岩性中不同当量爆炸的地质效应，开展了更全面的研究，包括硅酸盐岩石的冲击变质作用、硅酸盐岩石中爆炸所产生的玻璃体与非放射性有害气体、不同岩性中不同当量爆炸围岩破坏分区与地表破坏效应、放射性泄漏与地质条件的关系、地下水的放射性污染、水文地质效应、地震效应等。每次都各自总结了相应的效应规律与经验公式。

上述地质效应研究主要由地质室周象乾、高才生、孟广魁三位技术副主任组织实施。这三位副主任

1982 年第二次竖井试验后勘查地下核试验场址合影（左起：王保民、董利久、程开甲、肖楠森、丁浩然等）

于 20 世纪 80 年代先后转业或调离基地。在此项任务中，丁浩然负责统筹规划，并参与了地表破坏效应调查、放射性泄漏与地质条件的关系、地下水的放射性污染等研究。

篇章五：核试验地质工作回望

在基地地质工作中丁浩然很重视技术成果的及时总结，先后进行了三次。20 世纪 70 年代末，他主持总结了竖井场区的已有地质资料，执笔写

成《竖井场区地质资料综合报告》一卷。合作者有王敬立、董利久、赵玉琦。

20 世纪 80 年代中期，他主持总结了整个场区的地质资料，编写成《场区地质志》，分一号平洞场、二号平洞场、竖井场三卷。合作者褚玉成、董利久。

20 世纪 90 年代中后期，此时已是我国暂停核试验的前后，丁浩然也已退休。他感到在基地做地质工作 20 余年，几乎经历了地下核试验的全过程。在核试验暂停之后，很有必要对所有地质科研成果进行全面的综合总结，趁着一些老同志还未转业的时候抓紧进行。于是他与褚玉成、毛松林、倪惠云合作（后来又有周府生、王飚参加），用数年时间完成此项任务，总结写成《地下核试验地质》一书，含场区地质志，选场与井、洞位选定条件及勘探方法，物理地质效应，化学地质效应诸卷。对场区的地层岩性、构造特征与分布规律、地下水的类型、贮存条件与迁移规律、区域稳定性等作了全面论述；对选场与井、洞位勘探总结出选定的原则、条件与行之有效的方法、手段；地质效应方面建立了围岩破坏分区与当量关系的经验公式，若干矿物如石英、方解石的形变特征与冲击压力的关系，坑道破坏分区与当量关系的经验公式，地下核爆炸引起地下水异常运动的特征，空腔玻璃体类型及其对放射性核素的捕获差异，空腔非放射性有害气体种类、含量及其与岩性和当量的关系，放射性泄漏的类型及其与岩性、构造的关系，地下水中 90Sr、137Cs、3H、U、239Pu 的迁移规律与污染范围等。《地下核试验地质》于 2004 年由国防工业出版社出版，作为总装备部"国防科研试验工程技术系列教材"，供核试验有关科技人员，以及防护工程、爆炸力学、核环境科学、核爆炸和平利用方面的研究人员参考。

和谐家庭，晚霞多彩

1964 年，丁浩然被国家秘密调到核试验基地工作后，他严格坚守"上不告父母，下不告妻儿"的铁律，隐姓埋名 20 余年。1965 年春节，丁浩然妻子汪毓田带着半岁的二女儿燕秋从长春到北京找他，只有邮政信箱编号，但不知道单位与地址，更没有电话，结果费尽心思也没有找到，在北京二姐家住了几天，最后失望又担心地返回了长春。

1968 年，汪毓田放弃了吉林省水利厅的工作，带着大女儿吉秋和二女儿来到马兰基地。因正处"文革"期间，汪毓田先在"五七大队"开荒种地几年，后到基地子弟中学教书。1971 年、1973 年，三女儿红英和儿子丁力相继在马兰基地出生。当时生活非常艰苦，汪毓田不仅要完成自己的工作，还要照顾家人的生活，除了一日三餐，孩子们穿的衣服和鞋子都要自己做。但再忙再累，汪毓田仍大力支持丁浩然的工作。如 1984 年，汪毓田需要做妇科大手术，由于当时丁浩然工作离不开，她自己在天津由二姐陪伴做了手术。

1968 年丁浩然夫妇与大女儿吉秋、二女儿燕秋在马兰基地合影

为了改善生活，她又学着养鸡养鸭。星期天，去野外挖鸡菜（野菜），他们会带上鸭子，放到水塘里玩耍半天。鸭子是装在篮子里拎过去的，许是怕鸭子旅途不适，抑或是怕鸭子认路了之后逃家，他们给鸭子戴上花头巾一路蒙住眼睛。这些都逗乐了孩子。

丁浩然、汪毓田夫妇育有三女一男，六口之家这个大家庭，就是一所好学校，父母就是这所学校里的老师。他们言传身教，教孩子们做人的原则、做事的方法。孩子们生活在一个尊重知识、重视教育的家庭，都得到健康成长。丁浩然常说

20 世纪 70 年代，丁浩然携妻子、子女与弟弟（左二）于红山合影

要"认真做事，谦虚做人"。他自己是这样做的，也是这样教育孩子的。

丁浩然一生传承与弘扬浙江大学奉行的"求是"精神。他对子女的教育倾向于"无为而治"，注重言传身教，做人要正道，成绩不苛求，孩子们的童年少年活得很开心，自由生长。丁浩然没有太多的时间教育孩子，但他的教育是榜样式的。榜样的力量是无穷的，时刻影响着孩子的成长。他曾写过"求是"一幅字，这两个字体现了丁浩然做人做事的准则，也影响了孩子们的一生。

当年，基地的中小学教育质量无法与内地相比，高考升学率很低，但四个孩子学习都很努力，三个孩子考上了大学，一个考上中专。高考前夕，丁浩然会提醒"战略上重视考试，战术上藐视考试"。1987年研究所搬迁到西安后，老三面临高考，为了让她具备能藐视考试的底气，丁浩然让她留在所里的子弟中学，这样她可以保持在全年级名列前茅，最终考上985电子科技大学。

工作之余，丁浩然喜欢带孩子们外出远足，在大自然的怀抱里陶冶性情、感悟生活，让他们学会在点滴生活中发现美好、感恩自然。

作为核二代，姐弟四人中有三人从军，并在国防科工委的试验训练基地工作，多次执行过核试验和卫星发射任务，真可谓圆了丁浩然"献了终身献儿孙"的梦想！

20世纪80年代丁浩然全家福（左起：丁浩然夫妇、儿子丁力、小女儿丁红英、大女儿丁吉秋、二女儿丁燕秋，于红山合影）

丁浩然是一个说得少做得多的人。他很少在语言上表达对子女的关爱，但有许多细节表现了他温情的一面。在孩子小的时候，他出差回来总会带一些巧克力、饼干回家。老二燕秋喜欢音乐和美术，但当时基地没有这方面的学习条件，丁浩然就利用出差机会专门从外地买回相关图书，让她能坚持爱好并受益一生。

丁浩然退休生活丰富多彩：除与其他老同志合作，对基地的地质工作进行了全面的技术总结和教材编写外，根据个人爱好，本着老有所为的精神，写了《山地笔记》的科普著作。他很赞赏地质前辈朱夏的"江山未许此身闲"诗句，活到老，学到老，于2004年去老年大学学诗词写作，并于2011年出版《山枫集》。今录他1944年为躲避日寇而休学时，在山村小学教书之余写的《山枫》一诗如下：

枫历严霜色更妍，山头红透直烧天。

沉霾四野全焚尽，万里神州始泰然。

一种痛恨日寇霸占祖国河山，企盼抗战胜利、神州安宁的爱国情怀跃然纸上。

丁浩然的兴趣爱好很多，年轻时就喜欢篆刻，退休后时常刻刀在手，很多家人和朋友的名章、藏书章，都出自他之手。他在老年大学，还参加书法、绘画、诗词班，他的诗作常被《红叶》（诗刊）刊登。

21世纪初丁浩然夫妇舞剑锻炼

退休后，丁浩然也注重锻炼身体，他和妻子配合练太极剑的身影，是干休所里一道靓丽的风景线。祝愿丁浩然夫妇携手走进期颐之门！

（2021年1月20日）

吕　敏

　　吕敏（1931年4月—　　），江苏丹阳人。核物理学家。1952年从浙江大学物理系毕业后分配到中国科学院近代物理研究所工作，1959年赴苏联杜布纳联合核子研究所工作。1962年回国后被调到国防科委，在新疆国防科委核试验基地工作，先后担任过研究室副主任、科技处副处长、研究所副所长、基地科技委主任等职务。1987年因为身体原因调回北京，在国防科工委系统工程研究所任研究员。总装备部武器装备论证研究中心研究员，从事军备控制的科学技术等研究工作。1988年担任抗辐射加固技术专业组组长。1990年当选为中国核学会副理事长。1991年当选为中国科学院学部委员（院士）。1978年获全国科学大会先进科技工作者奖；1999年获得何梁何利基金科学与技术进步奖。

　　漫天的干热，遍地的酷寒。无边的卵石，无际的沙尘。这里没有生命的音符，这里没有绿色的乐章。这就是旅人不敢涉足的"死亡之洋"——戈壁滩。然而，就在这个神奇的地方，中国人用勤劳、勇敢和智慧谱写了一首前无古人的"戈壁曲"——1964年10月16日下午3时正，一朵如诗似画的蘑菇云腾空升入天际，我国久盼的第一颗原子弹爆炸成功了！

　　这曲绝唱是党中央、周恩来总理领导成千上万名科技人员、部队战士及其他有关人员合奏的"交响曲"，其中便有为核试验作物理诊断测量的核物理专家吕敏的协奏曲。

2001年6月，作者在北京吕敏寓所采访时与吕敏（左）合影

求知四部曲

　　人的一生，是求知的一生。吕敏的人生又何尝不是如此呢？

　　人生如歌，学习求知是人生之歌的协奏曲。

　　1931年4月20日，吕敏出生于江苏丹阳县一个书香门第之家，父亲吕叔湘是著名的语言文字学家。吕敏早慧，从牙牙学语开始就有强烈的求知欲。在他的人生旅程中，可以分为中小学、大学、研究生和继续教育（在工作中自学）等求知四部曲。

　　曲一　吕敏入学后，就有"三怕"：一怕背古文，二怕做作文，三怕练毛笔字；他也有"三喜爱"：一是喜爱数学，二是喜爱物理，三是喜爱体育运动。

　　抗日战争全面爆发后，正在英国留学的吕叔湘担心全家做亡国奴，让在江苏丹阳的妻子程玉振带着祖母和吕敏兄弟姐妹4人与舅父家结伴逃难，经武汉、长沙到湘潭县，在江中的一个岛上落脚。吕敏一边逃难，一边向大人们学习所见所闻的知识。吕叔湘回国后，又带着全家辗转到昆明。吕叔湘在云南大学任教授，为了免遭日机的轰炸，又把家迁往小县城晋宁，吕敏进入城郊一座破庙里的小学上学，然而好景不长，云南吃紧，全家又搬迁到四川成都，在颠沛流离中吕敏念完了小学，进入金陵大学附中。当年，在成都的金陵大学附中是为教职员工子弟开办的一所学校，由大学老师兼课，教学质量较高。在学校里，大学老师提倡独立思考，正合吕敏的意愿。他刻苦学习，奋发向上，团结活泼，学习成绩名列前茅。

当年，中学条件差，教室是土坯草房，窗户用纸糊一半，空一半以透光亮。抗战期间，就是金陵大学的师生生活也很清苦。吕敏的父亲是大学教授，但家里也住草房；又因家里人多，吃得也十分艰苦，常常供应一些发霉的或有稗子的米。吕敏上学了，常常穿双草鞋，光着脚丫踢足球。日机来轰炸，吕敏就飞快地去小学接弟弟和妹妹，随着父母往乡下逃警报，还常常帮家里背东西，累得腰酸背痛。

抗日战争胜利后，为筹集返乡的盘缠，家里要变卖东西，吕敏就和弟弟一起去马路边摆摊卖书和其他物品。吕敏深深感到，自己少年时代的苦难，完全是日本侵略者造成的，从而使他萌生了立志报国的愿望，决心要更发奋求知，以便将来为建设强大的祖国而奋斗。

曲二　1947 年，吕敏在南京金陵中学毕业，以优异的成绩奏响了大学的求知小曲。吕敏排行老二，姐、弟、妹都学文科，而他从小爱好数学和物理。吕敏的父亲是"语言大师"，但他希望吕敏学理科，希望儿子好好读书，老老实实做人。当年，吕敏听说浙江大学化工系很有名，毕业后去国外留学的人很多，在国内也好找工作，于是报考了浙大化工系。入学后，制图、金工和化学实验等课程令吕敏烦恼。由于对学习上述几门课没有兴趣，虽然花了很多工夫，但成绩仍不理想。到了大二下学期，杭州解放了，人们心花怒放，吕敏也意识到化工不是自己要走的路，于是想转学物理系。当时，浙大很开明，允许学生根据自己的兴趣和特长转系学习。学校审查了吕敏的成绩单后，发现数学和物理成绩很好，于是同意他转入物理系学习。吕敏来到物理系，学习兴趣更浓厚，学习积极性大增，各门功课成绩都很好，真可谓如鱼得水。

几十年过去了，吕敏仍感谢浙江大学因材施教给他带来的无穷益处。

在浙大读书时，吕敏参加学生爱国民主运动，积极参加护校迎解放的工作。新中国成立后，吕敏响应号召，半工半读。他和同学们住在钱塘江大桥下，打石头修公路，抢着干重活，受到师生的好评。吕敏学习刻苦，成绩名列前茅，被推选为学生团支部书记、团委学习干事，受到同学的爱戴。

吕敏自豪地告诉我："当年浙江大学的物理系学生很少，我们年级只有9个人，而师资很强，有王淦昌、束星北、卢鹤绂、何增禄、朱福炘、王谟显等有名望的教授，有回国不久的胡济民、程开甲老师。"当年物理

三位马兰战友回浙大母校留影（左起：俞章华、吕敏、沈志康，1986年）

1997年胡济民（右一）、程开甲（右三）和吕敏（右四）拜访朱福炘老师

系学术氛围很浓，老师们重视科学研究，吕敏不仅学到了物理学的基础知识，而且又受到浓浓学术氛围的熏陶，对他尔后从事科学研究的创新具有重要的影响。

1996年初，吕敏为笔者主编的《求是英才传》（两院院士集）写了"母

校求是学风和艰苦朴素的精神永远值得我怀念"一句话。几十年来，吕敏就是以这句话为自己学习、工作和为人处世的指针，值得后人学习与崇敬。

曲三 1952 年，吕敏大学毕业后，来到了中国科学院近代物理研究所工作。从此，吕敏走上了一边工作一边学习的道路。当时的近代物理研究所只有 100 余人，但它是中国原子能事业的发源地，集中了物理学界的精英，可以说每一位同事都是吕敏的老师。所长钱三强特别关心青年人的成长和专业选择，吕敏被分配搞宇宙线基本粒子研究，在王淦昌、萧健和张文裕等名师的指导下，利用赵忠尧从美国带回的多板云雾室，在云南雪山海拔 3200 米的高山实验室收集宇宙线事例进行研究分析。在这云南东北的大山丛中，科学研究的乐趣压倒了高山的艰苦生活，战胜了枯燥和寂寞，他全身心地寻求少量奇异基本粒子的径迹；工作之余，则如饥似渴地自学一些图书。在 6 年多时间里，吕敏在《物理学报》《科学记录》上发表 6 篇论文，并与高山实验室其他同志一起，获国家自然科学奖三等奖。

1960 年，丁大钊（左）、周光召（中）、吕敏在伏尔加河畔

1957 年，吕敏考上在职研究生。1959 年，他被派往苏联杜布纳联合核子研究所从事基本粒子和脉冲堆实验研究。他用较为先进的设备，用实验方法研究脉冲反应堆功率的统计起伏问题，在苏联《原子能》刊物上发表了论文。

在联合研究所里，有高能、中能、重离子加速器，有脉冲反应堆等大型设备，吕敏认真学习各种控制学知识，并用加速器进行基本粒子研究。研究所常举办国际性学术会议，有世界各国的科学家前来参加，这对吕敏来说，也是一个学习的好机会。在这个先进的实验室工作的 3 年，对他知识增长，开阔眼界大有好处。与外国科学家一起工作、共同讨论，不仅提高了他分析问题、解决问题的能力，而且增强了向科学前沿冲击的自信心。

曲四　世界科学技术日新月异，知识的更新速度加快。有人估计，除了基础理论和外语等外，当今的科技知识，每3—5年就更新一次。在这种知识更新加快和新科技不断涌现的态势下，科技人员要学习的知识实在太多，有机会上学、进修固然是好，但更重要的是利用一切机会、抓紧一切时间自觉主动地自学。吕敏说："在大学里我们学到了许多基础知识，但大学的老师，不可能把什么知识都教给你，我上大学时激光没有发明，半导体器件没有问世，更谈不上计算机、因特网了。因此，我们必须不断学习。"

吕敏认为，在学习的时候，除了学习知识外，更应注意学习思维方法、学习分析问题和解决问题的方法，同时，还要注意学习的方法，只有这样，才能收到事半功倍的效果。他告诫说，做研究工作的人，随时随地都要发现问题，不断思考问题，并不断向内行人请教。"三人行，必有我师"，周围的人各有所长，我们可以从他人那里学到知识，汲取有益的营养，来充实自己，滋养自己。

自1962年起，吕敏从事核试验的技术工作。这些技术工作，没有前人的资料可以借鉴，也不可能引进国外的先进技术进行消化与吸收，更没有一条通向理想王国的捷径。因此，科技人员唯一的办法只能是学习更多的专业知识，在独立思考的基础上大胆创新，勇于实践，坚持自力更生，克服各种困难，走出一条有中国特色的核试验技术之路来。吕敏深有体会地说，在强调独立思考的同时，也应注意各国科技前沿的动态，可从各种文献的字里行间得到启发，从而获得有益的营养。

实践告诉我们，科技工作宛若一首美妙的乐曲，而学习求知正是它通向成功的协奏曲！

家国二重奏

生活像个万花筒，也像一首歌。

1960年前后，吕敏在苏联杜布纳联合所工作时，大使馆向吕敏等传达了当时苏联突然撤走所有在中国的专家这个消息,在联合所工作的中国人都十分气愤。出于一片爱国热忱和民族自尊心,吕敏和周光召、何祚庥等联名向钱三强等领导表示愿意放弃基础研究,回国参加实际工作。血气方刚、富有才智的青年人,决心用自己的行动证明中国人可以用自己的双手和智慧创造史无前例的奇迹,研制出我国自己的原子弹。就这样,吕敏于1962年起放弃了熟悉的专业,毅然穿上了军装,从事军用核技术的工作。从此,他把个人的前途与国家的命运更牢固、更直接地联系在一起,并以自己的聪明才智为经,几十年时间为纬,编织出一首动人的歌,加入戈壁曲的大合奏。

红山地处天山山脉察罕通谷地,距马兰近40公里。这里植被稀疏,到处呈现一片赭红的岩石,因此起名红山,也赋予她英雄的革命色彩。红山,成了中国核试验研究的圣地。红山曾是第二十一训练基地研究所所在地,我国几代核试验主力军和科技精英,在那里成长壮大,吕敏和周佩珍夫妇也无私地、默默无闻地奉献着自己的青春与才华。

1962年夏,组织上把程开甲从北京应用物理与数学研究所调到核试验基地去创办研究所。他带领陆祖荫、忻贤杰和吕敏等24名技术骨干及200多名技术人员,组成首次核试验技术准备的队伍。

1962年10月前后,北京西直门中央军委办公厅专家招待所的一座二层小楼里,住进了程开甲、陆祖荫、忻贤杰和吕敏等4位技术骨干,其他技术人员借住测绘学院。

1963年7月12日,第二十一训练基地研究所成立大会召开,宣布第一任所长为张超,副所长程开甲、董寿莘,政委秦国才。忻贤杰校友任电子学研究室(简称四室)主任。吕敏校友任核物理与核化学研究室(简称三室)副主任。程开甲校友兼任理论计算研究室(简称五室)主任。

1966年7月开始,研究所从北京整体搬迁到红山,1987年9月又整体搬迁至西安。在长达21年的时间里,研究所与红山结下伟大创举的不解之缘。吕敏、周佩珍夫妇也在红山度过了难忘的岁月。

20世纪60年代,红山没有礼堂,更没有电影院。开大会是在办公楼前的广场,自带自制的三片木板拼做的小板凳;偶尔放电影了,不管天寒地冻,都在露天下尽享最高级的精神食粮！在那年代，半导体收音机还是稀罕货。吕敏每月有几十元专家补贴，但他一直没有动用，他用一年积攒的几百元补贴买了一只半导体收音机，供大家分享。

核试验研究是成千上万人的共同事业，分配给吕敏的任务是负责核试验中实时物理诊断测量。核试验工作涉及许多学科，需要大家按照统一时间表，工作必须严格按进度完成。这种工作只能一次完成，不能返工重复。周恩来总理曾亲自过问，要求"周到细致，万无一失"。吕敏深感责任重大，一切服从任务需要，一切以国家利益为重，不敢丝毫懈怠。这样一来，小家庭的事自然少有顾及，更谈不上他的个人兴趣爱好了。从此，他把自己过去喜爱的踢足球、打篮球、打乒乓球等体育活动一概尘封了起来。

吕敏深谙"有国才有家"的道理。虽然家庭也是组成国家的细胞，但吕敏总是以"小家服从国家"的原则来处理一切。吕敏的妻子周佩珍，毕业于北京大学物理系，也在核试验基地工作。他们为了扎根核试验基地，把家安在荒凉的红山。1964年，吕敏夫妇迟迟得子，真是喜出望外，但基地紧张的工作，戈壁艰苦的生活，给他们夫妇的双肩更压上又一副重担。吕敏告诉我，当时一年只运来一次鸡蛋，每年10月一次购买上千斤白菜、土豆、萝卜，还有苹果，都贮藏在地窖里，每星期翻动一次，一直吃到来年4、5月。然后便是海带、粉条、黄豆和虾皮，直至7月后才有鲜菜吃，也就是西葫芦和茄子上市为止。为了孩子，在工余休息时间，周佩珍学会了开荒种菜和养鸡，过上蔬菜半自给的生活。

在红山核试验研究所生活的日子里，吕敏夫妇除了工作的故事后述外，家庭生活的故事也不少，虽然这些故事少有色彩，但几十年来一直令他们难以忘怀。

在红山这个不毛之地，他们的生活十分清苦，前几年做饭用煤油炉，挂面甚至要从北京买了带去。孩子还小时，吕敏夫妇带着两个孩子住14平方米的房子，做饭改烧煤炉，每顿饭要用报纸引燃劈柴，再引燃煤块，后来是用煤粉做成的煤球也是靠自己勤劳的双手自制的。生起炉子来，煤烟一屋，几乎令人窒息。

"文革"期间，核试验研究所不少科技干部受到迫害，张爱萍副总参谋长也没能幸免。据唐逢珍回忆说："全所有近40％的科技干部，被莫须有的罪名'复员'处理，而且是按战士复员处理回原籍……"吕敏被迫靠边站，中断核试验研究，周佩珍则被勒令复员。他们和其他受冲击的19对夫妇的命运一样，夫妻分居两地，生活更是艰难，家国二重奏大失和谐的音符。直到1971年，吕敏才恢复工作。

20世纪70年代，吕敏（右）、马国惠（左）与周清波在核试验现场，就地而蹲、攻坚克难

1977年张爱萍再度出山并出任国防科委主任，他视察红山不久，核试验研究所遵照张爱萍主任的"我们要把那些被赶走的同志请回来"的要求，原七室的吕敏夫人周佩珍和周新嵩等等都重新回到红山，为核试验续写辉煌的篇章！

吕敏恢复核试验研究工作后，曾先后任研究室副主任、研究所副所长。1983年后任基地科技委主任，全面负责核试验技术工作，并继续从事核试验物理诊断研究。吕敏在担任各领导职务期间，工作更繁重，对小家庭的照顾更少了，许多家务事都落在妻子周佩珍的身上，直到1986年因患肝炎从基地回到北京。那时的吕敏，因过度劳累和营养不足，身体很虚弱。他被担架抬着，用军用小飞机送到乌鲁木齐又转民航大飞机，拆了两张座椅安放担架，此情此景，差点把穿军装的妻子吓出心脏病来。

回首吕敏走过来的坎坷艰难的路，谁曾想到当年他会放弃基础研究，而转向国防科技研究，更没想到他50多岁，就病痛缠身。吕敏平静地告诉我："在长期艰苦工作中我有所牺牲，妻子也随我作出了牺牲，孩子们的成长也受到影响。但我并不因此而感到后悔，我为自己在某些关键时刻用自己的聪明才智为国家做一些有益的工作而自豪，为核试验这样重要而艰巨的任务作出了一点贡献而感到欣慰。"
这是吕敏夫妇几十年如
一日，克服种种困难，
以"大家"利益为重，
以"小家"服从"国家"
之需的家国情怀，值得
后人学习与弘扬。

吕敏热爱母校浙江
大学，除应邀参加母校
校庆外，还大力支持笔

吕敏（右）与王奎禄在核试验现场研究测试项目技术方案（20
世纪 80 年代）

者主编《求是英才传》（两院院士集），及时寄送小传素材、照片和手迹。
他的题词是：

母校求是学风和艰苦朴素的精神永远值得我怀念。

1997 年，浙江大学迎来百岁华诞。吕敏应邀回母校浙大参加系列庆典活

浙大百年校庆两院院士报告会后物理系部分教授与校友留影（前排左一吴
璧如，左四起李文铸、吕敏、胡济民等，1997 年）

1997 年相聚在母校（左起：卢加春、吕敏、林俊德、杨雁、叶锡生）

吕敏夫妇（中）与战友何盛友夫妇合影（2019 年于北京）

动，还给物理系师生作科学报告，爱校爱系之心可见一斑！在参加母校庆典系列活动之余，吕敏院士不忘当年恩师，会同程开甲、胡济民学长去朱福炘教授寓所拜望，献上鲜花并合影留念。

2018 年，吕敏不顾年迈体弱，接受浙大物理系学子的采访，他从愤而离开苏联杜布纳联合所回国谈起，决心放弃粒子物理的理论研究，隐姓埋名改行从头学起，加入程开甲教授带领的团队，和陆祖荫、忻贤杰等人一起，积极投身核武器试验研究所的创建，在一无参考文献、二无先进计算工具的情况下，攻克原子弹和氢弹研制试验中的许多难题，出色完成每次核试验任务，听后令人钦佩不已！

自 1996 年我国在联合国《全面禁止核试验条约》上签字并暂停核试验后，核研制和试验人员得以一定程度解密，战友的聚会多了起来，正式出版（内部出版）回忆书著较多，许多研究和核试验人员都写了回忆文章。吕敏除积极参加战友的聚会外，也写了多篇回忆文章，一片赤诚之心溢于字里行间。他还为 2018 年出版的《战斗在罗布泊的上海人》

一书题词：

> 为了建设强大国防，我们年轻时曾共同战斗在戈壁滩上！

这也是书中战友们的共同心声！

在中国核试验基地出版的《亲历那一天》一书中，他写了《21 所与中国核试》一文，除热情赞颂"程开甲院士领导开拓了我国的核事业"外，还记述了"大力协同做好首次核试验准备工作"和"21 所为首次核试验作出了贡献"的动人事例，更有自己的亲历与感受。上述书中文中的所有这些参试人员的家国情怀，笔者读后久久难以平静，令人崇敬与赞佩！

科研硕果丰

1964 年 10 月 16 日第一次核试验准备工作中，吕敏负责核爆链式反应动力学的测量。他和同事为完全按中国独立自主发展核武器的方针，以多种闪烁探测器和带放大器的记录示波器为基础，制定了能取得更多数据的测量方案，并经过反复论证，统一思想与行动。当时，研究所设施还在筹建，没有自己的实验室和仪器设备。在吕敏带领下，大家发扬"自力更生，大力协同"精神，夜以继日地研制，在原子能研究院等单位的大力协助下，终于如期完成了测量设备的研制任务，并将设备运到了核试验场准备实测工作。

盛夏的戈壁滩，所有人都难逃四大考验：一是路远乘车走"搓板路"震得腰酸背痛；二是白天能蒸熟鸡蛋的戈壁尽管有水壶、墨镜和大草帽三宝，也难挡燥热；三是喝又咸又苦的孔雀河水后拉不完的肚子；四是吃的是粉条、海带、香肠，唯独吃不上大家爱吃的新鲜蔬菜。在这种艰苦条件下，吕敏仍带领链式反应动力学组在地下工号里，挥汗如雨地调试好测量设备和仪器。

在核试验场，设备安装在地下工事中，吕敏等科技人员住在帐篷里。他们喝苦水、斗风沙，每天乘敞篷卡车颠簸在戈壁滩的搓板似的路上，经历了夏季酷热和冬季严寒的考验。当年没有适合饮用的水，他们所喝的是苦水，一喝就拉肚子，难以适应；更有肆虐的风沙，有时刮飞帐篷，有时埋掉土路……就这样，大家齐心协力，战天斗地，最后在 10 月 16 日下午原子弹爆炸中实测了链式反应参数，尔后，经过几次类似的测试，建立并完善了核爆炸链式反应动力学测量方法，为此后历次核试验、各种核武器型号提供实测数据。为表彰吕敏为核试验物理诊断作出的重大贡献，部队给他记二等功两次；1978 年出席了全国科学大会，并评为全国先进科技工作者。1985 年，该项目荣获国家科技进步二等奖，吕敏为第一完成人。

20 世纪 70 年代末，我国核试验开始全面转入地下进行，它带来了许多新的技术挑战。在一次地下核试验，特别是竖井核试验中，能不能获取更多的核爆物理参数？为了这个问题，吕敏仔细阅读了美国等先进核国家的文献，请教了理论物理学家，先后富有创见地提出了"用飞行时间去测中子能谱宽度定聚变温度"方案，"诊断核爆活性区几何形状针孔照相"项目及基本物理方案，"利用光纤阵列测量聚变区反应温度随空间分布"的项目及基本物理方案，"利用正电子磁偏转测量聚变高能 γ 波形"项目并制定测量方案，"用钢架多个物理测量项目的竖井核试验"以及"用散射方法测量核试验中 X 射线的辐照量"的方案，等等。因吕敏身负技术领导工作，所有这些技术建议分别由其他科技人员负责实现，从而大大提高了我国地下核试验的效果，其中一部分已成为核试验的常规项目。此外，吕敏还领导研制了 1MV、1MA 强流电子束加速器等模拟设备。在此领域中进行了长期、系统及开创性的研究与指导工作，为建立中国核试验物

我国第一颗原子弹爆炸后战友们回收测试数据（1964 年）

理诊断体系和队伍、为向核武器设计部门提供丰富的实验数据作出了重大贡献。在实践的基础上，他提出核试验的物理诊断技术的科学内涵为"脉冲射线束测量技术"，可分为时间参量、空间参量、温度参量三类测量的概念。

在积极从事核试验核反应测试技术和核试验物理诊断的同时，吕敏还担任了一些行政工作。20 世纪 60 年代至 70 年代初任基地研究所第三研究室副主任，后任研究所副所长；1983 年后任基地科技委主任，全面负责核试验技术工作。吕敏参加了约 30 次核试验，在 20 世纪 60 年代，他荣立二等功 2 次。在核试验物理诊断中作出重大贡献，是"戈壁曲"的主旋律之一，亦是活跃音符之一。除前述者外，他还有多个项目获奖，如：

多项目测试的干井核试验，1985 年获国家科技进步二等奖，为第一完成人。

××××弹装置的突破，1987 年获国家科技进步特等奖，为第八完成人（共 27 人）。

高能宇宙线核作用中次级粒子的特征及 3200 米高山宇宙线粒子形态学，1987 年获国家自然科学奖三等奖，为第三完成人。

用正电子磁分布方法测量核爆炸高能 γ 射线，1990 年获国家科技进步二等奖，为第二完成人。

用光纤阵列系统测量核爆炸聚变反应区空间有关参数分析，1990 年获国家科技进步二等奖，为第二完成人。

核爆炸反应区毫微秒图像诊断技术，1992 年获国家科技进步二等奖，为第二完成人。

1988 年后，吕敏的身体逐渐康复，调到国防科工委系统工程研究所工作，除仍参与核试验技术工作外，主要领导我国武器和卫星的抗辐射加固

2001 年 6 月，吕敏、周佩珍夫妇在寓所留影

技术研究工作，在确定加固技术具体要求、探索加固的技术途径、建立考核加固能力的模拟设备和方法等方面，提出了许多重要的指导性意见。同时，他还在有关军备控制和武器发展战略等软科学方面进行研究，撰写出研究咨询报告30多份，对发展我国军控核查技术等有较大的指导和推动作用。他于1990年至2000年被推选为中国核学会第三、第四届副理事长。

功夫不负有心人。荣誉与奖励不断向吕敏招手，如下。

《中国军事百科全书·武器分册》，1992年获国防科技进步奖，为第七完成人。

高功率微波武器总体概念研究，1997年获国防科技进步二等奖，为第三完成人。

半导体器件单粒子效应的科学技术研究，获1997年国防科技进步二等奖，为第三完成人。

地下核试验X射线总剂量测量技术，获1998年国防科技进步一等奖，为第二完成人。

吕敏夫妇在戈壁滩工作和生活了20多年，为发展我国核试验研究作出了许多牺牲，作出了重大贡献，祖国不会忘记他们，人民也不会忘记他们。除了上述一些荣誉和奖励外，吕敏还于1991年当选中国科学院院士，1999年荣获何梁何利奖。

吕敏从事国防科技工作几十年，默默在戈壁滩耕耘，做了许多开创性工作，但很少有参加国际学术会议的机会，因保密关系，也未能发表更多的论文，难以提高自己的知名度，作出

2007年8月丁乐臣出席北京召开的中国人民解放军建军八十周年纪念会时与基地战友合影（左起：钱绍钧、丁乐臣、程开甲、吕敏）

了较大的牺牲。然而，历史不会忘记他们，祖国也为有这些国防科技工作者而自豪！

吕敏院士离开核试验研究所后，又开辟科学研究新天地，取得许多新的成就。

采访结束了，但由吕敏及他的同事们奏响的"戈壁曲"却久久地在我耳边回响，直至永远！

2021年11月19日，我们在安吉龙山源人文纪念园的"国家使命"主题园内，看到了浙大校友王淦昌、程开甲、吕敏、杨裕生等校友的题词、事迹图片，也看到了杨裕生、唐孝威、贺贤土、沈冶华等校友的手印，所有这些都激起笔者对九院、马兰等核研试人员的深深的敬意与怀念！在主题文化园核心位置还高耸着主题雕塑——脊梁，其正面有张爱萍上将的"祖国不会忘记"金色题词，其基座封存着八个"两弹一星"重要基地的沙土，以此铭记老一辈科学家为"两弹一星"事业作出的杰出贡献！祖国不会忘记他们，人民也不会忘记他们！

2021年11月19日，作者与马兰核研试参与者沈冶华校友（左）在"脊梁"旁留影

（2021年12月5日改定）

唐孝威

唐孝威（1931年10月—   ），祖籍江苏太仓，生于江苏无锡。原子核物理及高能物理学家。1952年毕业于清华大学物理系。先后在中国科学院近代物理研究所、北京二机部原子能研究所、苏联杜布纳联合原子核研究所、青海核工业部九院（现中国工程物理研究院）、中国科学院高能物理研究所、德国汉堡电子同步加速器中心、瑞士日内瓦欧洲核子研究中心等单位工作。2001年起任浙江大学物理系教授、博士生导师。1979年被评为全国劳动模范。1980年当选为中国科学院学部委员（院士）。主要从事原子核物理、高能实验物理、生物物理学、医学物理学、核医学、脑科学、心理学等方面的研究。唐孝威独自或与合作者在国内外学术刊物上发表论文600余篇；写作和主编《粒子物理实验方法》《脑功能成像》《核医学和放射治疗技术》《脑与心智》《一般集成论》等专著40余种。

唐孝威的传奇人生是一曲全景式、多层次的美妙交响乐章。笔者怀着惴惴不安的心情用有限的篇幅浓缩再浓缩他精彩人生的事迹，本文撷取他教学与科研的几段截屏，或是几朵小花，从中亦可看到他科研和教学的丰硕成果。

学业优异，迎接黎明

1938年，唐孝威以优异成绩考入上海南洋模范小学读书，跳班上了二年级，并靠奖学金读完了小学，直升南洋模范中学。南洋模范小学和南洋模范中学（以下简称南模小学和南模中学）都曾是上海南洋公学（上海、西安交通大学前身）的附属学校。

日寇侵占上海后，整个交大校园变成了日军兵营，大操场到处是马粪，原以爷爷名字命名的交大礼堂——文治堂也改了名，日军在此关押了许多中国人，看到听到这些事，唐孝威心里燃起仇恨的怒火。

在唐孝威很小时，父亲唐庆永离家出走，母亲陆庆兰和三个孩子一家四口的生活陷入困境。为了培养三个孩子读书，母亲变卖了仅存的一点首饰，一年四季连点心和水果也舍不得买。三个孩子都在南模小学读书，为省书费，老大用了的课本给老二用，老二用了再给老三用，实在无法再用，妈妈就帮着抄写课文，令人感动。妈妈十分重视孩子的品德和文化教养，要求孩子们一定要做一个正直的人，做一个对国家有用的人。唐孝威很懂事，不负妈妈的重望，每学期成绩都是全年级第一名，两个妹妹学习成绩也都很好，使妈妈感到很欣慰。

1943年秋，唐孝威升入南模中学。学校的校训是唐文治先生制定的"勤、俭、敬、信"。学校不仅教学生以知识，也教学生做人的道理。勤奋好学、朴实无华、尊师爱生、努力向上，一直是南模中学的好学风、好传统。在这里，唐孝威受到良好的教育，各科学习都有浓厚兴趣，特别是数学超前学习做习题，还经常帮助学习困难的同学。

南模中学是唐孝威成长的摇篮。在整个中学学习阶段，他担任过班长，还兼做一些社会工作，各科成绩都很好。这里有一批德高望重、学问深厚的优秀老师，有些是原交大等高校的老师，教学方法颇具特色，注重打基础，注意培养学生的科学思维和自学能力。老师们的敬业精神也感染了学生力争一流的意识，培养出了像唐孝威这样优秀的人才。

1946年9月升入南模中学高中部后，唐孝威以堂哥、堂姐（当时已是中共地下党员）及许多爱国学生为榜样，积极投身南模中学地下党组织领导的爱国学生运动，并积极参加进步学生组织的读书会，初步懂得了马克思主义的革命道理。南模中学开办了民众夜校，利用晚上义务给学校附近的贫苦儿童及工人上文化课，年仅16岁的唐孝威担任了民众夜校校长。

唐孝威在积极参加读书会和进步活动中逐渐成长，认识到只有共产党才能救中国，只有推翻国民党反动统治，才能建成独立富强的新中国。因此，他有参加革命的强烈愿望，于1949年2月秘密加入学校里的中国共产党地下党组织，并与同年级的地下党员顾慰庆（顾毓琇先生的儿子）、李道豫（后任我国驻美大使）等响应上海地下党组织的号召，积极组织南模中学保安队，做好护校迎接解放等工作。1949年5月27日上海解放后，需要毕业生中的中共党员参加有关工作，许多同学也报名参加南下服务团，准备随军南下，解放福建。党组织考虑到唐孝威学习成绩突出，思想品德好，有望成为新中国自己培养的红色科学家，经南模中学党支部书记王纯亨与徐汇区学委委员张效浚商定，要唐孝威不参加南下服务团及其他工作，而报考国立大学。唐孝威服从组织安排，并更加刻苦学习，被交通大学和清华大学两所大学录取。他去了北京清华大学读书，成为新中国成立后培养的首届大学生。

1949年秋天，唐孝威来到清华大学。10月1日天未亮，唐孝威和上千名同学一起，点亮自己制作的红五角星纸灯笼步行到东长安街，参加中华人民共和国中央人民政府成立典礼（史称开国大典）。当听到毛泽东主席站在天安门城楼上庄严宣告："同胞们，中华人民共和国中央人民政府今天成立了！"聚集在天安门广场的人群顿时沸腾了。唐孝威亲眼看到了毛主席向人群频频招手，更是兴奋不已。回到学校，他感到浑身有使不完的力量。

北京的冬天很冷，唐孝威无钱添衣御寒，原来在上海就有的关节痛加重，引发类风湿脊柱炎而行动不便。因为学电机专业常要下厂，唐孝威确有困难，经电机系系主任章名涛与物理系系主任孟昭英同意，从大一下学期开始转到物理系学习。当时，物理系除孟昭英教授外，还有著名教授王竹溪、叶企孙、余瑞璜、周培源、彭桓武、葛庭燧等。他们都是 1955 年新中国第一批学部委员（院士）。他们教学的共同点是注重启发式教育，培养学生独立分析问题和独立阅读文献的本领。在物理系课堂内外，老师总是谆谆教诲学生，唐孝威仍记得老师如是说："学生在前辈人基础上往前走，应该超过他们的老师，这样人类才会有进步。"

在物理系，唐孝威对量子力学特别感兴趣，他还是低年级学生时，竟大着胆子到高年级教室里去旁听彭桓武教授的量子力学课；到三年级时，刚从国外回来的杨立铭教授开了原子物理学课，这更引起唐孝威的极大兴趣。他还特别喜欢做物理实验，不仅认真细致，而且在写实验报告时常常会提出自己的见解。

唐孝威初到清华转组织关系时，见到的第一位党委工作人员是彭珮云同志。她告诉唐孝威如何在学生中开展党的工作。唐孝威在班里担任团支部书记，又担任校党委纪律检查委员会干事，他还发展学生新党员，做了不少工作。尽管身体欠好，社会工作较多，唐孝威仍把学习和工作安排得井井有条。在大学阶段，他是学习成绩优秀的学生之一。

创新不断，硕果迭出

研制核探测器初试水

1952 年 9 月，唐孝威从清华大学提前一年毕业，并被分配到中国科学院近代物理研究所核探测器组工作。开展核实验研究，必先研制核探测器。因为核辐射是不能用人的感觉器官直接感触的。核探测器是专门用来记录和测量核辐射的工具，好比是实验物理学家的眼睛，原子能事业的所有部门都离不开它。唐孝威在物理学家戴传曾教授的指导下，进行核探测器研究。20 世纪 50 年代初，唐孝威和实验组同事"从零开始"，进行探测核辐射的计数器、卤素管和强流管的研制，从仪器的设计、制作、安装直到调试，都自己动手，克服重重困难，最后和全组同志一起制造出第一批气体核探测器并投入批量生产。此后，他在实验中研究气体放电的机制，观察到卤素管坪中振荡的现象，并观测低溴压卤素管输出信号延迟的现象。

唐孝威所在的核探测器组的研究成果，曾获得 1956 年度国家自然科学奖，他们也因此被誉为"中国核探测器研究的奠基者"。

1954 年 4 月 9 日，唐孝威的祖父在上海仙逝，唐孝威因工作繁忙，未能回上海告别，他无法控制自己的感情而流下悲痛的眼泪。

1954 年下半年，唐孝威接受了一项绝密工作——跟随地质部勘探小分队去南方山区寻找铀矿。第二次世界大战后，铀矿勘探和冶炼都绝对保密。唐孝威带了实验组自制的记录核放射线的便携式计数器，和地质队员一起翻山越岭，风餐露宿，经过三个多月努力，他们在广西发现了富铀矿，矿石标本送回北京，后来被称为我国核工业的"开业之石"。他在圆满完成任务之外，还教会地质队员使用核探测器。

中国核工业"开业之石"

1956 年上半年，国外在太平洋进行核试验，为了监测对我国大气层造成的核污染，唐孝威和另一位同志一道登上专用飞机，穿梭于高空大气层进行高空环境的放射性监测。

1956 年 3 月，苏联杜布纳原子核研究所改组为有苏联、中国、朝鲜、蒙古、阿尔巴尼亚等 11 个社会主义国家科学家参加的联合原子核研究所。鉴于唐孝威对核探测器的研制和操作有较好的理论基础与实践经验，经王淦昌教授提议并推荐，近代物理研究所选派唐孝威去杜布纳联合原子核研究所参加实验研究。同年 9 月，唐孝威第一次走出国门来到杜布纳研究所。当时已在该所的中方负责人王淦昌教授向唐孝威介绍了实验室性质和任务后，将他引荐给原子核问题实验室主任柯沙达也夫教授。此后，唐孝威和苏联同事一道，先后在同步回旋加速器上进行了质子吸收负 π 介子的实验和高能电子产生电磁级联簇射的实验，并研制全吸收契仑柯夫计数器、取样式电磁量能器、星裂探测器等，他参加的小组率先研制成功可控制高压脉冲供电计数器。所有这些都是世界上在这方面最早的研究工作之一。

从 1956 年 9 月到 1960 年 3 月，唐孝威一门心思扑在实验工作上，取得了丰富的研究成果。他和合作者先后在国内外学术期刊上发表的学术论文有 12 篇之多。那时他常加班到深夜，受到苏联同事的好评。他的照片也贴在实验室院子大门口的先进工作者柜窗里。在杜布纳研究所工作的年月里，唐孝威在实验技术、研究方法和核理论知识等诸方面都有较大提高，为后来成为我国核科学中坚力量夯实了基础。

两弹核试验显身手

1959 年 6 月，苏联单方面撕毁双方签订的包括苏联向中国提供原子弹教学模型和技术资料在内的《国防新技术协定》，拒绝向中国提供有关原子弹研制资料。有志气的中国人于是把"596"作为研制我国原子弹的代号，让国人牢记这个时间节点，激励参加研制人员争口气，自力更生造出我国自己的原子弹。

1960 年 4 月，唐孝威奉命由杜布纳回国后，便到北京花园路第二机械工业部（即核工业部）的九所报到，著名核物理学家朱光亚教授当即安排他领导一个小组，承担核测试及探测器的研制工作。此后，唐孝威隐姓埋名，全身心参与我国第一颗原子弹和第一颗氢弹中所需的核测试工作，以及核探测器的研制工作。

原子弹爆炸的全过程是：爆轰、压缩、超临界、中子点火和爆炸。研制工作从零开始，先进行"冷试验"，取得各种数据后再进行"热试验"。研制最初从缩小尺寸的模拟"冷试验"开始。这种"冷试验"用的不是核裂变材料，而用化学炸药及代用品，不会产生强的核辐射。

为掌握爆轰近区的核测量技术，唐孝威带领组里人员到河北怀来县工程兵靶场的十七号工地进行小型爆轰物理实验研究后，于 1963 年带领研究组人员来到青海金银滩核基地221厂，进行艰苦的研制工作。这里地处青海湖东的广袤草原，海拔近3200米，年平均气温零下4摄氏度左右。夏天，这里有碧绿牧草、野花，但有时忽有雪花，或有鸡蛋大的冰雹。方圆几十里无人烟，常有野狼出没嚎叫。高原缺氧，馒头、米饭都蒸不熟，水到80摄氏度就开锅了，走路快点就感到气喘吁吁。那时尚未从三年困难时期走出，物资匮乏，生活十分艰苦，但核基地从领导到普通人员都争分夺秒地把核试验前期工作做好。

原子弹爆炸是通过爆轰等一系列环节达到重核裂变完成的，其关键技术是中子"点火"。在整个核试验中，需要研制出各种探测器。唐孝威凭着他在实验物理和探测技术方面的深厚功底、丰富的实际经验和严谨细致的工作作风，带领全组人员自己动手制作仪器，并手把手地教会有关人员使用。他告诫每个工作人员："实验场是我们的阵地，仪器设备是我们手中的武器，祖国和人民时时都在关注着我们，我们绝不能有半点松懈和马虎。"他们就这样废寝忘食、夜以继日地研究试验着，在原子弹中子点火、测试方面进行了大量的科学研究工作，解决了一系列重要的技术问题。他是确证中子点火技术成功的第一人。

完成模拟试验任务后，他们团队又进行了核试验近区测试的准备，为此必须专门研制能记录高剂量率的脉冲辐射探测器。为了达到周恩来总理所提出"万无一失"的要求，唐孝威带领全组人员群策群力，集中集体智慧，在研制测试仪器时，同时研制几台完全相同，并可各自独立进行测试的仪器，以作备用，亦可同时进行测试，以作相互校验。1964年8月下旬，唐孝威亲率测试组人员把测试仪器从青海安全运到新疆罗布泊试验场，进行核爆炸的实地测量。

塔爆试验是在102米高的无缝钢管焊制的铁塔上进行。这座铁塔无风也会有轻微摇摆，遇上八九级风就有1米左右的摇摆度。唐孝威带领测试人员登上塔顶进行探头安装等作业，该需多大的勇气与胆量！他们下塔后，又钻入地下筑有水泥防护的工号内安装全部接收记录仪器，将塔顶的探头和工号内的记录仪器用一根根电缆一一对应连接起来，以便将接收与记录原子弹爆炸的测量数据记录与保存下来。第一颗原子弹爆炸测试数据，比历次模拟试验实测数据多许多倍，所需的探测仪器也比过去多许多倍。核试验基地的参试人员在铁塔周围 60 公里范围内，布置了 90 多项效应工程、3000 多台各种测试仪器。这些仪器都是全体参试人员用自己的智慧与巧手研制出来的。其中唐孝威领导的测试组负责的是点火中子的监测以及核辐射的近区测量，它们是原子弹爆炸的最核心的数据，从 8 月底至 10 月中旬原子弹爆炸前的数十天内，唐孝威领导的测试组每天都在百米高塔顶或在地下水泥工号内紧张有序地工作着，每一台仪器都反复检查、反复预演。唐孝威不知上下铁塔多少回。直到 10 月 15 日晚，按上级要求，与许多参试人员一起撤到几十公里外的安全地带后，他仍放心不下，特意打电话给试验塔下的指挥部，请他们转告最后在塔顶安放原子弹和插雷管的人员：请再次检查一下塔上连接探测仪器的小型电源是否接通了。当从电话里听到朱光亚先生确定接通的答复后，唐孝威心里的一块石头落了地。

据后来公之于世的资料得知，我国第一颗原子弹先在青海研制基地（221 厂）试组装，随后以散件运送，运送专列全线让路开绿灯、绝密特别安保运送，专列经过的铁路沿线两侧，从前一天晚上起，就一直有公安干警和安全保卫人员排成长队，坚守在自己岗位上，直到安抵罗布泊试验场。16 日晨 8 时，经过重新组装的第一颗原子弹终于被安装在高耸云天的铁塔顶部。同日 15 时，经周恩来总理批准的、所有参试人员盼望已久的起爆时间就要到了，距离试验铁塔 23 公里处主控站计数器倒计数"零时"很快到来，随着倒计时口令"10，9，

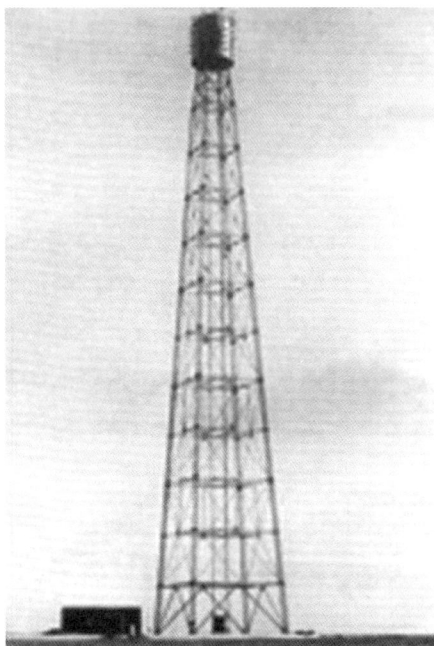

1964 年 10 月 16 日我国第一次核试验的铁塔

8……3，2，1，起爆！"，只见一团巨大的火球腾空而起，震天动地的轰鸣声像巨雷般向四下传开。"成功了！""胜利了！"大家不约而同地尽情欢呼、跳跃、拥抱！唐孝威从来没有这样兴奋与激动过，不由自主地不停欢呼着，把嗓子也快喊哑了。

当时周总理在北京听了测试结果的报告，十分高兴，当即向全体参试人员表示热烈的祝贺！

1965年5月中旬，唐孝威和几位参加原子弹研制的科学家从青海回北京参加总结会议。他作为研制原子弹的有功人员之一，收到了一张请柬，上面赫然印着几行红字：

订于一九六五年五月三十日（星期日）中午十二时在人民大会堂新疆厅举行便宴。

敬请

光临

周恩来

这张红字请柬，是给第一颗原子弹试验有功人员最高的奖赏！

1965年，唐孝威领导的核测试组扩建为核测试研究室，并由他担任室主任，年轻专家王世绩为副主任。这时一批大学毕业生也来到这个研究室工作。唐孝威将全室分为两部分，一部分进行"冷试验"，就是在青海基地进行有关替代材料的模型装置测量；另一部分人员进行"热试验"，就是准备各种新的探测器，然后运到新疆试验场进行各种型号的核爆炸的测量。

要判断一种科学理论是否正确，必须有相应的科学实验的验证作为唯一的科学依据。在1966年12月28日氢弹原理试验前，唐孝威组织研究室人员讨论，并提出一些关键性的学术思想。他把大家许多好建议集中起来，创造性地提出了系列方案和设计。在测试设备方面也有许多创新，如他提出用契伦柯夫探测器研究氢弹核反应的方案和设计，经实验室人员反复实验并加以改进，最后取得成功。唐孝威还领导实验人员专门研制设计了核爆炸速报仪，试爆后很快得到核爆特征数据，在氢弹原理试验时，唐孝威成了在核试验现场判断并证实我国氢弹原理试验成功的第一人。这次氢弹原理试验的成功，为理论设计人员设计和研制全当量氢弹提供了可靠依据，有力地促进了第一颗氢弹的设计、加工、装配、环境试验、测试准备、空投设计计算及试验等，为保证1967年6月17日我国第一颗氢弹爆炸试验的成功立下了功劳。

向高能物理进军

20世纪70年代中期，唐孝威调到中国科学院北京高能物理研究所工作，他在那里参加了中国"一星"的工作。他在北京领导实验组，进行中国第一颗返回式人造地球卫星舱内空间辐射剂量的测量，为我国卫星研制和应用提供了有实际价值的实验数据，使得对卫星所载物体的保护层厚薄取得更合理。他还和合作者利用回收卫星内放置的核乳胶探测器，观测和分析原初宇宙线高能重原子核径迹。

1978年1月，唐孝威率领中国实验研究组，到联邦德国汉堡电子同步加速器中心进行高能物理实验。这是改革开放后中国向西方派出进行国际合作实验的第一个科学实验组。中国组参加丁肇中教授领导的马克－杰合作组，在世界最先进的佩特拉正负电子对撞机上进行高能正负电子对撞实验。在马克－杰合作组中，唐孝威领导的中国组在实验方案设计、实验仪器制造、仪器安装调整、实验数据获取、事例选择、数据分析等方面，完成了大量的工作。1979年马克－杰合作组在实验上发现传递强作用力的基本粒子胶子，还精确测量 e＋e-→μ＋μ- 反应的电荷不对称性，检验了电弱统一理论。

多项高能物理研究成果和胶子的发现是丁肇中教授领导的马克－杰合作组的集体贡献，其中唐孝威领导的中国组20多位物理学家起了重要作用。1995年10月，丁肇中教授在接受《中国科学报》记者专访时，又一次提到中国同事在发现胶子的科学实验中所作出的重要贡献。

1979年10月回国后，唐孝威出任中国科学院高能物理研究所主任，并继续与马克－杰组合作。同年11月被授予全国劳动模范、优秀共产党员称号。

马克－杰探测器

1980 年唐孝威当选为中国科学院学部委员（院士）。

20 世纪 80 年代初起到 90 年代末，唐孝威又领导中国实验组（称北京组）到瑞士日内瓦的欧洲核子研究中心，参加比"佩特拉"大一倍的"莱泼"高能正负电子对撞机上高能物理实验的国际合作，进行 L3 组合作实验。当年这个世界最大的高能物理实验，有七个国际科学实验合作组投标，经专家无记名投票，L3 组脱颖而出。它由丁肇中教授领衔，有美国、瑞士、中国、法国、德国等 14 个国家共 43 所大学和研究所的 581 位物理学家参加。唐孝威领导的北京组在北京研制和批量生产 L3 强子量能器正比室，运到欧洲总装后进行实验，还参加 L3BGO 量能器和漂移室等方面的研制工作，并在国内进行实验数据分析工作，为 L3 组在实验上证实自然界存在三代中微子，精确测量 Z^0 粒子与 $W^\pm$ 粒子的质量和宽度，以及精确检验电弱统一理论作出了贡献。

1991 年 11 月，唐孝威与他的老师王淦昌（左）合影

中微子最大的特点是既不参加强相互作用，也不参与电磁相互作用，只参与弱相互作用，它具有很大的穿透本领，可以穿过整个地球甚至整个太阳。因为它不易与别的物质发生相互作用，探测它自然很难了。1941 年，王淦昌教授因湄潭无实验条件，只好把题为《探测中微子的一个建议》的

论文送美国《物理评论》发表。他第一次提出通过二体衰变（原子核 K 俘获）探测中微子的方法。同年，美国阿仑用此法证实了中微子的存在。王淦昌教授因此获范旭东奖。王淦昌教授有句名言："我们中国人不应该妄自菲薄，外国人能做到的事，我们中国人也应该做到。"这句话在唐孝威身上亦得到了充分印证。

1993 年底，丁肇中教授与唐孝威反复交换意见后，设想研制一种在空间对宇宙带电粒子直接观测的太空磁谱仪。此后，丁肇中教授即组织由美国、中国、俄罗斯等十多个国家六十多个研究机构的物理学家组成的大型国际科学合作研究组，称 AMS 研究组，即阿尔法磁谱仪国际合作实验组，进行探寻空间反物质与暗物质及精确测量空间宇宙线的研究工作。

1994 年 3 月，丁肇中教授、唐孝威和中国科学院电工研究所专家讨论了用钕铁硼永磁体材料研制磁谱仪的具体方案后，拉开了 AMS 实验的序幕。此后，中国科学院电工研究所等单位在国内开展阿尔法磁谱仪永磁体主结构设计、生产并进行相应的环境模拟试验等，并于 1998 年 1 月运到美国与美国"发现号"航天飞机接口联调后，进行空间实验的准备。

1998 年 6 月 3 日，AMS-01 作为人类进入太空的第一台大型磁谱仪升空，在 10 天飞行中观测到了原初宇宙线粒子，包括质子、各种原子核和反质子。这种反质子可能是宇宙线粒子碰撞产生的次级粒子，并不是观察到了反物质。值得注意的是，10 天中获得的反质子事例数，是当时高空气球实验中获得反质子事例数总和的许多倍。接着，2011 年 5 月 16 日，作为 AMS 第二期的 AMS-02 升空，开始进行空间反物质和暗物质的探索和宇宙射线的精密测量。中国科学院高能物理研究所唐孝威等物理学家承担 AMS-02 探测器中的电磁量能器研制等项目，为 AMS 实验和高能天体物理的发展作出了贡献。

物理学与其他学科交叉开花结果

20 世纪 80 年代初的一天，老一辈生物学家贝时璋院士在中关村遇到唐孝威，语重心长地对他说："你在物理学领域做了很多工作，这很好，我认为你仍有潜力可以发挥。你探索了无生命的科学领域后，应该充分利用自己的知识，去探索另一个有生命的科学领域，即生物学领域。这样，你探索的就是整个自然界了。"这一席话，使唐孝威大受启发。

20世纪90年代初，注重学科交叉的王淦昌教授告诉唐孝威，他正在翻译英国著名生物学家、诺贝尔生理学或医学奖获得者弗朗西斯·克里克的《生命：起源和本质》一书，后又把克里克著的另一本《狂热的追求——科学发现之我见》推荐给唐孝威翻译。这本书的翻译出版，为唐孝威在交叉学科上的执着追求播下狂热的种子。于是，唐孝威从核技术在医学中的应用入手，进行交叉学科研究。把核技术应用于医学，使核技术造福于人类，这是和平利用原子能的一个重要方面。

为了适应从物理科学领域转到生命科学领域进行交叉研究这个大转折，唐孝威挤出时间奔波于许多图书馆查阅最新资料；到研究生院旁听有关课程；向从事医学、心理学、生物学、计算机科学等各方面的专家学者求教，并与他们讨论。他逐步转到生物学实验领域，开展了物理学与生物学的交叉研究，包括：活细胞内部运动的研究，细胞分裂机制的研究，以及用近场技术研究亚细胞结构等。他和合作者在实验上观测到活细胞内胞质颗粒的拟布朗运动现象和花粉管顶端的跳跃式生长现象。

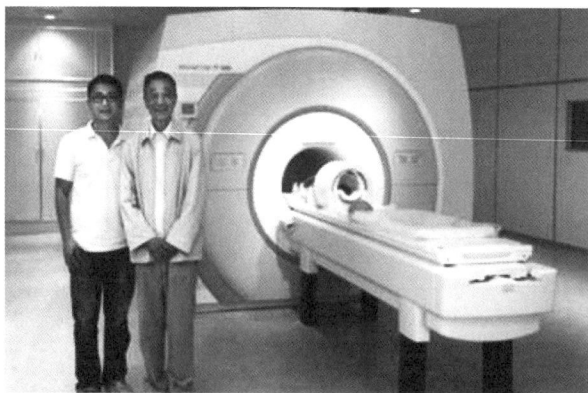

2015年唐孝威（右）与学生何宏建在浙江大学7T磁共振成像仪旁留影

20世纪90年代初他进行了医学影像技术的研究，并应用于心脏疾病与脑疾病的诊断。他还担任了国家攀登计划项目"核医学和放射治疗中先进技术的基础研究"的首席科学家。

20世纪90年代中期他开始进行脑科学研究，包括：人的工作记忆的心理学实验以及认知和脑疾病的脑功能成像研究等。他和合作者在实验上测量双任务短时记忆的混合广度，并提出短时记忆的生物物理学模型。他参加了 973 项目"脑功能和脑重大疾病的基础研究"中部分课题的研究，积极推动我国脑功能成像的工作。后来，他又担任国家自然科学基金重大项目"发展近场技术、研究生物大分子体系特征"的项目主持人。

1997 年，中国科学技术大学出版社出版了由周发勤教授撰写的《唐孝威科学实验四十年》一书。书中对他 40 多年来在国防科研、基础研究和应用研究的前沿努力耕耘，并始终坚持在实验室第一线进行实验的科学生涯作了生动的叙述。

2000 年起唐孝威和国内神经科学家一起，推动和组织我国神经信息学的工作。2001 年 10 月，唐孝威等代表我国参加经济合作与发展组织（OECD）的神经信息学工作组。

2001 年他协助中国人民解放军总医院建立神经信息中心，同时他和同事们在浙江大学建立神经信息学中心，开展神经信息学研究。

60 余年来，唐孝威的科学研究领域涉及许多不同的学科，他独自或与合作者在国内外重要学术刊物上发表论文 600 多篇。他著作等身，在他撰写的以及与合作者合写的 40 余部著作中，学术专著有：《粒子物理实验方法》（主编）、《正负电子物理》（合著）、《细胞运动原理》（专著）、《核医学和放射治疗技术》（主编）、《脑功能成像》（主编）、《脑与心智》（合著）、《脑功能原理》（专著）、《意识论》（专著）、《智能论》（专著）、《一般集成论》（专著）等。他的这些心血结晶，均受到广泛的好评。

1982 年唐孝威主编了全面介绍高能物理实验方法的《粒子物理实验方法》一书，在此书之前，国内外还没有一本比较完整而又系统地反映粒子物理实验最新发展和先进的实验方法的专门著作。著名物理学家张文裕院士在该书序言中作了很高的评价，说"此书不仅填补了空白，而且对我国实验落后的局面也是一次突破"。该书因对科学研究有重要意义而获 1982 年度全国优秀科技图书一等奖。

1995 年唐孝威和合作者合写了《正负电子物理》一书。丁肇中教授在该书序言中对唐孝威及这部专著给予了很高的评价："唐孝威教授是很有经验、很有成就的物理学家，他亲自参加过正负电子对撞的实验，尤其对 1979 年胶子的发现作出了重要的贡献。这本书很详细地介绍了正负电子对撞的物理现象。这是所有对物理有兴趣的科学工作者的一本很好的参考书，也是一本研究生程度的教科书。"

培养人才，共同筑梦

唐孝威有一个梦想：不只是自己做好科研工作，当好一名科学家，而且想培养更多的科学家，培养更多的各学科人才；他要当好一名人民教师，和他培养的学生们一起，共同为建设祖国出力，共同参与构筑伟大的中华民族复兴梦！

教书育人，培养交叉学科人才

半个多世纪以来，唐孝威研究的领域涉及核探测器、国防科研、高能物理、核物理、原子物理、空间物理，后又转到生物物理、核医学、脑科学、神经信息学、心理学等不同学科。跨学科的研究是他人生中最富重彩的一笔。在研究工作中他培养了大批人才。如在两弹研制中，他特别重视对青年人的培养，具体指导他们的工作，并亲自给他们讲课，还组织学术讨论会，从而形成了一支作风过硬的科研队伍，出色完成核测试的任务。他还在中科院高能物理研究所、中国科学技术大学、北京大学、浙江大学、南京大学等许多单位讲学，并指导和培养学生。

说来有缘，1997 年 5 月，在由唐孝威主持的以"跨世纪脑科学"为主题的香山科学会议期间，他与计算机和人工智能领域的专家、浙江大学校长潘云鹤教授同住一个房间。潘云鹤了解唐孝威曾在许多大学（包括浙大）当兼职教授的经历，因此表示要邀请唐孝威院士到浙大任教。唐孝威也了解到浙江大学学科门类齐全，除物理和数学外，还有他感兴趣的医学、心理学、生物学、生物医学工程、信息科学、教育学、文学等许多专业，教学和科研实力雄厚，有很多优秀的学生，是他培育交叉学科人才的好园地。

随着新世纪的到来，浙大要创一流大学，有办成国家高级人才培养基地和高新技术研究开发基地的宏大目标。这深深牵动着唐孝威的心。2001 年 4 月，唐孝威毅然来到浙大，成为浙江大学理学院的教授。

许多人问唐孝威院士：为什么要调到浙江

2005 年 9 月 26 日，唐孝威（左）与潘云鹤参加浙大邵科馆召开"脑机交互"西湖学术论坛留影（卢绍庆摄）

大学工作呢？他在回答时强调了四个字："教书育人。"唐孝威调到浙江大学后，不少人以为他要"当官"了，他笑着说："我不担任行政工作，现在就是一个普通的人民教师，在这个岗位上我非常高兴。"唐孝威受聘于浙江大学做教授，与许多"两栖院士"不同，他是正式调到浙江大学，给学生开课，带研究生，指导他们进行多种学科的研究。唐孝威认为这才是他一生最大的转折。他说自己年纪渐渐大了，培养多学科的接班人很重要，当教师实现了他的梦想。

2002 年，唐孝威就在浙大招收了 20 个学生，其中 14 个是研究生，6 个是由他担任指导教师的本科生。以后又每年招收研究生。在他周围是年轻人的天地，不同年龄、不同地域、不同学科的人汇聚一起好处多多。唐孝威十分喜爱这里浓厚的学科交叉的氛围。他说："我原来以做科研为主，现在以带学生为主。我要求自己的学生首先要学会做人。我要培养的学生是能对国家作出较大贡献的，而不仅仅是一般地完成任务的人。我对他们要求比较高，不是拿了学分、通过考试就行了。做学问要有方法，方法不对事倍功半。我也在摸索，如何把不同学科的学生培养好。现在除了对不同学科的学生分组进行具体的业务指导外，我还经常与他们谈话，谈如何做科研。每周与他们谈一次，每次有个小片段。比如与他们谈科研基本功，谈团队精神，等等。

唐孝威和浙江大学学生合影（2011 年 10 月 1 日于浙大紫金港）

最近一次谈的是学生如何从学习型转成研究型。在学校里主要是学习，许多学生都有学分意识，但没有成果意识。而对科学家来说，则不仅要了解已有的知识，学别人的东西，更重要的是自己要创新，要有成果意识。"

　　唐孝威的施教方式，很像浙江大学竺可桢老校长推行过的"导师制"，使每个学生深受其益，使他们的学习热情和独立思考能力明显增强。鉴于他对教书育人的贡献，2013 年 6 月 4 日，浙江大学诸健副校长代表学校将浙大的最高荣誉——"竺可桢奖"颁发给物理系唐孝威院士。与此同时，他将奖学

诸健给唐孝威（右）授奖牌

金悉数捐给浙大教育基金会，用于设立"浙江大学求是理学助学金"，帮助生活困难的大学生安心求学。

为人师表，言传身教心悦诚服

唐孝威是一位治学严谨、为人谦虚的学者。他给大学生授课，事先都做充分准备。每次讲课深入浅出，通俗易懂。学生们都对这位从不摆架子、言传身教、可敬可亲的老师心悦诚服。

唐孝威在浙江大学的研究组，主要是由研究生组成的。组里经常进行实验工作汇报和学术交流活动，研究生们都能畅所欲言、自由讨论，并能进行学术上的争论。这对锻炼他们思考问题、分析问题和解决问题的能力都大有益处。

唐孝威常向研究生介绍爱因斯坦的话："学习知识，要善于思考、思考、再思考，我就是靠这个方法成为科学家的。"他说，思考是人类特有的高级思维活动。会思考的人，才能够把学习的知识融会贯通，运用自如。

唐孝威培养研究生，特别注重全面素质的培养和提高，着重锻炼他们独立工作的能力和勇于创新的精神。他在指导研究生的方式上有两种情况：一种是根据自己的学术思想，提出问题，让学生做，在这样的课题研究中，对学生进行具体指导；另一种是调研、选题和研究工作由学生独立进行，放手让他们自己去做，并与学生进行讨论，在关键问题上给予指导。平时，唐孝威注意鼓励学生提出自己的观点和研究方案，支持他们新的学术思想，并努力为他们创造实验条件，鼓励学生独立发表科研论文，并对论文的质量严格把关。

在研究生学习知识方面，唐孝威要求他们除了认真学习和掌握本专业的知识外，还要尽量涉足不同的知识领域，拓宽自己的知识面，为自己创造一个不断提高的基础。唐孝威经常向他们介绍国内外重要研究领域的新进展，开阔大家的学术视野，同时也要求他们积极参加学术研讨。

由于唐孝威致力于不同学科的交叉研究，因而在研究生论文的选题上，他现身说法，鼓励学生多进行交叉学科的研究，注重基础研究与应用研究的结合。例如，有的博士生进行了物理学与生物学结合的研究，有的进行了核技术与医学学科结合的研究。

在有些新的研究领域中，唐孝威和学生是在同一起点上进行学术研究和

唐孝威（前排左三）在接受浙江大学"竺可桢奖"后与物理系学生合影（2013年6月4日于玉泉校区）

讨论的，甚至有些地方他还向学生"请教"。这样一来，学生真切地体会到在科学研究面前不讲资格、不讲面子，只讲老老实实做学问，有利于充分发挥他们的聪明才智。

在对研究生全面素质培养方面，唐孝威注重对学生进行做人、做学问和道德修养的培养。他与新来的研究生谈话时，首先向他们提出："做研究生要学会做学问，更要学会做人。要做一个爱国的、有事业心的和有科学道德的科学工作者。现在我们的国家还不发达富裕，培养一个研究生要花费国家不少经费，培养出来的学生应该回报祖国和人民，为祖国的富强贡献自己的力量。"

在学风方面，唐孝威对他们要求非常严格，经常要他们阅读报刊上有关科学研究道德修养方面的文章。平时，他要求研究生严格遵守纪律，出国学习的学生则要遵守有关国际合作协议的规定。由于国际合作研究的需要，唐孝威研究组和国外实验室有许多联系和合作，和他们签订了联合培养研究生的协议，每年要派遣研究生出国进行一年或更长时间的工作和学习，然后再

唐孝威（前排左三）与浙大求是学院本科生合影（2014 年 11 月于紫金港校区）

回国进行论文答辩。在他们出国前，唐孝威都要和他们谈话，要求他们在国外一定要努力工作和学习，按期回国进行论文答辩。而今，他们中的许多人已成为科研战线上的骨干力量。一些在他教育下成长起来的中青年科学家，在谈到唐孝威老师时总说，他是我们最好的老师，他对工作要求极其严格，他常说科学实验来不得一丝含糊，即使是对实验仪器的电子线路，他也严格要求。他说，只要有一个焊接点质量不合格就会影响到测试数据的准确可靠。正因为他如此一丝不苟，研制出来的各种探测器都符合设计要求，测量得到的实验数据都准确可靠。

唐孝威继承了老一辈科学家关怀后辈的优良传统，认为提高青少年的科学素养很重要。他说："现代科学技术的发展日新月异，经常地向人们介绍科学技术的新发展，是科学技术工作者的责任。这不但有益于传播科学知识，提高人民的文化水平，而且也有助于科学技术本身的推广、应用和发展。"

唐孝威为了向广大青少年普及现代科学技术知识，写了大量科普文章。例如：天体物理方面的《从宇宙空间飞来的粒子》《太阳中微子失踪问题》，物理方面的《同步辐射及其发展前景》,高能物理方面的《三喷注的发现》《从原子到胶子》,生物医学方面的《脑活动的测量》,探测器方面的《穿越辐射探测器》《张文裕和多丝火花计数器》等。唐孝威还写过《正负电子对撞实验》和《同步辐射及其应用》两本科普书,并与合作者一起合写了《探索自然的对话》等科普书。

有一次唐孝威在中国科学技术大学讲课,适逢该校校庆,唐孝威应近代物理系学生会的邀请,与864级同学座谈。他希望同学们立志献身祖国的科学事业,并为此打下扎实的基础。科学必须以老老实实的态度来对待。他给同学们提出四点希望:打好基础,开阔眼界,勤奋学习,献身科学。最后他为同学们签名留念,他笑着说:"我是科大的兼职老师,今天我们一起座谈,你们就是我的学生。"大家报以热烈的掌声。

唐孝威在应邀向中学生作报告时,从他自己的成长过程讲清一个道理:只有把祖国的需要作为自己行动的指南,才能为祖国作出最大贡献。他还十分关心中学生的学习,写过一篇题为"手脑并用,全面发展"的文章,和中学生谈学习方法,并在报刊上发表。他在文章中写道:"中学时代是人生中一个打基础的重要阶段。为了将来能更好地建设我们富饶美丽而又强盛的社会主义祖国,中学生不但要锻炼出健壮的体魄,修养好高尚的情操,而且要学习好基础的文化知识。而要做到后一点,就得掌握正确的学习方法。"他还提出中学生要注重实验和要善于独立思考两点要求,这是培养下一代的长远之计。希望广大中学教师对学生能加以正确引导,各有关单位也要尽量为学生提供条件,鼓励学生通过各种课外科技活动,搞些发明创造。这样才能把中学生培养成为手脑并用、全面发展的建设人才。

唐孝威就这样孜孜不倦地教育学生,正像唐代耿湋《代园中老人》诗写的那样:"林园手种唯吾事,桃李成阴归别人。"半个多世纪以来,唐孝威在科研工作和高校教学中为国家培养了许多人才。

书香濡学,兴趣养研

上面已经介绍,唐孝威于1931年出生于江苏无锡前西溪的一个书香世家,少年时期的启蒙教师是他的祖父。他的祖父唐文治先生是思想开明的清朝进士、爱国学者、上海南洋公学校长，唐孝威深受祖父崇高品德的濡养与影响。唐孝威生长在长辈和同辈所营造的革命思想和书香文化氛围中，耳濡目染进步思想，潜移默化地熏

2010 年唐孝威、吕芳夫妇在浙大玉泉校区留影

陶下，他从青少年时起就有报效祖国之心。

1937 年秋，迫于日寇飞机轰炸无锡，唐文治校长率无锡国专师生一路颠沛流离，于 1938 年春迁到桂林办学。母亲陆庆兰带着唐孝威等三个儿女跟随爷爷逃难。从那时起，唐孝威更加争气，并养成自强自立的个性。爷爷的教诲，耳闻目睹日寇的残暴，在小孝威稚嫩的心灵里埋下强国雪耻的种子。后来唐孝威说："我的第一个启蒙老师是我的祖父。"唐文治先生因年高多病，托付国专教师代理校务后，自己携家眷经香港于 1938 年秋回到上海法租界休养。

光阴荏苒，如月如梭。1964 年 5 月，唐孝威与著名语言学家吕叔湘的小女儿吕芳结成同好后，在华南师范学院任教的她亦随夫迁到青海核武器研究基地幼儿园任主任，为国防建设奉献青春年华。她一边挑起家务重担，一边照顾带病工作的唐孝威。她理解他工作的重要，几十年如一日，甘愿在身后默默地支持他的工作。

下面引录唐孝威对一些日常生活及趣味性问题的回答。

您童年时代最喜欢做的事是什么？

看书。

在中学时，您最喜欢哪科？

都喜欢。

您是什么时候对科学研究产生兴趣的？

大学时期。

一天中，您最喜欢何时工作？

全天工作。

您最喜欢的娱乐和休闲方式？

林中漫步。

您最喜欢的着装是什么？

简单、朴素。

您对什么音乐感兴趣？

越剧；抒情交响乐。

您对什么体育活动感兴趣？

划船。

您最喜欢的图书？

唐诗、宋词。

唐孝威自幼酷爱古典诗词，在 1966 年 12 月 28 日罗布泊升起氢弹原理试验成功的蘑菇云后，他夜不成寐，诗情难抑，填《忆秦娥》词一阙：

东风急，大漠深处烧热核。烧热核，万众声欢，群丑声栗。 英雄挥起如椽笔，要有要快要超越。要超越，红心如火，壮志如铁。

这首词把氢弹研制者力争尽快直接进行全当量氢弹试验的迫切心情和盘托出。亦可见唐孝威是一位用中华文化滋养学研的科学家。

（2021 年 6 月 6 日）

杨裕生

杨裕生（1932年10月— ），江苏如皋人。分析化学与放射化学家。1952年，浙江大学化工系毕业。1995年当选为中国工程院院士。首次核试验中任取样队长，立二等功。开创中国的蘑菇云取样和核武器化学诊断研究，领导建立无人穿云取样技术。提出裂变燃耗、中子剂量、锂燃耗、铀同位素、铀钚分威力的放化测试原理并指导研究成功。领导完成20余次试验取样分析任务，为验证和改进这些核武器设计提供了重要依据；主持制定多次地下核试验的总体方案；指导镅锔和镧系化学研究。1990年，在防化研究院一所任研究员。致力于蓄电技术研究，创建了中国人民解放军第一个化学电源研发中心，在国内率先开展高比能量锂硫电池、高比功率电化学电容器和大规模蓄电液流电池新体系的研究。荣获国家发明二等奖2项、三等奖1项，国家科技进步三等奖2项，部委级科技进步二等奖4项。

早在 1994 年 8 月初，在马兰核试验基地，杨裕生的名字就镌进了笔者大脑的沟坎。从那以后，我们就有了信件的往来，有了互相的问候，有了真情的传递……直到 2001 年 6 月 13 日，我们在北京才有了第一次握手。

走求是之路

杨裕生是一个个子高挑、体态壮实、慈祥豁达的古稀之人。他穿一条合体的军裤、白色短袖衫，给人一种干练、清新、诚恳、精神的感觉。平时待人接物，不论对熟人还是生人，有社会地位的或是在读的青年研究生，甚至一般的服务人员，他总是真情平等相待。凡接触过杨裕生的人都说他"平易近人""好接近"。他虽两鬓花白，但红光满面，精神矍铄，思维敏捷。他高高的额头蕴含着睿智，真有一个学者和军人的双重风度。

一见面，杨裕生再三谦让，以他"喜欢坐硬板凳"为由，要我坐在"老板椅"上，尔后倾听他溯循时间的隧道，追逐逝去的那沙沙跫音。

1932 年 10 月 5 日，杨裕生出生于江苏省如皋县。他的祖父在如皋县柴湾镇上经营蚊香、酿酒等作坊和商店，依靠自己勤劳的双手支撑起门庭，但好景不长，日寇侵华，作坊和商店毁于一

作者采访杨裕生院士（左）后留影（2001 年 6 月）

旦，家道陡然中落。杨裕生的父亲在南通纺织学院毕业后，从事纺织业工作。全面抗战开始，他的父亲在宁波随纺织厂内迁四川，断绝了音信。这时，杨裕生正在读小学，家境十分困难，学杂膳宿费用都得靠母亲做手工活来解决。离小学毕业还差半年时，他转学跳级读初中一年级下学期，一是为让母亲少花一年的学杂费，二是缩短求学时间，早日自立。

　　抗战胜利时，杨裕生初中毕业。他投奔母舅到上海，在育才中学复读初三，后因经济困难去免费的失学青年辅导所学习数月。此期间他父母已先后到上海，父亲在吴淞纺织厂工作，家人团聚，从此结束了他艰辛的童年生活。

　　1946年夏，杨裕生考入上海肇和中学读高一。1947年夏，杨裕生考入吴淞中学插班读高二。班主任庄纯老师的化学课讲得生动有趣，实验课更是引人入胜，引起了他对这一学科的浓厚兴趣，在化学竞赛中，他获得了第一名，从此和这门学科结下了不解之缘。杨裕生动情地说："我是在庄纯老师指引下才走进了神秘浩瀚的化学世界。"

　　吴淞中学有体育运动的条件和风气，杨裕生爱上了打篮球，体质有了明显的增强，并养成了锻炼身体的习惯。他将这种好习惯一直坚持到中年，健康的体质为他勤奋学习和繁重工作打下了良好基础。

　　1949年夏，杨裕生作为吴淞中学新一届高中毕业生，参加上海解放后的第一次高考，他依次报考了大连大学工学院、大同大学、北京大学、浙江大学等几所学校，全部被录取。正是由于在吴淞中学读书时对化学课的浓厚兴趣，杨裕生最终选择了久负盛名的浙江大学化工系。

　　在浙大这个弘扬求是精神、素有"民主堡垒"称号的大熔炉里，杨裕生进校不久就加入了尚未公开的中国新民主主义青年团，在完成繁重学业的同时，积极参加了政治运动。青年时代的杨裕生热情好动，爱好体育，是个球迷。他凭借1.78米的高个，常常驰骋在篮球场上，是校篮球队队员。

　　杨裕生在浙大学习三年后，国家第一个五年建设计划即将开始，急需技术人员，教育部确定他们这个年级提前一年毕业。于是在第六学期增加课程，并利用暑假"补课"，于1952年夏大学毕业了。他因学业优秀，被留浙江大学任教。

　　杨裕生被留校任分析化学助教，从化工转向了化学。后来又兼任化工系教学行政秘书，1956年夏升为讲师。杨裕生虚心向老教师学习，勇挑重担，在这四年里他担任过工业分析、定量分析、金属分析等课程的辅导和实验教学，独立编写新课化验室技术与安全防护的讲义并开出了实验课，指导生产实习和毕业设计，并在《浙江大学学报（工学版）》创刊号上发表了论文。1956年他被评为浙江大学首批先进工作者。

1956年秋，浙江大学工业分析专业停办，杨裕生投考中国科学院化学研究所分析化学专业研究生，师从梁树权学部委员（后称院士）学习。一年后经俄语学院学习俄语、哲学后，派送留学苏联，在地球化学与分析化学研究所阿里马林院士等指导下进修放射化学两年。1960年底归国，结束了他的学习生涯，仍回中国科学院化学研究所任助理研究员。在此后的两年中，他根据原子能工业发展的需要，带领三名更年轻的同事分别在四氟化铀与二氧化铀成分分析、放射性同位素的反相分配色层、稀有元素的离子交换等方面进行研究，还提出了一种新的分离放射性物质的纸上沉淀带载留色层法，共发表论文7篇。

杨裕生有两个弟弟和两个妹妹。在杨裕生这个"车头"的带动下，他的两个弟弟都先后大学毕业，学有所成；两个妹妹也读完中专，与哥哥们共同组成一列"杨家专列"，在不同岗位上，为祖国四化大业作出自己的贡献。

他对母校怀有深厚情感，除了支持母校科学研究外，对母校校友总会工作也很支持。当接到笔者主编《求是英才传》（两院院士集）征稿通知后，他百忙中寄来稿件，并写了"科技之湖海，人才之涌泉"几个大字，以表对母校的感激与怀念之情。（新）浙江大学校友总会成立后，杨裕生被聘为浙大校友总会顾问。

1997年4月，三战友在母校浙大百岁华诞日喜相逢（左起：杨裕生、程开甲、林俊德）

做戈壁之人

1963年3月中旬的一天，杨裕生拿着中国科学院化学研究所人事科的介绍信到二机部人事局报到，人事局干事未看介绍信，便在信封背面写了一个地址后说："你的工作岗位在部队，请去此处报到。"紧接着又说："你是由中央组织部调的一批科技人员中的一员。"杨裕生只是"嗯"了一声，没说二话就按地址到了一个军队招待所。从此，杨裕生正式调到了核试验基地研究所，开始了他的戈壁生活。

真是无巧不成书。在一幢二层小楼里，杨裕生被引见给那个部队的技术负责人，正是杨裕生在浙江大学求学时的物理系教师程开甲教授。

两位"求是门人"一见如故。程开甲更是热情有加，说杨裕生担任的重要课题是应用化学分析的方法测出核爆炸的威力，验证原子弹的设计是否合理。接着，程开甲又简要地介绍了组建核试验研究所的情况。他告诉杨裕生，面对紧迫的绝密任务，中央组织部从全国各地抽调来多位物理、化学、力学、电机和机械等专业的优秀技术骨干，从事十分艰巨而光荣的核试验任务。另从中国科学院原子能研究所等单位调去的有吕敏、忻贤杰，加上浙大电机系毕业的史君文、地理系毕业的丁浩然和机械系毕业新分配去的林俊德，这样，在尔后被人昵称为"戈壁虎将"的核研试科学家中，"浙大人"就有程开甲、忻贤杰、吕敏、杨裕生、史君文、丁浩然、林俊德 7 位，真可谓顶起核试验基地"半边天"！

到核试验研究所报到的当晚，杨裕生兴奋与担心参半的心绪打破了每晚看书的习惯，心想我国快有原子弹了，即将打破少数国家的核垄断，中国的国际地位将会空前提高，自己能参与这项"史无前例"的重大意义的工作，确是无上的光荣。当然，想得更多的又是对新工

2003 年 2 月 1 日，核基地四院士相聚程家（左起：钱绍钧、吕敏、程开甲、杨裕生）

作的担心，要参与开创一个完全生疏而规模宏大的事业，自己能适应吗？虽然搞分析化学已 11 年，可面对虚无缥缈、神秘莫测的蘑菇云，该是如何取样与分析呢？……一连串的怎么做，使杨裕生彻夜难眠。后来，实际遇到的问题之多、难度之大，远远超出这个晚上所想的范围和程度。

离开繁华的首都，离开条件优越的中国科学院，来到荒无人烟的戈壁滩安家，确是一件难事。面对无边无际的荒漠乱石，迎接他们的只有星星点点的小草，摇曳的小花高举头顶，张爱萍上将题名为马兰草。这是戈壁大漠唯一的有色彩的绿色生命，一直与京城去的"戈壁人"相依为命！

核试验研究所所在地"红山"深处天山山脉，没有人烟，更毋论产业。这里供应较差，每个月每户只有 1 斤冻猪肉；蔬菜全靠汽车运来，品种很少，还只在 5 月至 10 月间供应。为了补充供应的不足，每家每户都种起了蔬菜，养起了蛋鸡。在这样艰苦条件下，杨裕生与 1963 年吉林大学毕业的丁玉珍于 1967 年结为秦晋之好，真心实意地过起了"戈壁人"的生活，丁玉珍还将老母亲接来新疆赡养。1968 年、1972 年，他们的儿子杨军和女儿杨捷先后出生在上海，后来又依靠上海的亲人照顾在上海高中毕业，分别考进了同济大学和清华大学。采访中，杨裕生夫妇对上海亲人的深切感恩之情，溢于言表。

1990 年 58 岁的杨裕生在副军职岗位服役期满，组织上照顾他调回北京，进入防化研究院任研究员，杨裕生才结束了长达 27 年半的戈壁生涯。接下来，让我们回首杨裕生这 27 年半以戈壁滩为纸，心血为墨写下的闪光业绩吧。

20 世纪 90 年代初杨裕生、丁玉珍夫妇全家福（前为岳母）

攀科学之峰

1963 年初，杨裕生被调到国防科委，进入组建中的核试验基地研究所，负责筹备蘑菇云取样和放射化学分析。该所成立后，他任核物理与化学研究室副主任兼取样分析大组组长。在首次核试验前夕，他加入中国共产党，这意味着工作还要压担子，更要带头干。在首次核试验场上，杨裕生出色地履行了取样队长的职责，荣立二等功。1973 年成立取样与分析研究室，他任主管科技的副主任，两年后任主任，1981 年任核试验研究所副所长，1983 年至 1986 年任第五任所长兼党委书记。1987 年调任核试验基地科技委主任，主持制定各次地下核试验的总体方案，组织论证重大测试项目和工程设计，并在核试验现场担任国家试验委员会下属的技术领导小组组长。1988 年国防科工委核试验技术专家组成立，杨裕生被委任为两个召集人之一，同年 9 月被授予少将军衔。

这些头衔和经历，是杨裕生一步一个脚印攀登科学高峰的记录与结晶，今择几项以书之。

一朵伞状的"蘑菇云"，蕴含无穷的秘密

秘密在哪里呢？

起初，杨裕生并不懂原子弹和核试验，但是有了化工专业基础，经过 11 年分析化学和放射化学的教学与科研锻炼，加上一颗炽烈的爱国心和强烈的民族自尊心，他勇敢地接受了紧迫而又艰巨的光荣任务，为建立祖国的核盾牌贡献了他最宝贵的年华。

他开创了我国的核烟云取样技术研究，主持研究出以载人飞机为主体，辅以炮伞、火箭和布盘的系列取样方法，组织协作研制配载于亚音速、超音速歼击机的取样器和过滤材料。

他研究建立了烟云飘移—扩散的实用模型，利用此模型可相当准确地计算出不同风速下不同威力的烟云尺寸、放射性物质平均浓度和平均辐射场强，以及它们随时间的变化，为选择飞机最佳穿云方案、为解决取样量与飞行员

受辐射安全剂量及飞机续航能力之间的矛盾奠定了可靠基础。

低空核试验的样品成分随颗粒度而变化，被称为"分凝现象"，对测准裂变威力有影响。他提出并解决了全

1964年10月飞机取样留影

粒谱的取样技术。氢弹试验中锂燃耗测定样品受环境锂本底干扰，他提出爆心下井中发射火箭、早期穿云的取样方案和研制低阻高强度无灰滤材，并组织实施成功。

为免除飞行员驾机穿云受辐射风险，必须发展无人取样技术，因此，他总结出爆炸威力与烟云底高的关系，指导测量云中放射物质的分布规律，提出无人机和火箭的最佳穿云方案和取样量的估算方法；指导论证运载工具和取样器的指标和数量要求并落实其协作研制。使用该技术圆满完成了后期大气层氢弹试验的无人穿云取样任务，该技术获国家科技进步三等奖。

核烟云取样在戈壁滩上进行，住在帐篷里，一刮起风来，沙尘飞扬，落满全身；喝的是孔雀河的苦咸水，一喝就拉肚子。训练和作业时穿戴的是密封式防毒面具、服装和靴套，脱下靴套就可倒出一大杯汗水。

取样大组由于长期进行多项开创性研究，培养出艰苦奋斗的奉献精神，不怕强放射性而又认真防护的科学精神，作为先进科技集体出席了1978年全国科学大会。

探究核武器的脾性，用智慧给核武器把脉

核武器的研制是否成功，必须通过核试验加以检验，蘑菇云样品的分析正是核试验检验的首要手段，杨裕生就是这项分析诊断研究的主要领头人。在北京原子能研究所组建了"铀裂变燃耗测定"协作攻关组后，他带领20余人去参加首次核试验的分析任务，并创造性地提出强裂变产物下样品中剩

余铀-235的中子活化分析方案，成为消耗样品最少、准确度最高的方法。经过协作组全体人员大力协同，胜利地完成了最初两年多的几次原子弹裂变威力的诊断任务，连同以后在扩大应用中的改进研究内容，该项目获国家发明二等奖，基地研究所为第一获奖单位，杨裕生列第二获奖人；工程物理研究院为第二获奖单位，其院长为第一获奖人。

1965年起他受命在新疆筹建放射化学实验室，氢弹试验开始后，放化诊断工作即移向新疆进行。他主持研究出各类核武器、各种核装料的总威力和分威力，以及通过分析各种中子反应产物诊断各部件燃耗或动作过程等指标的系统的测试方法。他领导的这个研究室共研究制定近50个元素的近百个不同寿命同位素的分离纯化流程和化学回收率测定方法，建立了 α-谱、γ-谱、质谱、$4\pi\beta-\gamma$ 符合谱等物理测量技术，在锕系元素、裂变产物和中子活化产物分离分析、放射性绝对测量和相对测量、同位素质谱分析和稀释法定量分析等方面的水平均属国内领先。全国首个计算机控制质谱分析和数据采集系统、全球除美国外的首台激光电离质谱分析仪均出自此研究室。

杨裕生创造性地提出了多项测试方法的原理，其中由他直接领头完成的项目分别获部委级科技进步二等奖、国家级科技进步三等奖、国家发明三等奖和国家发明二等奖。他长期兼任国防科委核试验放化分析测试技术专业组组长，大力推动武器理论设计同测试工作的密切合作，共同开拓新的测试项目；组织有关单位进行样品分析比对和绝对测量比对，交流测试技术；推动核参数的测定和编评，为提高我国核武器诊断水平做了大量细致而卓有成效的工作。他在放射化学研究室任职的18年中，组织全室百名科技人员运用上述科研成果圆满地完成了20多次核试验的取样和分析任务，经他负责提供的大量分析测试结果，成为验证和改进核武器设计的最直接依据，对促进我国核武器发展起了十分关键作用。在离开室主任岗位后，他继续参与领导"过地下试验测试关"和审定分析结果；甚至调离核试验基地之后，还积极发挥指导作用，而且在取得重大成果后主动放弃完成人的排名资格。

攀登科技高峰，始于基础研究

1978 年全国科学大会之后，杨裕生在室里发起利用核试验的间隙开展基础性研究，既提高工作人员的科研能力、走出戈壁参加交流扩大视野，又推动核测试水平的提高。他直接领导稀土和锕锔化学研究，共发表论文 30 余篇。

在镧系或锕系组内元素分离的新萃取剂和新萃取色层体系研究方面，他率先将含官能端基的链状聚醚用作萃取剂，找到有严格倒序、萃取率高、轻稀土之间和锕锔之间分离因素大的三甘酰双（二苯胺）；利用季铵 $-LiNO_3$ 的倒序萃取和 $\alpha-$ 羟基异丁酸的正序络合，以及两者相互抵消的正反向四分组效应，研究出一种相邻稀土之间的分离因数高而均匀的推拉色层体系。率先用双吡唑酮萃取稀土，得镧与铈的分离因数高达 10^2。

杨裕生系统地研究了不同结构的 $\alpha-$ 羟基羧酸与锕锔的络合物稳定性常数，发现位阻较高的配体对三价锕锔分离因数均明显高于惯用的 $\alpha-$ 羟基异丁酸；得出 $\alpha-$ 羟基羧酸及氨基多羧酸对锔／铜的分离因数与离子半径相近的镨／钕分离因数之间有粗略的线性关联，而不与电子结构相似的铈／钆相关联。据此关联，选用文献上镨／钕分离因数值特大的吡啶 $-2，6-$ 二羧酸及甲基异丙基甘醇酸，得到锔／铜的分离因数分别高达 1.99 及 2.50 的好结果，是目前所知的这两类取代羧酸中的最高值。

早在 1984 年于中国科学院兰州化学物理研究所讲学时，杨裕生就对硬软酸碱规则中"三价锕系镧系同是硬酸"的说法公开提出了他的补充见解，认为"三价锕系离子是比镧系离子软一些的硬酸"；1990 年，他又引用新的科研成果，在全国性学术会议上再次加以论述，获得学术界普遍认同。根据这个见解他研究了一系列"低硬度"配体和"软"萃取剂，显著提高了锕系与镧系之间的分离效果。

杨裕生调任防化研究院第一所任研究员后，专业方向更加有所扩展。他首先提出防毒面具增加防激光防弹片功能的研究课题；继又积极推动我国士兵综合防护系统的发展，并指导相关的高性能材料研究。杨裕生还关心母校的改革与发展，关心母校的科学研究，他与母校陈长聘教授和有关院校一起投标申请氢能的规模制备、储运及相关燃料电池的国家重要基础研究项目。这一项目申请成功后，他就退居二线，成为这个重大科研项目的顾问。之后，他对电化学电容器和高能电池产生了十分浓厚的科研兴趣和高涨的工作热情，每天保持工作 10 个小时，希望继续为国家作出贡献。

急国家之所急，创建军用化学电源研发中心

为了促进我国陆军步兵装备的现代化建设，1996 年起他和陈焕祺研究员发起"中国士兵系统"的研究，多次联合军内若干科研单位研讨发展我国士兵系统的必要性和关键技术，中央军委首长批示给予了肯定。

士兵系统论证结果中有一项关键技术——比能量 300 瓦时／千克的高比能量电池，因难度大、周期长而无人敢承担。1997—1998 年他在院、所领导的支持下筹建了我军第一个化学电源实验室，决心第四次改变专业方向而攻克这一世界性难题，并选定了研究锂硫电池。2000 年士兵综合防护子系统课题立项，经费高达 500 万元。他将此课题负责人的职位让给了年轻人，自己集中精力于经费极少的高能电池研究。2002 年 10 月"防化研究院军用化学电源研究与发展中心"经批准成立，杨裕生任主任。2003 年 4 月挂牌，总装备部科技委朱光亚主任题词勉励，李继耐部长拨专款购买研究设备。

1998 年定下研制比能量 300 瓦时／千克的高比能量电池的目标，经过大家近十年的不懈努力，目标正在逼近，并有越来越多的人加入了此研究行列，公认这是最有希望的高能电池技术途径之一。在此过程中，他提出硫碳正极材料"主链导电，侧链储能"结构设计思路，合成出系列的材料，总结出规律，得出了比能量和循环寿命都比较好的结构。为了进一步提高比能量和循环性能，他又提出"炭孔藏硫，多式储能"的新构想，指导合成了大介孔炭材料，展现了新的苗头。有人问杨裕生，当时选此途径是怎么想的？他说，十年前自己也并无十分的把握，只是从理论上比较后认为应该选锂硫电池。

他是国内最早提倡研究电化学电容器的科学家之一，在总装备部科技委2001 年年会上发表文章《电化学电容器技术的军民应用》，并在参与促成的一个电能源"973"项目中担任电化学电容器课题的负责人，带领同事和研

究生研究出数种高性能的多孔电容炭材料和电容器，其中烧结法电极制备技术、纳米孔玻态炭、纳米氢氧化镍、活性炭的氢氧化钠活化技术，以及在大量实验基础上总结出电容器理想炭材料的"6 高"理论（高比表面、高中孔孔容、高电导率、高密度、高纯度、高性价比），都具有创新性。该课题获得全军科技进步二等奖。

鉴于边防、海岛和军事基地等规模用电的特殊需要，他在 2005 年总装备部科技委年会发表文章《大规模液流化学蓄电及其军用前景》，同时联合军外科技力量推动为风能、太阳能发电的蓄能而研究液流电池。一开始他就强调要创新，要发展有自主知识产权的液流电池新体系，不做外国人做了多年的全钒液流电池。2005 年他提出节能的有机电合成与蓄电双功能液流电池新构想，成功申请国家自然科学基金项目并顺利结题。2006 年在内部组织的液流电池新体系研讨会上，他的学生程杰博士提出锌镍单液流电池新体系，受到他的极力支持，并立即酝酿立题，得到总装备部科技委曹保榆委员的赞赏，当年成功申请总装备部创新基金 400 万元，他建议该项目的总工程师就由年轻的程杰博士承担，并任新成立的液流电池组组长。接下来，液流电池组联合两个高校的有关老师开展研究，又提出了几个新的体系，创新蔚然成风。在杨裕生的带领下，"军用化学电源研究与发展中心"积极参与我军新装备所需电池的论证和研制，与多家电池企业建立了紧密合作关系，解决了特殊性能军用电池的难题，满足了新装备的用电需求，为国防建设作出了重要贡献，其中有一项获得了全军科技进步二等奖。

大力培养人才，甘当辛勤园丁

人是最宝贵的财富。杨裕生说："人类要延续，科学也要延续，老师带学生，是科学技术的延续，就像父母对子女的要求和希望。"在科学研究中，杨裕生注重发挥集体的力量，十分重视人才的培养。凡他主持的项目或单位，总是做到既出成果又出人才。比如，杨裕生筹建的放射化学实验室，坚持重视科研干部的培养与提高，善于提出课题并放手让他们负责承担。在杨裕生带领下，这个研究室成为多出成果、多出人才、科技作风好、技术水平先进的战斗集体。优良传统一直延续下来，至1998年该室累计获得国家级和部委级二等奖以上奖励20余次和大量三、四等奖，在该室长期工作过的科技人员中有10人被授予少将军衔、3人当选院士，其中杨裕生和继任主任钱绍钧同是1995年当选的中国工程院院士。

自1985年起，杨裕生在全所带头招收研究生。他为人师表，言传身教，严把学生的培养质量。他用自己的聪明才智和心血，取得教学科研双丰收。后来，他在防化研究院培养的5名博士生，其中1名获俊才奖，另有3名的论文被评为全院、全军优秀博士论文，其中1名被评为全国优秀博士论文。他被评为优秀博士生导师和优秀共产党员。无论是在核试验研究所还是在防化研究院第一研究所，他弘扬源自母校的求是精神，其治学方法和科研作风都得到了传播和发扬。

日常工作中，杨裕生原则性强，克己奉公，处处严格要求自己，起到模范带头作用。在科学研究工作中，他一如既往地忘我工作，孜孜不倦地求新探索，不断涉入新的研究领域，心系我国的国防科研事业和能源的发展。在生活上，他关心同志，为人正直，具有虚怀若谷的胸襟，谦虚谨慎的品质和平易近人的态度。他渊博的学识修养，严谨的治学精神，勤奋的工作态度，雷厉风行的做事风格和光明磊落的为人之道，无时无刻不感染和教育着大家。

为了让学生得到各方面能力的训练，他制定了一系列的措施，如定期的学术报告会，经常性的科技漫谈等，为他们营造了良好、开明的学术氛围，使大家受益匪浅，成效卓著。他为每名博士生成立一个三人指导小组，自任组长；两名博士组员在教学相长中，逐渐成熟为硕士生导师和博士生导师。从治学的态度和科研方法上，他严格要求，谆谆教诲，叮嘱、强调实验设计的重要性，既鼓励大胆创新，但又告诫要脚踏实地、戒骄戒躁，特别是发表文章求精勿滥，强烈反对学术上的浮夸。工作和生活中，教育学生时刻注意勤俭节约。

军用电源课题组刚成立的时候，杨裕生为争取课题立项，总是身先士卒冲在最前面。"电源中心"的三个课题组有了一定的基础后，为了长远的发展，他着力考虑的是如何培养后继领军力量，帮助年轻科技人员申请科研项目和指导硕士生，鼓励他们尽快独立起来主持课题，摆脱依赖思想。他甘做人梯，在论文和重大成果署名上，他总是将自己的名字移到最后。在他精心培养下，一批批年轻人工作热情高，团结和谐，锻炼出参与竞争课题的勇气和能力，科研经费逐年增加，认真负责地圆满完成各项任务，为防化研究院和一所赢得了荣誉。2006年春，杨裕生给所领导打了辞去电源中心主任职务的报告，十分放心地将接力棒交给了曹高萍博士。此后，他参加中国工程院的新能源咨询工作，从事我国电动汽车发展路线的研究，提出了一系列符合国情的见解，先后出版了《纵论电动汽车和化学蓄电》《续论电动汽车和化学蓄电》《再论电动汽车和化学蓄电》三本文集；有较多时间考虑一些难题的解决途径和学生的培养，并为加强我军装备的电源需求论证和电池选型而奉献才智。

弘扬求是精神，勤奋谦虚治学

在中国工程院，按核试验技术的专长杨裕生属于能源与矿业工程学部。他认为，院士称号是国家给的荣誉，不单要做好本单位的工作，还应关注国家的能源等重大问题。2000年他与中国石油大学教授赵永丰等五人一起联合多所高校和研究院所，申请到国家重点基础研究（973）项目"氢能的规模制备、储运和相关燃料电池的基础研究"，有力地推动了我国氢能科技的前进。他看准了燃料电池的军用潜力，2000年在总装备部科技委年会发表文章《军用动力装置——质子交换膜燃料电池》，建议发展以燃料电池为动力的常规潜艇。

但是，美国小布什总统把氢能提高到了"人类终极能源"的位置，并提出建立"氢经济"的口号，制定了实现氢经济的路线图；"氢经济"在中国也受到追捧，燃料电池汽车研制一再升温，上海的"百、千、万"计划呼之欲出。杨裕生对此持有强烈的不同意见。2006年6月，他与9位院士联名上书国务院总理，建议我国"氢能燃料电池的研究要作长期的打算，细水长流，切切实实地解决关键材料和关键科学技术问题，特别是要将提高环境适应性、提高可靠性、大幅度延长寿命和研究低成本材料及零部件作为重点，而不要急于'汽车换代'，更不要急于打算扩大批量生产"。同时，他在 2006 年 10 月 6 日《科学时报》的文章《杨裕生院士："氢经济"论的降温与电动车的发展》中和该年 11 月的全国氢能学术会议上公开谈论这个问题，引起许多科技专家的共鸣。

杨裕生认为自己是"电能源的外行，是小学生"。小学生，意味着从头开始学。但是，一个年近七旬的老人改行，能行吗？很多人有疑惑，也不理解；更何况科研是创新，才刚开始学，何从创新呢？

他认为，化学电源花样繁多，不能干一种就只懂一种，要融会贯通，既要深又要广，这是创新的必由之路。他是认真的，十年里他对化学电源的学习钻研真是不惜花费精力和时间，简直到了痴迷的程度。他虚心向别人请教，认真和他们讨论问题，渐渐地能够提出一些有见地的想法。例如，他提出研究双变价元素正极材料的新结构化合物，以图突破锂离子电池比能量提高的瓶颈，成功申请到自然科学基金支持；他开展新结构含氧有机正极材料的研究，为发展下一代少用矿产资源的高能电池准备条件；他指导博士生用新方法制备出大介孔炭，提出纳米活性物质"寄生"于孔中的复合材料新结构，大幅度提高了含硫、含氧等电极材料的有效比容量，并在哈尔滨工业大学的直接甲醇燃料电池用催化剂中显示出良好的效果；他较早就看好磷酸亚铁锂的安全性和长寿命，指导博士生研究新的制备方法，在多个场合呼吁大力发展以此材料为正极的锂离子动力电池用于电动车；他极力主张我国应优先发展纯电动车（含增程式纯电驱动车），以有效缓解我国的石油紧缺和城市空气污染问题，并倡导夜间充电以利于平抑电网的峰谷差；他看好有 150 年历史的铅酸电池，从"十五"期间就开始呼吁要发展其新技术，2009 年又在《科学时报》著文建议国家"863"计划给以支持，以适应可再生能源发电的蓄电和电动车发展的急迫需要，同时，他到铅酸电池厂考察，宣传新技术，与他们合作研制成功铅炭电池，使铅酸电池寿命提高了若干倍。他促成中国工程院能源与矿业工程学部与中国电池工业协会联合举办两年一次的铅酸电池新技术研讨会，推动了此行业的振兴。这些都是他看书而又不迷信书，消化文献而又不跟随文献，反复思索的结果。"我现在是电化学的高中生了"，他谦虚地说。

鉴于杨裕生在核试验和电能源两方面的贡献，经中国工程院能源与矿业工程学部的推荐，他被何梁何利基金授予2009年度科学技术进步奖。

战友情，情深似海

近些年来，核基地战友编写回忆录及聚会忆旧活动很多，留下许多值得纪念与传承的珍贵文字与照片。这是战友们共同用青春年华以至血汗生命铸就的友情丰碑，值得永远珍惜！

在这些书著编写出版中，杨裕生总是满腔热情地支持：有的被聘为顾问，百忙中出金点子；有的亲自写作，如在中国核试验基地出版的《亲历那一天》中，他写了《蘑菇云中探宝》，谈了自己27年半在戈壁与战友们同战斗的付出与感受；有的则是题词，如他为《战斗在罗布泊的上海人》题词：

核试验研究所七室马兰战友重聚北京（左起：裴五郎、刘月恒、杨裕生、丁玉珍夫妇、周新嵩、俞章华，2012年9月）

热烈祝贺《战斗在罗布泊的上海人》出版
值得在上海终生铭记的新疆战斗历程

此外，他还在这本书中写了长篇记述文章，是两弹取样的经典。

他对母校深有感情，给师生讲了自己的四次专业转变，道出自己服从国家需要，献身国防的情怀！

浙大光仪系1967届毕业生俞章华，一直在马兰核试验基地研究所七室工作，是杨裕生的老部下、老战友。俞章华退休后，受聘于一个民营企业，担任江苏达胜热缩材料公司总工程师，并于2006年成功研制出当时国内最高指标的工业辐照电子加速器。翌年由该公司出资组建江苏达胜加速器制造有限公司，将该产品工业化。2011年9月22日，应俞章华邀请，杨裕生院士出于对战友所在企业的关心与支持，百忙中考察达胜公司，并题字后合影留念。2015年中广核集团所属中广核核技术发展股份有限公司收购了该公司，遂更名为中广核达胜加速器技术有限公司，成为我国特大央企的一员。

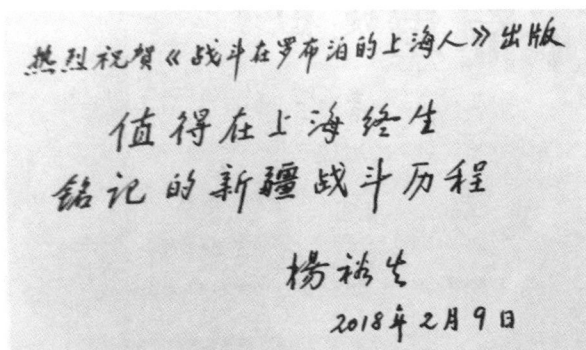

2018年杨裕生为《战斗在罗布泊的上海人》题词

2011年9月22日杨裕生（左，右为达胜公司总师俞章华）院士考察达胜公司并题词合影

2012年秋，核试验研究所七室的老战友回所聚会。在参观所史馆时，有的战友面对当年自己英姿飒爽与战友的合影，激动得热泪盈眶；有的受屈复员的战友，见到当年自己在大戈壁战斗的身影，更是控制不了自己的真情，心中的波涛久久难以平静。战友们忆及与首长同甘共苦与大戈壁同在的身影时，仿佛回到年轻时代，用各种形式为当年首长杨裕生院士80大寿表达诚挚的祝贺，有的献上美妙的舞蹈，有的用动听的歌声表达对杨院士的敬意，祝福他健康长寿！这种在难忘岁月里结下的真挚战友情比金子更可贵，更靓丽，真正令人称羡！

（2021年2月7日补充改定）

张同星

　　张同星（1933 年 10 月—1983 年 11 月），江苏泰兴人。1956 年加入中国共产党，同年毕业于浙江大学，分配至沈阳重型机械厂工作。1959 年调入二机部隶属的四零四厂第四分厂，先后担任班长、车间主任、副总工程师、副厂长兼总工程师等职务。他在核部件研制生产中先后取得了 16 项重大的科研、革新成果，直接负责和参加的科研项目中有两项获全国科学大会奖。他曾连续多年被评为四零四厂劳动模范、优秀党员，省、核工业部先进个人标兵和劳动模范，1978 年出席全国科学大会，1979 年国务院授予他"全国劳动模范"的光荣称号。中国人民解放军创建人和领导人之一聂荣臻元帅题词："向知识分子的优秀代表张同星同志学习。"国务院原副总理、原国防部长张爱萍同志的评价："张同星是继蒋筑英、罗健夫后又一个对祖国科研事业具有献身精神的科技工作者，是当代优秀知识分子的代表，也是我国工人阶级中的杰出人物。"

张同星出生在江苏泰兴蒋华区岛石乡七村，祖辈是当地的贫苦农民。父亲张季华，母亲朱丹青，唯张同星一子，无兄弟姊妹。张同星的一生虽然短暂，却为国家作出了重大贡献，为母校争了光！只是限于当年条件，很少留下他的业绩与光影，但我们永远不会忘记他！

为"立志改变中国"发奋学习

1941年，在外祖父与父亲磋商下，张同星入本村私塾启蒙。一次，老师要同学们以"立志"二字造句，有的说"立志当官"，有的要"立志当将军"，唯有张同星写"立志改变中国"，受到老师的称赞。

1948年春，张同星转入当地的东阳小学，同年7月考入泰兴中学。他学习努力，成绩优异，深受老师的喜欢。随着中华人民共和国的成立，他家的生活有了保障，张同星的学业也大有长进。1954年，他考入杭州西子湖畔的浙江大学冶金系铸造专修科，更加努力学习，成绩出众，样样工作带头去做，深受同学的好评。1955年他参加了新民主主义青年团（即共青团），1956年经同学石梅英等二人介绍，又加入了中国共产党。

新中国成立之初，国家需要大量工业建设人才。为了国家急需，浙江大学有的专业四年制本科生提前一年毕业分配；有的专业增设两年制的专修科。张同星和许多贫困学生一样，喜欢选择专修科学习，以便早日走上工作岗位，参加新中国的建设。

1956年8月，张同星以优异的成绩毕业，被分配到沈阳重型机器制造厂任技术员。初生牛犊不怕虎。张同星先后参加过新安江水电站水轮机的设计和新中国第一台一万二千吨水压机的研制，经历了极大的锻炼，为自己美好的人生，为"改变中国"留下了浓重的一笔。

为"研制争气弹"甘当一块砖

中国核工业总公司第四零四厂位于甘肃嘉峪关以西100公里处戈壁滩上，简称为404厂，筹建于1957年，因1964年第一颗原子弹爆炸成功打破了美帝国霸权主义的核垄断和核讹诈而辉煌。

1996 年，中华人民共和国政府郑重宣布：从当年 7 月 30 日起暂停核试验。这个代号 404，几乎全封闭的半军事化小城，只能保持着高度的秩序化，在仿佛凝固的时间里悄悄沉寂。

历史是一面镜子。那些曾经用青春以至生命来创业的人们，仍会时不时在镜前探出头来悄悄地从头诉说。

1956 年 8 月，中苏签订了关于苏联援助中国建设原子能工业的协定，1958 年我国核工业开始建设。党中央、国务院对发展核事业非常关心，决定从全国挑选优秀人才参加核工业的艰苦创业，张同星是被选中的一员。1958 年 12 月，他到北京第二机械工业部报到后，被分配到我国第一个特大型核工业联合企业——四零四厂。

国营四零四厂，当时称八〇〇联合企业，是苏联援助的重点工程之一，它包括反应堆、后处理、铀化工和核部件冶金加工四项工程，1958 年 7 月破土动工。1960 年 8 月，苏联单方终止协定，停止技术援助，撤走专家，给工程建设带来极大困难。按照中央指示，我国开始走核工业自己发展的道路。因此，我国的核工业是在极度困难的情况下起步的。帝国主义封锁我们，他们扬言，没有他们，中国 20 年也搞不出原子弹。面对祖国的荣誉、民族的尊严受到如此侮辱，张同星决心发奋为建设我国核工业贡献力量。他紧攥拳头向空中一挥说："中国人民是有智慧，有志气的人民，外国人能做的，我们一定也能做；外国人还不能做的，我们也要做出来。"20 多年来，他和战友们在"风吹石头跑，百里无人烟"的戈壁滩上摆开了艰苦创业的战场。

当时我国正处在三年困难时期，国民经济出现极大困难。四零四厂在开展生活自救、稳定队伍的同时，一方面组织力量对设计工作和设备到货情况进行清查摸底，做出新的部署；另一方面派出人员赴各地实习培训，在北京建立攻关基地，开展工艺试验。张同星与战友祝麟芳等人一起，参加核部件冶金加工的技术攻关工作。

1960 年，他带队先去洛阳拖拉机制造厂实习，后到北京原子能研究所和九所攻关基地开展工艺试验。经过两年多艰苦努力和千百次试验探索，到

1963 年回厂前，他们基本摸清了铀金属冶金铸造技术原理，为四零四厂在技术上做好了生产准备。当年，整个攻关过程是相当艰巨困难的。开始，各方面条件都不具备，无资料、无器材、无实验设备。张同星和大家并不气馁，为增加对"真空"的感性认识，用仅有的一个旧钟罩和几张桌椅板凳，做起了真空试验，这就是后来传为美谈的"一个钟罩起家"的故事。在这期间，张同星以超人般的毅力，利用一切空隙时间，拼命充实自己的知识。他编集了大量的资料卡片，自学了英语，节衣缩食，把钱都用到购买图书上。

在困难时期，大家生活都十分艰难，他们打趣地说："我们吃的是洋芋蛋，造的是原子弹。"张同星经常饿着肚子，带领小组的同志进行攻关试验，在几间简易平房里，自力更生搞成了一套真空系统。后来，好不容易得到了一台熔炼合金钢的高真空感应炉，但该设备不适合核金属的熔铸，为了改造炉子结构，张同星废寝忘食，昼夜围着炉子转。他带领铸造组的同志进行了数百次模拟试验，硬是用简陋的设备，创造出"提模浇注"新方法，并将一台外国进口的高真空感应炉成功改造成为我国核工业第一台生产核部件的专用炉，为我国核工业的起飞立了一功。

1962 年党中央批准二机部提出"争取在 1964 年、最迟不超过 1965 年爆炸我国第一颗原子弹"的《二年规划》。据此，四零四厂抢建 18 号厂房，加快一线工程建设。

我国第一颗原子弹核部件的试制，走的完全是自己的路子。1964 年春，根据党中央的部署，规定拿产品的日期已迫在眉睫，各个工序的技术关键都已相继突破，但张同星他们承担的核部件铸件的空缩孔问题还没有解决，这已成为全线的最后一道难关。从部到总厂领导都焦急万分。张同星当时作为铸造组组长，深感自己肩上的千斤重担，更是心急火燎，日夜奋斗在炉子边。实在困了也只是在炉子边打一下瞌睡，就是在这种短暂的朦胧中都往往被他自己发出的"气泡，该死的气泡"的叫喊声所惊醒。张同星说："为了造出'争气弹'，把我当作一块砖，垒在戈壁滩上，我也心甘情愿。"经过 20 多个昼夜、上百次试验，他们创造了独特的"定向凝固马拉松慢冷工艺"，终于攻克了难关，于 5 月 1 日凌晨研制出第一个合格部件，支持了

10月16日我国第一颗原子弹成功爆炸，张同星及小组的同志们都沉浸在幸福之中。

在第一颗原子弹核部件试制的日日夜夜里，张同星既是指挥者又是操作者，关键的操作他总是严格把关，亲自动手。铸造装炉、出炉最累，条件最恶劣。他总是说："我来干！"装好炉，抽好真空，准备送电前，他经过检查，感到炉内装置还不放心。为了做到万无一失，他果断决定，立即打开炉子全面检查，必不能放过一个疑点。

1965年初，张同星被四零四厂评为"标兵"，1966年担任车间副主任职务，开始参加氢弹核部件的研制工作。同年10月20日，我国第一座热功率为60万千瓦的生产反应堆物理启动成功，张同星参与了生产线的建设和安装。

"文革"中，张同星曾被污蔑为"黑标兵""保皇派""假典型"，被迫戴高帽游街，甚至被开除党籍。在这种混乱情况下，他一方面表示"我相信我们党，破坏生产者绝没有好下场"；另一方面仍坚持研制新型核部件。他带领同志们昼夜奋战在车间，经历了一次又一次的失败，不断探索总结，终于设

20世纪70年代张同星（左）在工作

20世纪70年代张同星（右二）在调研

计制造出一个特殊装置，摸索出一套完整的工艺，突破了镀层工艺关，使我国核部件生产登上了一个新的台阶。还有一次，国家下达了一项紧急试制任务，这项任务核放射性强，也是国外生产过程中未能很好解决的问题。张同星坚持走自己的路，采取"挤、代、造"相结合的办法，解决了防护问题。在生产紧要关头，退火炉的电阻丝突然断了，照常规检修的话，必须等炉子冷却到常温才能进行。张同星二话不说，冒着上百度的高温钻进炉子更换电阻丝，连续干了十几小时，及时恢复了生产。试制生产过程，按安全部门规定：操作者工作时间必须受到严格控制（一般不能超过5小时），人们形象地称放射线是看不见的刀山火海，可是张同星连续58小时没有离开试制场地一步。在他的领导和带动下，他们及时完成了试制任务，填补了我国核工业的又一项空白。20多年来，张同星始终保持着这种勇于拼搏的实干精神。

为"攻技术难关"不顾个人安危

在核工业战线上，张同星不知疲倦地战斗了二十几个春秋。1970年他患了肝炎，大家劝他注意休息，他淡然一笑："没关系，挺一下就过去了。"组织上安排他到青岛疗养3个月，可是他只去了一个月就跑回来了。

1975年9月，张同星作为分厂的副总工程师，到北京接受了一项新的核部件紧急试制任务。9月29日开完会，第二天就返回，一时一刻也不肯耽误。回厂后，他亲自动手设计加工特殊的新型核产品加工小室，边试验边改进，仅用5个月时间，就建成了一条简易生产线。一次，一道工序反复加工达不到要求，他便和同志们一起连续作战，加工了17次，直到凌晨5点，终于拿出了合格产品。此后，张同星担任分厂副厂长兼总工程师，在核部件研制生产中先后取得16项重大的科研、革新成果，有两项获全国科学大会奖，为发展中国核工业作出了重大贡献。

1981年以来，张同星食欲明显减退，经常胃痛。在车间里他如往常一样拼命工作，可是一回到家里，就精疲力竭，浑身像散了架似的。妻子刘达文多次催他到医院检查，他总是一拖再拖。1982年1月，妻子实在忍不住了，替他到医院办好了胃镜检查手续，但到预约时间，张同星又因紧急任务，带领几名同志到四川出差去了。在四川的19天里，他忍着剧烈的胃痛，参加会议，制订方案。出差回到家，正是阴历年三十，他又忙着汇报，召开技术方案讨论会，拖了二个多星期。这时张同星更加消瘦了，并发现头痛恶心，便血。在领导和妻子的催促下，他才去医院做了检查。初步检查结果：胃出血，出现异常，需马上住院，做进一步检查。但是当天下午，张同星还是赶了几十里地回厂里安排工作，一直忙到5点多钟。他进一步检查诊断的结果是胃癌！厂领导当即决定，病情保密，马上转院。可是张同星不愿转院治疗，后来党委硬是作了决定，他才不得不服从。临上火车前，他还惦记着试制任务，一再嘱咐有关同志"这次任务重大，千万不要误事"。

张同星动了手术，胃切除了四分之三。他知道了自己患的是胃癌，但是他仍对前来看望的分厂党委书记高庆昌说："你们不要陪我了，任务刚下去，可能会出现不少困难，你赶快回去抓试制攻关，这是大事！"他身患绝症，心里装的仍然是工作，而唯独没有自己。

1983年5月有关领导在兰州医院看望张同星（右）

张同星以惊人的毅力和病魔搏斗着。出院后，厂里决定让他休息，并由他爱人刘达文监护。在家养病期间，他仍一点也没闲着。妻子上班一走，他也就忙开了：翻图书、查资料、做笔记，赶写了一份一万多字的材料，系统地总结了他多年来亲自参与试验的一个关键工艺的全部过程和体会，提供给其他同志参阅。

1982年7月，试制工作到了紧张阶段，张同星在家里再也待不住了，坚

决要求上班。在他再三要求下，领
导同意他上班，但和他"约法三章"：
一是进厂房只能看和说，不准动手；
二是每天最多只允许在车间里呆
二三小时；三是派小车接送。张同
星满口答应，可是一到车间，他就
"管不住"自己了。在试制任务最
紧张的一个多月里，他始终坚持工
作在试制的第一线，直到拿出了合
格产品，才同意到北京做化疗，此
时比原定治疗计划已经推迟了一个
多月。1982 年 8 月，新的试制任
务圆满完成，这是张同星一生中的
最后奉献。

1983 年 5 月有关领导在兰州医院看望张同星
（中）后留影

张同星病情一天天恶化，核工
业部、全国总工会、甘肃省委都
十分关心，张爱萍同志亲自安排张同星去北京 307 医院治疗。在住院期间，
宋任穷、倪志福、张爱萍等中央和部、省领导先后去医院探望。1983 年
1 月 8 日，中央军委副主席聂荣臻亲笔题词，"向知识分子的优秀代表张同星
同志学习"；国防部长张爱萍赞扬："张同星是继蒋筑英、罗健夫后又一个
对祖国科研事业具有献身精神的科技工作者，是当代优秀知识分子的代表，
也是我国工人阶级中的杰出人物。"他还亲笔题词："向长期在艰苦条件下，
为国防现代化建设坚持战斗的张同星同志致敬！" 1982 年 12 月 29 日，甘
肃省委授予张同星同志"模范共产党员"称号。中华全国总工会、国防科工委、
核工业部、甘肃省委、四零四厂党委，都先后发出向张同星同志学习的号召。
《人民日报》《工人日报》《解放军报》和《甘肃日报》等都发表文章，介绍
张同星的先进事迹，在全国引起了很大反响。从张同星身上，我们看到了
一个在党的哺育下成长起来的中国优秀知识分子的典型形象，看到了一名

为共产主义事业忠心耿耿勇于拼搏的先锋战士的高大形象。

1983 年 11 月 16 日，经医治无效，张同星在四零四厂与世长辞，终年 50 岁，按照他的遗愿，将骨灰一半送往泰兴故乡，一半撒在他终生奋斗的大戈壁滩上。

张同星实现了他"安下心、扎下根，戈壁滩上献青春，献了青春献终身"的誓言。

（2021 年 5 月 4 日）

贺贤土

贺贤土（1937年9月—　　），浙江宁波镇海人。理论物理学家。中国科学院院士，中国工程物理研究院研究员、博士生导师。1962年贺贤土从浙江大学理论物理专业毕业后，进入中国工程物理研究院工作；1991—1997年任中国工程物理研究院北京应用物理与计算数学研究所副所长；1995年当选为中国科学院院士；1996—2001年担任国家863计划惯性约束聚变主题首席科学家；1999年至2009年担任浙江大学理学院院长，后为名誉院长；2001年至2007年先后担任中国科学院数理学部常委、副主任、主任以及中国科学院学部主席团成员和执行委员；2007年至2017年担任北京大学应用物理与技术研究中心首任主任，后为名誉主任。2018年俄罗斯科学院授予贺贤土荣誉科学博士学位；2019年当选俄罗斯科学院外籍院士。2018年9月25日，国际天文学联合会小天体提名委员会将编号为079286的小行星命名为"贺贤土星"。2019年获得爱德华·泰勒奖。

新碶镇濒临大海，河网纵横，港漕遍布，少山多水，成了贺贤土童年摸虾抓小鱼，戏水打水片的乐园。特别是港汊河漕风平浪静，是简单易行打水片的好场所。他会约上几个小伙伴，到江滩漕边，找来一些扁平薄石片或残瓦片比赛，谁的石片在水上飞漂得远，或谁的石片跳的次数多为胜，输者给胜者打手心。一般胜者用手掌打输者手掌，胜者多几漂就打输者几下，虽两人都痛，但胜者往往多一种获胜的自豪感，有的时候用戒尺或小树枝打，那就输家单边受痛了。童年的趣事拉开了贺贤土求知的序幕。

学路宽广知艰辛

贺贤土 6 岁入新碶小学读书，那只有放学之后或星期天去玩了。童年是快乐的玩耍时光。上了一天学的小朋友，一般都有解禁放松的想法，先把作业放一边，等玩痛快再回家做，但贺贤土有自己的规矩：作业不做好，绝对不去玩。捉鱼打水片也好，打球讲故事也罢，不管小朋友怎么引诱、干扰或者央求，他都不为所动，直到做完作业才去玩。

在小学里，贺贤土爱动脑子也是出了名的。如打水片，大家打过就算数，而贺贤土打过后还会琢磨一番，自己发问一些为什么，如水片为什么会在水上漂？怎样才能漂跳次数多、漂得远？新中国成立之初，蒋介石妄图反攻大陆，新碶上空常听到飞机声，又会引发贺贤土一连串疑问：飞机为何能在天上飞？飞机很重，空气很轻，怎么托得牢？虽然他一时解释不清，但对自然界的神奇现象和种种科学奥秘已产生兴趣，并引发他深入地进行研究。总之，小学时的贺贤土除了认真学习、爱动脑子、记性过人、成绩优异等特点外，还特别钟爱古典名著，家里有《三字经》《论语》《孟子》等难懂的古书，他会拿来背，还有《水浒传》《三国演义》《西游记》《施公案》等古典名著，以及父亲从重庆带回的《今古奇观》和《新生活运动》等，他在课余都会去读，他酷爱文学的习惯一直延续到中学时代，甚至差点走上作家之路。

1951 年，贺贤土考入私立辛成中学。在这所中学，有一位李价民好校长，名师趋之若鹜，同学努力学习，贺贤土成绩继续名列前茅，并在老师鼓动下，一年级就当选为学生会干部，初二当选为学生会副主席，初三时当了学生会主席。他热心帮助同学，又成了老师的好帮手。

当年正是抗美援朝之时，贺贤土激情燃烧，似乎一下长大了，决心报名参加志愿军，终因年龄太小而未能如愿。1952年，团中央提出学习成为中国青年"更加特别突出的任务"，号召学生努力学习，为建设新中国奉献青春。当年，科技人才特别短缺，团中央树了北大研究生周光召等典范，报上还介绍了他又红又专的事迹。自此，周光召的形象走进贺贤土的心灵，同时，他明确了为国家社会主义建设而发奋读书的目的。

1954年，贺贤土以优异成绩考入历史悠久的浙东名校宁波中学高中部。学校得知贺贤土初中时当过学生会主席，就要他当团委军体部长，每天早上为全体同学领做早操。高二时，因他成绩好，被选为拥有学生会文化学习部长。这就意味着他不但要自己学习好、文娱好，还要组织并带动全校学生积极开展文娱活动，参加学校、本市以至本省的各类文娱比赛，并获好名次。贺贤土成绩门门优秀不说，文娱也不逊色，他拉得一手好二胡，如诉如泣，令人喝彩！他还能悬肘写一手毛笔字，这得益于爷爷、爸爸的启迪与督促，从小练过柳公权、颜真卿、王羲之的字体，因此在全校书法比赛中还得过奖。

贺贤土对文学的酷爱，从小学一直延续到高中报考浙大物理系时才暂止。他对文学痴迷分三个阶段：第一阶段小学时，贺贤土迷上古典名著和武侠小说，可说是他文学的启蒙期；第二阶段是初中时，他酷爱外国文学，特别爱看苏联的《卓娅和舒拉的故事》《钢铁是怎样炼成的》等；第三阶段高中时，他爱读中国现当代文学，如茅盾的《子夜》，巴金的《家》《春》《秋》，以及鲁迅、叶圣陶、郭沫若等名家的作品。他还特别喜欢看隐晦枯燥的胡风评论，此后才知自己喜欢逻辑性、理论性强并有一定理解难度的作品。后来，他在核物理、理论物理上作出重大贡献，正是基于他的这种喜好。他除了津津乐道文学名著，写好自己作文之外，还写过小说，只是没有继续在文学园地里开垦罢了。对文学的喜爱给贺贤土带来莫大的好处。在长期从事枯燥的核物理、理论物理研究中，文学形象思维的火花不时会点亮理论逻辑思维的灯，使他写起学术论文来下笔如有神。

高中三年，事实上整个学生时期，贺贤土都德智体全面发展。在德育方面，他出身工人家庭，作为学生会干部、共青团员，积极响应祖国的召唤；在智育方面，他稳居前茅，门门功课喜欢，文理双优，能写一手好作文，常被老师用为作文课的范文；就体育而言，他成绩亦很好，还和同学自发组织篮球队，自己出钱买球衣，每天课外打篮球，有时还和别班比赛。因他文理兼优，逻辑思维和形象思维并举，给他报考什么类大学出了难题。

1956 年春，党中央向全国发出"向科学进军"的号召后，我国制定了《1956—1967 年科学技术发展远景规划》，极大地鼓舞了全国科技人员及大中学生，全国掀起贯彻向科学进军方针及规划的浪潮。共青团宁波市委在寒假里还组织学生会干部学习，请一位物理老师讲半导体、原子能等概念，深深地吸引着贺贤土的心。同时还放了《王淦昌在杜布纳》的录像，贺贤土看得如痴如醉，心神往之，于是决定报考物理专业。

高三时，他与好友王奕年征得学校同意后，把宿舍租到学校附近，一人一间，集中全力做好复习迎考。因不怕影响他人，读书常至深夜以至凌晨，有时瞌睡虫袭来，他便会浇井水刺激。就这样，贺贤土除有条不紊地复习外，还读了苏联物理学家福里斯和季莫列娃的《普通物理学教程》。1957 年，是贺贤土相对平静迎考和学习的一年。贺贤土以优异成绩如愿考入浙大物理系。

贺贤土进入浙大求是园后，集中精力在物理学神圣殿堂里遨游。他课余仍喜爱打篮球，还有参加浙大民乐队拉二胡，都是作为紧张学习之余的精神调节而已。

1958 年 5 月，中共八大二次会议正式通过了"鼓足干劲、力争上游、多快好省地建设社会主义"的总路线。之后，党中央发动了"大跃进"运动，于是，学校全面停课，勤工俭学，大办钢铁，下乡支农，运动一个接一个。贺贤土班去学校机械厂装配滚珠轴承；有的班做小高炉，大炼钢铁。

1958 年至 1959 年，学校还贯彻"教育要改革"的有关指示，发动师生对现有学制、教学计划、教材、教法进行大辩论，但并没有真正认真探索教育教学本身的规律。如微分方程这门原本是学两学期的课程，改革成学两周就结束了。一想起当时的浮夸风、荒废学业的做法，贺贤土心里就有说不出的痛。

1960 年初，由于天灾人祸，全国性的大饥荒开始了。因为粮食、蔬菜大减，学校号召开荒种麦、种番薯和南瓜、种青菜，但因缺少肥料，蔬菜也不长。在困难时，食堂只供应半块腐乳，一瓢酱油汤。因饭吃不饱，蔬菜极少，近半数同学得了浮肿病，只好卧床静养。

20 世纪 60 年代初贺贤土（站者左五）与学友在浙大求是园合影

在一个个运动和三年困难时期中，贺贤土没有在精神和肌体的双重折磨下屈服，而是以更坚定的意志、更顽强的毅力和更机智的办法，投入到学习中去。他把周光召作为自己的榜样，把图书馆作为读书的圣地，并在书本中寻求智慧、温暖和战胜困境的力量，最终为我国核事业作贡献打下坚实的基础。

经过几年运动和"大跃进"，1961 年 1 月，中国共产党八届九中全会通过了对国民经济实行"调整、巩固、充实、提高"的八字方针，这对恢复党的实事求是传统作风，纠正"大跃进"的错误是个转折点。同年 9 月党中央又批准下发"高教 60 条"，其中规定：高等学校必须以教学为主，努力提高教学质量，对参加社会活动和生产劳动应作适当的安排，但不宜过多等，教育、教学秩序逐渐步入正常轨道。贺贤土抓紧最后两年不到的时间安静地读了一些书。

回望大学的五年，在浙大求是精神的熏陶下，贺贤土的学习能力、思维方式发生重大的变化，发现问题、分析问题、解决问题的方法和能力也大为提高，为他以后从事尖端核科学研究提供了莫大的帮助。

勇进核研究大门

浙江大学物理系系主任李文铸教授很青睐贺贤土，决定留爱生当助教。贺贤土自然很高兴，一来可从事自己喜爱的理论物理教学与科研；二来杭州地处宁波与上海之间，可以方便照顾两个母亲(即生母与姑妈)。1962年11月，国防部门到学校选拔人才，其中点名要贺贤土等几人。那个时代的大学毕业生，有几句响亮的口号："党指向哪里我就奔向哪里！""到西北去，到边疆去，到祖国需要的地方去！"贺贤土毫不犹豫地服从了国家的需要。这样，贺贤土便把自己的命运与祖国的核大业紧紧地联系在一起，成了核研试6000名大学优秀毕业生的一员。同年11月30日，贺贤土踏上了北上进京的列车。

1958年，我国在北京成立研制核武器的第二机械工业部九所（所局合一，1964年改名为二机部九院，九院就是现今的中国工程物理研究院的前身）。1963年初进研究所，首先接待贺贤土的便是初中起就成为他心中偶像的著名科学家、九所一室常务副主任周光召（主任是邓稼先）。

研究所是个高智商的大集体，贺贤土既兴奋又紧张，到所次日，就去听著名理论物理学家彭桓武讲核爆炸后伽马射线在空气中穿透的计算方法。讲课中有提问、有讨论、有争论，洋溢着自由、平等的学术氛围。这样，利于碰撞出思维火花，激发出创新灵感。在这个群体里，贺贤土不断受到别样的有益熏陶，为他日后科研独当一面积累了知识与经验。

在当年，工作条件还是十分艰苦的。如研究所的工作人员想查阅国外1945年至1960年的报纸，必须要到外交部图书馆登记才能查阅。他们用的计算工具只有手摇计算机，甚至计算尺，到1963年的时候才有每秒几十次的计算机，到后来设计第一颗原子弹时用的是每秒一万次的电子管计算机，跟现在微型计算机每秒十亿次没法相比，但贺贤土仍感到很欣慰，很自豪。虽然当时科研条件差，生活艰苦，但大家团结一心，乐于奉献，在所里无论资历深浅一律平等，学术相当民主，有利于年轻人的成长。

参与研究工作之初，贺贤土跟着一个老同志搞课题，大概一年不到，老同志回去省亲，就由他挑起这副担子。在汇报阶段工作时，贺贤土不但汇报得有条有理，还提出了一些新的设想，领导认为他可以独立从事研究工作，因此，进所第二年就给贺贤土安排了另一项比较重要的"原子弹过早点火概率"的研制任务。当初，这种点火概率有好几位专家在不同的物理模型下进行过计算，但结果都不太可信。贺贤土必须另辟蹊径，与一般偏微分方程有别，且要做些近似处理。贺贤土面对难题毫无惧色，怀着极大的兴趣进行深入探索。借请教之机，还向彭桓武先生学习"抓主要矛盾，忽略次要矛盾"的分析方法，把复杂的方程简便化。经这个方法一处理，复杂的微分方程有时竟变为易解的特殊函数方程，对深入分析物理规律起了简化作用。于是，贺贤土提出物理方案，与一位数学同仁合作，编出计算机程序，把"过早点火概率"精确算出来，解决了几年来未解决的技术难题。这项成果不但在我国第一颗原子弹爆炸中得到运用，也在此后核武器设计和试验中一直被应用。这种抓主要矛盾的分析方法成了贺贤土以后处理难题的一种实用方法，受用终生。当年用手摇计算机解决这一技术难题，实在令人钦佩！

1964年10月16日15时，新疆罗布泊核试验基地的原子弹，开始进行爆轰、压缩、超临界、出中子、爆炸……一股强烈的闪光后，便是惊天动地的巨响，一团巨大火球转为蘑菇云直冲天际，中国自行研究、设计、制造的第一颗原子弹爆炸成功了！参试人员热泪盈眶、奔走相告，都为自己付出心血和汗水的梦想变成现实而深感自豪！每当他们取得一项重大成就并公开宣布后，第二天周围的群众总是用粉笔在地上写满了"感谢你们，为国家争光"等话语。这时贺贤土他们很感动，觉得身后有广大人民群众在支持着他们！

1965年1月，毛主席又指示："原子弹要有，氢弹也要快。"周总理也下令：尽快研制氢弹。对此，所里成立搜索氢弹研制试验消息组，贺贤土和同事承担调研工作，但查遍如山的《纽约时报》等报刊，未得到研制氢弹的有用信息，剩下只有走自力更生唯一之路。

氢弹研制大致程序是突破物理原理并取得热试验证实，进行各型号总体物理设计，接着是工程总体设计，核装部件生产加工和组装，并进行各种试验，最后才真正成为武器。贺贤土主要从事氢弹试验的热试验理论研究，是这个组的骨干之一。他与长于数学的同仁合作，对设计好的氢弹装置进行大量数值模拟计算与分析，给出实验量程，并与实验人员研究测试方案和试后分析。就这样，贺贤土为第一次氢弹大当量试验及热试验提供了大量数据，写了不少试验报告，为氢弹研制积累了不少资料文献。

1964 年前理论部有 300 余人。1965 年下半年，彭桓武在集思广益基础上，提出由周光召、于敏和黄祖洽三位副主任各带一班人进行攻关研究。于敏组通过对加强型原子弹的深入计算和系统物理分析，终于找到了热核自持燃烧的关键，进一步用上海 J501 计算机对各个过程物理规律进行研究和计算，而后抓准了氢弹的基本原理，最后经全所努力优化终于把氢弹研制出来。1966 年 12 月 28 日，氢弹原理试验成功；1967 年 6 月 17 日 8 时多，氢弹空投爆炸成功，中国成了第四个拥有氢弹技术的核国家。

第一颗原子弹、第一颗氢弹先后成功爆炸了，贺贤土所在的理论部改名为九院九所，又投入到第一次地下核试验的战役中去。鉴于贺贤土在我国第一颗原子弹和第一颗氢弹试验中的出色工作，在进行第一次地下核试验时，所里成立研究组，由贺贤土任组长，专门负责地下核试验的理论研究。这个组研究包括原子弹型的核装置设计、各种物理项目的测试，等等，都是全新课题，设计要求不冒顶、不放枪、不泄漏。一句话，就是核装置爆炸当量要算得非常准确，大不得亦小不得。因核试验基地远在几千公里外的罗布泊试验场，便要经常出差去试验场。那时道路差，交通设施简陋，又正处"文革"时期，路途十分艰苦与危险。到了试验场，夏天热得像火炉，冬天则冷得像冰窖。雨季时住在帐篷里，雨水渗进来，晚上根本睡不好。遇到连续的阴雨天，后勤保障跟不上，吃饭都是问题。为了科学试验，贺贤土等科学家们可谓吃尽了各种各样的苦。第一次地下核试验结束一年后，贺贤土又去马兰基地工作一年，领导一个小组进行第一次地下核试验后有关数据测试和物理方面的总结。他们不怕射线残余、高温、一氧化碳对健康的威胁和难受，深入第一次地下核试的爆炸室中调研测试，摸清干扰如何进入测试仪器及以后如何预防与屏蔽。1971 年后，贺贤土又从事反导弹机理研究及后面几次地下核试验的测试项目研究，解决了许多实际问题，有些成果还写成论文发表。

原子弹、氢弹和中子弹是核武器家族中的 3 个重要成员。中子弹是增强中子辐射能力、相对减弱冲击波和光辐射效应的一种特殊型氢弹。它的特点是"只杀人，不毁物"。但中子弹也有当量较小，可用厚水泥、湿土或特种塑料复合物防护的弱点。

为了全面开展中子弹研制，贺贤土带领十几人一个组负责突破中子弹原理和一维理论设计，其核心问题有二：一是找到实现点火的途径；二是实现热点火后核燃料的自持燃烧（即自持热核反应）。经过贺贤土小组一个个忘餐之日和不眠之夜克服困难，经受一次次失败的困惑和成功的喜悦，最后沙里淘金般地去芜存精、抓到主要矛盾，发现一条新的点火和自持燃烧途径。而后，贺贤土更精神抖擞地推导出了包含各种物理过程的中子弹反应过程总体方程，组织数学人员编出总体程序，组织全组进行总体设计和分析，并经百万次计算机计算验证新路子是正确的，最终于 1984 年 12 月设计出中子弹，热试验证实了他提出的理论，我国实现了中子弹的原理突破。

20 世纪七八十年代，正是贺贤土最富创新力的时期。在不断攻克难题的过程中，贺贤土总结出一条重要原则，就是好的思维方法是非常重要的，能够达到事半功倍的效果。贺贤土的老师彭桓武一直非常强调看待事物要抓住本质，学会粗估，这种正确的思维方法，使贺贤土院士一生受益匪浅，他也提出建议，要学会相互交流讨论，在讨论中让思想碰撞出火花。中子弹原理突破后，于 1985 年 5 月，贺贤土就任新研究室副主任，担子更重了。

1978 年，周光召所长高瞻远瞩，决定选派 6 位优秀科研人员出国深造，其中有业务骨干贺贤土，但审批的国防科委认为九所是涉密单位，不宜派科研人员出国。此后，周光召仍几次荐举贺贤土以访问学者身份出国，王淦昌先生亦大力推荐，直至 1986 年 6 月，他才以应用物理与计算数学研究所名义飞去美国，在马里兰大学物理科学与技术研究所研究教授吴京生的课题资助下，夜以继日地进行研究。贺贤土克服思亲、生活诸多困难，撰写了《彗星离子激发波问题》的论文，发表在著名的地球物理杂志 JGR 上，不断被人引用，另一篇文章则回国后成文发表。此外，回国前他还应比利时布鲁塞尔自由大学巴列斯库教授邀请，做了一个月的访问教授，后于 1987 年 12 月满载丰硕成果按期回到祖国温暖的怀抱。

贺贤土从美欧回所后，1988 年起就任九所科技委副主任，主管惯性约束聚变物理理论研究，1991 年又升任副所长，主要精力集中在发展核聚变能源的激光驱动惯性约束聚变（ICF）的研究上。

20 世纪 90 年代贺贤土与程开甲（右）探讨学术问题

当今世界上，核能有两种利用方式：一是核裂变能源，二是核聚变能源。核裂变能源就是中子作用于裂变核材料后产生裂变并释放巨大的核裂变能量。原子弹爆炸就是核裂变，就是中子打上去后重核裂变成两个碎片并放出结合能的情状。这种裂变最大问题是核废料的放射性衰变期太长，很难处理。核聚变能源，是指氢的同位素（如氘和氚）聚合在一起所释放的能源。与裂变不同，聚变过程无放射性，亦不产生放射性核废料，因此，聚变能发电前景广阔，被钱学森称为"这是在地球上人造小太阳的大科学工程"。

王淦昌提出的激光聚变设想，深深打动了贺贤土的心，经过多方奔走呼号，于 1989 年 1 月 26 日，王淦昌、王大珩、于敏、邓锡铭和贺贤土 5 人去中南海向李鹏总理汇报，总理同意纳入 863 计划，并要科学家们提出一个总体规划和立项论证。此后，就成立了一个惯性约束聚变立项论证专家组，贺贤土任组长并由他起草报告。在朱光亚努力下，1993 年 3 月惯性约束聚变主题专家组正式成立，下设若干专家组和课题组，全国参加这一工作的有 1000 多名优秀专家。

贺贤土在中国激光驱动惯性约束聚变计划中，曾多年领导研究团队突破大量科学和技术难关，建成了中国独立自主的 ICF 研究体系，并领导团队获得了中国首次间接驱动和直接驱动出热核中子的重要进展；同时，他提出了不同于国际上现有 ICF 点火途径的新型混合驱动点火模型。

1993年国家863计划惯性约束聚变主题专家组成员合影（前排左四王淦昌、右二贺贤土）

惯性约束聚变是863计划的直属主题，其负责人称首席科学家。当时国家规定，首席科学家要求是一个大部门的技术负责人，故主题专家组第一任首席科学家是中国工程物理研究院总工程师陶祖聪，贺贤土任主题专家组秘书长。1996年，陶祖聪因病去世，贺贤土接任第二任首席科学家。2001年，国家863计划验收评估报告对该主题评价很高："九五期间，取得了阶段性的重大成果，基本上奠定了我们国家独立自主的ICF研究体系和发展基础。"

1996年9月24日，我国在联合国通过的《全面禁止核试验条约》上签了字。于是，发展实验室条件下的核武器研究，保持库存核武器的安全、可靠、有效成了贺贤土他们的新使命。

在基础科学研究方面，早年贺贤土发展了非线性科学斑图动力学和时空混沌研究，发现了连续介质斑图系统从初始相干结构、随后演化到时间随机性、最后发展时空混沌的道路，被国际同行评论为发现了近可积哈密顿系统时空混沌；他发现了强激光与等离子体相互作用有质动力驱动强电流效应，提出电磁波与物质作用产生准静态自生磁场理论并给出了自生磁场数学表达式，获国际同行实验证实；他提出了圆偏振激光驱动相对论电子共振加速机制，获得了高电荷量相对论电子能量。他领导团队发展了高能量密度物理研究，提出了温稠密物质（WDM）能带理论；同时提出了高能量密度流体中流体力学不稳定性和可压缩流体湍流耦合模型。它们对于研究行星内部物质和 ICF 内爆过程物质性质以及界面物质混合等挑战性问题有重要作用。

贺贤土研究成果累累，荣誉表彰很多。截至 2018 年 11 月，贺贤土先后获得国家自然科学奖二等奖 1 项，国家科技进步一等奖、二等奖各 1 项，部委级奖 8 项。2000 年获何梁何利基金科学与技术进步奖。2001 年获国家 863 计划突出贡献先进个人奖。2018 年 9 月 25 日，国际天文学联合会小天体提名委员会将编号为 079286 的小行星命名为"贺贤土星"。

2019 年 9 月 26 日，在日本大阪举行的"国际惯性聚变科学与应用"（IFSA）会议上，贺贤土院士走上领奖台，接过了美国核物理学会授予的 2019 年度"爱德华·泰勒奖"。这是由美国核物理学会设立、以"氢弹之父"爱德华·泰勒（Edward Teller）命名的世界聚变能源领域最高奖项，每两年在国际惯性聚变科学与应用大会上颁发，每次授予两名杰出科学家，以表彰他们在运用激光和粒子束产生高温高密度物质来进行科学研究及可控热核聚变上的前沿研究和领导力。

贺贤土（右）参加"贺贤土星"命名发证仪式并领证书（2018 年 9 月）

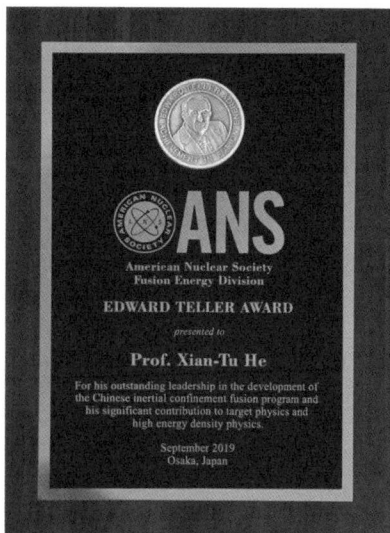

贺贤土（左）获颁2019年度"爱德华·泰勒奖"　　2019年度"爱德华·泰勒奖"奖牌

教书育人梦更圆

　　人类最大、最根本的伟业是培养新人，正是一代又一代接力，才有了诗与远方。贺贤土不仅有此眼光，有此胆量，而且真正圆了大学毕业留校当园丁的美梦！

　　贺贤土是一位出色的理论物理学家，把毕生心血奉献给核研究大业。他在竭尽心血与智力攀登科学高峰时，从未忘记过与同仁携手同行，更是指导与召唤后学接力奋进。在他锤炼得炉火纯青、收获果实累累之年，他在本单位带研究人员之余，怀着特殊的真情反哺母校，于1999年至2009年兼任浙江大学理学院院长，把自己理论物理丰硕成果与科研经验直接以各种方式传授给后学；又怀着浓浓的乡情反哺宁波故乡，于2000年至2007年兼任宁波职业技术学院院长，为年少时企盼家乡画最美的画添光加彩！

　　经过一段时间思考与摸索，贺贤土确立了"大学应与科研院所相结合"的理念，这与浙江大学要办成高层次的研究性大学目标相一致。担任院长以来，他为理学院争取到一些大型研究设备，国家及有关研究部门的不少经费；从国内外引进院士、教授、专家等高水平人才；同时，鼓励教师走向校外研究所，利用科研单位优良设施从事科研，实现教学科研的双赢。

教学与科研是研究型大学的双翼。贺贤土对理学院旧的科研管理体制与运作方式在调研基础上作了改革：淡化与系平行或系管的研究所（中心）对学科发展的领导作用，重点支持有优势的学科，突出以学科带头人为主的研究小组的作用。基础学科要瞄准国际前沿，出高水平成果和高质量论文；应用学科强调对国民经济的技术贡献和效益。创造条件培养和引进长江教授、杰出青年和院士等优秀人才。同时，推出几个具体做法：实行重点研究方向学科负责人制度；研究所（中心）实行教授委员会制度；实行科研经费滚动支持制度。这些制度的推出，促进了理学院的发展。

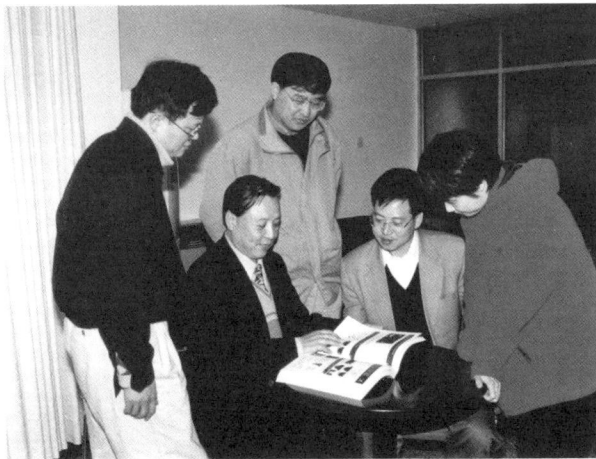

贺贤土（左二）与学生亲切交流（2000 年摄）

贺贤土重视人才。他把大学比作一座大厦，人才就是大厦的一根根梁柱。理学院成立五年后，群英荟萃，人才云集，有 9 名院士、10 名长江特聘教授、15 名国内外著名科学家和资深教授加盟浙大理学院。贺贤土尊重人才，把他们都安排在适当岗位上。人才效应带动了理学院科学研究和学科建设水平的整体提高，打造出了学术研究的团队优势，也结出了累累果实。

贺贤土在北京工作很忙，但基本每月回母校理学院和宁波职业技术学院具体领导工作。他认为"人的价值，而且是非常重要的价值，就是奉献精神"。其实这也是贺贤土几十年忘我工作、无私奉献精神的真实写照，令人敬佩！

家庭厚望终成真

1937 年 9 月 28 日，贺贤土出生在浙江省宁波市镇海县（现北仑区）新碶镇。

甬江把宁波市分为两大部分，也把原镇海县分成南北两区，北为镇海区，南是北仑区。新碶是北仑区的政治、经济和文化中心。

贺姓是新碶的大姓。贺贤土的祖上是开店从商的大户殷实人家，祖父是船上的海员，传至贺贤土辈时家有 8 口人：爷爷、奶奶、爸爸、妈妈，贺贤土，还有两个妹妹和一个弟弟。贺贤土就在这个风光旖旎的海滨小镇度过快乐的童年。贺贤土记事时，正是抗日战争时期，其父贺品朝喜欢书，也爱读书，在重庆民权路经营进文书店，有宣传进步文化之意。抗战胜利后，贺品朝于 1946 年回到新碶。不久，因书店合伙人擅自卖掉书店，贺品朝为维系一家生计无奈之下到上海找工作当工人。祸兮福所倚，正是这种工作大转变，新中国成立后土改时贺品朝家庭成分便定为工人。在唯成分论的年代，工人成分对贺贤土的求学和工作起了极大的帮助。

贺品朝从重庆回家时，贺贤土正读小学三年级。贺品朝对儿子管教很严，不仅要儿子用功读书，而且要他临摹柳公权、王羲之的字帖，为贺贤土能写一手好字打下了坚实基础。贺品朝有很强的技术立家思想，经常给儿子说人生在世要有所作为，要有一技之长，这对贺贤土后来如饥似渴地学习科技知识不无影响。

贺贤土母亲贤德耐劳，不怕困难、勇往直前的精神从小植入贺贤土幼小的心灵。那时，伯父一家在上海，爸爸又在重庆工作，正处抗战时期，妈妈一人挑起赡养爷爷奶奶和抚养年幼的贺贤土兄妹的重任。还有一位抚养、关爱贺贤土的"母亲"便是他的姑姑，贺品朝的小妹妹。姑妈二十几岁丧夫守寡，没有子女。贺贤土一出生，姑妈就特别喜欢这孩子，并常带回家去一起生活。贺品朝为让小妹在精神上有个寄托，便把贺贤土过继给她作养子，实际上两家合养一个孩子。这就是贺贤土两个母亲的由来。自此，贺贤土就有了双份的母爱，即生母的血缘之爱与姑妈的共同抚育之爱；长大后，贺贤土也就有双重的报恩责任，既报答生身父母的期望，也报答共同养育他的姑妈的大爱。

姑妈年轻时，曾在工厂做工，多在上海和香港生活，因此贺贤土又称她为"上海妈妈"；新中国成立后，姑妈就在镇海同乡家里看管两个孩子。她用自己的劳动所得，与贺贤土父母一同负起贺贤土从初中至大学毕业的学习与生活费用。特别是困难时期，姑妈千方百计买来兔子肉，让贺贤土吃饱吃好；还买来时髦的"的确良"衬衣等。贺贤土夫妇有了孩子后，上海妈妈就到北京为他们带孩子，为贺贤土一家营造了一个幸福无忧的后花园，使他们得以全身心地投入科研工作。

从贺贤土家庭环境看，祖父当海员，见多识广，教育贺贤土要读好书，要有一技之长。父亲喜欢读书，启发贺贤土要读好书，要有远大理想。至于两个妈妈，都把希望寄托在贺贤土身上。因此，贺家对贺贤土的成才产生了良好的影响。

贺贤土走上工作岗位三年时，在北京举目无亲，显得孤单，成家之事逐渐提上议事日程。经同学介绍，贺贤土认识了北京化工学院就读的同乡、高中时低两级的学妹李敏，但他埋头学问，思想保守，恋爱大门尚未打开。说来有缘，1964 年李敏毕业后分配到贺贤土同一系统的二机部下属的二院，专门从事核反应堆研究工作。1965 年，李敏随九院总部迁到青海去了，但他们双方业务相近，接触机会还是不少，并于 1966 年结成同好。他们是志同道合、珠联璧合的一对，共同为祖国核大业奉献才智。

当年北京有规定，夫妻俩有一方不在北京就不能分配房子，因此，他们结婚时只好向所里借一间房暂住几天，而后又各人回集体宿舍。1967 年女儿出生，没有房子，是程开甲院士家腾出一间房子给贺贤土夫妇住；当时正处氢弹研究突破后进入第一次地下核试验的非常关键时期，贺贤土小组任务很重，全靠程院士夫人上医院看望，还常给吃不上饭的贺贤土煮面吃。李敏产假满了，上海妈妈就来北京照顾小孩。自此，她 30 年如一日，负起打理家务、抚育孙辈的重任。上海妈妈和李敏都吃不惯面粉，贺贤土要用自行车拉着面粉去几十里外的农村换大米。一间房子一下子增加了 3 个人，吃和住都很艰苦。

1969 年，林彪假借中苏局势紧张为名，发布"一号命令"，贺贤土所在的核武器理论研究设计所（九院九所）被迁到四川绵阳梓潼县曹家沟的山坳里，一家四口住在狭小的简易房里。1972 年，李敏身怀老二而调回北京，三代四口人同住在筒子楼一间只有 18 平方米的屋子里（此前贺贤土等研究人员已回京工作）。1975 年，邓小平同志批准九院人员可落北京临时户口，贺贤土一家才在北京安居生活。至 1982 年后，贺贤土升上副研究员，一家 5 口才住上北京 70 多平方米的一套房。1986 年，九院院长邓稼先去世前仍向中央领导反映：希望能解决九所同志的户口问题。中央非常重视，批准九所人员的户口全部迁回北京。这样，贺贤土一家生活才真正安定下来。

为了核事业，贺贤土一家确是做出了很大牺牲与奉献。李敏原是北京化工学院高才生，为支持贺贤土全身心从事核武器事业，1969 年李敏调到九所后，先是当秘书，后改行从事核武器物理分析，退休时仍是副研究员，而她的同学都升上了正高，应该说她是做出了较大的牺牲。

贺贤土夫妇育有一儿一女，都出生在动荡的岁月。贺贤土原本对他们寄予厚望，希望他们学物理，为祖国科学事业多做贡献。但为了核事业，贺贤土一忙起来，就疏于对儿女的关心与疏导，女儿临高考前过于紧张，睡不着觉，吃不下饭，靠打葡萄糖坚持三天高考，没有考出应有水平，正式填报志愿全未录取，最后被北京联合大学职业技术师范学院录取。好在儿女都努力进取，女儿毕业后在健康报社工作，当上财务处长。儿子考上父亲的母校浙江大学计算机系，毕业后留学美国，在美国硅谷工作。

提起家里的老人，贺贤土有太多的痛悔与歉疚。贺贤土平时忙于工作，养儿育女的重任都由上海妈妈承担，小孩也喜欢与上海奶奶交流并有深厚感情。后来远在美国的儿子得知上海奶奶走

1966 年贺贤土与李敏结婚照

到生命的尽头时，在电话里禁不住失声痛哭。

1998 年起，90 岁的岳母搬来家住，贺贤土未征求两个老人意见，让她们同住一室，带来心理与生活上诸多压力与不便。1999 年上半年岳母仙逝，因她生前不肯去医院，终老在家，给上海妈妈很大打击，半年后她也仙逝，享年 88 岁。

2005 年贺贤土夫妇与外孙尹子轩合影

两位老人的仙逝，贺贤土深感痛悔。老人像风中的烛焰，说灭就灭了。作为晚辈，老人在世时应竭尽孝心与关爱，让老人消除寂寞，安享天年！

（2021 年 4 月 1 日）

林俊德

　　林俊德（1938年3月—2012年5月），福建永春人。中国爆炸力学与核试验工程著名专家，总装备部核试验基地研究员。1960年毕业于浙江大学机械系。1990年为核试验基地科学技术委员会副主任，1993年转升为总工程师，同年晋升为少将军衔。2001年当选为中国工程院院士。获国家发明奖2项、国家科技进步奖2项、部级二等以上科技奖12项，立一等、二等功各1次，三等功2次。享受国务院政府特殊津贴，获国家有突出贡献中青年专家证书。2013年2月18日，中央军委追授林俊德同志"献身国防科技事业杰出科学家"荣誉称号，颁发了追授林俊德的一级英模勋章和证书；2013年当选2012年度全军践行当代革命军人核心价值观模范；2013年荣获2012年度"感动中国"人物荣誉称号；2013年被评为第四届全国道德模范——全国敬业奉献模范。2018年，经中央军委批准，增加林俊德为全军挂像英模。2019年9月25日，获"最美奋斗者"荣誉称号。

20世纪90年代初，林俊德的名字逐渐在笔者心中清晰并高耸起来，采访他的念头随着时间的推移而日益强化。1994年夏，笔者有幸去新疆招生和参加教材工作会议，多年的夙愿终于实现了。

作者在马兰基地与浙大校友座谈（左起：肖卫国、林俊德、杨达寿、瞿毅、胡永乐、李作初，1994年8月18日）

马兰，是20世纪60年代后崛起的一座小城。这座新城清楚地记得自己是林俊德等第一代"戈壁人"打破了"死亡之海"的千年沉寂，用中国人特有的品格和智慧建设起来的。不论是走进舒适的将军楼宾馆，还是来到庄重的总工程师室；不论是深入地下坑道，还是站在废弃的第一颗原子弹试爆的塔架前……仿佛都会看见林俊德等第一代开拓者们重叠的足迹，都会听见历史的滔滔诉说。

书山无路勤为径

1938年3月13日，林俊德出生在福建省永春县一个农村小学教师的家庭，新中国成立时，他刚好小学毕业。他上中学后不久，父亲便病退在家，15岁时，父亲病逝，林俊德面临着失学的危机。之后林俊德依靠政府助学金幸运地走完了中学学习历程。

1955年初秋，林俊德以优异的成绩考取了浙江大学机械系。当他接到入学通知书时，全家大小为他考取了大学而兴奋不已。然而妈妈的脸很快"由晴转阴"，为林俊德的路费、学费等而忧愁起来。后来他是依靠学校救济和借贷路费才来到美丽的杭州。

林俊德来到了西子湖畔的浙江大学，得到老师和同学的许多帮助，学校也给予他最高等级的助学金，使他顺利完成5年的学业。

"在浙江大学学习期间，最令人难以忘怀的是母校的求是校风。大学的5年，是自己政治思想与业务增长最快的5年。"林俊德动情地说。

在浙大求是园里，林俊德没有辜负母亲的期望，政治思想上严格要求自己，学习上十分刻苦，就是星期天，也是背着一个书包往教学大楼跑。正如有的同学说："林俊德过的是寝室—食堂—教室的'三点一线'式生活。"

1997年浙大同窗相聚（左起：魏赛珍、吴沧海、叶曼青、林俊德）

1960年夏，林俊德登上了老和山，5年的紧张校园学习生活一幕幕在心头浮现。最后，他暗下决心以实际行动报效祖国。林俊德被分配到嘉兴工学院当教师。3个月后，当他刚刚开始在培养人才岗位上奋力跋涉时，又被学校召回，重新分配到部队工作。他毫不犹豫地服从了祖国的需要。

到了北京集训后，他才知道工作地点不在北京，而是在新疆大戈壁搞尖端核武器试验。听到这个消息后，林俊德十分兴奋。他意识到自己缺少核试验有关知识，日后的学习工作任务会很重，也知道大戈壁无人区生活十分艰苦，但他更为得到一个难得的报效祖国的机会而激动不已。

为了尽快适应核试验研究工作，组织上派林俊德去哈尔滨军事工程学院进修学习。在短短的两年进修中，他惜时如金，抓紧分分秒秒，学习十几门新的专业知识，并从"ABC"开始学习英语。他深深懂得尖端武器试验研究担子的沉重，于是，夜以继日地刻苦学习，也不过星期日和寒暑假，因此，他样样功课成绩都很好，还被学校评为先进工作者。两年进修结束了，林俊德利用假期在哈尔滨军事工程学院图书馆普查了一遍对今后工作有用的书刊并建立了资料卡片，还翻译了许多重要文章，为参加核试验工作打下坚实的基础。

1963年林俊德在哈尔滨军事工程学院进修

赤手精研自记仪

研究核武器是一个新课题，大家都在学中干，干中学。林俊德就是在这样一种背景下走上核武器试验之路的。

1963年1月，林俊德分到核试验研究所一室工作。同年5月，一室主任王元明明确林俊德负责搞压力自记仪研制工作，一同参加研制的还有孙有祥、彭常贤、梁立银和李建元等。这个研制组都是刚出大学校门的年轻人，林俊德任组长。

冲击波是核爆炸最重要的杀伤因素，也是衡量核武器威力的主要参数，国家很重视这项工作。为了确保测到数据，核试验研究所同时设立了八九个项目组，其用意是期望收到"东方不亮西方亮"的效果。这些项目主要由中国科学院和哈尔滨军事工程学院承担。林俊德主持的仅仅是这八九个项目中的一个子项目。这个项目组的人员资历最浅，但他们仍以"只有一个项目"的要求对待，决心为中国人民争一口气。

研究所成立之初，测量冲击波的机测仪器是个什么样子，当时从领导到专家谁也不知道。苏联撤走了专家，带走了学术刊物等一切资料。在这种情况下，要在一年内拿出机测仪器，真像大海捞针一样！

首次核试验仪器研制的进度是排得很紧的，1963年底以前要完成在北京官厅水库进行的大型化爆试验，检阅各冲击波测量仪器研制组的进度和工作质量，来年6月份就得陆续到达核试验现场进行环境考验和做参试前的安装调试准备工作。因此，摆在林俊德项目组面前的最紧迫的任务就是研制1台仪器样机参加官厅水库的化爆试验，争取拿到参加首次核试验的通行证。时间仅半年，而且比起兄弟项目组来，他们的技术底子和物质条件实在是差得太远了。不过当时大家工作热情特别高，看着美国、苏联这么欺负我们，作为血性中华男儿真咽不下这口气。搞原子弹是件开天辟地的大事，遇到这千载难逢的好机会不豁出去干一场会后悔一辈子的。

自记仪研制白手起家，他们的工作起点是买三角板和丁字尺、查文献等工作。那时，一间不足20平方米的小屋成了攻坚的战场，把铺盖一卷，他们就伏在床板上描图、搞计算。正逢盛夏，狭窄的屋子像个蒸笼，咸涩的汗水从全身的毛孔里争着往外钻，一滴一滴地落在图纸上。

每天吃过早饭，林俊德就匆匆忙忙乘上公共汽车往图书馆里跑，在装满图书目录卡片的柜前一站就是半天，仔细寻找有用的资料。在那一排排卡片柜前，他不知道消磨了多少时间，有发现瑰宝的惊喜与快乐，也有一无所获的失望与烦躁。中午，图书馆要闭馆，他就借了材料，随便找小饭馆买点简便的饭食，边吃边看。一次，买了碗面条，刚吃两口，突然想起了什么，便放下筷子，掏出笔记本计算开了。不久，服务员过来问："同志，吃好了？"他头也没抬地"嗯"了一声，服务员就把碗端走了。等他抬起头，才发现桌子上已空空如也，只好又买了一碗面条。

科学是实实在在的东西，来不得半点虚假，工夫用不到家就不能获得成功。为了化爆样机，他们几个人真是做到千方百计、竭尽全力，中午和晚上能用的时间都用上了，在苦苦的探索中，机测仪器的原理搞清了，压力自记仪的雏形也问世了，总算赶上了试验，但与兄弟单位放着的仪器一比，他们的样机太"土气"了，生怕给比下来，心里就有点慌。待到一声爆响，这台因陋就简赶制出来的样机记下了清晰的冲击波压力波形，使用国产系列压力膜片和采用精密记录这两项重要试验性技术得到了大家充分肯定，他们这个没有专家领导的项目组被人刮目相看了。于是，他们的压力自记仪测试项目被正式列入首次核试验的重点项目，代号甲02。

林俊德深知要搞出真家伙，还要攻克仪器"动力"这道难关。从已有资料上看，机测仪器是用小型稳速电机作动力，可这种电机我国还没有。他想，科学就是使人用最简单的办法达到理想的目的；在有效的范围内，任何仪器都是越简单越好。他又想，我国经济困难，工业落后，为什么不能根据实际情况另闯一条路子呢？

一天，在去市区的汽车上，林俊德苦苦思索着如何解决动力的问题。窗外，霞光沐浴着广阔的长安街，一声响亮的晨钟使他精神顿时为之一振。那高耸在电报大楼上的钟表，使他即刻想到座钟、挂钟、闹钟……联系到这几天查阅的大量的资料中，航空仪、气象仪、地震仪等许多仪表都是用钟表式发条作动力。一个大胆的设想终于在他心中萌发了：用钟表式发条作动力，搞中国式的压力自记仪。

林俊德的建议得到了领导和同志们的赞同与支持。闹钟、秒表和各种发条买来了，实验室简直像一个钟表铺，他的脑子也像装上了发条日夜不停地转动，最后他们选定闹钟响铃结构作动力。

科学研究是项艰苦的劳动，虽然也有灵机一动的偶然发现，但大量的却是十分单调、枯燥的工作。在实验室，他手拿螺丝刀、锉刀，反复调试着仪器上的部件。

跨入1964年，林俊德小组全力投入到首次核试验正式批量生产自记仪的研制工作中。和化爆不同，核爆产生强烈的核辐射、光辐射、电磁脉冲干扰和地震冲击，化爆过了关的仪器用到核爆不一定能过关。压力自记仪在核爆中要求在几十公里的范围上布点，且不使用电缆传送启动指令，而由核爆闪光或冲击波本身来自动开启仪器。此外，自记仪需提前几天布好在测点上，风沙暴晒等自然环境因素也可能危害仪器，所以用在核试验现场的仪器的技术要求比化爆时高得多，压力自记仪还得修改方案重新设计。这时，他们项目组补充了5位1963年毕业分配来的学生，即高万余、王为编、杨妙秀、苗成智和李仕龙，同时核试验研究所亦有了自己的家——北京通县一处旧房。虽然还是一二十个人住一间房，上下铺，但腾出了办公和做实验的房间。在充分研究分析国外压力自记仪资料、深入考虑核试验现场环境条件和总结化爆样机经验教训的基础上，他们开始了新一轮压力自记仪研制工作。时间还是半年，但等待解决的技术问题难度和工作量也大多了。工作面铺开后，他们对工作做了大体的分工，林俊德负责总体方案和自记仪的机械设计，彭常贤任副组长，除协助林俊德工作外还负责联系加工，孙有祥负责光电开关，梁立银负责自记仪的冲击波管动态试验标定，高万余负责自记仪的压力静标定。就方案来说，这批仪器除了继承了化爆样机的成功点之外，最大的改进是大胆采用了钟表机构代替电机作为仪器的工作动力。这项改进显著减轻了对核辐射电磁脉冲干扰的顾虑，仪器抗震能力提高了好几倍，仪器的体积重量也小了许多。这些对压力自记仪后来的发展产生了根本性的影响。

在仪器设计中，他们大胆创新，独立设计了振频100赫兹的钟表结构来满足冲击波测量的时间分辨度要求，并研究成功应用经过特殊处理的烟熏玻璃片代替普通的笔记录纸，使记录的线粗减小到0.01—0.02mm，从而提高了测量精度。

钟表式压力自记仪被确定为参加首次核试验的重点项目后，

1964年第一颗原子弹爆炸前安装自记仪（左起：林俊德、王为编、梁立银）

这时留给仪器加工和调试的时间只有几个月，任务压力更重了。为了不辱使命，大家更是日夜加班，为避免返工，设计者下车间跟班，终于如期完成了第一颗原子弹爆炸前的全部测试准备工作，用自己信得过的仪器参加了首次核试验。

全程见证核试验

1964 年 5 月，黄建琴等沙场女将穿上军装随大部队到达罗布泊核试验场，参加我国第一颗原子弹试验任务，既激动兴奋，又向往担心。当时，核试验研究所驻扎在铁塔西边四五公里的 101 工号附近，在驻地东北角有一个由 5 顶帐篷围成的四合院，这就是 30 多位女战友的独立天地。大多是 20 多岁的大学毕业生，她们论年岁，最大的是一室主任、力学专家王茹芝，最小的是哈尔滨电机制造学校毕业的翟芳芝，只有 19 岁。30 多位女战友住在一起，说说笑笑，再苦再累也开心哦！

有一天，张爱萍副总长和国防科委副秘书长张震寰等来看望这些沙场女将，并给女战友住的四合院起了"木兰村"的名字，大家一致推举王茹芝为木兰村村长。第二天，一块写着"木兰村"的木牌子就竖立在四合院前，此后，这个村名就像长了翅膀在戈壁滩传扬开了。

在核试验场没有星期日，只有星期七。直至建军节才迎来两天休息日，除了洗衣服外，不少女战友第一次去孔雀河洗头洗澡。当年，在核试验场大多是青年战友，工作再苦再累，生活环境再恶劣，依然富有生气与活力。有一天傍晚，将军队和木兰队打篮球赛，富有青春活力的木兰队把将军队打得落花流水。还有中秋节晚上，是戈壁赏月的极佳时光，蒙古族姑娘哈桑跳起了维吾尔族舞，战友们哼起了"银色的月光，映照着无边的海洋……"所有这些都活跃了场区的气氛，陶冶了身心！就这样，黄建琴参加了 9 次核试验，留下了难以忘怀的记忆。

1964 年 8 月，林俊德小组满怀信心地带着 30 套做了充分实验的"丙型压力计"（这是当时董寿莘副所长给压力自记仪取的名）赴罗布泊试验场安营扎寨。那里是草木不长、满目卵石的戈壁，离基地生活点数百公里。那里气候特别干燥，日夜温差特别大，大多数日子万里无云。入夏，白天的太阳毒得很，地表温度可达70摄氏度，晚上气温又可以骤降到10摄氏度以下。核试验场建场之初，没有房子，试验人员全住帐篷，10至12人一顶，约10平方米，上下铺，冬冷夏热，十分艰苦。戈壁滩经常刮大风。有一次，上班时天还好好的，下班时却是风沙茫茫睁不开眼。在从实验工号返回住地途中，为了避免汽车倾翻发生意外，大家只好离开车，手拉手地到凹地里避风。风整整刮了一夜，这些同志在野地里就蹲了一整夜，第二天回到车旁一看，汽车上已没有一块完整的玻璃，迎风面的铁壳一片白光，漆面全被打掉了。

进场后的工作仍然是繁重的，"第一次"和高度的责任心使他们不敢放过任何疑点，一切都是按周总理指示的"严肃认真，周到细致，稳妥可靠，万无一失"的标准来要求的。核试验工作要求甚严，每天工作都要有文字记录。为了确定戈壁滩太阳光对光电开关工作的影响规律，他们顶着烈日，一天天、一个小时接一个小时地详细记录了试验数据；为了确定冲击波开关的启动可靠性，他们一次次在大风沙天里检测它的误动情况；为了观察仪器回收运输中可能产生的问题，他们坐在卡车大箱板上跟着仪器一颠就是近百公里；为了保证零后安全回收仪器，他们参加了在爆区长时间作业的训练和考核。一两个月下来人全变黑了，也健壮了许多。

核试验场聚集了岗位不同、行业有别、文化水平高低不一的人，共同的事业心和艰苦的生活使他们格外热情与真诚，整个部队上下像个融洽的大家庭。搭建帐篷，仪器装车卸车，以及外场仪器的挖坑布点，这些繁重的体力活大家都抢着干，不分你我，也看不出官兵的上下级差别，正应了部队发扬的"官兵一致"的传统作风。

1964年10月16日下午3时，戈壁滩上响起一声"春雷"，一朵蘑菇云升上云天，标志着中国人聪明才智和自力更生、艰苦奋斗精神的光辉成果——第一颗原子弹爆炸成功了，从而粉碎了核大国垄断核武器的局面，我国从此自豪地步入了核大国的行列。

在原子弹爆炸时，全部参试人员集中在离爆心60公里的高坡上参观，按要求，爆炸瞬间人要背朝爆心，以免伤害眼睛。他们戴上减光1万倍的墨镜，听到"10、9、8……3、2、1、起爆"的广播时，还来不及回过身看，就听到有人大喊："成功了！"等大家转过身来，看到了带着火焰的蘑菇云冲上天际。事后，问叫喊的人怎么知道得那么快？他说他没有背朝爆心，而是戴着墨镜一直瞪着爆炸中心，只是睁一只眼闭一只眼，准备以瞎一只眼的代价来目睹中国人自己研制的原子弹是怎样试爆成功的场景。这是一种何等特殊的似火真情！恐怕只有亲身参加研制的人才能体察得到对那一瞬间的企盼！

面对冲天的蘑菇云，戈壁滩试验场区沸腾了！不论职位高低，不论多么疲劳，大家又喊又叫，只见军帽满天飞舞，连拍摄的人也跟着跳，差点忘记了拍下精彩的瞬间！

回到驻地后，核试验委员会一条又一条地理出了判定核试验成功的理由，并一一向周总理报告，其中林俊德测试组测到的离爆心 20 公里的冲击波数据也是重要一条。当听到周总理代表党中央和国务院对全体参试人员的祝贺时，大家又一次欢呼雀跃，林俊德深深地感到自己工作的重要与价值，一个刚出校门的青年人，顿感肩上担子的沉重，对国家、对民族的责任感和使命感油然而生。这件事，一直成为林俊德这批青年科技人员献身戈壁，为祖国的繁荣和尊严而默默奉献的动力。

全部由刚出校门的学生组成的钟表式压力自记仪项目组在我国第一次原子弹爆炸试验中取得了意想不到的成功，试委会给他们记了集体二等功，项目负责人林俊德荣获个人二等功。林俊德和同事们

基地领导考察核试验后留影，左起：林俊德（总师）、曲从治（前司令员）、叶立润（科技委主任）、马国惠（司令员），（20 世纪 90 年代中期摄）

手捧荣誉证书，看到了自己日夜苦干换来的成功，个个露出幸福的笑脸。这套仪器经过后来的改进完善后，比美国同类仪器更可靠、更准确，重量只有他们仪器的 1/5，造价也低了很多，很快为各参试单位广泛采用，荣获了国家发明三等奖。

1966 年，核试验研究所从北京搬到了新疆天山的腹地——红山，林俊德也来到这里安家落户；直至 1987 年研究所内迁离开红山，林俊德也随研究所迁到了西安。在这 20 余年中，林俊德由青年步入中年，并用自己的聪明才智和辛勤劳动，结出了一个又一个硕果。

1967 年 6 月 17 日 8 时 20 分，中国第一颗氢弹空投爆炸成功，林俊德带领回收小组在爆心附近步行几十公里，圆满完成了核试验爆炸数据的采集任务。后来又研制成功了空中冲击波测试仪（获得了国家科技进步三等奖）、强冲击波测试仪（获得了全军科技成果二等奖）。

1969 年，中国进行了首次地下核试验。林俊德的战场从大气层转到了地下，为尽快掌握地下核试验爆炸应力波测量和核试验工程设计技术，他和战友从大山深处的平洞试验到戈壁滩上的竖井试验，先后建立了 10 余种测量系统，为中国地下核试验安全论证和工程设计提供了重要数据。

1996 年 7 月 29 日，中国成功进行了最后一次地下核试验，胜利实现了既定目标。林俊德参与了全部 45 次核试验，为冲击波测量技术成功应用作出重大贡献。

林俊德还把冲击波测量技术成功应用到实战与常规武器试验中，1969 年中苏珍宝岛边界战打响后，他们研制成功了核爆炸侦察仪；1987 年，他带领项目组发展了声电报靶技术、声电落点定位技术，解决了国际上大面积立靶自动检测的难题，研制的设备系统已装备于中国多个试验靶场和公安部门射击训练场。20 纪 90 年代，他启动核试验地震、余震探测及其传播规律研究，全面收集分析全球地震数据，把地下核试验应力波测量技术向核试验地震核查技术拓展，为中国参与国际禁核试验核查赢得了重要发言权。2001 年当选工程院院士后，他主动担纲某重大国防科研实验装备的研制任务，在各种方案分歧很大的情况下，他带领攻关小组连续攻克方案设计、工程应用、实验评估等难关，最终取得了关键技术的重大突破，研制了适合各种实验要求的系列重要装备。

林俊德军龄 52 年，像胡杨一样植根戈壁滩。他搞核试验一不怕苦，二不怕死。有一次，在野外试验，等了好久炸药没响。他用对讲机冲着其他人大喊："你们都不要动，我来弄。"说着他走向前，快到炸药放置点时，他再次回头对跟在后面的人说："趴下，不要抬头！"他就这样不顾自己，关爱他人而上前去排除险情。

在近 50 年的科研生涯中，林俊德从科研组组长，到研究室副主任、主任，直至 1990 年晋升为核试验基地科技委副主任，1993 年转升为总工程师，并授予少将军衔。他是在戈壁滩上走完我国核武器试验研究全程的屈指可数的几个人之一。他获得过 4 项国家科技成果奖，20 多项全军科技成果奖，为我国核武器事业的发展作出了重大贡献。

林俊德入伍 50 余年来，以母校倡导的"求是"精神为指针，处处严格要求自己，于 1964 年就光荣地加入了中国共产党。尔后，他更潜心于核试验研究，成果累累，先后荣立一等功一次，二等功一次，三等功两次，多次被国防科（工）委、基地和研究所评为优秀共产党员。1978 年获得国防科委"先进科技工作者标兵"的表彰，1987 年光荣出席全军英模代表大会。林俊德除了率领科技人员勤于核武器试验研究外，还勤于总结试验经验并提升为理论，撰写了《地下核爆炸力学》和《地下核试验工程》两部专著。所有这些荣誉与成果都是林俊德这代"戈壁人"对党、对国家和对人民的高度责任感驱使的结果，也是坚持母校"求是"精神的结果。这是一个勇于在崎岖科研路上攻关登攀的成功范例，值得后人学习与弘扬。

"霜叶红于二月花"

1997 年后，林俊德从基地总工程师领导岗位上退了下来，但他的身影仍活跃在国防科研一线，常在马兰与西安两地穿梭。

林俊德动情地说："随着时间的流逝，我逐步养成了对科研工作的癖好，好像不研究点什么，心里就空荡荡的。在实践上，我也逐步掌握了科研的一些特点和规律，懂得了幻想和实干相结合的重要性，理解了创造和继承的辩证关系。长期科研活动使我懂得，现代科研不再是个人抠书本搞实验就能搞成功的，要舍得花工夫创造好合作研究的环境和氛围，要容得下业务比自己强的人，要看得起业务比自己差的人。每当我的工作取得进展时，我总深深地感到自己知识的匮乏和再学习的重要性。"听了这一席话，笔者的心灵受到极大的感染。这兴许是林俊德几十年科学研究之路越走越宽，成果累累的一点心得；是他能够登上核武器试验基地科技委领导岗位并取得辉煌业绩的秘诀之一；也是他几十年甘当"戈壁人"的一个真诚诠释！

长期来，林俊德重视人才的培养。在研究室或基地技术领导岗位上时，他注重发挥年轻人的才华；从领导岗位上退下来后，更重视人才的培养，他先后培养了硕士生 10 名，博士生 7 名，1997 年荣获国防科工委颁发的伯乐奖。他积成功之经验，发挥一身"光和热"，正应着"霜叶红于二月花"的名句，为我国国防科研谱写了新的篇章！

"和许多人走过的人生之路一样，我的人生之路也不是笔直的，也有波折和起伏，除了尝过技术上的失败滋味外，我也遭受过压制和歧视"，林俊德语调深沉地告诉笔者。在"文革"中，基地搞了清队整党，研究所进驻了军宣队，林俊德和基地不少技术人员一样也受到过不公正的待遇，不仅组长被撤，还宣布他转业到南京工作。面对沉重的打击，同事为他鸣不平，劝他顺水推舟去南京工作。可林俊德首先想到的不是跳出条件艰苦的戈壁，也不是个人的委屈，而是想到自己科研工作能力培养的摇篮——红山的未来。他对自己的历史、表现和能力充满自信，认为对知识分子的不公只是暂时的，最后在领导的挽留下，他还是留在红山工作，续写着属于他的一页又一页的闪光业绩。

林俊德对在戈壁滩工作几十年的得与失的看待，达到了令人钦佩的崇高境界。他说，做一个"戈壁人"确要付出很多，难免有牺牲。例如，文化生活极度缺乏；不少人夫妻两地分居，更有的来到戈壁后，女友就"拜拜"了的；孩子普遍得不到良好教育，正如有人说"献了青春献儿孙"；还有的在父母临终时也无法回去送终，更不用说尽服侍的孝心了……林俊德告诉我："虽然我们作出了个人和家庭的牺牲，但给祖国增添了光彩，为中华大厦实实在在地添砖加瓦，我们无怨无悔，还常常为自己能有机会参加这段不寻常的工作而自豪！"所有这些肺腑之言，正是林俊德这一代"戈壁人"几十年在"戈壁滩"艰苦奋斗的精神支柱，也是"霜叶红于二月花"的真正内涵与题释！

2001年12月，林俊德当选为中国工程院院士。这是马兰培养出的继程开甲、吕敏和杨裕生三位浙江大学校友院士之后的第四位院士。马兰，真是一个人才的摇篮！

大戈壁远去了，林俊德在茫茫风沙中穿梭的身影却长留笔者记忆之中……

相爱马兰成一家

1963年，黄建琴毕业于南京大学理工系，当时国家正需要大量优秀的科技人才，她被分配到马兰，穿上军装加入核试验研究的队伍中。

初听到这个消息时，黄建琴十分兴奋，这是国家最重要的国防事业，自己能够参与，那是何等的荣耀啊。可是，当她坐了几天几夜的火车，又坐了十多个小时的汽车，来到新疆罗布泊的戈壁滩时，那里的环境完全出乎她的意料：那里没有砖瓦房、没有自来水、没有绿色的蔬菜，离最近的县城都有500多公里……黄建琴没有退怯，想着自己是为了伟大的国防事业而来奋斗的。她喝了戈壁滩的盐碱水，上吐下泻，拉了几天肚子，唯一渴望的就是吃上绿色的青菜。可戈壁滩哪有绿色的青菜，大家吃的都是玉米面、窝窝头，还得就着漫天黄沙，能填饱肚子就是了。

后来，林俊德听同事说有几个姑娘生病了，想吃绿色的蔬菜，这位福建小伙子，不知从哪摘来一些榆树叶，于是送了过来。

"是他！研制成功压力自记仪，记录了第一颗原子弹爆炸的冲击波数据！"黄建琴看着林俊德，心中升起一股崇敬之情。

此后，两人交往多了起来，黄建琴常常向林俊德讨教工作上的事情，林俊德也常常关心她的身体与生活，两颗心就走得越来越近，不久两人不仅成为志同道合的伙伴，也结为了志趣相投的夫妻，在基地成了家。

　　林俊德自 1967 年与黄建琴结为伉俪后，一直真情相守，共同为我国核武器事业的发展而奋斗。因为林俊德在机械组任组长，又研制出压力自记仪，所以被委以重任，每一次核试验都少不了他。几十年来，黄建琴一边工作，一边挑着家务重担，从来没有一句怨言，林俊德的成果与荣誉都渗透着两人共同的心血！

1985 年 8 月，林俊德、黄建琴伉俪在红山办公楼前留影

　　林俊德的工作很忙，几乎每天晚上加班，没有时间照顾家庭。黄建琴生了女儿和儿子后，深感照顾孩子和繁忙工作不能两全，于是她和林俊德商议：女儿林春一出生就送回黄建琴的江苏老家，让她姥姥和舅妈代为抚养；儿子林海晨则送回林俊德的福建老家，让他姑妈代为养护。

　　孩子渐渐长大了，女儿林春还算乖巧懂事，没多让人操心。可儿子林海晨不爱学习，已经上初中了，门门功课的成绩都不尽人意。

　　林俊德看了姐姐寄来的信，说了儿子的叛逆，气得直跺脚。黄建琴却温和地说："我们都不在孩子身边，又怎能过高要求孩子呢？孩子虽然不对，还得耐心劝导。"于是，林俊德在回信中写了一些劝导儿子的话，让他好好读书，日后接他和姐姐来马兰。儿子收到父亲的信后，又收到母亲熬夜织的毛衣，于是发奋读书，功课很快就赶了上来。在父母遥远的关爱下，姐弟俩都健康成长，林春中专毕业，林海晨大学本科毕业。他们都有自己喜爱的工作，不再让父母操心。

　　由于林俊德的出色表现，很快被推上核基地领导岗位并授予少将军衔，工作更忙了，而黄建琴除了参与核试验外，也在自己平凡的岗位上尽职尽责奉献着青春年华。

林俊德艰苦朴素，生活上无所要求，他的一只公文包就用了 20 多年。他在马兰家里的床和沙发是包装箱拆下的废木板做的，沙发布套是老伴缝出来的，屋里的灯也是他改造制成的……一句话，凡可利用的废料都利用了，凡能自己动手的都尽力了。

2004 年 1 月 25 日林俊德、黄建琴夫妇全家福（左为女儿一家，右为儿子一家）

看了他们家的日常一切，令人感慨与动容。

林俊德的子女，他们的学习都因父母长期在边疆受到较大影响。1987 年红山核试验研究所搬迁到内地后，他们也随研究所回到了内地。1990 年林俊德调回马兰，过起了夫妻两地分居生活，仍不时在戈壁奔忙……

1996 年，我国宣布暂停核试验后，林春和林海晨以为一家团聚的日子快到了。可是，林俊德却依然留在基地上。2001 年，他被选为中国工程院院士后，更带领一批科技人员继续研制新型武器装备，孩子们的心愿还是落空了。好在黄建琴和孩子们住一起，开始补偿他们，享受着久违的家庭日常生活。而林俊德却依然在工作岗位上忙着，她只能默默支持，因为她知道工作是他最重要的事情。

2012 年 5 月，林俊德被查出患了胆管癌晚期，看着检查报告，黄建琴傻眼了，怎么就晚期了呢？她问医生怎么办？主治医生建议化疗，延长病人的生命。她跟林俊德商量："老林，医生说要化疗。"可林俊德拒绝了，原因是化疗后影响工作。黄建琴知道林俊德的倔脾气，连她的话也不听劝，除了默默流泪外，只能珍惜最后的时光了。

林俊德一心要工作，过度劳累让他晕倒了。看着丈夫全身插着各种输液管，黄建琴心碎了，怪自己平时没有照顾好他。2012 年 5 月 23 日，林俊德被送进 ICU，没过两天，他要求转出普通病房，不是他的病情好转了，而是他在ICU无法工作，无法整理最后的核心技术资料。黄建琴想帮他，可几万个文件夹，她根本无从下手，而且有些是保密资料，连她也不能告知。她只能扶着他，躺在床上工作。

5月31日早上，林俊德突然要求坐起来，黄建琴以为他躺累了，谁知他说躺着无法工作。连续整理了5个小时的资料后，林俊德倒下了，大口大口吸着氧气，已经说不出话来。这时，医生告知，林老快不行了。黄建琴拉着他的手，喊着："老林，这下你终于属于我了，这是我们在一起最长的时间。"就这样，她拉着林俊德的手一直不放，不想就这样让他离开。5个小时后，林俊德走了，临走前，对儿女只说了一句话："照顾好你们的妈妈。"见此情状，医院科室主任张利华跪在床前说："林院士您安心地走好，剩下的工作我们后人一定会接着完成。"

黄建琴早已哭成了泪人，携手40多年，他们早已是志同道合的革命伴侣，相互扶持走过了大半生，如今只留下自己一人，怎么会不伤心呢？

林俊德生前对黄建琴说，死后要回到他们相识的地方，回到他们一起奋斗的马兰，但黄建琴舍不得老伴，她把他的骨灰带回组织分配的新房，放了一年后，才把他安葬在马兰革命烈士陵园。

40余年来，他们一直住在研究所的简陋宿舍里，直到近几年，才分了宽大的新房，可林俊德还没来得及住进去，就走了。

林俊德等马兰人用毕生奉献铸就的丰碑，将永远屹立在人民心中！他就像戈壁沙漠上千年不倒的胡杨，年复一年守护着这片土地。"献身国防科技事业杰出科学家"林俊德塑像被

2019年1月黄建琴一家在寓所合影（左系儿子一家，右为女儿女婿）

安放到位于总装备部核试验训练基地的林俊德同志纪念馆中。

得知林俊德仙逝后，程开甲院士写了挽词："一片赤诚忠心，核试贡献卓越。"这是领导中肯的评价，是战友的心声，亦是他们那一代马兰人的精神！从1964年第一颗原子弹成功爆炸，到1996年7月中国宣布暂停核试验，先后有10多万核试验相关人员奔赴大漠深处。他们以忠诚、崇高、执着的人格，几十年如一日埋头苦干，展现了一种伟大的忘我精神，永载史册！

林俊德50余年的军旅生涯，谱写了核试大业的光辉篇章，人民不会忘记，党和国家不会忘记。2012年，林俊德当选2012年度全军践行当代革命军人核心价值观模范。2013年2月18日，中央军委追授林俊德同志"献身国防科技事业杰出科学家"荣誉称号，颁发了追授林俊德的一级英模勋章和证书。2013年2月19日，林俊德荣获"感动中国"2012年度人物称号。以上两项均由其妻子、战友黄建琴代林俊德领奖。2013年9月26日，林俊德被评为第四届全国道德模范——全国敬业奉献模范。2018年9月，中央军委政治工作部统一印制张思德、董存瑞、黄继光、邱少云、雷锋、苏宁、李向群、杨业功、林俊德、张超10位挂像英模画像，并下发至全军连级以上单位。2019年9月25日，林俊德入选"最美奋斗者"个人名单。浙大校友林俊德院士永垂不朽！

1996年7月29日最后一次核试验后，首次和末次参试的有关科技人员留影（左起：曹述生、李原春、彭常贤、周清波、乔登江、孙瑞蕃、吕敏、林俊德、程雨生、王德芳）

（2021年5月29日补充改定）

张业和

张业和（1938 年 10 月—　），江苏泗阳人。高级工程师，技术四级八档，专业技术大校军衔。1963 年 7 月于浙江大学无线电系毕业。1963 年 9 月入伍，并分配在第二十一训练基地研究所一室工作。1993 年起享受国务院政府特殊津贴，同年获光华基金会基金三等奖。几十年来，他一直在核试验第一线从事研究试验工作，参加首次核试验及其后 20 余次试验，两次荣立三等功。他兢兢业业从事核试验研究，获中央军委科技成果二等奖两项、三等奖四项、四等奖五项。

一个宏大的工程梦萦绕于青春年华，在朦胧的岁月里逐渐清晰，宛若一只富有远志的大鹏，在钱塘江畔缓缓腾起，伴着诗词，向着茫茫大戈壁，翔于自己的一片蓝天，映成历史的永恒一页。这就是浙江大学无线电系求是学人张业和几十年的人生写照。

困苦艰辛求学路

张业和生在农村，幼年时父母先后亡故。他虽然年龄小，但还清楚记得爸爸临终前的一幕。爸爸对奶奶说："这几个孩子还都是小树苗，请你们好好抚养成长，别让他们长歪了。"于是，爷爷、奶奶千方百计让他们兄妹都读了书。

张业和深知家里的困难，知道学习的机会来之不易，因此加倍努力学习。放学回到家，他主动帮家里干活。那时条件很差，没有电灯，晚上就在小瓶子做成的煤油灯下看书学习，昏黄的灯火，导致他在初中时视力就变成300度近视了。

在就读美芝小学期间，张淑仁校长对他谆谆教诲，悉心培养，对他的成长帮助极大；还有周立珍老师对他关爱有加，送他《算数难题详解》，让他学好数学。工作后，由于保密的原因，张业和除了定期给家里寄点钱外，其他所有的联系都中断了，后来听说两位师长相继逝世，他不禁为自己没能报答两位老师的恩情而深感遗憾。

那时，张业和只知道发奋读书，以便用成绩报答帮助他关心他的人，也可改变自己的命运。初小四年，他只用三年就毕业了；高小两年，他只学了一年就考上了泗阳县众兴初级中学。这是本县唯一的一所初级中学。

上初中后，张业和成了学校寄宿生。平时的衣服、被子都是他自己动手洗，这还好办，难办的是被子洗完晾干后都要自己动手缝，他一点点摸索，最后做到能熟练地缝好一床被褥。

学校离家有45里路，张业和每月步行回家一次，要走一个下午才能到家。考上淮安县中学高中部后，离家130里，背着行李，起早贪黑也得走上一整天。坐一段大运河上的小轮船再步行可以省不少时间和脚力，但因坐小轮船得花钱，所以很少坐。

生活的艰辛让张业和较早地懂事，也更加知道学习的重要。由于学习刻苦，他的成绩一直名列前茅，并于1958年考上了梦寐以求的浙江大学无线电技术系，来到了美丽的西湖边上、老和山下，在这里开始了新的学习生活。考大学前，因他家经济困难，老师建议他考师范院校，但他一心想考工程院校，学点技术为建设强大的国家贡献自己的力量，所以仍然报考了浙大。

张业和永远不会忘记党的关怀和培养，从中学到大学，他一直享受着助学金。在浙大读书期间，系里根据他家的具体情况，给他评定了甲等助学金和一等生活补助费，每月发14.5元，除11.5元伙食费外还有3元零花钱，买点纸、笔、讲义等。为了减轻家里的负担，他平时尽量少花钱。

1958年全国大炼钢铁，张业和入学后就参加半山钢铁厂铁路支线修建工作。具体任务就是挑土建路基，大家积极性很高，每天工作16小时，其中包括四餐饭，晚上只能休息六七小时。挑土对于农村孩子来说虽然累但还能坚持，而对于大城市的学生尤其是女同学来说就很是吃力了。她们肩膀都磨肿了甚至磨破了，血肉模糊，但仍然坚持不下火线，令人感动。

那时，浙大每周六晚上都会在大操场上放露天电影，虽然只收5分钱，但张业和很少去看。每年寒暑假，同学们可以回去跟家人团聚，但对他来说回家的路费是一笔不小开支，所以他尽量不回家。大学五年中，他只在爷爷去世时回过一次家。

当年，学校没有勤工俭学制度，为了能让张业和增加一点儿收入，系里的老师想尽了办法。记得有一年暑假，系里特地为他联系去公园干些零活，主要是植树，干一整天给1.2元报酬，虽然干的时间不长，钱也不多，但对他来说帮助很大。

1960年，浙大无线电系受高教部委托办无线电师资培训班，由全国一些单位派员参加。当时，张业和也被抽调参加，学习课程和原专业相同，到1962年全国各行各业都进行调整，无线电培训班也调整停办了，他又回到原专业学习，因学习课程没耽误，倒也没有影响正常毕业。

母校浙江大学奉行求是精神，不仅教给他知识和做人的道理，使张业和受用一生，而且在生活上也给了他很多具体的关心和帮助，让他能克服困难，顺利完成学业。

投身试验核武器

1963 年 7 月张业和从浙江大学毕业后，就直接加入到核武器科研队伍中。1963 年 9 月 2 日，因发洪水把津浦铁路冲断了，去北京的铁路不通，张业和绕道来到位于北京通县保安胡同一号的第二十一训练基地研究所报到，成为中国人民解放军的一员。那一刻，他心里感到由衷的高兴，从此开始了为核试验事业而不懈努力奋斗的人生历程。

入伍后，张业和先参加了 3 个月集训，到 12 月，根据工作需要提前结束集训，前往哈尔滨军事工程学院参加冲击波压力记录仪协作项目。

我国第一颗原子弹爆炸成功后，毛主席就指示："原子弹要有，氢弹也要快。"这让中国人民深刻认识到只有早一天拥有更多核武器才能真正挺直腰杆。刚刚走出大学校门，就有幸加入到核武器试验的科研工作中，张业和感到十分自豪。

张业和先参与冲击波压力记录仪的研制，但他没有见过冲击波压力记录仪是什么样子，因此只能在专家带领下摸索着攻关。当时，条件十分差，没有技术资料，他们只能根据国外极为有限的解密核试验资料和公开刊物的常规武器试验测量文章进行研究。时间紧、任务重，他们天天加班加点，每天几乎都干到深夜 12 点左右，负责此项任务的原子工程系祝玉璋主任看到大家干起工作来不要命的劲头，提出了"加班、加餐、八小时"的规定，每天加班后食堂都提供一顿夜宵。为保证睡眠，早上可以不出操。

经过刻苦攻关和化爆试验，冲击波压力记录仪最终按时定型生产，因为是绝密项目，所以保密要求极高，每张图纸都打上机密号，晒图、制图以及送哈军工四海加工厂都得两个人押运。

1964 年 5 月，基地派两名全副武装的战士去哈尔滨，加上张业和与周忠海一起，负责押送装满整整一车皮核试验仪器和器材的封闭闷罐车，赴罗布泊参加我国首次核试验。

责任重大，路途遥远，十分辛苦。当时，他们吃住都在闷罐车里，火车走走停停，有时走几个小时，有时一停又是几个小时，没有准确时间表。每次车停下，张业和首先去调度室打听停车的时间，时间如果长，就抢着装水、准备食品，以备接下来的行程。经过几天艰苦押车，他们终于安全到达了吐鲁番大河沿车站，经大河沿兵站换卡车前往马兰基地。

首次核试验的地点在罗布泊地区，通往场区的都是"搓板路"，路面一棱一棱的，车跑在上面不住地上下颠簸，人坐在车上难以忍受。从马兰到场区有300多公里路程，为了保证核试验设备的安全，卡车要颠簸两天才能到达。到达后，他们住在距爆心5公里的向阳村生活区，这是男同志住的，隔壁是女同志住的木兰村。这次试验的总指挥张爱萍副总参谋长也跟他们住在一起，向阳村、木兰村的名字就是张爱萍总指挥起的。

浩瀚戈壁，常年风沙很大。风起沙扬，眼睛都睁不开，风吹着石头满地跑。风再大些，住的帐篷都能连根拔起。吃饭的地方虽然用席子围了起来，但也难以阻挡风沙的侵扰，饭菜里总掺着沙子，吃起来牙碜得咯吱咯吱响，没办法，只能整个咽下去。喝的水是孔雀河里的水，又苦又涩又咸，很难下咽，十个人中有七个都拉了肚子。为改善水的口味，后勤部门专门给每个人发了柠檬酸粉，但作用也不大。

戈壁滩干旱少雨，昼夜温差大，"早穿皮袄午穿纱，围着火炉吃西瓜"。试验设备都在外场，需要在几公里范围内布点，设备安装调试以及平时的维护、检查都在野外，夏天的地表温度高达五六十度，去外场每人背上两个军用水壶的水也不够喝。

经过几个月安装和调试，试验设备通过几次全场联调联试也很顺利。一切准备就绪，只等中央一声令下。张副总长去北京请示，回来后在动员大会上说要准备在场区过冬，并要求各项目进行预想预防，查漏补缺，做好过冬的准备工作。没过几天，中央决定马上进行首次核试验，以1964年10月16日下午3点为"零时"。16日上午，他们搬到距爆心63公里的前进基地待命，吃完午饭，大家于下午2点到达附近白云岗上的参观点，在一片平坦的地方摆着一排桌子和椅子，张副总长和其他首长坐在那里。为防止爆炸的强光对眼睛的伤害，需要佩戴墨镜，但墨镜太少，只有少数人配发到，对一般人员的要求是：双目紧闭，两手捂住双眼，不要透光，以免伤害眼睛。

零前30分开始报时，大家的心情激动起来。报时到"……6、5、4、3、2、1、起爆"后，不一会儿就有人跳了起来，接着大家欢呼起来。当张业和睁开眼时，蘑菇云已经升腾起来了。他们高兴得热泪盈眶。这时，张副总长在广播里兴奋地转达："周总理代表毛主席和党中央，向参试的解放军指战员表示慰问和祝贺！"

为了铭记这个令人激动的特殊时刻，后来张业和写了一首《首次核试验》的诗：

辗转千里到楼兰，满目荒凉戈壁滩。
车轮行走搓板路，上下颠簸疙瘩响。
风吹石头满地跑，飞沙弥漫眼睁难。
饭菜夹沙囫囵咽，孔雀河水苦涩咸。
为了国防现代化，且将艰辛化等闲。

首次地面核试验任务完成后，张业和又于1965年5月14日参加了首次空爆核试验任务。试验结束后，他回到北京，没有去哈尔滨参加任务总结，而是抽调到地下核爆炸的前期预研中。一开始主要是学习，学习协作单位专家们的科研作风和科研方法，在书本和实践中认识核爆炸各种参数的特性和表征。

为限制我国核武器发展，1963年8月，苏联、美国等国签署了关于禁止在大气层、外层空间和水下进行核试验的

1990年张业和在测试车上调试设备

条约，较量从此进入新阶段。为此，我国核试验转为地下，相比地面和空中冲击波测量，地下核爆炸力学测量成为一个新的技术难题。他们又一次从零起步，一点一滴地探索着地下核试验的规律。

1965年后，除了偶尔参加一两次空爆任务，张业和的主要精力转向地下核试验，先是参加了平洞试验中的回填堵塞的南山模拟化爆，接着参加了红山竖井试验的回填方法的化爆模拟。经过两次化爆模拟，为地下平洞试验安全回填提供了有效保证。另外在平洞试验和竖井试验中，他们也为安全监测提供了实测数据。

经过多年努力，他们研制出了地下核试验岩体质点位移测量系统、应力波调频测量系统，利用以上系统，在多次地下平洞、竖井等不同方式的试验中均取得了有用的数据，根据这些数据，总结出地下核试验岩体应力波测量技术和实用的数据规律，为核试验工程设计、试验安全防护提供了支持。

国际核禁试条约签订后，张业和项目组研制了流体应力波定当量的

1992年CORRTEX项目成果回收作业组成员合影（左起：刘白羽、王庆、李荣华、吴耀庭、张业和、张景森、裴明敬、杨波）

CORRTEX 系统，主要用于核禁中国际现场核查的使用，也可以用于我们自己的核试验中。经过多次平洞和竖井试验，证明该系统简单实用、安全可靠，抗干扰能力强，为我国参加国际核查提供了基本技术手段。

根据三线建设要求，重要单位不能待在大城市，要到三线去，具体是"散、山、洞"，也就是"隐蔽分散，近山靠山，重要的要进洞"。根据这些要求，1966 年下半年，核试验研究所搬到马兰基地的红山。

1986 年西北核技术研究所办公楼前合影（左起：杨妙秀、胡泽根、程桂淦、林俊德、曹述生、宁培森、彭常贤、李孝兰、张业和、黄建琴、周志华）

红山是一个大山沟，所有房子都依着山势，东一栋、西一栋地散落在山脚下，哪里有空地就在哪里建。由于远离居民点，这里生活非常不便，很艰苦，买不到新鲜蔬菜，也买不到鸡蛋。后勤从几百公里外翻山越岭买回新鲜蔬菜，经过一路颠簸，回到基地菜都蔫了黄了。没有办法，就自己种菜，解决吃菜问题；又自己养鸡，解决吃蛋问题。到了冬天，只能靠冬储菜，如萝卜、土豆、白菜老三样。红山的冬天很漫长，从 10 月初开始，到来年五六月，期间都要靠冬储菜生活，因此，家家户户都有菜窖、鸡圈和菜地。

虽然生活条件艰苦，但大家都充满了乐观精神，没有人抱怨，精力都用在科研工作中，经常加班加点工作。回忆在红山的日子，张业和写了一首《长相思·忆红山》：

戈壁滩，戈壁滩，戈壁滩边建马兰，云端是红山。
吃菜难，吃蛋难，种菜养鸡忙里闲，自足解孩馋。

张业和说："在多年的科研工作中给予我无私的指导和帮助的林俊德院士，从北京通县到红山，他一直是我的学长、战友，也是我的领导，林俊德是个英模，被授予'献身国防科技事业杰出科学家'的称号，中央军委授予'一级勋章'，他是我们的楷模和榜样，他品德高尚，毕生兢兢业业，为我国核试验事业作出了巨大贡献，我们永远怀念他。"

回顾在核试验研究所工作的一生，张业和感到很充实。在国家的核事业中他做了一些具体工作，虽然还有不少缺憾，但自己努力了，能够为核试验贡献一份力量，他感到无比自豪。

1999年，张业和从工作了36年的研究所退休了，虽然离开了毕生热爱并为之奋斗的科研工作岗位，但他始终关心国防事业，关心国家大事。现在，国家正处在盛世强国时期，这是几代人拼搏奋斗的结果，我们应该倍加珍惜。

1996年11月4日，张震参谋长视察研究所，与团以上干部合影（握手者左为张业和，右是张震）

献完青春献儿孙

张业和出生在苏北老解放区泗阳县众兴镇姚圩村。他的父亲张同法任村财粮干部，负责筹集支前粮食与柴草，征集农业税等工作。母亲张蔡氏（当时妇女没有地位，一般都没有名字），祖父张茂荣，祖母张王氏。张业和年幼时，爸爸和妈妈相继病逝。他还记得，弟弟没满月时妈妈就走了，因为无法喂养，所以送给村里的本家大伯，因为大伯家没有男孩。他和哥哥、妹妹三人与爷爷、奶奶相依为命，生活的艰辛让爷爷、奶奶吃尽了劳苦。

张业和妻子孙秀英，1958年考入泗阳师范学校，1960年国家经济困难，实行"调整、巩固、充实、提高"的政策，学校被调整停办。当时，学校领导说："以后恢复再办优先考虑你们。"后来一直没消息。"文化大革命"后期，由于大家反映强烈，给已读两年以上的他们补发了"淮阴师范学校"毕业证书，并安排正式教师岗位。当时孙秀英为了支持张业和，已来新疆马兰红山幼儿园工作，所以地方政府发来公函后，也不好安排了。后来地方有关同志说可以把关系转回，办完后再转回部队。因为已在幼儿园安排保育员工作，所以也就没有再折腾，但这样教师身份变成工人，工龄也少了七年。可以说，孙秀英为支持张业和的工作而牺牲了她自己的切身利益。

当年，女同志产假只有56天，休养时间很短，并且产假56天期满，大人即上班，婴儿就入托，大家从未有怨言。当时没有电视，文化生活非常单调，听收音机、听有线广播、看电影就是非常奢侈的活动。红山没有礼堂，只能在露天银幕看电影。夏天挨蚊虫叮咬，大家都拿着扇子或树枝驱赶蚊虫；冬天冰天雪地，气温达到零下20多度，大家穿上皮大衣、大头鞋，戴上皮手套仍感到冷，但每个人都欢天喜地，大人孩子都像过节一样兴奋；特别空爆试验期间，总部来参观的首长和各大军区首长都带来很好的影片，限期播放，有时一天放映几部电影，如《闪闪的红星》《渡江侦察

2018年10月，张业和、孙秀英夫妇合影

记》《智取威虎山》，等等，这些脍炙人口的影片成为广大科技干部和家属的精神食粮，成为大家了解绚丽多彩世界的窗口，留下难忘的记忆。

马兰到红山的道路是泥山路，早期道路狭窄难走，遇有陡坡，人要全部下车徒步翻过陡坡，空车过坡后，人再重新上车前行。后期经过几次修路，把山坡削低、道路加宽了，改善了路况，车辆方能载人通过，但行车不注意还是很危险的。有一次，张业和女儿在546医院住院，他去看她，坐班车下山时车速很快，司机恰好和别人说话，转脸一看车快冲到路边修路挖的沟里了，于是向右急踩刹车、猛打方向盘，当时张业和忽然感觉班车一震，眼前一片漆黑，后来邻座把他从座位底下拉出来时，他看到大班车车底朝天，车身调转了180度。他一摸头上都是血，看到所有乘客都从破损的前挡风玻璃处往外爬。后来部队把他们送546医院就医，检查后医生确认没有大碍只是擦破皮，也是不幸中的万幸。

在红山，最困难的还不是生活艰苦，而是孩子的教育问题。长年生活在戈壁深处，尽管基地很重视科研人员子女的教育问题，但毕竟远离都市，跟大城市的孩子有着很大差距。不过，张业和一想到国家的核事业，也就"舍小家、为大家"了。

多年来，张业和忙于核试验工作，他深感对家庭亏欠得较多。张业和与他的老伴平时都很忙，两个孩子经常照料不到。冬天，儿子的棉裤弄湿了，没有及时发现，就那样穿着，次数多了，儿子后来患上了严重的静脉曲张。张业和老伴的身体也不好，时常住院，他都没有因此耽误过自己的工作。

在基地，流传着"献完青春献儿孙"这样一句话，其实张业和夫妇就是典型的一例。尽管马兰的教育资源匮乏，但两个孩子通过自己的努力，都有出息，儿子张磊、女儿张卉都子承父业，参军入伍，为祖国两弹一星事业奉献自己的青春年华。

儿子张磊从马兰军校毕业后，从事研究所里危险的岗位。张业和常对他说要踏踏实实工作，因为国防科研容不得半点马虎。张磊在研究所三室钴源辐照装置实验室工作32年，从事核试验仪器标定、航空航天抗核加固辐照试验工作，工作出色，任高级工程师，技术六级，大校军衔，获国防科工委科技成果奖二等奖一项，转业后在陕西方圆高科实业有限公司任副总经理。女儿张卉绵阳军校毕业后，分配到酒泉卫星发射中心工作13年，先后从事航天测控、试验训练和人力资源工作，工作任劳任怨。她转业后到北京市人民政府研究室从事组织人事工作，现为处级干部。孙子张伟年

2017年国庆节全家福（左起：前排陈学红、孙秀英、张业和、张卉，后排张磊、张伟年、张海波、张敬雯）

生活在国防科研家庭，从小耳濡目染，最终报考了南京航空航天大学，研究生毕业后去了成都飞机设计研究所。他们一家，除了张业和夫妇外，还有儿子、儿媳、女儿、女婿、孙子，共七人从事国防事业。只有外孙女张敬雯还在清华大学就读。

张业和退休离岗后，除了协助老伴做点家务和培养第三代外，还不时创作一些诗词，歌颂党和祖国，讴歌伟大时代及社会升平带来的美好生活，也觉岁月飞度了。其中有一首《退休》的诗：

年迈筋骨老，岁增病渐添。
退休逢盛世，军干度晚年。

祝愿张业和夫妇安享美好的晚年！

（2021年5月25日）

李兆龙

李兆龙（1940年9月—   ），出生于上海浦东，祖籍浙江嵊州。1958年进入浙江大学化工系学习，两年后，调至保密系10系原子能化学专业学习，1963年毕业后到北京8334部队集训，后于核试验研究所三室从事放化分析工作。1982年2月转业到浙江省科技情报研究所，曾任咨询室、研究一室主任。先后晋升为副研究员、研究员。编著有《柑桔综合利用》（二人合著，第一作者）、《甲壳和贝壳的综合利用》（二人合著，第一作者）、《银杏叶的开发利用》（三人合著，第一作者）等书著。他参加的"裂变燃耗放射化学诊断方法"获1989年国家发明二等奖，"银杏叶综合开发利用"获浙江省科技情报成果一等奖等。发表论文、综述、译文等近300篇。多次被评为所先进工作者，多次被所、浙江省科委和省级机关评为优秀共产党员。

近龄近届的学友共同话题自然更多，虽与李学长认识较迟，但我还是借助微信和他的日记，避开新冠的阻挠，记下了他多彩的故事。

学路越走越宽广

1947 年清明节，李兆龙生母仙逝后，他被送到浙江上虞金家村的外婆家，并去约一里路远的夏家村小学念书。1950 年 6 月，他的父亲李国新工作调浦东后，就把李兆龙接回上海读私立自治小学，学习成绩处于班内下游。

1952 年 6 月李兆龙小学毕业后，竟然考进当时上海市十所重点中学之一的洋泾中学。初一、初二时他考试成绩处于中游，父亲从来没有发表过意见，因此，李兆龙在学习上完全没有压力。

初中毕业时，李兆龙为了减轻家里的负担想考中专，但是那时考中专很难。于是他遵父嘱升入洋泾中学高中部，到了高三，已跃居班里前五名，其中数学、语文、俄文这三门最好，特别俄文是全班最好。

1958 年李兆龙高中毕业后，为了减轻家里的负担，他第一志愿就填了华东师范大学数学系。那时考高校可填 6 个志愿，他还填了华东化工学院（华东理工大学前身）、浙江大学化工系等。结果他被浙大录取，后来得知，可能是被班主任修改了填报志愿顺序的缘故。

在大跃进年代，学校打着"教育与生产劳动相结合"的大旗，组织新生参加许多劳动。先是 9 月 15 日至 10 月 1 日修半山铁路。劳动内容是挖土方、挑泥，筑地基，真是苦不堪言。为了赶上 10 月 1 日通车，有时晚上还要加班。10 月 1 日果真通车了，他们乘上第一列专车，以 5 公里的时速开到城站，下车后就参加国庆游行。

1958 年，所谓的大炼钢铁、灭四害运动，李兆龙都经历过了。有一个星期天，全班去灵隐灭苍蝇，回校后每人清点死苍蝇数。晚上有的还拿了竹竿去学校后门的古荡村赶树上麻雀，赶得麻雀掉下来，用这种方法灭四害。11 月 2 日星期天下午，他们班正在和泥做青砖（筑小高炉用），说是刘少奇来校视察，于是同学们赤着脚在教一和教二之间的马路上夹道欢迎党中央刘副主席。还有一天中午，陈云副总理还到他们食堂问伙食好不好。党中央领导的关怀，给全校师生莫大的鼓舞。

1959 年 8 月 11 日开始为期 3 周的农业劳动，就在古荡村的农田里干活，烈日下用钉耙翻地，汗衫上结出一层白霜。大家还干过耘田活，只是田里漂着不少人粪，会沾上粪臭味，用肥皂都洗不掉。比较轻松的活是车水，两个人用脚踏的那种水车，但晚上也要干，常被蚊子咬出很多红包来。这次劳动还包括疏通护校河，即清淤泥、除杂草，赤脚容易被河底的尖物划伤。

这一年，还参加过校办厂翻型砂、抬浇包、拉焦炭及送粗钢锭至闲林埠钢铁厂的劳动。拉焦炭是用手推车（3 人一组）到南星桥焦炭厂去拉，一天拉两趟，一天走路约 50 公里。拉学校小高炉生产的粗钢锭到闲林埠钢铁厂时用的是大胶轮板车（6 人一组），当时营门口附近有一个很陡的山坡，要两组同学一起推才能把车推上坡，危险的是下坡，车速很快，除了前面一个人拉车控制方向，其余 11 个人必须全部使劲往后拉，才能控制速度，否则就会翻车。拉钢锭是一天一次，行程约 35 公里。

大二的秋天，李兆龙参加了一场塑料 582 班与女篮校队的篮球比赛。由于男女比赛还是校内首次，看的人里三层外三层。上半场男生输了 8 分，中间休息时女队教练兼裁判对男生讲，你们脱掉外衣放开打，否则达不到锻炼女队的目的，于是下半场男生露出了印有塑料 582 的绿背心，因男生平均身高超过女队，篮板球占优，终场时反而赢了 2 分，留下难忘的记忆。

1960 年 7 月 22 日至 8 月 5 日，李兆龙随班去余杭东塘参加抢收早稻、抢种晚稻劳动，叫"双抢"劳动，住在农民家客厅里，晚上蚊帐上叮了密密麻麻的蚊子，手碰到蚊帐就会被咬上许多红包。双抢劳动强度大，三餐都是干饭，米中掺有大量砻糠和稗草籽及沙子，大家都说从未吃到过这样难吃的籼米饭。在割稻割到一块田的尽头时，总会有蛇出现，同学们都很担心被咬。"双抢"完毕，全校近千人得了疟疾，李兆龙也未能幸免，回家火车票已买好，却在临走前一天突发高烧 40.7℃，被诊断为疟疾，服用了大剂量的氯化奎宁，又导致肝脏受损，学校里总共有几百人得了肝炎。学校里调整出一幢宿舍专门住肝炎病人，又调整出一个食堂供肝炎病人用。肝炎病人每月可购红枣半斤、白糖 2 两。大约隔离了 2 个月，肝功能正常后就取消了隔离。

在大学里，李兆龙活跃起来。1959年8月，学校举办放电影摩托车跑片员培训班，李兆龙勇于报名参加选拔考核，在200余人中脱颖而出，考了第四名，只是培训时间与全班劳动时间冲突，只好放弃。20余年后从部队转业，单位工会自行车慢行赛中还得了第二名，可见中学时练就的自行车技身手不凡。大二之初，学生会成立文学社，海报告知以作文考核而录取社员。李兆龙自认中学语文水平较高，并有多种文体作文和综合编辑优势，于是选取拿手的杂文体写了一篇讥讽杂文而被录取，成了极少数的低年级文学社社员，并在校报上发表过诗文，在困难时期以稿酬买烘烤番薯与学友共享，不亦乐乎。

在大学里，大多数同学是团员，学校倡导又红又专，李兆龙在学习、劳动中表现都不错，1960年3月他很快加入了共青团。

1960年12月，经学校严格挑选，李兆龙转入保密系技术物理系（代号10系）原子能化学专业（代号02）学习，并被选为班学习委员。四年级时学放射化学、铀钍工艺学和核化学过程等课，李兆龙专心致志，刻苦钻研，并凭借中学时俄文好的优势，一直任俄文课代表，在认真研读《核化学过程》俄文原著基础上，纠正了教研组老师十余处翻译错误，受到教研组主任的好评。

1997年三战友回母校参加百年校庆后留影（左起：俞章华、杨裕生、李兆龙）

此后，李兆龙学习更加努力，经湖南铀矿、上海试剂厂实习后，选做"高锰酸钾慢中子俘获的化学效应"毕业论文课题，任4人课题组组长并为论文执笔人，取得优秀论文5分的好成绩，答辩时受到老师好评。

1963年8月，李兆龙5年的大学生活结束了，留给他印象最深的是全校师生奉行的浙大求是精神，此后也照亮他工作前行的路。

1982 年，李兆龙转业杭州工作后，回浙大母校机会多了起来，如到求是园与同学聚会，共同回忆当年的学习生活，拜望当年的老师；应邀参加校庆活动，看到学校的改革与发展，深感欣慰！有时

2021 年 5 月 27 日，作者与李兆龙（右）相逢母校留影

去玉泉游览路过学校，总会驻足打量一番校门，对母校怀有深深的眷恋！

在马兰浙大校友帮助下，笔者通过省科协友人，于 2020 年 12 月 28 日联系上李兆龙学长。他得知笔者在创作《启尔求真：核研试浙大人》一书时，爽快地加上微信，除了接受笔者采访外，他还介绍了一些核试验的有关人与事。2021 年 5 月 27 日，李学长特地来浙大，给笔者送来核试验基地的《亲历那一天》等两本书，为笔者提供写作的参考资料。笔者亦回送他《启吾求是》（忆往录）和《生命颂》（抗疫诗集），想不到他在一个月就把两本书通读完，还对两本书写了中肯的评价。这是给笔者最好的支持与鼓励。

筚路蓝缕参核试

1963 年 8 月 26 日，李兆龙、丁德钦和陈志祥三位同学到北京通县 8334 部队报到，穿上了军装。12 月 25 日集训结束后，李兆龙与丁德钦被分在核物理和放射化学测量室，即三室一组。三室一组是用放化分析的方法测定核爆炸样品的燃耗，从而推算出核爆炸威力（当量）。当时核试验研究所地址还未选定，主要是借在北京有关研究所内的协作用房。

1979 年，李兆龙申请晋升助理研究员述职报告的主要业绩有以下内容：

参加了自首次核试验以来的 20 余次核爆炸样品的放化分析工作，如在 401 所参加了建立 U-235 和 U-238 中子活化分析方法的研究工作；建立地下核爆炸样品的溶解和粗分离方法等多种分析法，具体从略。发表论文和译文 5 篇，具体从略。

下面仅列举李兆龙工作业绩的几个故事。

故事一：建立稀土元素 DTPA 络合滴定法

翻译《无机滴定分析》后，李兆龙就把络合滴定稀土元素的分析方法运用到实际工作中去。最新研究表明，DTPA（二乙基三胺五乙酸）是稀土元素较好的络合剂。于是，他就采用 DTPA 络合滴定稀土元素。

在分析核爆炸样品时，通常测定的稀土元素是铈和钕。他配制好铈和钕的标准溶液，以羊毛铬黑 T 为指示剂，用 DTPA 为滴定剂，研究了不同条件下指示剂变色的灵敏性、检测灵敏度、准确度及干扰离子的影响，拟定了滴定程序，并与重量法的测定结果进行了比较，结果完全吻合。以后，执行核试验任务时就采用滴定法测定稀土元素的化学产额，与重量法测定相比，测定时间短，灵敏度高，在化学产额低至 1% 时仍能准确测定，而重量法在化学产额 10% 时就难以准确测定了。

在执行某次任务时，移交给李兆龙的粗分离稀土样品，有一个竟只有米粒状大小的沉淀，移交者有点不安地对他说："不知怎么搞的，这个稀土样品做丢了，看来要报废了。"李兆龙心里想做了这么多年了，都没有出过问题，不可能是分析流程的问题，大概是把样品打翻了，对他说："我估计化学收率不会超过 2%，用重量法难以称重了，不过我用络合滴定方法还是可以测定的，当然我得配稀释的滴定液进行滴定。"

"那你纯化步骤中怎么沉淀？"

"这我有办法，稀土元素的化学性质十分相似，我可以加一个别的稀土元素，用这个稀土载带待测稀土元素，就可以沉淀处理了，不用改变流程，在离子交换程序中再分离除去所加的稀土元素。"

如李兆龙预期的那样，最终络合滴定的结果是，该样品的化学产额仅为

1.45％，但计算出的燃耗值却与另一个样品十分吻合。当李兆龙把这个结果告诉他时，他如释重负，承认是他不小心把样品打翻了，并对李兆龙说："多亏你，要不然报废一个样品，少不了要做点检讨。"

在研究稀土元素络合滴定时发现了指示剂的显色过程，这个过程对于检测稀土元素离子交换分离时的洗脱曲线很有启发，在他们执行任务时，采用间歇式放射性测量的方法来检测稀土元素的洗脱过程，这样洗脱液以5mL 为一个馏份，每个馏份都要滴样到铝制测量盘中，烘干后进行放射性测量，洗脱一个样品，至少要 50 多个馏份，1 人做两个样品，就必须有一人进行放射性测量。利用稀土络合物在指示剂存在下渐进的显色过程，当大量稀土被洗下时溶液颜色发生突变，这可以当作洗脱曲线的峰值，这样可以通过目视比色的方法确定该收集的稀土馏份，不需要再用放射性测量来作洗脱曲线，这样大大节省了人力和时间，过去做稀土分析需要三个人，从此只要两个人了。

故事二：地下核爆取样

离马兰约 180 公里的南山，被选为我国首次地下核爆的场所，即在南山打一条数百米长的隧道到山中心，隧道高约 2 米，宽不到 3 米，在山中心安放核装置，隧道内铺设各种测试管道，将隧道回填后进行核试验。

当时，靠战士三班倒人工开挖平洞。核爆后，用同样的方法挖掘到爆心。爆心中留下的是铀裂产物和未裂变的 235U，这些产物与山体岩石在核爆高温下熔融成黑色玻璃体。李兆龙等要取的样品就是这种玻璃体。尽管随时间的推移，爆心的放射性强度已下降了好多个数量级，但因放射性总量巨大，此时在爆心仍有很高的剂量，且放射性气体产物（气溶胶）还在不断释出。

1971 年秋的一天，李兆龙和杨启文及六室的两人坐同位素车去地下核爆炸现场取样。他们上午从红山出发，经过马兰向场区进发，很快就进入荒无人烟的戈壁滩。他们坐的同位素车前轻后重，前面坐人，后面有厚厚的铅防护墙，放置铅罐。经过一路颠簸，终于在下午 3 点到达南山脚下。那里没有房子，所有人员都住帐篷，吃水都靠水车拉。第二天早上，他们就进入平洞，直接走到爆心，四周都是黑色的玻璃体。他们从不同部位取了小块样品，放进铅罐后就启程返回红山，而后再做放化分析。他们取样和做放化分析实验，也有一定的防护，并发保健品（罐头肉、蛋粉和白糖）以增强体质。可见，无论战士也好，技术人员也罢，都为核试验作出了牺牲与贡献！

故事三：自学外语多贡献

1974年三战友相聚上海外滩（左起：陈忠对、李兆龙、杨启文）

在大学期间，李兆龙阅读和翻译分析化学和放化专业的俄文文献已没有什么困难。英文是李兆龙大学学的第二外语，仅初步熟悉了语法，掌握的单词比较少，有不少固定词组还没有记牢，阅读速度不快。

对核试验和核爆炸产物的放化分析而言，几乎所有的分析流程都是参考国外文献制定的，懂的外文越多，对改进工作的作用就越大。如1966年活化组开展铀-238中子活化分析研究课题时，李兆龙对离子交换分离锗的外文文献作了调研，用2N HCl洗脱，洗脱峰很尖，洗脱液体积只要20mL就够了，虽然接后面的电沉积流程，需将盐酸介质转换成硝酸介质，但转换时间要远小于浓缩时间，经负责这段流程的郭玉金一试果然如此，后来，401所课题组组长刘玉英就改进了这个流程，使分析时间缩短了2小时。

1967年，李兆龙在文献检索过程中发现有些日、德、法文文献对工作有参考价值，李兆龙决定先自学德语，并买了《科技德语读本》《德汉化学化工词汇》两本书。德语的语法介于英语和俄语之间，德语和英语都有冠词，德语和俄语名词都要变格且都有性，动词都要变位。三种外语相比，各有异同：俄语词法最复杂，语法比较简单；英语反之；德语介于两者之间。与俄语相比，德语名词的变格比较简单，只有四格，但从词尾判断名词的性比较难，德语冠词有性，也要变格，虽然比较简单，但阴性的一些格与阳性的一些格相同，加上名词的性有时难以判断，往往单词的意思知道，反而要去查名词的性。另外，德语的复合词比较多，有时也比较长，而且复合词的意思有时并不等于几个单词之和。李兆龙先把《科技德语读本》整本粗读了一遍，有了一个整体概念，然后再慢慢看，慢慢记单词，语法容易记住，单词不容易记牢。2个月后，李兆龙就开始试译一篇分析化学的德文文献，借助《简明德汉词典》《德英科学词典》翻译，虽翻译速度很慢，但译文还是准确的，语法已基本掌握，只要多看多翻译，一定能快起来。

1972年，李兆龙第二次去辽宁兴城疗养，想趁这2个月学第四门外语。他经过比较，决定学法语。要自学法语，在所里资料室只有法语的大学教程四册，只好借了这四册再说，路过北京时在外文书店买了本《简明法汉词典》。就这样，从第一册学到第四册，中间做做翻译练习，初步熟悉了法语语法，并记住了一些单词。

回到红山后，李兆龙借助于词典也能阅读和翻译法文的专业文献了。几年后，住在李兆龙楼下的三室范如玉（若干年后当上了核试验基地司令员）请李兆龙给他翻译一篇有关核反应动力学方面的法文论文，李兆龙核物理专业的外文单词记得不多，因此，翻译速度很慢，足足花了两个星期的晚上时间才译完。范如玉看完译稿后，十分满意，并说：你译得很专业，没有一点外行的痕迹。

1975年秋天，李

2007年，与在北京部分战友合影（前排左三丁玉珍，左四虞杏英，左五周佩珍，左六吕敏；后排左二杨裕生，左三李兆龙，左四钱绍钧）

兆龙第三次去兴城疗养，准备学第五门外语。李兆龙觉得日语最难学，单词最难记，语法也难以完全掌握。日文中有许多汉字，对学习的人来说，有利有弊，大部分汉字的意思与中文相同或相近，有少数是不同的，甚至是相反的。但如果语法熟练了，又记住了必要的单词，阅读专业文献的速度还是很快的。

其实，学外文与个人兴趣有很大关系，掌握了一门外语后学第二门就比较容易了。李兆龙的体会是，如果说学第一门外语的时间为1.0的话，学第二门则为0.5，第三门为0.3，第四门为0.2，第5门为0.1，但前提是第一门最好是英语或俄语。

1980年3月，李兆龙在单位图书阅览室看到一本有关核爆炸的专业词汇，书名为 *Англо-Русский Словарь по Ядерным Взрывам*《英俄核爆炸词汇》，国内还没有这方面的专业词典，于是，李兆龙就完成了这本词典的翻译工作，并经吕敏、钱绍钧等人校对，在内部出版了这本译著。

自学了多门外文，除了文献调研和用于工作改进外，也能帮助战友，阅读他们不会看的外文文献，并对李兆龙转业后的职业生涯产生很大的益处。

科技情报鱼得水

1982年2月23日，李兆龙转业到杭州浙江省科技情报研究所，被分配到编译室，办公地点在平湖秋月的省科委大院内。当时所里的业务科室还有研究室、编辑室、文献馆等。编译室人员都要懂外文，由于李兆龙学了5种外文，大有用武之地。

1984年春天，省科委要调整情报所的领导班子，科室也进行了调整，在原编译室的基础上成立了咨询室，新任所领导根据大家的推荐意见，任命李兆龙为咨询室主任。

李兆龙上任后，着手给咨询室订了一个规章制度，每个人要按职称定一个年度工作量，制定检索收费标准，同时按照所学专业，粗分为工业和农业两个组，学外语的自己选择一个组，这样用户来检索课题时，按专业分配。

咨询室对外从事科技情报检索服务。这一年，李兆龙完成了规定指标5倍量的工作，发表综述7篇，约1.9万字；译文11篇，约3.6万字；代译约

8万字。由于李兆龙早在部队时就写过入党申请书，而今工作出色，于1984年10月加入了光荣的中国共产党。

浙江省科技情报研究所为了跟踪世界新学科、新技术、新能源、新材料等发展前沿的需要，1986年元旦新成立研究一室，李兆龙有掌握5种外语的优势，被所里委以重任，荣当研究一室主任。

1987年5月，省科委所属单位开始评职称，所里成立了初评委，李兆龙是七人评委之一。当时参评者要考外语，在公开出版的刊物中发表译文5万字者可免考，李兆龙是单位里唯一的免考者。那时所里还没有一个高级职称者，李兆龙申请副研究员评定。因为工资与职称挂钩（当时中级职称84元/月，如晋升副高则有两百多元/月），都想挤上评高级职称的头班车，而副高的人数是按中级职称人数的规定比例确定的，所里老同志越多，评上的难度越大。

申请者必须向全体参评者报告工作业绩和业务能力，李兆龙以大字表格形式列出了主要的业绩。

获奖成果："严重分凝条件下的放射化学诊断"，获1985年国家科学技术进步奖二等奖，参加者之一；"裂变产额编评"，获1980年二机部科技进步三等奖，完成者之一。

出版的专著：《柑桔综合利用》，作者李兆龙、俞福惠，上海科学技术文献出版社，1987年。另在数十种期刊上发表研究论文和综述40篇及译文63篇（篇目从略）。

不久李兆龙获得了副研究员的职称。

李兆龙于1998年申请正高职称，申报材料列出了评上副研究员后至1997年的业绩。

获奖成果："裂变燃耗放射化学诊断方法"（参加者之一），获1989年国家发明二等奖，另有浙江省科技情报成果等级奖三项从略。

发表了93篇论文（绝大多数为独著）。公开出版的编著有《甲壳和贝壳的综合利用》《银杏叶的开发利用》《竹类资源的综合利用》等3种。

因为那时科技人员的创收高低也被当作业务水平和工作能力的衡量标准之一，截止到1997年，李兆龙在室里的创收一直位居第一，是室里人均创收的5倍。1998年12月，他成了所里第二个获得正高职称的人。

在工作中，李兆龙遵守各项规章制度，工作努力，业务能力强，圆满地完成了各项任务。大部分年份李兆龙都被所里评为年度先进工作者，保存的荣誉证书（早期不发）有：1991、1992、1993、1995、1997、1999年度所先进工作者；1992年被评为所优秀共产党员；1994年被评为浙江省委省级机关工作委员会优秀共产党员；1999年被评为浙江省科委直属机关委员会优秀共产党员。

1996年前，李兆龙几乎每天晚上都用来翻译或写稿。在核试验研究所时主要是研究工作方面的论文，因保密等原因，发表的文章数量并不多。转业到情报所后，主要是根据国外文献和专利资料，编写综述、知识介绍、专利文摘等，发表的数百篇文章（包括译文）刊在近70种期刊上。他为《浙江日报》《杭州日报》《中国科技报》等应约写过一些科普文章，到2000年退

2021年4月21日，浙江省科技信息研究院离退休党员余村党日活动合影（后排左五为李兆龙）

休止，共发表了近 300 篇文章。

退休后，李兆龙除了给萧山的传化集团、浙江台州清泉医药化工有限公司、浙江寿尔福化学有限公司和上虞市化学工业有限公司当情报顾问，并给科技人员讲有关文献检索方法和技巧的课外，还开了一次怎样书写化工科技论文的讲座。

2000 年 9 月李兆龙退休后，被所里返聘 5 年。自 2005 年起，在家里专心做企业的顾问工作。在 2012 年他彻底退出检索和翻译工作之前，还短期（3—12 个月）或断断续续做过一些企业的化工合成文献和专利的检索及翻译工作。

岁月缱绻苦亦甜

红山采撷

核试验研究所位于南疆和北疆之间的红山，研究所建在开阔的山沟中，海拔约 1700 米（马兰约 1000 米），一条小河流过生活区，宿舍楼大致分为东西两块，商店、澡堂、邮局在最西边，实验室和办公楼在两大生活区之间，但三室的取样楼和放化楼却在离东边生活区 1 公里多的山坡后面。

夏天，红山白天没有南方那种酷热的感觉，一般不超过 28℃，晚上还要盖被子。红山下雨天数一年不会超过 10 天，夏天雨后，远处的高山上会有积雪。夏天在室外也有蚊子，但奇怪的是蚊子不进室内，因此，夏季家里不需要挂蚊帐。

冬天，最冷时零下20 多度，但由于气候干燥，感觉并不比北京冷，

红山核试验研究所办公楼

供暖时间与北京相同，从 11 月 15 日至第二年 3 月 15 日。最早下雪时间在国庆节前后，12 月和 1 月下的雪要积雪一段晨光，那时没有冰箱，一些易腐食品可放在窗外，"冷藏"较长时间。

刚到红山时，每个室一个食堂，大家都吃食堂，每天都是馒头或米饭、窝窝头，早餐有玉米糊，每月 38 斤定量中，30% 为玉米粉、30% 为籼米、40% 为面粉。每年 4 月下旬至 9 月底，有黄瓜、韭菜、芸豆、西葫芦等供应，其中西葫芦要吃几个月。10 月至次年 4 月，就只有吃土豆、白菜和萝卜了，这老三样要吃上大半年。猪肉每月 2 斤，鱼是不供应的。在每年 4 月，贮存的冬菜吃完或者土豆发芽、白菜抽穗、萝卜空心这种青黄不接的时候，就吃煮海带、煮黄豆和炒绿豆芽。

1970 年，李兆龙与同在化学组的虞杏英结婚后，室里分给他们一间 10 平方米的房间，房内只有一张双人床、一张两斗桌及一张凳子。当年住房按家庭人数分配：4 人以上住套间（室内面积约 20 平方米）；3—4 人住大间（室内面积约 12 平方米）；2—3 人住小间（室内面积约 10 平方米）。一幢楼（三层）三个单元，一层六户（小间、大间、套间各 2 户），套间有独立的厨房，大小间共用一个小厨房，厕所三家共用。

1971 年，虞杏英怀孕了，开始自己开伙，就要围一个十来平方米放煤放柴火的小院。有小孩的人家还要在小院内搭一鸡窝。煤是部队派车去地方上的煤矿拉的，通常几家合起来去拉一车，然后平分。有时只是热点东西，就用煤油炉了，但红山和马兰都没有煤油炉卖，连煤油也要到马兰附近的乌什塔拉镇购买。小院内还要挖一个菜窖，以便贮存冬菜。烧煤的引火柴，有的到种向日葵的地里拔已收获过葵花籽的葵花秆，有的坐卡车到戈壁滩深处寻找枯死的树木。

在红山，室里组织大家种菜，以弥补蔬菜供应的不足。他们到牧区捡羊粪来当肥料，从未用过化肥，也未打过农药。开始时只是集体种菜，收获后归食堂，双职工也能分一些。后来有双职工到远处可以浇到水的地方开荒种自留地了。

在红山，各家每餐吃的菜大同小异，因为都是从食堂买的，或者是室里种的，大家都一样。说起调味料，最初几年连酱油都没有，红山只能买到新疆产的白葡萄酒和北京的二锅头两种酒，还有盐和味精，像烧肉用的茴香也要从内地去带。

红山人吃的水来自雪山上的雪水，拦截后贮存在蓄水池中，未经消毒和过滤，仅经过自然沉降，就直接通过管道流入住房和实验室，变成了自来水，这种自来水中常夹带着树叶和杂草，有时还会有羊粪，造成水龙头堵塞。夏季每逢上游下大雨的时候，冲下来的水浑浊不堪，不得不停止蓄水。于是就靠水车从马兰拉水，先保证食堂用水，然后再向家属供水。靠水车拉水的事每年会有1—2次。

那时的家属宿舍内，没有什么家电，少数人家有一只半导体收音机就不错了。李兆龙用2只旧罐头包装箱叠在一起，权作碗柜。后来手艺高的人买了旧木箱制作家具，替李兆龙做了一个小碗柜和小板凳。1979年之前，所内无礼堂，看电影和所里开会都是在露天，都要自带凳子。家里只有一张高凳子，吃饭时另一个人只能坐在床沿上或坐在包装箱上。当时在上海或北京，买家具（包括凳子和折叠椅）是要凭票的，无法买张凳子带红山去。1973年4月，李兆龙出差长春，有杂木椅子卖，不要票，他花7.6元买了一把，从长春经北京随身带到红山，行程5000多公里。这样，家里有了两张高凳子，吃饭和看电影才能坐到一起。钱瑞生还给他们做了个小衣柜，放衣服方便多了。到了20世纪70年代中期，基地后勤部从沈阳订购了大量的装衣服的木箱、五斗柜和小木椅，他们买了3只木箱，还有1只五斗柜和2把小木椅，总算有了像样的家具。

红山到马兰近40公里，基地的司令部、政治部、后勤部都在马兰（后来司令部也迁到了红山），马兰有一个大的招待所，可容纳数百人住宿，还有大礼堂、邮局、银行（红山在70年代后期才设银行）、澡堂、百货商店和副食品店，但无饭店。在红山至马兰途中，离马兰约七八公里的地方有一个部队医院（546医院）。红山至马兰每天上午和下午各有一次班车对开，头几年一直使用带篷卡车作班车，直到20世纪70年代后期才改用大轿车。

20世纪70年代中红山才有理发店，化学组里刘国兴、朱柏枝等人无师自通地学会并义务为大家理发，理发工具是几个人凑钱购买的。后来虽然有了理发店，因路远仍然是由他们义务理发。在部队互相帮助、互相关心蔚然成风，谁家要挖菜窖，总会有组内同事主动帮忙；谁要出差或探亲，总会主动问别人要带什么东西，在出发前的头天晚上，组里甚至室领导会来送行，回来时会来看望；因部队探亲假长达两个月，又不能预领工资，李兆龙夫妇会主动准备一些机动钱以供随时需要，借给探亲的战友。在部队人与人之间的关系是真诚的，而今，他们常常会怀念在部队的那段生活和那些共事多年的战友。

当年的文化生活是单调的，报纸只有三种：《人民日报》《解放军报》和《新疆日报》，而且要等到第 4 天才能看到。部队规定每周放一次电影，1979 年前红山没有礼堂，看电影都在露天，冬天即使下雪也照看不误。礼堂建成后就要买票看电影了（票价 1 角）。

1980 年前，家里是无法收看电视的，只有室里一台彩电，供集体收看用。室里有一张乒乓球桌，但在取样楼，放化楼则靠几张会议桌拼起来，权当乒乓球桌，上班前或下班后就用来打乒乓球了，平添不少乐趣。

家中之家

李兆龙的继母陈月娥老家在浙江余姚乡下，她随哥哥住在上海曹家渡忻康里李国新家附近。1948 年，陈月娥与李国新结婚，并于 1949 年生下李兆年后，又在 1950 年、1952 年、1955 年和 1956 年分别生下兆汶、兆郡、兆雄和兆铭，即三个儿子和两个女儿。

李兆龙是家里老大，带弟妹的任务就落到他头上，以使继母能脱身烧菜、做饭、洗衣等。住在东张家宅的时候，每逢假期，继母还叫李兆龙给在发电机维修厂的父亲送中饭，有时晚上加班，也会叫他去送晚饭。

1955 年住浦电新村时，在寒暑假通常由李兆龙去买菜，还有每天五点半左右起床劈柴生煤球炉子，炉子烧旺了，先烧他和父亲两人吃的泡饭。早餐后李兆龙就到洋泾中学上学了。

1963 年 8 月，李兆龙大学毕业了，每月寄家 20 元，家里生活得到改善，父母都很高兴。

1971 年，李兆龙夫妇生了一个女孩，起名李东南，请上海继母带，他们每个月寄 35 元作为抚养费。1978 年起，女儿在上海念书。

20 世纪 90 年代初，老家的经济条件大有好转，但父母仍舍不得花钱。一次，李兆龙看到高压锅已用到变形，这潜伏着炸开的危险，他即去商场购置了一只。又一年冬天，李兆龙夫妇看到父母盖的棉被棉絮已发硬，他们立即去浦东商场花了 1200 多元，买了一条比较大的羽绒被，可见孝心之一斑。

1996 年春，继母脑血管梗死，导致身体左侧偏瘫，大部分时间躺在床上。1998 年 8 月 21 日继母离开了人世，终年 80 岁。继母的一生，是辛劳的一生，把 6 个子女辛辛苦苦带大，又带了第三代，一辈子都没有享过福。这也是父母辈共同走过的人生道路，令人唏嘘！

1999 年 6 月，李兆龙、虞杏英夫妇分别经单位同意和备案，与当时的浙江大学签署了协议，表示死后把遗体捐献给浙大教研之用，显示出一个共产党员"生如夏花之绚烂，死如秋叶之静美"的胸怀，令人敬佩！

岁月缱绻，时光生香。李兆龙爱好旅游。走上工作岗位后，他常借出差、疗养和探亲之便作些旅游。返聘结束后，他偕夫人抢时间作国内外旅游，国外游了十来个国家，国内除港澳台外，还游了不少名胜，了解了国内外风土人情，大开了眼界。

冬天来临，李兆龙夫妇会飞向厦门、深圳、珠海、海口、北海等南方胜地度冬并旅游。杭州暑热难当，他们会去杭州金色年华公寓避暑。2016 年李兆龙夫妇已办好杭州金秋钱塘老年公寓入住手续，近几年夏冬两季在那里生活，日后会全年在老年公寓安度晚年。

国内外游的风土人情，候鸟式的多彩生活，勾勒出他们晚年生活图景，宛若两幅泛着金光的画，镀镶着西斜的金光，令人羡慕不已！

（2021 年 2 月 2 日）

高速摄影机的研制及拍摄

2021年6月4日，浙江大学拉开1169名党员"光荣在党50年"纪念章颁发仪式的序幕。首场颁章仪式在紫金港校区校史馆举行，浙大党委书记任少波为光电科学与工程学院原高速摄影机研制团队的4位党员代表冯俊卿、赵田冬、包正康、郑增荣颁发"光荣在党50年"纪念章。

颁章活动现场，一台250万幅/秒高速摄影机，见证了新中国国防科工事业筚路蓝缕艰难创业的历程。在研制过程中，团队的党员同志带头舍家为国、攻坚克难、不计得失，成功研制出了250万幅/秒高速摄影机，拍摄了1966年氢弹原理性试验等的起爆瞬间图像，为氢弹的成功研制作出了重要贡献，成为浙大科研星空中一颗璀璨的明星。

高速摄影机研制团队"光荣在党50年"的党员代表合影（左起：郑增荣、赵田冬、冯俊卿、包正康）

伯乐相中千里马

回首 1952 年，国家教育部根据时任中国科学院光学仪器馆馆长、著名光学专家王大珩和著名光学专家龚祖同等的倡议，结合全国高校院系调整，在浙江大学创办了全国最早的机械工程学系光学仪器制造专业，后又从无线电、机械、物理等系调入所需的配套人才等，使后续光仪系在教学和科研上得以快速发展壮大，并具备了研发大型光机电高度结合仪器装备的能力。

高速摄影机是核试验基地的必要配置设备，早被主持核试验技术工作的程开甲院士所重视。在《"零时"起爆》一书有关文章中提到："我们靠的是独立自主与自力更生……我们所有的测试项目和设备以及控制设备都是我们自己设计和制造出来的，都具有开创性的伟大意义。"可见，核试验研究所光学研究室在第一颗原子弹试验前就已着手研制高速摄影机，只不过开始阶段没有注意到浙江大学光学仪器工程学系教师研制高速摄影机的实力罢了。

1963 年 7 月 12 日，核试验研究所成立，其下成立第二研究室，即光学研究室，负责"两弹"的光学测量，孙瑞蕃任室主任。在第一颗原子弹试爆前，程开甲副所长研究后认为："若有每秒 250 万幅至 400 万幅相机拍摄到核爆炸动力反应过程，就能看清楚里面的变化机制，对试验方案的好坏、是否可行就能给予确定，还可以验证光冲量、光辐射测得的数据。"因此，寻求合适的高速摄影机成了核试验研究所光学研究室开初的当务之急。

1965 年 1 月，浙大光仪系把高速摄影机作为自选课题。在王兆远等老师的指导下，光仪 601 班邬鼎宝、徐仲英、冯包根、谢振郊、印杏荣、娄金林、赵田冬七个学生于 1965 年 7 月完成"340 万幅/秒可控式高速摄影机"的毕业设计，很快制造出一台"实验样机"，并于同年 10 月被选送到第一届高教科技成果展览会展出。这台实验样机在教学实习馆预展时，被国防科委的"伯乐"一眼相中，并授意立即把该台"实验样机"移至军工馆正式展出。该高速摄影机的最高拍摄速度为 340 万幅/秒，但画幅尺寸很小，仅 5×5 毫米，相对孔径也较小，有待改进。这台拍摄速度达到百万数量级的科技成果，为承接记录微秒级氢弹核爆试验的测试设备研制任务打下了的基础。

1966 年 2 月，浙江大学光仪系系主任吴敏达，教师王子余、王兆远和列席代表赵田冬、徐昌标，带着准备好的高速摄影技术交流资料，参加了在北京召开的我国第一届高速摄影技术交流会。通过高速摄影技术交流会，增进了国防科委对浙大科研实力的了解与下达军工任务的信心，也鼓舞了浙大人为国防事业作贡献的信心与决心。

高速摄影技术交流会后不久，应国防科委、核试验研究所的孙瑞蕃主任约请，浙大光仪系吴敏达、吕维雪、孙扬远和王子余四位教师，参加了有关高速摄影机方案和研制事项的讨论会，国防科委核试验研究所于 1966 年 3 月初向浙大正式下达了研制三台实战用"250 万幅 / 秒等待型转镜式分幅高速摄影机"的军工任务，要求必须在同年的 11 月中旬如期保质保量完成。

精研攻关日月短

250 万幅 / 秒高速摄影机的任务下达后，我校把它定名为 911 项目。在下达任务之日时，就定下高速摄影机的火车托运时间，可见任务十分紧迫，科研组全体成员深感肩上担子的沉重。

1966 年 7 月，浙大光仪系组成了以系党的核心小组成员吴敏达为组长、黄振华为党支部书记的课题组，参加课题组的人员有孙扬远、吕维雪、王子余、王兆远、冯俊卿、陆祖康、赵田冬、包正康、徐文娟、郑增荣、许绍华、林金豆、贝国华、徐昌标、郑汉章等 19 位老师，各自参与总体、光学、机构、电子和马达组的工作。

当时课题组只想到能承担国防急需的任务是国家的重托与信任，是一种光荣。随着研制工作的深入，困难越来越多，但大家齐心协力，迎难而上。忆当年，难就难在美苏两核霸的封锁，缺少参考文献资料；难就难在"文革"大字报、大标语铺天盖地而来的干扰；难就难在硬件设施的落后，那时只有手摇计算器、计算尺和七位三角函数表，算得又慢又累，与今日的高速计算

911课题组部分研制人员合影（前排左起：郑汉章、徐文娟、赵田冬、吴敏达、贝国华、包正康、陆祖康；后排左起：郑增荣、黄振华、孙扬远、叶关荣、冯俊卿、王子余。2005年10月5日摄）

机不可同日而语。如那时一个光路设计方案，十几个人要两天才能完成，而今用电脑设计一个人一小时就可拿出几个方案；那时机械设计图纸只能趴在图板上用手一笔一画地画出来，而今机械设计图纸有专用软件，又快又好又省力；那时控制系统全用晶体管、电阻、电容等分立元件，从印刷电路板到元件安装焊接全要自己动手，而今可方便地买到各种集成电路块，体积大为减小，重量更轻，等等。面对如此巨大的工作量，课题组吸纳了沈有林、宣民生等30多位光仪、专仪61级毕业班学生结合毕业设计参加该项目的研制。此外，核试验研究所也派出了以陆权钦为首的几人（徐鹤年、俞焕隽、庞有源等）常驻浙大，与课题组一起研制。由于摄影机是等待型的，无论是在光学系统上，还是在机械结构上，都要比可控型的复杂得多。

高速摄影机的最关键部分是高速转镜及其驱动部分。根据250万幅/秒拍摄速度的要求，转镜的旋转速度应不低于15万转/分或2500转/秒。要驱动转镜平稳地达到这样高的转速，会面临一系列需要解决的难题，如高速转镜的材料问题、驱动动力问题、轴承问题，还有高速三角形转镜的加工也是一个非常困难的问题。经马达组人员和技术员蒋培圣（升）、技师张增祥等反复讨论研究，多次外调求援，不断实验求证，终于成功研制出悬浮在油膜轴承上的透平（涡轮），用压缩氮气作动力，驱动转镜高速旋转。转镜高速旋转时，动能很大，曾有一次在试验时，转镜的转轴折断飞出，穿透了水泥天花板，幸未伤及人身，不然，后果不堪设想。

浙大有个相当规模的机械工厂，光仪系还有一个各种工序基本齐全的光学车间，且都不乏技术精湛娴熟、经验丰富的工人师傅和技术人员。鉴于911课题的重要性和紧迫性，优先安排全部加工任务，并都按时完成，蒋培圣（升）、张增祥和老师傅滕伯良、蒋雅仙、楼善宝以及曹天宁老师等值得赞扬，他们不仅在手艺上高人一筹，且在结构设计上也能提出一些独到的见解。例如关键零件三角形转镜就由蒋培圣（升）亲手加工、研磨而成。三角形角度精准，反射面平面度好，光洁度高达镜面要求，将其送到西安光机所做动平衡试验，结果被告知动平衡状况很好，令人惊叹不已。动平衡好，才有可能将其平稳地驱动到那么高的转速。

在911课题研制的整个过程中，核试验研究所二室孙瑞蕃主任曾多次分别陪同董寿莘副所长、著名物理学家、院士程开甲副所长和长春光机所所长王大珩院士，来浙大检查和指导研制工作，给课题组人员以很大鼓舞。

正当课题研制工作紧张有序地进行时，"文化大革命"席卷了全国，但全组人员依然坚守岗位，日夜奋战。当工作进展到整机调试和各种试验时，课题组需要用到教三二楼的整条走廊以及教三和教四的阳台之间做试验。白天在走廊上，仿照场区的工作程序做模拟联动试验；晚上在两个大楼阳台间做雷管爆炸的拍摄试验。这些工作，难免遭造反派的盘问和干扰。后报学校领导请示省委后，决定将全部工作搬迁到花港疗养院大礼堂内进行。课题组全体人员就在那样艰苦条件下，发扬浙大一贯奉行与传承的求是创新精神，大家吃、住、工作在礼堂，夜以继日地奋战了近一个月，经过无数次的失败，最后于同年11月中旬保质、保量、按时完成了三台高速摄影机的研制任务。

成功拍摄锦添花

用于氢弹原理试验拍摄的三台高速摄影机整装待发，每台分装 4 箱，共 12 箱，约 3000 公斤，装了一卡车，后由火车行李车厢运进核试验场地。

1966 年 11 月 21 日，黄振华、冯俊卿、赵田冬肩负着学校的重托和上百位教师、学生、工人师傅们的期待，走进装运高速摄影机包装箱的火车行李车厢，前去罗布泊戈壁滩参与核试验的拍摄准备工作。

因为车厢内装有参与核试验的高速摄影机等重要设备，车厢前端后尾均有人站岗把门，并规定他们不能和家人通信联系，严守机密。他们自带铺盖睡在仪器包装箱上，火车经停西安，共 6 天才到达乌鲁木齐站，其中 4 天基本上都在狭小车厢里生活，使人感到枯燥与疲惫。

1966 年 12 月初，他们三人连同三台控制箱，分乘两架六座的军用直升机，飞过天山山脉进入罗布泊核试验场。在大西北湛蓝的天空中，俯视一望无际的戈壁大沙漠，他们心里唯一的念想就是如何尽一切努力拍好此次核爆试验的清晰照片！

第二天一早到试验场，他们头戴严实的防寒帽，身裹厚厚的毛皮大衣，足穿几斤重的大头鞋，乘军用敞篷大卡车去"工号"上班，下车时，冻僵的双腿已不听使唤，只好原地活动、按摩，数十分钟后才恢复正常。半个月中，他们往返在近 10 公里的生活区与工作地"工号"之间，既经受了像搓衣板那样的沙石路的颠簸，也熬过了零下 30 多度的寒风刺骨，赵田冬还忍受着由于攀爬大卡车引起的左手骨折处的钻心疼痛。当年，试验场传唱着张爱萍将军创作的一首歌：

我们战斗在戈壁滩上

不怕困难

不畏强梁

任凭天公多变幻

哪怕风暴沙石扬

　　头顶烈日

　　明月作营帐

　　饥餐沙砾饭

　　笑谈渴饮苦水浆……

这就是罗布泊地区核试验场艰苦生活的真实记录，也是全体参试人员精神风貌的生动写照。

　　第一次进入"工号"时，他们立即被整齐架着的三台高速摄影机所吸引，真像久别重逢的亲人！然而高速摄影机经过长途运输和零下30多度的考验，摄影机光机电各部均出现了不同程度的问题。气动马达最娇气，受热胀冷缩的影响，首先马达装不进150毫米的圆孔，其次高速马达达不到2500转/秒的转速，三是各种通道的塑料管硬化，很难连接，基地的领导及部队的同志看后很着急。面对种种困难，他们运用自己的知识和技能逐个解决。特别是冯俊卿出发前已做好了充分的物质准备，带去了必要的专用工具。他首先将150毫米的圆孔进行修刮，其次将整个气动马达清洗，然后将塑料管道部分加热，用铁丝扎紧，经过两天一夜的修复与调整，终于达到预期效果，为高速摄影机正常拍摄立下头功。

　　为确保仪器运转万无一失，他们于爆炸试验零时前的十来天，住进"工号"后门的工作帐篷中。白天作业在"工号"中的仪器旁，不时地借助瞄准镜、主物镜，瞄准离高速摄影机约2公里远的目标试爆物，把仪器调整到最佳位置；为准确而可靠地把高速胶卷装入高速摄影机暗箱的特定位置上，还要安装精密的爆炸快门，都得认真、仔细地工作。临爆前的最后几天，他们不分昼夜地对高速摄影机进行一次又一次的整机联试，彻底排除由于长途颠簸及低温环境造成的各种故障，使三台摄影机都处于"临战"状态。就这样，他们困了和衣随地打个盹，饿了用留剩的食物充饥，辛苦、疲惫、紧张都不在话下。

　　经过20多天的调试联动，在12月27日接到命令，工作人员在27日晚上全部撤离工作现场，他们知道核爆炸就在近期。他们又反复一次又一次地检查，装好胶片真如子弹上膛，走出工号，关上大铁门，堵上钢筋水泥块，运走发电机，拆走帐篷，最后告别相处 20 多天的战场，心情十分复杂，感到难舍难分，又为摄影机拍摄效果而惴惴不安。

1966 年 12 月 28 日上午，晴空万里，他们来到离爆心 60 公里外的白云岗一个斜坡地段，等待那惊心动魄的核爆炸时刻到来。当广播传来"……5、4、3、2、1、起爆"口令后，他们透过墨镜看到一个火球，继之一朵灰褐色的蘑菇云在戈壁滩上腾空而起，核爆炸成功了！全场欢呼雀跃。几分钟后，喇叭里传来了我们敬爱的周总理洪亮的声音："同志们辛苦了，向同志们问好！"他代表党中央、毛主席向研制和试验核武器的所有参加人员致以热烈的祝贺！全场又一次响起了欢呼声，每一个人的眼里都充满了激动和幸福的泪水。可是不久，他们三人的心情却变得十分忐忑，不知三台高速相机是否拍摄到照片？

两天以后，基地核试验研究所同志笑眯眯地来到他们的住处马兰招待所，带他们去实验室暗室，亲眼看到了由核试验研究所受过专门训练的人员穿着防护衣、进核爆炸现场取回的高速胶卷的冲印结果。三台"250 万幅/秒等待式高速摄影机"，全部成功地记录了氢弹原理性试爆初始瞬间的一个亮点慢慢扩展，到充满画幅的一系列清晰照片，把核爆炸过程的时间拉长了几百万倍。这是我国核试验爆炸第一次使用最高拍摄频率的超高速摄影机，第一次拍摄到起爆后的连续照片，第一次拍摄到氢弹的原理核爆试验的清晰图像。

他们如释重负，紧绷了几十天的神经才慢慢地放松下来。最后工作总结时，部队同志和有关领导向他们祝贺，给他们庆功，分别给赵田冬嘉奖，给黄振华、冯俊卿评记三等功。

1967 年元旦后，黄振华、冯俊卿、赵田冬自带行李从乌鲁木齐坐普通卧铺返回上海，第三天天亮时发现 6 个卧铺位的空间居然睡着、坐着 20 多个人。他们忍受着缺餐、少水到达上海，于 1 月 13 日回到学校。远道而来，他们都比较疲劳，赵田冬第二天还发了烧。因要遵守保密规定，他们无法把摄影机成功拍摄的喜讯第一时间与领导和亲友分享。

为适应氢弹空投核爆试验，需要将摄影机安装在高炮架上，并跟踪拍摄轰炸机空投的运动试爆物。为此，1967年夏，核试验研究所又给课题组下达了第二期任务，要求于同年11月中旬完成。三台摄影机运回浙大，除了做维护保养外，还要求对其作两点改进：一是把焦距由原来的1米增大至2米，重新设计暗箱；二是改进控制台的线路，使之更稳定可靠。

这次摄影机的改进任务，初期的设计工作在校内完成，后期的总装和调试工作搬到陆军疗养院的礼堂内进行。科研组人员发生了变动，如原暗箱设计人员被排除在外，增添了两位老师，叶关荣设计暗箱，孟广延加入马达组。核试验研究所也来了更多人员与他们一起研制和攻关。

焦距由1米增大至2米，可在保持图像的大小不变时把拍摄距离拉得更远。这样，可拍摄远距氢弹空投目标。改型设计主物镜不变，总焦距增加，暗箱设计工作量较大；改型后大件多，加工工作量很大。改制后的摄影机体积增大了许多。

控制台是摄影机运行的指挥中心。它根据场区的工作程序，适应高炮随动系统要求，要精准适时地指挥摄影机执行下列操作：打开相机；开启机械快门等待摄取照片；触发爆炸快门闸断光路；关闭机械快门；关闭相机。上述任一环节的指挥失误，都将会使拍摄以失败告终。因此，控制台在线路的设计、元器件的选取、线路板的焊接等方面都必须做到慎之又慎，以确保其质量稳定可靠，万无一失。因已有首期任务的成功经验，改进工作进展顺利。

参与改型设计的新、老科研人员发挥集体智慧，团队协作，又一次经历了日日夜夜的加班加点，于1967年11月中旬完成改型设计、加工和整机调试任务。同年11月下旬，吴敏达、黄振华、孙扬远、叶关荣、许绍华、林金豆、包正康和孟广延等十余位教师，自带铺盖前往西安空军某高炮部队模拟现场联机试验，白天与炮兵们同作业，晚上与炮兵们同住一室。模拟现场联机试验成功后，吴敏达等老师头顶着行李包，上了学生们大串联拥挤不堪的火车回学校。同时黄振华、林金豆和孟广延三位教师随三台摄影机乘上了从北京开出的混合列车开往西北，因当时的武斗在甘肃天水受阻十多个小时，经周总理亲自过问，派部队护送专列，此后列车一路畅通无阻。列车到达吐鲁番后改乘汽车进入核试验场，参加了 1967 年 12 月底的我国氢弹轰炸机空投核爆试验。这次试验，全部仪器都在野外，调试工作十分紧张，主机安装在炮架上，改型后的三台高速摄影机同样全部获得满意的结果。随后，还进行过几次拍摄，次次拍摄正常，台台都有收获，实现了满堂彩。

1968 年 9 月，三台改型的第二代高速摄影机，在成功完成几次氢弹核爆试验拍摄任务后，从核试验研究所运回浙大（放置在原俱乐部）进行维修和保养。同年 11 月底，核试验研究所将两台高速摄影机运回核基地继续使用，一台留浙大存展。

回望 1966 年 3 月国防科委第一次正式下达 911 课题任务后，高速摄影机最关键的高速转镜及驱动部分的攻关，始终是组长吴敏达教授及马达组人员高度关注并不断创新的问题。为更适合核基地拍摄的使用条件，马达小组人员一直在攻关解决电动马达的难题。经过长达五年的精心研制、反复试验、不断改进、细心加工与装配，终于创造出一种巧妙的增速机构，国防科委核试验研究所的军代表也始终目睹整个研制过程。当他们在转镜高速马达的更新换代取得可喜进展时，核试验研究所又第三次给 911 课题组正式下达了电动马达的研制任务。从而用最高转速达 40 万转／分的第三代电动马达取代了第二代的气动滚动轴承马达。采用增速机构电动马达后，不仅可省却繁重累赘的外围设备，而且更稳定可靠，使摄影机质量得到进一步的提高。这项由蒋培圣（升）、张增祥、魏延年、叶乌亭、吴敏达等 5 人获得的成果于1982 年 4 月取得国家发明奖三等奖。浙大光仪厂技术员蒋培圣（升）到

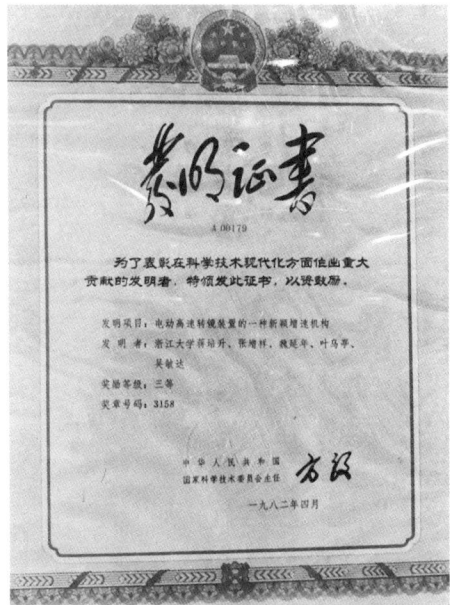

发明证书

北京领取发明证书和 3158 号奖章时，倍感自豪！

享誉八方载史册

高速摄影机的研制成功以及它们在我国多次核试验爆炸记录中取得的成就，充分体验了集体智慧的结晶，它是课题组全体人员分工团结协作的结果，在浙大光仪系发展的历史中增添了光彩的一页！

浙大光仪系的高速摄影机参与第一次氢弹试爆、雷达跟踪成功拍摄后，周祥玉说："年底进行了另一方案的氢弹试验……这次试验，二室在长春光机所、西安光机所、浙江大学 3 个单位大力协助下，仅每秒 250 万次的相机就上了 5 台，又一次完成了摄影任务。"得知我校光仪系三台高速摄影机立下汗马功劳，课题组的师生该多么自豪！

2005 年 10 月，浙

作者与王子余教授（左）讨论书稿（2021 年 5 月 30 日）

作者夫妇采访叶关荣、赵田冬夫妇（左）并讨论书稿后留影（2021 年 5 月 18 日）

江大学党委召开了"成功记录我国核试验科学家座谈会"。当年浙大光仪系在浙大机械工厂等兄弟单位的鼎力协作下，成功研制完成了三台"250万幅／秒等待式高速摄影机"，为我国的原子弹事业发展作出了重大的贡献。由于该项课题的特殊性，在任务完成后，

作者采访蒋培圣（升）夫妇（左）后留影（2021年6月2日）

科研组就地解散，当时参与科研的人员直到2005年10月才再次团聚在一起。为我国核试验作出贡献的高速摄影机也于近40年后，第一次向全校师生员工公开。这是浙大人在20世纪六七十年代的骄傲！

250万幅／秒等待式高速摄影机制成并在核试验基地成功实拍后，国内各界好评如潮，并获全国科学大会和浙江省革委会嘉奖。此后，有中国教育电视台、浙江电视台和多家报刊做了报道，还有核试验研究所二室主任孙瑞蕃以及课题组的黄振华、王子余和赵田冬等教授的精彩演讲，才把摄影机的出色成果昭示天下！1982年4月，浙大85周年校庆前夕，将这台高速摄影机移到浙大校史馆展出。

2014年11月21日，李克强总理视察了高速摄影机，给浙大人日后创业与创新以很大的鼓舞。这是继双水内冷电机后受中央最高领导视察的又一重大科研成果，将永载浙江大学的光辉史册！

（2021年7月5日改定）

附录一

（一）我所认识的史君文同志（节选）

龙文澄

1964 年 10 月 16 日，我国首次核试验时，由史君文担任主控站"零前"报时的工作。

史君文（1922—1998），男，汉族，江苏溧阳人。1950 年入伍，1963 年入党。1963 年至 1978 年在 21 所工作期间，曾任第四研究室副主任，参加了中国首次核试验、首次空爆试验和首次氢弹试验等多次核试验。

史君文中学毕业后，随其父在溧阳乡下教小学。抗日战争胜利后，考入杭州浙江大学电机工程系。浙大毕业后，1950 年

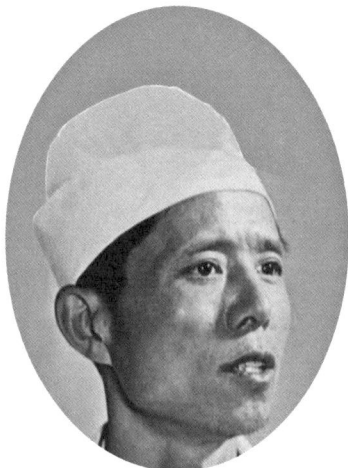

史君文

分配到军委防空军通信部工作，并参军入伍。其后，防空军并入空军，史君文随部队迁到北京。这期间，他做了许多军事通信方面的技术工作。当时通信部的迟部长能较好地执行党的知识分子政策，很器重他，并在工作上信任他、生活上关心他。后来，史君文和王冠玉女士结婚，还是迟部长做的大媒。

1963 年初，史君文以技术骨干由空军调到即将成立的国防科委 21 所，和所里多数同志临时住在北太平庄总参测绘学院。1963 年 4 月，我由西安军事电讯工程学院调到 21 所后，曾到测绘学院去看望 21 所的同志，于是我认识了史君文。据当时在该处负责 21 所工作的申江河同志介绍："老史年纪虽大，但和年轻同志生活在一起，毫无架子，能起到老同志的表率作用，临时党支部准备培养他入党。"因此，他给我留下了美好的第一印象。

　　四室正式成立后，忻贤杰任主任，我任副主任，从此我和史君文开始并肩战斗，关系越来越密切，友谊日益加深。我俩的第一项任务是：与在石家庄的四机部 19 所开展协作，研制用于第一次核试验的场区程序控制系统。这个控制系统的功能是：在核爆炸前后分别按测试项目的不同要求准时发送控制信号，启动测试设备。根据试委会一次试验多方收效的要求，必须保证控制系统安全可靠、万无一失。当时四机部领导对 19 所指示：为了按时完成任务，要尽量采用现成技术，不搞预研。我们和 19 所同志，从方案制订、电路研制、主控到各分控站的整机装配，都通力协作。19 所为此专设一个研究室，我们四室前后派去协作的同志达 20 来人。这个系统的研制，老史自始至终都积极参加，大部分时间常住在石家庄，对完成这项任务起了关键作用，受到 19 所和我所的一致好评。

　　有几件事特别值得一提：第一，对缺乏动手操作能力的新同志，老史给他们介绍了一般工具的使用方法和注意事项，并对所采用的系统方案作了详细介绍，讲述了一些基本知识。第二，当时按苏联专家方案，传输信道采用无线，但是从各大军区调来的从苏联进口的超短波电台，多已陈旧，质量太差，且在外敌环伺下，我们若采用简单的起止式脉冲信号，将无密可保。因此，我提议改用有线传输，这样设备可以简化又可保密。我这个提议得到了各方一致同意。当时曾德汲同志已由北京邮电学院调来我所，他是电缆专家，由他选定通信用的铠装电缆。但是，在戈壁滩盐碱地下埋设电缆，能否抗腐蚀，我们都没有把握。史君文同志自告奋勇，到西北导弹试验基地进行考察，因为那里的地理条件与罗布泊类似。史君文了解到，该基地

廖鼎林政委视察 720 主控站时与史君文（右）亲切握手（1973 年马历男摄）

的铠装通信电缆，已在地下埋了十几年，并未发现任何故障。从此大家就放心了。以后由曾德汲同志负责订货，设计路由，于1964年初在场区和工程兵战士一同劳作，按时保质保量完成了控制系统及有关单位电缆的埋设任务。第三，在19所研制的控制设备按期完成并通过验收后，老史又负责为进场做了前期的周到准备，如购置各种工具、零配件、线料、必要的消耗材料等，并组织设计进场运输所用的木箱。

白斌司令员视察 720 主控站时讲话，右为史君文（1973 年马历男摄）

1964年10月16日，中国第一颗原子弹爆炸成功。首次核试验任务圆满完成后，21所四室720主控站荣立集体一等功，史君文同志荣立个人二等功。此后，他又参加了我国的首次空爆试验、首次氢弹试验等多次核试验。在21所工作的15年中，史君文同志始终忠心耿耿、勤勤恳恳、任劳任怨，为中国的核试验，为21所，为第四研究室作出了不可磨灭的贡献。

史君文在工作上可以说是一帆风顺，但是他在生活上却很不幸，甚至令人心酸。他出身于一个地主家庭，他的不幸多半源于他的这个出身。

因为他的出身，他迟迟入不了党。四室党支部成立后，根据党的重在表现的一贯政策，按照测绘学院21所临时党支部的推荐，加上他在19所的优异表现，四室党支部决定发展他入党，并委托我和指导员陈贵森同志做他的入党介绍人。1963年史君文同志终于光荣入党，他的政治热情和工作热情愈发高涨了……

王冠玉（史君文妻子）中专毕业后在唐山开滦煤矿医院做护士。她一个人在唐山，吃食堂，所分煤票全都无偿送给有困难的同事，并经常代他人值班。

因工作出色，她多次被评为先进工作者，应该说她是一个好同志。但是，21所就是不调她到所门诊部工作，表面理由是她不是医生而护士名额有限，其实还是极"左"思想在作怪。长期两地分居，在21所无法得到解决，这是老史的一块心病，但他能正确对待，没有因此闹情绪而影响工作。

我于1978年冬调入中国科学院研究生院，离开了红山。不久，老史也调往北京怀柔国防科委所属干部进修学校。他本以为通过这次调动可以解决夫妻长期两地分居的问题，但是他没能如愿，该校只接受史君文，不接受王冠玉。没有工作的王冠玉，只能作为家属暂住怀柔……

之后（两次失妻和断了养父女关系后），老史又认识了退休的中学化学老师杜蘋女士并和她结为夫妇。杜女士有个在银行工作的女儿。他们婚后相处得很好，女儿对他也很孝敬。可以说老史晚景还不错，工作顺心，家庭幸福。我们正希望他能多活几年，好好地享受幸福的生活，可惜他身体急剧变坏，不幸于1998年病逝，终年76岁。

噩耗传来，不胜惊愕，我和曾德汲同志联名写信给杜蘋，表示对史君文同志的沉痛悼念。杜蘋回信表示感谢，并说她随女儿和女婿已移居新西兰了。

老史，我们——你亲爱的战友们，永远怀念你！在我国第一次核试验时，你那报时的光辉形象，将永远在我们眼前闪光！你那洪亮的报时声音，将永远在我们耳边回响！

（本文节选自《战斗在罗布泊的上海人》一书，括号内文字系笔者所注。）

（二）一封迟来 56 年的信

陈凌云

"……5、4、3、2、1，起爆！"1964 年 10 月，罗布泊上空一声巨响，中国第一颗原子弹试爆成功的消息震惊世界。纪录片里这激动人心的一幕相信在座的许多人都不陌生，但这个身穿白色防尘服喊着倒计时口令的军人是谁，知道的人大概不多。

去年电气学院百年院庆，我们惊喜地收到一封署名为"一群

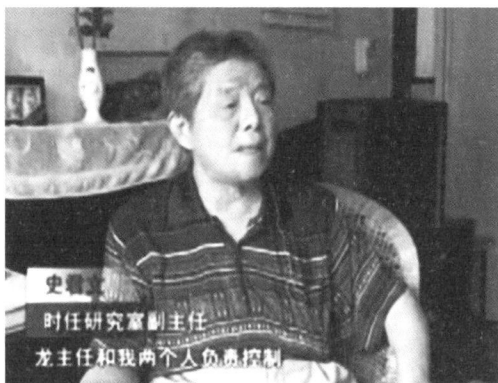

20 世纪 90 年代初史君文在接受采访留影

防空老兵"的信，信中说到，他们正是在看到刚才这个特写镜头时，才意外认出了这位我国首次核试验的倒计时发令员，就是浙大电机系 1950 届校友史君文。于是我们抱着期待和好奇，去探索了史君文的故事。

1946 年，他考入浙江大学电机工程系，1950 年毕业特招入伍，成为上海防空部队的一员。当时的上海历经"二·六大轰炸"，电厂被炸，城市几近瘫痪，时任上海市长陈毅亲自联络高校呼吁支持防空建设，史君文就是第一批通信建设的技术骨干之一。信里提到：当年在上海防空军他的名气大得很，走到哪里，大家都认识他。

1962 年，国家开始组建原子弹爆炸试验研究队伍，史君文当即被推荐到即将成立的国防科委 21 所。正是在这里，史君文针对原子弹试验引爆手段，在原有的无线遥控方案的基础上创新性地提出了有线自动控制方案，并最终出色完成爆炸试验。老兵们在信里激动地写下：我们的战友史君文，就是我

国第一颗原子弹爆炸时下"起爆"口令的人！也是你们的老校友！

从 1964 年到 2020 年，这封迟来 56 年的信，让我们认识了史君文学长，看到了这位浙大人无私奉献的坚守，看到了浙大人公忠坚毅、勇担大任的能力，看到了浙大人逆境当中不变的报国心。

我是浙江大学马兰工作室的一名成员，在一遍又一遍的《马兰谣》表演宣讲当中，化名王京、从人们的视野里消失 17 年的王淦昌，为核试验倾注全部心血的"中国核司令"程开甲，在生命倒计时中把病房当战场的林俊德……这些知名校友的故事被越来越多的浙大人所知晓，但更多的像史君文这样隐姓埋名一生却干了轰轰烈烈大事业的浙大人，我们却迟迟才知道属于他的故事。这一些人，正是我们青年人要追的星。

习近平总书记在清华大学考察时强调，我国高等教育要立足中华民族伟大复兴战略全局和世界百年未有之大变局，心怀"国之大者"，把握大势，敢于担当，善于作为，为服务国家富强、民族复兴、人民幸福贡献力量。浙大的求是学人，为了蛟龙号的下潜、歼 20 的首飞、微小卫星的升空，以天下为己任，以真理为依归，在奔涌向前的时代浪潮中，跟随前辈的步伐，努力成为堪当民族复兴重任的时代新人！

基地研究所自动控制室（四室）部分人员合影：前排左起，师德强（主任）、忻贤杰（主任、副所长）、姚重石（政委）、顾应昌（副政委）、龙文澄（副主任）、史君文（副主任）、黄运生（行政副主任），（20 世纪 70 年代中后期）

（2021 年 6 月 11 日）

（三）彰显马兰精神的"夫妻树"

1959 年春夏之间，时任原子武器试验靶场主任的张蕴钰等来到新疆乌什塔拉南的戈壁滩选址，在荒滩发现有马兰花，定点时就叫它马兰村，后几经建设发展为中国核试验基地马兰城，并留下了许多动人故事——

在蔬菜奇缺的三年困难时期，基地官兵们以榆叶当菜，把树皮晒

马兰花

干磨成面度日，至今还留下了"功勋榆"的美名。1994 年夏，我去马兰采访及后来与基地战友交往中，又听到过"夫妻树"的感人故事。说的是 1964年 10 月原子弹试爆前，北京某部一位女副所长被通知去罗布泊参加试验，出发前只对丈夫淡淡地说了一句"我要到外地出趟差"，两人就平静地告别，妻子一走就是几个月。

离马兰约 50 公里有一条季节性洪水沟，长满榆树，一条简易公路从沟里穿过。一天，她正在连理榆树下等车，望见远处一个军人正扛着箱子向这边走来，身形很像自己的丈夫。她瞪大眼睛，等到走近，果然是他！原来她离家那天丈夫也接到了出差通知，但他们都严守保密规定，相互不多说一句。今天树下相见，才知几个月以来两人近在咫尺，干的竟是同一个秘密工作。

基地张爱萍将军听到这故事后感动地说，真是一对中华好儿女！就叫这连理树为"夫妻树"吧。如今这棵"夫妻树"被评为马兰核试验基地 20 个纪念标识物之首。

回想在两弹研发试验的艰苦岁月里，我们多少科学家、将军、工程技

术人员及部队官兵，突然就从正常生活中消失了，这对夫妻的感人故事引出的"夫妻树"就是千千万万"干惊天动地事，做隐姓埋名人"核研试人员的真实写照！我国从事核武器研试数以万计的参试人员，其中包括一对对夫妻，一双双情侣，就怀着这样一个崇高的理想，带着美好的追求，走向大戈壁深处，去寻觅、去实现自己的人生价值与梦想！这就是"马兰精神"的真实彰显吧！

夫妻树

附录二

（一）中国核试验基地浙大校友名录

（马兰，不完全统计）

序号	姓名	系科专业	毕业时间
1	程开甲	物理系	1941 年
2	忻贤杰	物理系	1946 年
3	丁浩然	地理系	1950 年
4	史君文	电机系	1950 年
5	吕　敏	物理系	1952 年
6	杨裕生	化学系	1952 年
7	林俊德	机械系	1960 年
8	郑连功	电机系	1960 年
9	陆泉兴	物理系	1962 年
10	张业和	无线电系	1963 年
11	吕振斌	无线电系	1963 年
12	丁德钦	技术物理系	1963 年
13	金允朝	化工系	1963 年
14	陈志祥	技术物理系	1963 年
15	李兆龙	技术物理系	1963 年
16	蒋荣根	无线电系	1964 年
17	丰云基	力学系	1964 年
18	方吾和	光仪系	1965 年
19	沈锦棉（冶华）	机械系	1965 年
20	朱子川	无线电系	1965 年
21	俞章华	光仪系	1967 年
22	陈风雷（立龙）	无线电系	1967 年

（续表）

序号	姓名	系科专业	毕业时间
23	沈志康	机械系	1982 年
24	楼沩涛	力学系	1982 年
25	张 平	电机系	1982 年
26	周 辉	物理系	1982 年
27	杨 雁	力学系	1982 年
28	王移民	力学系	1982 年
29	卢加春	化学系	1982 年
30	金玉仁	化学系	1985 年
31	王乃志	电机系	1985 年
32	蒋 磊	无线电系	1987 年
33	王秩雄	物理系	1988 年
34	潘志昀	光仪系	1989 年
35	刘建强	光仪系	1989 年
36	叶锡生	物理系	1989 年
37	刘长海	化学系	1989 年
38	刘顺坤	无线电系	1989 年
39	吴宝森	数学系	1989 年
40	李振东	力学系	1989 年
41	张家贵	机械系	1991 年
42	范菊平	无线电系	1991 年
43	李 刚	电机系	1992 年
44	李作初	机械系	1992 年
45	翟 毅	地球科学系	1994 年
46	肖卫国	力学系	1994 年
47	胡永乐	机械系（博士）	1994 年硕士 2009 年博士
48	王晓松	测试计量技术与仪器（硕士）	1996 年

（续表）

序号	姓名	系科专业	毕业时间
49	刘晓新	材料科学与工程	1996 年
50	张德志	力学系	1996 年
51	朱启海	光电工程系	1997 年
52	潘晓斌	化学系	1998 年
53	严 锋	科仪系	1998 年
54	李 华	化学系	1998 年
55	田 梅	环境化学	1998 年
56	陈虎虎	城市水文与工程	1998 年
57	陈尚武	光电工程系	1999 年
58	黄 芳	物理系	1999 年
59	吴宏仁	物理系	2000 年
60	邓龙超	物理系	2000 年
61	俞建国	物理系	2000 年
62	陈向跃	物理系	2001 年
63	吴丽雄	材料系	2001 年
64	华恒棋	物理系	2002 年
65	谢红刚	物理系	2003 年
66	寿列枫	力学系	2003 年
67	陶良小	地质系	2003 年
68	宋碧宏	土木系	2003 年
69	高鸿恩	环境科学	2003 年
70	郑景芳	环境工程	2003 年
71	刘海业	通信工程	2003 年
72	李小泽	物理系	2004 年
73	邹前进	光电信息工程	2004 年
74	陈志军	测试计量技术与仪器（硕士）	2004 年
75	赵志刚	光电工程（硕士）	2004 年

序号	姓名	系科专业	毕业时间
76	陈力子	光电工程（硕士）	2004 年
77	于 静	环境与资源（博士后）	2020 年博士后在读
78	卓 俊	物理系	2005 年
79	何勇刚	电子信息工程	2005 年
80	芦玉峰	材料系（硕士）	2007 年
81	林成地	电子信息工程	2008 年
82	刘冰峰	通信工程	2008 年
83	张 颂	信息与通信工程	2009 年
84	杨鹏飞	会计学	2012 年
85	周二瑞	电子信息技术及仪器	2014 年
86	张享波	化学系	2018 年
87	杨 超	电子科学与技术	2019 年
88	祝 捷	自动化工程	2019 年
89	李飞腾	机械系	2020 年
90	宋向阳		

（二）中国核工业总公司第四零四厂浙大校友名录

（不完全统计）

序号	姓名	系科专业	毕业时间
1	张同星	机械系	1956 年
2	王宝钧	化学系	1963 年
3	刘金弟	化学系	1963 年

（三）中国历次核试验概要表

序号	日期	类型	方法	备注
1	1964 年 10 月 16 日	大气层	地面，塔爆（102m 铁塔）	首次原子弹试验（又称"596 计划"），U235，内爆式，2 万吨 TNT 当量
2	1965 年 5 月 14 日	大气层	空中（轰炸机空投）	首次空投原子弹试验
3	1966 年 5 月 9 日	大气层	空中（轰炸机空投）	含有热核材料的试验，裂变（裂变试验即原子弹试验，下同）
4	1966 年 10 月 27 日	大气层	空中（中程导弹运载）	导弹核试验，裂变
5	1966 年 12 月 28 日	大气层	地面，塔爆（102m 铁塔）	氢弹原理试验 使用 U-235，U-238 和 Li-6 D
6	1967 年 6 月 17 日	大气层	空中（轰炸机空投）	首次氢弹试验，裂变—聚变—裂变，使用 U-235，U-238 和 Li-6 D，300 万吨级 TNT 当量
7	1967 年 12 月 24 日	大气层	空中（轰炸机空投）	
8	1968 年 12 月 27 日	大气层	空中（轰炸机空投）	第一次使用钚-239 的热核试验（热核试验即氢弹试验，下同）
9	1969 年 9 月 23 日	地下	平洞	首次地下核试验，裂变
10	1969 年 9 月 29 日	大气层	空中（轰炸机空投）	热核
11	1970 年 10 月 14 日	大气层	空中（轰炸机空投）	热核
12	1971 年 11 月 18 日	大气层	地面（塔安装）	裂变

（续表）

序号	日期	类型	方法	备注
13	1972 年 1 月 7 日	大气层	空中 （强击机空投）	首次使用战斗机空投，裂变
14	1972 年 3 月 18 日	大气层	空中 （轰炸机空投）	热核
15	1973 年 6 月 27 日	大气层	空中 （轰炸机空投）	热核
16	1974 年 6 月 17 日	大气层	空中 （轰炸机空投）	热核
17	1975 年 10 月 27 日	地下	平洞	裂变
18	1976 年 1 月 23 日	大气层	地面	裂变
19	1976 年 9 月 26 日	大气层	空中 （轰炸机空投）	裂变
20	1976 年 10 月 17 日	地下	平洞	裂变
21	1976 年 11 月 17 日	大气层	空中 （轰炸机空投）	热核（最大当量）
22	1977 年 9 月 17 日	大气层	空中 （轰炸机空投）	裂变
23	1978 年 3 月 15 日	大气层	地面	裂变
24	1978 年 10 月 14 日	地下	竖井	首次竖井地下核试验，裂变
25	1978 年 12 月 14 日	大气层	地面	裂变
26	1979 年 9 月 13 日	大气层	空中 （轰炸机空投）	
27	1980 年 10 月 16 日	大气层	空中 （轰炸机空投）	最后一次大气层核试验，热核
28	1982 年 10 月 5 日	地下	竖井	
29	1983 年 5 月 4 日	地下	平洞	
30	1983 年 10 月 6 日	地下	竖井	
31	1984 年 10 月 3 日	地下	竖井	
32	1985 年 12 月 19 日	地下	竖井	中子弹首次原理试验成功

（续表）

序号	日期	类型	方法	备注
33	1987 年 6 月 5 日	地下	竖井	
34	1988 年 9 月 29 日	地下	平洞	中子弹试验成功
35	1990 年 5 月 26 日	地下	竖井	
36	1990 年 8 月 16 日	地下	竖井	
37	1992 年 5 月 21 日	地下	竖井	
38	1992 年 9 月 25 日	地下	平洞	
39	1993 年 10 月 5 日	地下	竖井	
40	1994 年 6 月 10 日	地下	竖井	
41	1994 年 10 月 7 日	地下	竖井	
42	1995 年 5 月 15 日	地下	竖井	
43	1995 年 8 月 17 日	地下	竖井	
44	1996 年 6 月 8 日	地下	竖井	
45	1996 年 7 月 29 日	地下	平洞	最后一次核试验

说明：

1. 1959 年 6 月苏联拒绝提供原型设备后，以此日期命名我国的第一个核爆炸为"596计划"。核试验专用名词解释："零时"为每次核试验起爆基准时间的专称，"零前"为每次核试验起爆前的时间，"零后"为每次核试验起爆后的时间。

2. 本概要表引自《"零时"起爆：罗布泊的回忆》（中山大学出版社，2011 年）。

1964 年 10 月 16 日 15 时中国首次核试验爆心纪念碑（静卧戈壁的是百米铁塔）

后　记

　　百年党庆前夕,《启尔求真——核研试浙大人》一书终于草成,20 余年的心愿迈出坚实的一步,也可作为一名普通共产党员向党的百年华诞献上一份薄礼。我明白后面的步履仍然艰辛,但毕竟可以"卸下重担,轻装前行"了。

　　回望这本书的撰写,确是我至今出版 55 本书中写作最艰难、"产期"最长的一本。她缘于 1990 年初去校友总会任职并主持校史编写和主编书刊时,彼时我似一个文化饥饿的孩子,贪婪地阅读数以百计的优秀校友创造的伟业,他们的事迹撩拨着我十年冻僵的心,其中那些原子核领域的校友,用青春以至生命埋名开拓的故事特别诱人!于是,我特于 1991 年 5 月去北京专访吴征铠、胡宁、胡济民、蔡金涛等知名校友,为两院院士集《求是英才传》收集素材,并在我执行主编的《浙大校友》和我著的《浓情淡记》等书刊上作了报道。

　　机缘总是垂青有心人!那是 1994 年 8 月,我去乌鲁木齐市公干而有缘到马兰核试验基地采访林俊德总工等校友时,有幸参观了核试验场和核试验历史陈列馆,听到和看到马兰浙大人在核试验中大显身手的动人故事。此后,我除了口述赞美他们外,亦在心灵深处种下了一颗"撰写马兰浙大人,宣传马兰精神"的种子。

　　1996 年 9 月 24 日,时任国务院副总理兼外交部长的钱其琛同志在联合国《全面禁止核试验条约》上签字后,隐姓埋名多年的马兰战友纷纷著文回忆那"献了青春献儿孙"的峥嵘岁月。这时我意识到再去马兰寻访浙大校友业绩并宣传马兰精神的时机业已成熟,于是,向分管校史工作的校领导报告,要求支持我再去马兰采访。久等无果后,我决心借工作之便就近采访马兰浙大校友,并将文章在《浙大校友》等书刊上发表。

2000 年 8 月，我退休离岗后，时间似乎成了私有。此时，新世纪的曙光亦催萌着埋在我心头的"赞颂马兰浙大人"的梦想。我除了去北京采访程开甲、吕敏、杨裕生等院士，采访文章刊于自费出版的《俊彦跫音》《诗文缘》《浓情淡记》等书著上外，还产生了自费去马兰驻地采访的想法，并得到老伴的大力支持，她还说了"用有限的余钱去换无限的精神食粮很值得"的话来鼓励我。于是 2001 年夏我就向马兰核基地传真和挂号信双管齐下去申请，很快于同年 7 月 9 日就收到核基地范如玉司令同意驻地采访的公函（略）。我捧着公文，热泪盈眶，久久无法阅读盖有核基地公章的公文。心复平静后，我发现公文中有一句话："近期，基地任务十分紧张，如果程老到基地，请您随程老一起到基地为好。"我尊重基地的指令，一直等至天冷，终因程老身体尚未康复而未成行，后来一忙此事就搁下了，但写核研试浙大人的初心未变，我继续搜集核研试人物资料，并写了王淦昌、钱三强、卢鹤绂等知名校友的文章，刊在我主笔主编的《浙大的校长们》《浙大的大师们》等书上。

以上所有采访活动，都为我筑梦本书打下了坚实的基础。

多年来，因结识或采访核研制、核试验的校友多了，专写一本书赞颂核研试浙大人的愿望更加强烈。特别在书上读到以王淦昌、唐孝威等校友为代表的青海 221 厂核研制基地的动人故事，后来得知基地于 1987 年后逐步撤离与清理，我在为失去实地采访的机会而惋惜不已。

2018 年春，我自美国省亲回国后，一边与老伴合作完成故乡拆迁房屋影集《梦萦金谷》，一边继续挖掘核研试浙大知名人物并搜集资料，直到 2020 年 4 月后才全力投入撰写本书。同年 11 月 9 日，核试验基地前总工沈志康少将校友来杭疗养，我和老伴去海军疗养院拜访他，神交多年的我们终于有了第一次握手。他很关心与支持我写《启尔求真——核研试浙大人》这么一本书。在听我介绍写好初稿的半数校友名单后，他肯定了我选写"文革"前校友的正确性，并建议我不要全写院士及百年后人物，可选写几位在世的普通核研试浙大人。

2020 年冬后，我还有半数文章要新写，有几篇早写的文章要补充修改，写作任务十分艰巨。因冠疫横行，我一方面借用网络采访，另一方面在网上寻购到核试基地内部摘编、战友编写及社会公开编辑出版的核研制和核试验的十余部书著，认真阅读，扩大眼界，日夜兼程，至2021年6月中旬全书草成，紧接着为每文配插照片，至7月15日发浙江大学出版社编辑与审阅。

在本书写作中，因被写人都是隐姓埋名多年的核研试人物，他们的业绩埋得很深，特别是较早仙逝的人物，连家属都不知道他是干什么的，要挖掘这些人物的业绩与照片，笔者备尝酸甜苦辣，谨记几例如下。

在写核试验研究所4室主任忻贤杰时，学校档案馆校史研究室张卓群主任给了我一些有关忻贤杰的报道，我十分高兴，后又从各种书著上读到几篇文章，还有熟悉战友的口述，总算草成一篇文章，但缺少家庭及亲友的内容，也见不到一张照片。为使文章更完美一些，也为了给文章配上照片，2021年4月26日，沈志康原总工程师告诉我马兰战友王怀震先生的手机号，以便求助他的妻子、忻贤杰的同事、战友姜爱香。之后我立马发短信联系，苦苦等待两个多月后终于联系上了。她表示大力支持，很快通过战友龙守谌找到他的老同学郭士伦。郭士伦先生是忻贤杰夫妇在中国科学院原子能研究院的同事，十分热心。当看到姜爱香微信转告郭士伦存录的忻贤杰子女的联系方式时，我流下了激动的泪水……心复平静后，我很快联系上忻贤杰的四个子女，他们积极配合，发来有关材料和有价值的照片，如此才将忻贤杰文章补充完善并配上照片。

2021年4月7日，我最后着手写911高速摄影课题组，但没料到会是一波三折，遇到很大的困难。在莫名受阻后，我抱着"咬定青山不放松"的决心，首先偕老伴向光电学院党委刘玉玲前书记报告与沟通，多谢得到理解与支持，并赠2017年学院纪念册《求是之光》，内有参与课题的王子余、赵田冬、冯俊卿老师的三篇回忆文章，只是各人回忆有所侧重，不够全面，有些时间节点、有的提法有待协调、更正或统一。于是，我们找到课题组几位热心骨干分头座谈研讨，有的两次，有的三次，有的还登门拜访，耐心而细致地做了不少动员及协调工作，就这样修改达五次之多，最后才寄给浙江省委前副书记、前副省长、911课题组组长吴敏达教授审阅。同年7月4日，吴敏达教授特来电话，说稿件写得很好，总结得很全面，让他这样亲身经历的人看后感到十分亲切与激动，赞美有加，还说肯定下了很大工夫，克服了许多困难，不容易，多次致谢。他还说："张浚生书记生前多次给我讲过，要写好911课题以存史，并推荐找杨达寿老师写，只因我调省里后一直工作忙，未来找你，而今你完成此事，了却了我和张书记的心愿，十分感谢你！"听后我热泪盈眶，十分感动。张浚生书记生前这么关心911课题，这么信任我，十分感谢他！多年来，张书记给我9本书著写过序言和题书名，是最关心我创作的一位领导，没齿难忘！听了吴教授的话，我们所有的委屈都随风飘远，所有艰辛与付出都很值得！

20世纪90年代初，我曾专访过吴征铠院士，后来我主编《求是英才传》时也有幸收到过他的小传和墨宝，但积累的素材仍欠丰富。因联系不上吴院士的后人，只好在网上寻找他的自传《我的一生》及有关资料，最后撰写成一文，但清晰的插图照片仍无着落。于是，我通过朋友寻找到了编辑《我的一生》的吴院士高徒秦启宗教授。因秦老师仙逝多年，我交出书稿后，又通过上海浙大校友会和复旦友人，找到秦启宗老师的夫人郑企克老师。在郑老师的帮助下，总算圆满解决了吴征铠院士文章的插图照片。

文章写好后，我都会给被写校友或家属寄文稿或发电子稿审阅，也领受到一些暖心的感动。如唐孝威院士、贺贤土院士、杨裕生院士、胡济民院士夫人钟云霄教授、林俊德院士夫人黄建琴女士、96岁高龄的原地质室丁浩然主任、张业和学长、李兆龙学长，等等，他们都认真阅改稿件，及时反馈；特别是唐院士，三次细改稿件，字斟句酌，令我十分感动！这种严谨的治学作风将伴我余生！我未能找到个别人物的家属，文章未能由亲属审阅，如有缺憾，敬请读者见谅！

在写作中，笔者参阅了一些同样写核研试的书著，引用了少数文图，谨对有关作者深表诚挚的谢意！同时，笔者还幸运地遇到了不少尊敬的领导和敬爱的热心人，值得永远铭记！首先感谢浙大校长吴朝晖院士百忙中为本书作序！感谢校党委前书记张浚生教授生前鼓励我的写书意向，并题签"启尔求真"书名，今天如愿付梓，他在天堂也会为我高兴！感谢核基地前总工沈志康少将全面关心与支持本书的撰写，并细心地审阅了全书！感谢校党委宣传部的大力支持！感谢苏州金沙湖创业投资管理有限公司董事长潘晓峰校友的大力支持！感谢基地战友沈冶华、王保民、孟凡号、邱学臣、陈君泽、龙守谌、姜爱香等给予的帮助与支持！感谢校内外热心人陈建军、张卓群、张露露、潘一骁、马玉亭、王立新、郭士伦、郑企克、郑成法等师友，在寻找人物家属提供照片、征订发行工作中给予的帮助与支持！特别要感谢老伴李栽瑶，几年如一日伴我采访、审稿校对、拍照选片，等等，任劳任怨，还在我最困难时为我加油打气，使我鼓足勇气向前走，没有她的支持与付出不可能有此书的如愿出版！最后还要感谢浙大出版社的关爱与支持，正是他们从社长、总编到策划、责编、编校的辛劳，才有我第九本书由浙江大学出版社出版的梦想成真！

由于笔者未能亲历核研试的火热与艰苦场景，加上当年记录载体的稀缺，囿于调研与见闻，错讹和疏漏在所难免，敬请读者见谅与指正！

希望通过本书的撰写，能表达笔者对马兰精神、求是创新精神的崇敬，并期待广为弘扬与永远相传！

杨建寿

2021 年 7 月 15 日初稿

2022 年 3 月 25 日定稿